上海交通大學

百年报刊集成

第一辑（1896—1949）
学 术 学 科

国文卷（第二册）

上海交通大学
档案文博管理中心 编

上海交通大學出版社
SHANGHAI JIAO TONG UNIVERSITY PRESS

目　录

《南洋公学国文成绩二集》简介

该书于民国六年(1917年)10月初版,由交通部上海工业专门学校校长唐文治鉴定并作序,学校国文科教员邹登泰校订①;书册为铅印线装本,全8册(卷),32开,环筒页装,定价每部大洋1元,由苏州振新书社、上海苏新书社共同出版,上海商务印书馆及其设在各省之分馆向全国各地行销。

1917年4月,学校隆重举行纪念建校20周年活动②,其间举行"劝工展览会",本校学生历年国文成绩"经唐蔚芝先生鉴定陈列,备承学界交口赞许,因付铅印,公诸同好"③。所收文论为1914年至1916年之间学校专科学生、附中学生为主的优秀国文课业,内容除《南洋公学新国文》所收9类外,还包括"经说类"等7类,合计16类,共415篇。具体类别、篇数、例文标题、所在卷数,依次如下表:

序号	类别	篇数	例文标题	所在卷数
1	原类	14	《原文》	卷一
2	释类	8	《释中庸大旨》	卷一
3	读类	9	《读诸葛武侯出师表》	卷一
4	经说类	25	《大学戒自欺孟子痛自暴自弃说》	卷二
5	史论类	67	《陶渊明不为五斗米折腰论》	卷二、卷三
6	性理论类	27	《司马温公之学始于不妄语而成于脚踏实地论》	卷四
7	杂论类	20	《不贵难得之货使民不为盗论》	卷四

---

① "版权页",《南洋公学国文成绩二集》,苏州振新书社、上海苏新书社,1917。邹登泰,字闻磬,无锡人,早年就读上海求志书院,清拔贡生,1917年至1927年担任本校国文教员,著《初学注释论说规范》,评选出版《江苏各校国文成绩精华》。

② 该年以1897年南洋公学正式开学为建校年,1926年至今均以1896年筹建年为建校年并举行校庆活动。

③ 《本书发行之意趣》,《南洋公学国文成绩二集》,苏州振新书社、上海苏新书社,1917。

续表

序号	类别	篇数	例文标题	所在卷数
8	合论类	28	《秦始皇亚历山大合论》	卷五
9	辨类	6	《太史公不为墨翟立传论》	卷五
10	说类	38	《圣人不以位为乐也说》	卷六
11	议类	6	《整顿吏治议》	卷六
12	书后类	16	《书苏老泉六国论后》	卷七
13	问类	29	《问东林讲学有无流弊试详言之》	卷七
14	拟类	12	《拟陶潜招谢灵运偕隐书》	卷八
15	杂文类	27	《拟本校祭蔡松坡先生文》	卷八
16	古今体诗类	83	《登楼口占》	卷八

其中，古今诗体类含五古、七古、五律、五排、七律、五绝、七绝、词类等。各类别“题目既属新颖，文笔尤为高尚，展卷不厌百回读”。①

本集所收文章署名作者共计 93 人，此后成为近代各界知名者，除上册已列邹韬奋、凌鸿勋、陈柱、唐庆诒外，尚有庄泽宣（1914 至 1917 年就读附中、电机科，近代教育家）、杨荫溥（1914 年入读附中，近代经济学家）、陈克恢（1916 届附中毕业生，著名药理学家、首届“中研院”院士）、汪禧成（1918 届土木专科、铁路工程学家）、冯振（1913 年至 1915 年入读附中，教育家、文学家）、薛绍清（1911 年至 1918 年就读，1956 年被评定为全国二级教授）等。

1918 年，由学校授权同意，苏州振新书社将《南洋公学新国文》（1914 年）、《南洋公学国文成绩二集》（1917 年）合集出版，定书名《上海南洋公学国文成绩初二集》，共 12 册，将民国初年的学校国文成绩合集推向社会。

---

① 《本书发行之意趣》，《南洋公学国文成绩二集》，苏州振新书社、上海苏新书社，1917。

校長唐蔚芝先生鑒定

南洋公學國文成績二集

上海蘇新書社
蘇州振新書社
發行

本書發行之意趣

上海南洋公學開辦已二十年得學界風氣之先現爲交通部立之工業專門學校平日教育之精神非常發越其程度之優美不言可喻本年爲廿週紀念之期於春間開紀念大會三日此項成績經校長唐蔚芝先生鑒定陳列備承〇學界交口贊許因付鉛印公諸同好內容較初集尤爲豐富除原類釋類說類讀類書後類史論類合論類問類雜文類外添入經說性理論雜論擬古議辨詩詞等類計十七門題目既屬新穎文筆尤爲高尙展卷不厭百回讀饒有唐宋名家氣息誠近數年來校課之精華亦廿週紀念大會陳列之無上品也凡現在是校肄業與曾在是校畢業者均宜購作紀念而各省學生之信仰是校成績者尤宜手置一編藉資觀摩

南洋公學 國文成績初集 巴拿瑪賽會得頭等獎

是書爲校長唐蔚芝先生鑒定原名新國文論說今改是名以昭核實將全書意趣揭出

一上海南洋公學開學界風氣之先國文程度久爲海內所推許本編搜羅七年校課之菁華誠學界未有之大觀也

一本編約計二百四十篇左右無題不新有美必錄爲教育部所獎許

一本書評選門分類別曰原曰釋曰說曰讀曰書後曰合論曰論曰問曰雜文雜文中若擬若傳若記若賦若箴若文若記事各臻美備

一本編理想高超文筆奇逸脫胎於莊荀馬班諸家故多唐宋八家氣息

一本編評選精確校訂審詳印模亦淸晰無比

一本編後附大事記

一本書於巴拿瑪賽會得頭等獎其價値可知

一本編爲海內大文章凡高小以上若專門若師範若中學並女子各種學校均宜手置一編交換智識

每部四厚册定價八角

序

丁巳夏吾校國文成績二編成國學科長李君頌侯問序於余余維大易之義曰貞曰恆貞者事之幹恆者德之固若吾校諸生之於國文可謂貞而恆矣舉世方務爲卑庸鄙倍之習曰求淺求淺雅者使之俗精者使之膚深者使之陋通者使之僿要者使之蕪而吾校諸生獨不畏世人之譏笑相從於晦明風雨之餘取古人典籍先正法度心摹而手追之孜矻不舍日新月異他日高文典冊非吾校諸生而誰余重閱之有忻賞不自已者孔子之言曰觀乎人文以化成天下人之於文形之與影也人格之與文格相須而不離者也余嘗有言凡文之博大昌明者必其人之光明磊落者也文之精深堅卓者必其人之忠厚篤實者也若夫圓熟輭美則人必巧滑而佞柔叫囂淩亂則人必恣睢放蕩而無秩序且夫秩序者文章之基人事之紀也世變多故言龐事雜泯泯棼棼皆害於無秩序學校之士品行不講日闢苟且求用之言舍衣食名利而外罔知所營正心修身之道茫然不知爲何事或偶爾修飭自命清流卒遇小權利失足如墮千丈穽惡氣充塞若洪爐之陶鑄青年入之恆毀節而銷骨擢陷廓清曾不知幾十年以後而始易且夫世界中之善氣卽天地中之正氣亦卽文字中之正氣也人皆吸天

地間之空氣而不知吸世界中之善氣人欲吸世界中之善氣必先吸文字中之正氣文字之氣正而世界昌焉是故易者陰陽消息之氣之所荄滋也書者虞夏商周政治文明之氣之所昭晰也詩者明堂雅頌里巷歌謠之氣之所發攄也禮者吉凶賓軍嘉喜怒哀樂之氣之所周浹也春秋者聖人撥亂反正善善惡惡之氣之所旁魄也宇宙之太平始於善氣而善氣實始麗於文字孟子曰持其志無暴其氣韓子曰氣盛則言之短長與聲之高下皆宜人之心術不可知而言莫能廋人之言可以僞而氣莫能遁善知言者善審氣吾閱一文而知其人之善也知其人之惡也吾閱一文而知其人心之明也知其人心之昧也吾閱一文而知其人制事之有條理也知其人制事之無秩序也古人曰吐辭爲經經者常也序也文字中之善氣也又曰和順積中和者温也良也文字中之善氣也又曰剽而不留昧沒而雜剽者浮也雜者亂也文字中之惡氣也故曰人格之與文格相須而不可離也善知言者善審氣善審氣者善知人也然而彼黯淺者不能知也告之不能省也吾惟願吾校諸生傳嬗吾之學說擴充文字中之善氣而卽以提引世界之善氣於無窮也唐文治蔚芝甫序

上海

南洋公學國文成績二集目次

卷一

△原類

△史論類上

卷三

△史論類下

梭倫以詩歌激發國人戰勝曼地尼亞論　王濟熾

卷四

▲性理論類

然以興論　許國傑

陸子靜先生設教象山悼時俗之通病啓人心之固有聞者咸惕然以懲躍然以興論　彭昕

陸子靜先生設教象山悼時俗之通病啓人心之固有聞者咸惕然以懲躍然以興論　徐承熿

陸子靜先生稱學問貴細密自修貴勇猛論　張範中

陸子靜先生稱學問貴細密自修貴勇猛論　戴哲之

魏鶴山先生稱孔門說仁處大概多有敬意論　陳輔屏

陳白沙先生稱名節道之藩籬論　彭昕

王陽明先生稱天下之不治由於士風之衰薄士風之衰薄由於學術之不明學術之不明由於無豪傑之士爲之倡論　陸鼎揆

王陽明先生稱天下之不治由於士風之衰薄士風之衰薄由於學術之不明學術之不明由於無豪傑之士爲之倡論　彭昕

王陽明先生在南贛論所屬各縣興立社學教童子歌詩習禮以孝弟忠信

△雜論類

不貴難得之貨使民不爲盜論　薛次莘

不貴難得之貨使民不爲盜論　董憲

王道廢而九家之說起論　王濟熾

禮者禁於將然之前法者禁於已然之後論　錢天驥

禮失而采敎失而僞論　徐植仁

一死一生乃知交情一貧一富乃知交態一貴一賤交情乃見論　陸鼎揆

治亂民猶治亂繩不可急也惟緩之然後可治論　鮑啓元

法令者治之具而非制治清濁之源也論　陸鼎煌

衆賢和於朝則萬物和於野論　彭昕

長人者好煩其令若甚憐焉而卒以禍論　曹麗順

惟不自用乃能用人論　鄒恩潤

兵者聚天下不義之徒授之以不仁之器而敎之以殺人之事論　鄒恩泳

有亂之萌無亂之形是謂將亂將亂難治論　葉舒藩

聖人治天下不恃智以防亂論　蔡灝

卷五

合論類

卷六

事之難易不在大小務在知時說　林若履

天地爲鑪造化爲工陰陽爲炭萬物爲銅說　董憲

天地爲鑪造化爲工陰陽爲炭萬物爲銅說　汪禧成

聖人不以位爲樂也說　羅熾安

變所欲爲易於反掌安於泰山說　盛椿

嬰兒常病傷於飽也貴臣常禍傷於寵也說　章彬

嬰兒常病傷於飽也貴臣常禍傷於寵也說　金耀銓

治亂運也窮達命也貴賤時也說　康時振

馬也不可使守閭說　殷信篤

天地大果蓏也元氣大癰痔也陰陽大草木也烏能賞功而罰禍說　楊蔭溥

天地大果蓏也元氣大癰痔也陰陽大草木也烏能賞功而罰禍說　陳祖同

天地大果蓏也元氣大癰痔也陰陽大草木也烏能賞功而罰禍說　陳壽彝

得其道者窮居於野非所謂屈冠冕而相天下非所謂伸說　陳壽彝

鄉曲而有大人之行者榮大人而有鄉曲之行者辱說　高占燊

▲議類

卷七

△書後類

△問類

問漢高觀秦皇帝曰大丈夫當如是也項羽見秦皇帝曰彼可取而代也詞氣態度有無異同　張　曾

問蕭何始稱韓信國士無雙請漢王用之後則紿信入賀使呂后殺之其故何歟　殷信篤

問苻堅伐晉聲勢甚盛而卒至大敗者其故何歟　鄒恩潤

問苻堅伐晉聲勢甚盛而卒至大敗者其故何歟　陸鼎揆

問苻堅伐晉聲勢甚盛而卒至大敗者其故何歟　張範中

問宋太祖値武人專橫之後以道消息論者謂致弱之原亦在於此至終宋之世不能復幽冀夏綏等地其說然否　劉蕙疇

問宋太祖値武人專橫之後以道消息論者謂致弱之原亦在於此至終宋之世不能復幽冀夏綏等地其說然否　王本代

問宋太祖値武人專橫之後以道消息論者謂致弱之原亦在於此至終宋之世不能復幽冀夏綏等地其說然否　吳繼三

問蘇東坡謂天下存亡之權在河北以今日時勢按之其說信否　彭　昕

問宋儒如謝疊山文文山氣節文章照耀千古其師友學問淵源如何試詳考之　薛紹清

問宋儒如謝疊山文文山氣節文章照耀千古其師友學問淵源如何試詳考之　鍾震

問于忠肅之獄薛敬軒先生時在內閣何以不力爭時石亨專權先生何不卽去位試據當日情事論之　鄒恩潤

問于忠肅之獄薛敬軒先生時在內閣何以不力爭時石亨專權先生何不卽去位試據當日情事論之　陸鼎揆

問明湛甘泉先生與王陽明先生分主敎事陽明宗旨致良知甘泉宗旨隨處體認天理二說有無同異試辨析之　彭昕

問明湛甘泉先生與王陽明先生分主敎事陽明宗旨致良知甘泉宗旨隨處體認天理二說有無同異試辨析之　許國傑

問東林講學有無流弊試詳言之　錢天驥

問曾滌生謂用兵之道豈有可泥之法不敝之制試申其說　楊蔭溥

卷八

△擬類

△雜文類

▲古今體詩類

大聖樂 送友旋里　陳柱

南鄉子 感懷集句　陳柱

浪淘沙 秋野　張蔭熙

如夢令 秋晚　董憲

風流子 送別孫學成　董憲

滿江紅 寄奚昇初　董憲

念奴嬌 書感　董憲

上海 南洋公學國文成績二集卷一

△原類

◉原人

莊澤宣

摶摶大地生于斯食于斯老于斯者不知其幾千萬類也茫茫宇宙產生此幾千萬類之生物又不知其幾千萬年也而世界中屹然獨出能主宰萬物者厥惟人乎開富源與寶藏建國家立政府者人也綿延數千年遍佈五大洲演可驚可駭之歷史相生相養孳孳不息者人也然而獸力強于人鶴壽高于人人之四肢五官其發達未必勝于禽獸人果何爲乎而具此偉力耶蓋人之所異於禽獸者以有團結互衛之力公共恪守之法其智慧其道德高於禽獸也草昧之世人與禽獸同處也聖賢代出爲之製麻帛以禦寒植米粟以充飢創文字以通意立國家以謀治至於今大而聲光電汽小而纖微生物舉凡天之賦與人者莫不利而用之於是人類超出於萬物而爲之主宰矣然則吾人之生於斯世也將飽食暖衣以終老此身耶抑將求增進人類幸福以光先人貽後世耶世之道不進則退彼徒求溫飽者吾恐未幾而失其天賦之智力退而與

禽獸無異矣甚者轉用其心智才力以求所以害同類之道逞私慾枉天理喪其良知滅其倫常是其行爲且在禽獸下也向使古之人皆是心則天下擾擾無政府無國家無法律無道德尙何人類之足言耶吾恐彼不及產世而宇宙間已不容人類之生存矣抑何不思之甚也雖然方今之時吾徒見夫吾族類中日事奸惡以求所以詐虞之道凡吾先人創立之法度禮敎靡滅殆盡道德倫常蕩然無存所謂人者軀殼而已其心思意志莫不亞於禽獸也試再曠觀大地歐陸則殺人如麻酷不忍聞蕞爾島民猶時思擾亂和平蓋不獨人無異於禽獸且其作惡魔力猶勝於禽獸矣嗚呼人道久滅天地不容如是而求文化日進族類日昌其非南轅而北轍乎吾悲夫今世之黑暗不知人與禽獸之別願普告同胞亟反本以求其道則吾族類之不亡其庶幾乎

顧視清高氣深穩文之雅健處似之氣象從容規橅大雅 蔚芝加評

◉原人

顧懋勛

今夫衣裳黼黻眉目娬媚危坐正立徐趨疾馳其音嬌曼其言娓娓望之儼然接之溫温明足察秋毫聽足辨啾聲準足別芬穢口足知甘辛默識潛計方寸之靈執摑蹈踏

四肢之能其可以謂人乎曰否否是何言歟言語者猩猩鸚鵡之末技耳視聽者鼠鼬鵂鶹之餘能耳至若外表之雅治聲音之可耳趨走之疾徐者常禽凡獸且有過之胡足稱邪由是言之人直衣冠之禽獸耳禽獸直毛羽之人耳其間相去何遠哉子輿氏曰人之所以異於禽獸者幾希不亦危乎嗚呼輓近世俗頽敗人心不古廉恥道喪禮義掃地人面而禽獸心者指不勝屈其尤甚者不如禽不如獸矣世道險巇一至於是大千世界不爲傀儡之優孟場者幾希憧憧吾類不淘汰於禽獸之族者幾希嘗試思之以爲人之所以爲萬物之靈而別乎禽獸之類者不在五官四肢之靈在乎此心之靈而已傳曰明明德明德者此心之靈也王陽明曰致良知良知者此心之靈也是故孩提之童至無知也而知愛其父母者此心之靈未昧而不媿其爲人也七尺男子無所不知也然而弑其父殺其母而不顧者此心之靈久滅而不啻禽獸也唯君子知良知之不可不致也明德之不可不明也此心之靈之不可片刻昧也故誠其意正其心使一己之所知者無不良所存者無不明一念之不善一慮之不臧則芟夷之蘊崇之止遏之而不使之存一毫於身心故其德常明其知常良而其心常靈心之常靈乃謂之人

前路清矯拔俗中後提出心靈二字可謂探驪得珠文筆亦精警可喜筆情廉悍宗旨正大 蔚芝加評

原人

王鍾

太古之世獉獉狉狉飢則思食渴則思飲遷徙無常行止不定迨夫聖人出爲之構宮室創器皿制衣服立市廛於是人類之生活便而人禽之界亦稍稍別焉而又有聖人者出定嫁娶之禮立職官之制於是廉恥道生禮義是尙人禽之界於以大判至是禮義道德愈明而人禽相去益遠人人得爲人之道而天下治安無紛擾之亂此唐虞之世民生相安而無殺戮奸逆之風也迨夫戰國競尙巧詐捐棄禮義日浸淫於利祿權勢而詬王道爲迂闊是以篡弑之禍史不絕書而廉明之士百不得一此孟子所以有人之異禽獸者幾希之歎也秦漢而還天下愈擾聖道益泯洎夫唐宋昌黎倡之於前大聲疾呼著書立說以冀斯道不滅而宋儒復起之於後分齋講學研求性理冀聖賢之道復彰於後世當時風俗雖遠遜三代然人心之險道德之墮固未有如今之甚者則唐宋諸儒提倡之功也迄乎有明陽明先生以致良知之說道天下而天下受其益者不可勝數是以明末魏閹專政諂諛者雖多然究不若漢末頌王莽功德者至數十

萬之多也於此足以見陽明學說有以啓之於前也蓋陽明致良知之說卽爲人之道夫人禽之判不外禮義廉恥然人之爲奸惡無恥之事者彼非不知禮義廉恥也蓋視奸惡無恥之事而以爲無失乎禮義廉恥也故敢公然行之而不爲怪彼以爲無失乎禮義廉恥者蓋不能致良知以辨別禮義廉恥也是故爲人之道在禮義廉恥而能辨別禮義廉恥則在致良知也能致良知則不失爲人不能致良知則與禽獸無異猩猩能言鸚鵡能語彼胡以異於人哉然不能離禽獸之名者則以其無禮義廉恥耳人而無禮義廉恥則亦猩猩耳鸚鵡耳縱學識廣博亦不過猩猩鸚鵡中之智焉者耳曷足貴乎嗚呼世風愈衰道德愈敗人之相率而爲奸惡無恥之事者所在皆是相率而爲奸惡無恥之事又何異夫相率而入於猩猩鸚鵡之羣也哉人而入於禽獸之羣是亦良可哀矣

詞理通明粹然一出於正

●原孝

鄒恩潤

今夫孝之義大矣廣矣蔑以加矣而其所以爲孝之道有可言焉晨昏定省拘守禮節孝之小者也身體膚髮不敢毀傷孝之末者也是世俗之所謂孝非吾之所謂孝也世

俗之孝孝其小而孝其末吾之所謂孝孝其大而孝其本夫孝其小而孝其末親存則可盡其所謂孝親沒則已焉是其所謂孝者僅孝親之形質非孝親之精神由君子觀之末足與語孝之大本也爲人子者温其色婉其容色難之道盡矣清其心保其身父母唯疾之憂免矣承顔色就意旨無違之道備矣是固孝之要道然僅僅以此目之曰孝則吾猶以爲未可何也色難之道盡父母唯疾之憂免無違之道備是吾所謂孝道之始云爾夫苟有其始而無其終或奸黠鄙劣以蠹其羣或攘權奪利以亂其國爲人子者而若此其罪不可勝誅矣不孝之甚孰有加於此者耶故吾之所謂孝以求孝之大本爲歸於世俗之孝而不能盡其道則不孝父母之形質爲背恩負義之人於吾之所謂孝而不能盡其道則不孝父母之精神夫豈特背恩負義已哉由是觀之在家爲令子僅孝之始必出而不爲社會之蠹而有益於社會上而不爲國家之害而有利於國家斯得全其爲孝此吾之所謂孝也苟社會之人而能盡吾之所謂孝則社會之興可立俟苟一國之人而能盡吾之所謂孝則一國之興不待言然則國多孝子則其國強孝道之關繫於人羣顧不大哉嗚呼觀舜能化其父母之瞽頑而盡其孝觀閔子之德行人無間其父母昆弟之言孝之大孝之本已盡則其小者末者可知也吾願世之

人於此三致意焉其亦庶乎其可也

充類至盡有功世敎之文

●原孝

張範中

邱陵山嶽大小不同其爲土所累則一也川流江海廣狹不同其爲水所積則一也不累邱陵無以成山嶽不積川流無以成江海博施愛衆堯舜所難然豈得以堯舜之所難而遂謂天下無是人哉能推其本斯至矣夫尺寸一而所度者雜斗斛一而所量者繁人心一而所施者衆人之心寓於是而其施則爲惻隱爲羞惡爲辭讓爲是非分之則爲四曰仁義禮智而無仁則其三者不立故合之爲一則曰仁聖人唯盡心乎其一而其他皆至焉聖人之所以修己治人莫大乎仁絲紛矣提其綱則治衣亂矣執其領則整聖人之所以爲仁亦若是然仁道恢恢苟不得其方將施之無序夫登山必由其址涉水必由其岸故事必由其近也聖人之行仁自家庭始以爲生我育我敎我者親也我之於親未嘗或離也親莫親乎是近莫近乎是所以盡吾之心者亦莫易乎是於是乎而至則其所謂繁者簡矣其所謂複者單矣順是而推則四端備而仁道立矣於是聖人盡心於此而名之曰孝故孝也者聖人之所以盡心於其親心靡人或無則孝

盡人可爲充其所累積巍巍乎其大矣堯舜之所難能者亦未嘗不可至也吾獨怪孝之易旣若是而世之人惛惛焉終其身不得盡斯道者何也豈聞其大而震其難而不知其爲易耶抑甘自暴棄而不求致其本心之故苟致之吾知其必不震驚其道之難行以此爲顯親揚名之孝子卽以此爲博施濟衆之仁人夫何難哉夫何難哉

深入理窟獨得眞詮

●原孝

陸鼎揆

千百年來聖帝明王之所以治天下者其惟孝乎孝經曰先王有至德要道以順天下有子曰其爲人也孝弟而好犯上者鮮矣何則父母者人之本也能務力於其本斯能務力於家國天下是故求忠臣於孝子之門能知其本也不孝其親而欲有爲於天下自古迄今未之或有是以爲人子者莫要乎養其親夫所爲養者非爲口腹之養也而貴乎養親之志憂戚無以傷其心思慮無以拂其性處流離困苦之時不改其常自視如赤子自待如下僕憂如是悅亦如是斯能養其志矣夫然後可以言乎養可以言孝夫人子莫不欲孝其親然而千百年來以孝聞者百不一焉則是知孝而不反其心也苟念覆育之勞則思父母之劬念鞠養之恩則思父母之勤更反而自問其躬而思所

以報父母退而自省其軀而思有以養父母孝心於是乎勃焉敬愛油然而起矣推是志也終身不懈可也人人而爲孝子可也遇患難思無辱其親遭橫逆思無危其親心莫敢不正身莫敢不敬於是以之爲國則忠以之爲友則信以之爲父則慈以之爲夫婦則和夫如是天下有不治者哉孟子之言王天下曰謹庠序之教申之以孝悌之義嗚呼人倫之係於治亂大矣

文心靜穆後路尤見沉着

原仁

周賢頌

仁也者至大至剛沛浩磅礴充塞乎兩間在天者謂之元日月經焉江河行焉華嶽峙焉萬物生焉人得之而爲仁仁人道也天地之至德也在昔獉狉之世渾渾噩噩毒蛇猛獸橫行於洲國人無爪牙之利金石之堅躶脛赤膚而與之戰放之川谷闢成樂邑孰爲爲之孰令致之曰仁實主之皇古草萊未開荊棘盈野人皆穴居巢處老死不相往來未幾而聚族爲鄉聯鄉爲國林林總總蔚乎文明孰綱維是孰主張是曰仁則宰之嗚呼大哉仁乎夫泰山堁塵耳大河微滴耳集無量數堁塵微滴融之積之必也有愛力存焉泰山大河而無愛力則鴻鴻濛濛澌爲烟埃久矣仁之於人亦然獅虎在山

一呼則風雲變色林壑沸騰飛鳥亡羣百獸潛影然而踽踽涼涼蟄蟄籠柙腺體供於鼎俎毳鞹薦乎茵席曰無羣也奔馬野居食則成隊行必有伍鷙敵來襲結陣相抵然而駢首槽櫪扶服鞭策羈馽束體斷號轅下曰無羣德也惟人爲能務本體仁好羣愛類立綱常定倫紀長幼有序上下有別入則孝弟出必忠信愷悌慈惠尊齒憐貧孤寡是恤煢獨斯矜匹夫匹婦有失所者如己納之於溝壑視四海若同袍一胡越以爲家此所謂仁也此所謂人道也得之者存失之者亡人與物於斯判焉嗚呼天生蒸民於斯久矣我列祖列宗汗血辛苦篳路藍縷冒萬難罹萬死累年月日卒有斯錦繡一片土以貽吾子孫宜若何相惠相愛克遵人道以求太平大同之福顧乃蠻觸紛競蜩螗鼎沸世界愈進化戰爭愈劇烈文明人道分途背馳在昔體生存之意與龍蛇戰今也逞私慾自殘其類此自滅之道也不趣滅亡其可得乎慨顧東西戰雲靉靆作原仁篇

含綿邈於尺素吐滂沛於寸心用筆亦駸駸入古

●原文

唐慶詒

今夫雲五色曼爛巒岈峯立矗若山踞若猿還若鱗此天地之至文也今夫水方其盪於風也波瀾瀠迴曲折成文此又天地之至文也凡宇宙之物莫不有其固有之形態

莫不有其固有之性質卽莫不有其自然之文故文也者卽於物而生也無物卽無文也伏羲氏出上觀於天下觀於地而畫八卦分陰陽之理定三才之道考物之性質形態而爲人爲之文故人爲之文者卽自然之文而生也無自然之文卽無人爲之文當宇宙鴻濛未闢之時無所謂物卽無所謂文一無極之象也迨宇宙開闢之後卽有所謂物卽有所謂文一太極之象也天下之物夥矣天下之事繁矣物交物事錯事陰陽相偶參互錯綜不可紀極於是而天下之文怪奇不可紀極宇宙之所運行日月之所光明江漢之所通流此自然之文也文能載之有喜怒哀樂七情之發而質立焉有禮樂兵農食貨之學而文生焉古人之學文生於情所謂情也者謂我固有之情與物之情也以我固有之情與物情相磨激相震盪相爭競而文之變化無窮焉故文之至者能令人歌能令人泣非文之眞能令人歌泣也天下有事物可以令人歌者泣者惟至文足以刻畫之畢肖之讀其文不啻見其物是以爲之歌泣也嗚呼吾嘗淵淵深思思夫堯典贊堯之辭曰欽明文思安安孔子贊堯之辭曰巍巍乎其有成功也煥乎其有文章夫堯之功業夫人知之而堯典首稱其文思安安孔子稱其煥乎有文章者然後知事業文章相爲表裏有事業然後有文章唐堯之治巍乎煥乎其臣子旣習見之矣

於是筆之爲堯典之文禹敷土隨山刊木奠高山大川史官見其告厥成功矣於是筆之爲禹貢之文孔子之於鄉黨威儀抑抑從容中道門人弟子既無行不與矣於是筆之爲鄉黨之文其他書以道事詩以達意易以道化春秋以道義必有其質乃有其文後世學者不知此理剽竊陳言以爲文庸詎知文也者卽於物而生也譬如習射於矍相之圃則知觀者如堵牆技巧之畢出也聽樂於洞庭之波則知音節之高下徐疾也褰裳而涉汶陽之坡則見天下之稼如雲也駕驅而至敖倉之陳則見天下之粟畢陳也古人之文先有質而後筆之於書非徒以文爲故言皆有物歷久不朽也且吾又嘗思夫孔子有言我黨之小子狂簡斐然成章夫孔門崇德行者也而曰斐然成章然後知德行與文章亦相爲表裏嘗推而驗之凡文之正大昌明者必其人之光明磊落者也文之樸茂方正者必其人之忠厚篤實者也文之精深堅卓者必其人之沈潛精思者也至怪僻執拗其人必頑固尖巧刻覈其人必殘忍圓滑輕佻其人必浮滑凡人之心思不能不寄之於言誠於中者形於外言不能掩其行以文章考人之品性十不失一二古之人蘊蓄其德行發而爲事業顯之於文章立德立功與立言並重故曰修詞立其誠理積於中發現於外夫然後其爲言也純粹氣盛言宜斐然而成章矣嗚呼自

六藝衰而諸子起諸子衰而百家起百家衰而文集起遞趨遞下靡知所屆今欲救文集之衰當起之以百家欲救百家之衰當起之以諸子欲救諸子之衰當起之以六經轉移風氣提倡國文非我輩之責而誰責乎

氣盛言宜斐然成章篇中語可以移贈

●原文

王永禮

嘗讀孔子書文學居四科之終文行列四教之首然則文之爲文何其重哉誠以文者天地之至寶人類之靈氣國恃以立人賴以存者也日月星辰之經天光怪陸離不可思議非文何以彰之山川草木之縈地參互錯綜各含質力非文何以表之荒古之民傑野其性狉獉其形自今視之嗤爲顓蒙豈非以其無文故耶夫不文則野野則天地之大德不彰萬物之奇能不著後世聖賢代起憫人類之傑野無文也乃潛心講學以輸灌文化庠序並興學校林立文學大昌藝術增進於是民之傑者通野者文天地造化之功益顯而萬物固有之質力亦於是乎畢宣此文之用也且人之稟性不齊強弱剛柔相差之度不可以道里計及相習乎文而貫通乎道則潛移默化陶鎔爲一故林總之民悉受治於文化之下相守乎法相習於律休養生息至死無爭者皆文之力也

是以一國之盛衰一世之治亂莫不以文野爲斷嗚呼文化之關繫若此其可忽乎哉今世之士往往離文而言學舍道而求藝謂二十世紀爲物質文明之時代不宜復注意文學嗚呼何見之淺也夫西民之專精實科必有其所以然之理十八世紀以前歐洲宗教之爭相尋無已時國王之權神聖廣大鉗制言論其時之民非迷信於宗教卽慴伏於君主及倍根盧梭斯賓塞爾諸哲士崛起著文以鼓盪一世而后全歐之民始有自由平等之想而研究物質之學鄉使歐洲無文學之昌明則宗教之爭猶見於歐陸專制之禍未脫於時則人民之思想不開學術之競爭不烈一切物質科學皆將退化而歸於無又烏有今日哉此余所敢斷言也吾願綴學之士愼毋侈口於物質之文明而不推其本焉

極言文學之作用足爲近世學子藥石斯爲有用之文

●原理

周增奎

有物焉無形無聲非實非虛語其大天地不能與之比語其微塵埃不能與之較其變化若行雲其堅固若介石天下以之有是非之別邪正之分義利之辯人有之則爲是爲正合乎義無之則爲非爲邪近乎利盜賊因之以斂跡宵小因之以銷聲奸宄因之

以隱匿小人因之以敗露聖賢由之以成物英雄由之以應變君子由之以立名故是物也有定是非紛爭之力平擾攘暴亂之能然用之一謬誤則姦人反借之而施其詭詐是物維何其名曰理理也者似有定而無定者也似有準而無準者也或有疑者曰吾是之安知他人不以爲非而以爲是則吾之以爲合於理者安知他人不以爲背理吾非之安知他人不以爲是而以爲非則吾之以爲背理者安知他人不以爲合理然則是非不定理亦終莫能定也余謂不然有理則必有是非有是非然後理之爲理見先有良心上之是非而後事之是非見事之是非無定而良心上之是非則一定而不可易故曰理在內而不在外彼世之以爲理爲可混者此不知理者也作原理

推原立論效荀子賦篇處頗能得其神似

◉原經

陳長源

太極渾沌乾坤肇闢仰觀乎天日月星辰若此其燦爛也俯察乎地萬物衆生若此其繁衍也相盪相激相感相繫四時以分陰陽以別晝夜以明寒暑以辨是孰使之然哉其有所宰而然耶其無所主而然耶詩曰天生烝民有物有則者天道也萬物運行之常軌也於文曰經經者通天地亙古今歷萬世不變之大法也是故天行健日月雖

有盈虛而寒暑晝夜之次不易也地道久山川雖有崩竭而飛潛動植之生不息也人道邇政術雖有變遷而禮義廉恥尊卑長幼之分不改也聖人察乎天道以立人法堯舜禪讓湯武征誅後世以兵弋獲或專制或共和或立君或民主然治國之道禮義之教人倫之序莫之能易也上古封建秦漢州郡唐宋府道晚世行省然設官理民之義莫之能改也三代庠序漢時薦舉魏晉設九品官人之法宋明科舉晚近學校然造士登庸之意莫之能移也是故法者時變者也經道者亙萬世不變者也今夫日月運行自東徂西未聞升於西而降於東也江河之水轉輾紆迴入於大海未聞自海而流諸江河也魚鱉水處則生陸居則斃鳥獸林處則殖市居則凋人者適於仁義道德生乎禮義廉恥者也奈何近世貪鄙之徒欲舉所以持身之仁義道德人道之大經而盡去之非至殺身滅性爲禽獸不止悲乎夫宇宙之法有變宇宙之道亦有變所變者權也所不變者經也經權相濟乃得其衡譬若日月之常明經也而不能無晝夜之分者權也淵嶽之渟峙經也而不能免陵谷滄桑之變者權也治道之本乎百王經也而不能無尚忠尚質尚文之異者權也凡宇宙間一事一物莫不有準則自其不變者而觀之則得其經歐洲學者亦稱之爲天然律自其變者而觀之則得其權歐洲學者亦稱之

爲應勢律經者立天地生萬物亙萬世而不變者也權者順乎時勢之轉移以適時用者也無權無以達經之用惟經可以立權之極兩者相輔若脣齒之相依而世人偏於所聞私其所見無所調濟於經權之間誤矣吾願世人行權以達時務之要吾尤願世人守經以立人極之大本也

具高瞻遠矚之眼光發千古不磨之名論斯題得此吾無間然

●原法

方定墀

上古叢榛之世獵而食葉而衣陶陶遂遂于于容容渾然與世無爭也漠然與物無忤也其生也壹聽其自然其息也壹歸乎無物得天之道以生盡人之事以歿無父母兄弟夫婦之親也無長幼老少之序也無君臣上下之別朋友忠信之誼賢不肖之分也善惡不知智愚不講日出而興日入而眠是故無法之必要也而亦無所謂法也迨夫三皇五帝者出民智漸開競爭旋起於是獷之獵食葉衣者一變而爲火食與衣裳矣獷之無父母兄弟夫婦之親長幼老少之序者今亦漸漸有之矣獷之無君臣上下之別朋友忠信之誼賢不肖之分者今亦次第萌芽而造端矣獷之陶陶遂遂于于容容渾然與世無爭漠然與物無忤者今則熙熙攘攘攫權奪利強凌弱衆暴寡侵呑殺戮

各立部伍以鈎戟長鎩相周旋矣此法之所由起也此世人之所以必待乎法而後治也雖然法非人人可得而作也必待一二強而有力睿而多智者準情以定之然後頒之國人使各自遵守違則有罰此唐堯虞舜禹湯文武周公之法之所以治天下也洎乎叔季一二人者襲爵承蔭閉跡深宮茫然不知民之疾苦恣意自爲肆無顧忌一變前之所謂見囚而泣人饑己饑人溺己溺之旨矣於是法之適於上者必不適於下矣此敲足折脛炮烙剖心砧釜鼎鑊斬殺誅戮之所以爲法也此夏桀商紂之所以斬絕其血食禋祀也嗚呼均所謂法也行之得其當則唐堯虞舜之治可見也不得其當則雖強而有力睿而多智如桀紂者亦將以覆其宗由此觀之用法之際可不慎歟可不慎歟余悲夫近世之言法者徒知以歐美爲宗而不知先王之法之爲大同無偏無倚甚有合於今日之國體也作原法篇

探法治之原理見三權鼎立之濫觴有條不紊驪珠獨得

●原耻

張駿良

夫羞惡之爲耻羞惡而奮發有爲之之爲耻羞惡而不有爲非耻也有爲而不奮發亦非耻也物各有耻知之者難知之而能行之者尤難管子曰禮義廉耻是謂四維四維

不張。國乃滅亡。恥者國以之而興。民以之而存。苟其國也萬民恥於下。官吏恥於上。力圖振作。不有假僞之私。臥薪嘗膽。不忘在昔之恥。則其國也不數年而農歌於野。商嬉於市。百僚慶於朝矣。中庸云知恥近乎勇。子曰見義不爲無勇也。是知恥者貴於有爲也。今人乍見外人虔劉我邊陲。蔑視我人民。強迫我不能。則人皆有羞惡之心。莫不引以爲恥。然非我之所謂恥也。是皆恥於其口而不恥於其心。名之曰無恥可也。凡吾之所謂恥者。非徒羞惡之謂也。恥之於有爲而已矣。非徒口講之謂也。恥之於憤發而已矣。羞惡之爲恥。是未嘗有能恥之力在也。口講之爲恥。是不有眞恥於其中也。恥不若人斯爲眞恥。無恥之恥。實乃有恥。恥原於羞惡。而歸於憤發有爲者也。昔者吳王恥於父仇。遂有會稽之勝。句踐恥於會稽之役。起而滅吳。斯所謂眞恥。至如秦檜之媚外。魏閹之生祠。已絕然無恥矣。我中朝士大夫。今者被迫應於日人之要求。咸曰恥恥。而嬉喜如故。恬不爲恥。夤緣求進。心戀祿位者有之。勢燄逼人。貪墨敗事者有之。是皆淪亂家國者也。嗚呼。非夫人之爲恥而誰恥。

意能深入。筆亦淸剛。

◉原儉

楊蔭溥

孔子曰、禮與其奢也寧儉。又曰、奢則不遜。儉則固。曾子曰、國奢則示之以儉。誠哉、吾人之不可以不崇儉也。夫儉者、節省之謂也。節其可節者、省其可省者、卽謂之儉。是故宮室不必峻宇雕牆丹楹刻桷彤軒紫柱文榱華梁。惟求其適合衛生焉已耳。是謂居處之崇儉。服飾不必霧縠增輝雲綃拂影蟬紗燦爛蠋錦炫煌。惟求其清潔適身焉已耳。是謂衣服之崇儉。飲食不必燔兔首而炙牛心臑熊蹯而蒸駝背。惟求其果腹焉已耳。是謂飲食之崇儉。昔大禹菲飲食惡衣服卑宮室。孔子稱之。褒其儉也。漢文帝惜百金之費而停露臺之工。唐肅宗舉三澣之衣而示百官以儉。宋武帝盤飱五醆。梁武帝糲食豆羹。其儉德有足多者。且夫儉之爲德大矣哉。治國者而得此道則貧者可富。富者益富。弱者可強。強者愈強。治家者而得此道則虧者得盈。盈者更盈。乏者可裕。裕者益裕。其成效有如此者。反是則不儉之爲害尤有不可勝言者。在上者而如此則飛觀神行。虛檐雲構。離宮百里。園囿千頃。繁組綺錯。羽爵飛騰。玉杯象箸。酒池肉林。鼎鐺玉石。金塊珠礫。棄擲邐迤。視之不惜。終致民窮財盡。非敗卽亡。在下者而如此則一擲萬金。一食千錢。窮極奢華。罔知顧忌。一旦財竭。飢困隨之。其爲害又甚大也。或曰、若子之言毋乃近於吝乎。曰、節所應節謂之儉。節所不應節謂之吝。其相異有若天壤者。豈可同

日語哉此又不可以不辯

詞藻繽紛才思橫溢天分學力俱臻絕頂

△釋類

●釋中庸大旨　殷信篤

天下之治亂何由乎由於風俗之厚薄而已風俗之厚薄何由乎由於人心之所嚮而已人心之所嚮也正則其風俗善而其國亦治人心之所嚮也不正則其風俗偸而其國必亂然則導人心以善誠立國之大本也立國之道不外以法律治其外而以教育治其內大凡一國之能立必有其精神精神者何即教育之謂也我國教育之精神何在則必應之曰師孔子孔子之道無他曰中庸而已庸者用也惟中而後始適於用也故聖人作易其於乾也初九九四不及中者也則或潛或躍上九九三過乎中者也則或悔或惕九五九二得乎中者也則或飛或見是聖人用中之道也唯聖人用夫中故無往而不中夫道是故以之處物則平以之爲己則正既中且正斯天下之情通矣然則中庸之道實人生不可須臾離者也夫中庸之道無他亦曰立誠而已孔子作易乾卦文言傳曰存誠曰立誠子思發明之曰誠者天之道也誠之者人之道也孟子發明

之曰至誠而不動者未之有也荀子曰君子養心莫善於誠不誠則不能獨不獨則不能形其他賢哲亦莫不有以昌明之大哉誠也其中庸之大道乎夫立誠之道無他亦曰愼獨而已愼獨之旨屢見於經傳而中庸尤三致意焉戒愼乎其所不睹恐懼乎其所不聞此愼獨工夫也莊子曰爲不善於顯明之中者人得而誅之爲不善於幽間之中者鬼得誅之此尤發明愼獨之不可已也然則愼獨云者其卽中庸所由作乎嗚乎使天下人而皆行乎中庸之道立誠以應物愼獨以修身雖千萬年國又奚有亂亡之憂哉此吾夫子立敎之大綱而子思子中庸一書所不容已而作焉者也

芟盡膚詞獨標精蘊

◉釋論語鄉黨篇義　張駿良

予讀鄉黨篇宛若聖人之在目蓋凡聖人之一動一靜應對進退動容周旋無不畢盡於鄉黨一篇可謂盛德之至矣小子不敏謹敢書其後曰聖人之所謂道者無不在乎日用之間其於言語動靜飲食衣服之中悉皆切中乎禮而適乎時此則孟子之所以願學孔子而起後人崇敬之心也夫夫子之在於鄉黨恂恂似不能言者其在宗廟朝廷便便言惟謹爾其出處言貌之不同若是何也禮也時爲之也君子不以紺緅飾君

子之衣各有定制君子非服不服故邪正有辨寒暑得宜動輒中禮其後飲食之節其錫類報本向晦通幽無非見聖人之敬予讀茲篇而益感聖人之於禮乃爲重若斯詩云人而無禮胡不遄死夫禮主於敬敬歸乎誠思誠則敬生主敬則禮自生司馬温公嘗謂誠自不妄語始大都聖人之道盡在於尋常日用之間非難爲也而乃常人失之毫釐其間賢不肖之相差抑若聖賢之不可幾及可慨也夫潛心於聖人之學者其注意於斯焉孔子去父母之邦接淅而行孟子稱孔子爲聖之時蓋凡聖人之一舉一動無不盡中乎禮而合乎時其於鄉黨篇早已見及之矣曰山梁雌雉時哉時哉此乃夫子歎雌雉之得其時而聖人抑且何日始能出而平治天下也其憂天下之心乃不覺溢於言外固又非彼爲我清靜之流所能望其項背者也嗚呼孔子聖之時者也自生民以來未有如孔子者也余讀鄉黨篇益令余生崇敬聖人之心焉

雅潔明淨脩然脫去俗氛

●釋孟子首篇義

高占熒

三代之治何其盛歟干戈不興上下安樂守其所有不爭不攘非聖王教民行義之功何以致此蓋人心無二不入於義必入於利不入於利必入於義義與利天下治亂之

關鍵人心善惡之所繫也彼弑君作亂者非爲利也哉爭奪姦詐者非爲利也哉不觀夫戰國之時乎臣弑君子弑父今日韓伐魏明日趙伐燕兵革無日或息姦詐無時或已人民流亡四海紛亂果何故哉上自人君大夫下至庶人急功利忘仁義之所致也雖然聖王不作世道淪亡豈一朝一夕之故哉自春秋以來人心多陷於利沈迷不返舉世滔滔莫知仁義爲何物者孟子欲挽人心於頹壞復行三代之治見梁惠王首倡仁義深知功利不去爭奪不息仁義不行治安無基是猶扁鵲之用藥苟非拒而絕之病未有不瘳者也無如利之一字入人之深近人之切凡有所作莫不以利爲先故惠王曰不遠千里而來亦將有以利吾國乎然則人心不古仁義淪亡蓋可見矣吾因之有感焉孔子倡仁義於先而人尙功利是驚孟子繼之於後而人多以爲迂闊豈人心頹壞天稟使然耶然反觀三代之治聖王敎民以義所致吾知仁義之存亡在乎人君提倡與否之故也蓋四海之大人民之衆多視在上者爲表率戰國人君好急功利人民傚之雖有一二聖賢崇尙仁義挽回世風一杯之水固不足以救車薪之火也豈不惜哉然苟非孔孟提倡仁義於斯時吾恐後世人心之壞永無已時兵革之禍愈遠愈大固不止於戰國後而漸止也使惠王從孟子之言力行仁義諸國繼之則三代之治

復見於斯時免生靈殺戮之禍行堯舜揖讓之風豈不偉歟然則孟子教惠王以義固爲當時治亂之所繫亦後世人心之善惡所關也奈終不能行豈不惜哉豈不惜哉

極言好利之害因端竟委寄慨遙深

◉釋孟子首篇義

王鍾

我國士氣之盛莫逾於戰國而我國需才之亟亦莫逾於戰國得士國昌失士國亡殆爲戰國立國之標準然孟子抱仁義之旨守堯舜孔子之道而周遊齊梁間卒未能一展其才而用諸世以聖賢之資復際天下需才孔殷之時而竟不獲用於世者果何故邪余讀孟子見梁惠王章不能無感也蓋戰國之世天下紛擾人君咸以富國強兵爲唯一之旨上以是求下以是應而三代聖賢之訓仁義之道隳敗無遺是以孟子往來齊梁間終以連蹇失志而不能盡其用也當斯時也士苟能掉三寸舌則朝布衣而夕可卿相然其所用以施於天下者率出之以利是以諸侯求利其國大夫求利其家庶人求利其身上下交征利乃釀成戰爭殺戮之風世道之壞孰有過於是者乎夫梁惠王之爲君也於七國中猶非無道者而其初見孟子也首以利吾國爲請其平日之專力於此者蓋可見矣且國家之患不在貧弱而在無仁義以救其貧弱惠王憂其國之

貧弱也而不謀救貧弱之本徒欲攘人之地攻人之城以利其國以強其兵不究其本專務其末是豈爲國之道邪此孟子所以道之以仁義也蓋人君苟能以仁義勸天下則民樂爲用不期國富而國自富不求兵強而兵自強也姬周自后稷以後修德行仁十餘世故文王以西伯而王天下何則以其深仁厚澤固結於民間而民樂爲之用也秦王政既滅六國富有天下兵力強盛不旋踵而陳涉首難秦社墟矣何者不以仁義道天下而專事武功也梁惠王有救國之心而無救國之法徒炫於戰國爭攘侵伐之風而欲於此間求國之富冀兵之強背道相馳其何能冀國家之治安哉孟子首進以仁義之說蓋欲冀惠王心之一悟政之一改也惜乎天不佑梁孟子之道不獲盡其用坐使大梁日弱不數十年而卒爲秦所有也

沈實、精透、識議、通明

釋孟子首篇義

錢天驥

夫孟子何以見梁惠王也孟子何以不先見他國之君獨先見梁惠王也考當時輿地梁爲強秦之咽喉亦爲天下衝要之區夫六國存而周室寧秦氏盛而六國危謀周室之寧者在安六國謀六國之安者在制強秦而其要則在興梁梁不興秦益盛出入無

忌走兵四略假塗滅虢梁首當難遠交近攻六國繼患天下大勢尙堪問乎孔子聖人也孟子亦賢人也孔子欲以忠魯者忠周孟子亦欲以興梁者興周此孟子之所以不先見他國獨先見惠梁王也且夫亂聖人之道者縱橫捭闔信縱橫之說者六國之君六國見秦任縱橫之士而強亦欲任縱橫之說以抗秦夫縱橫之無益於六國者無論矣而當時六國之君耳之所聞口之所言心之所向無一非縱橫之說聖人之道棄而不講更數百年後勢必習於邪說而聖道不知聖道廢邪說倡臣弒其君者有之子弒其父者有之此禽獸之世也此人其形而獸其心之世也豈不大可痛乎孔子憂世人也孟子亦憂世人也孔子作春秋以正人心孟子亦欲興王道以息邪說此孟子之所以見梁惠王也梁任王道梁必大治梁治而秦不敢出六國見王道之效相率而去邪說秦知無以自存亦推重聖道是大興我道者其基在梁此孟子之所以不先見他國之君獨先見梁惠王也觀於惠王首言求利可爲我道一哭而愈可見當時惑於邪說之深嗚呼孟子此舉得其時更得其地矣

識高筆老風格頗似老泉

釋五常 仿荀子賦篇體

董憲

爰有物兮洪水不滅近若無形與人永接禮法是維綱常是立執持干戈化以玉帛執誇陰謀如雪親日謂天云高莫喻其極僕雅不察請開茅塞抱默先生勃然而興喟然而呻曰是黃葉轉綠枯柯挺條遇之而成春者邪是含哺而懷抱未啼而先驚待之如其親者邪是剖心相示憂在飢溺視人盡如其身者邪其貌藹如其上古之人邪孔子胡爲而作春秋其將以正後世之民邪彼獨何栖栖不安兮處衆荒而當益勤也念稷契之已遙兮忍後死而扶大雅之輪也以一身而振萬人兮夫是之謂仁也 釋仁

有物於此莫之敢傾觸雨不濕臨風能平望之儼然小人卻行君子當變持以爲衡屹然山立萬丈崢嶸僕幼不識敢質先生先生曰是酌酒敵前卻金而不受者邪是殺妾饗士援絕而不走者邪其聲亮而遠其正氣之歌邪其色凌冰雪而不改其墓畔梅影之婀娜邪士而無行何以立國生稟才能天畀厥職克修修名毋忝祖德其節如竹其介如石其名曰義乃四十二萬人所不識 釋義

鐘鼓鏘鏘和樂未央嘉賓來儀尊酒孔光何以報客鹿鳴之章何以贈我有圭有璋君子本此以集萬邦萬邦云遙其來恐後威儀維嚴登降授受乃結誠意測地遜厚云胡能此交在杯酒先生曰吁非酒之功有物維之以順長幼以別尊卑履之坦然背道則

危若無用兮移天下人心自險入夷彼君子兮亦知其繁重而不敢辭是名爲禮彼霸才之管子尙冠之於四維 釋禮

爰有神物無常其處在中乃周四方不離故居索之渺茫云胡穿窬有時來主彼心不臧穢我玉宇譬彼家奴乃假干羽榮之不稱莫與之語請記其名石渠永貯先生曰是乃禹之所以平水土邪天之所以命湯武邪不仁者所資而殺人邪不義者所倚而罔民邪其行似電千里爭速其藏似書笥千載寓目其名曰智志在有爲惟有德者是歸 釋智

有物焉昭然大明不自居白挾之千里蠻貊可客可要之於死生感乎幽明極乎人情不足而行而小人所輕身敗無成非絜與我不衣而暖一言之玷驥追云緩願就先生畢陳其名先生乃正容而起曰相禽有雞不失其晨相獸有犬不忘其門彼墓門之懸劍兮死不忘故人也况事已著於言兮如之何旬日而更新也君子於言毋所苟信可無邪皎皎明月吾非若人之徒邪 釋信

◉釋五常 仿荀子賦篇體

周琦

音節淵雅澤古功深

爰有大物。非金非石。包羅萬象。非水非火。爲天下餱糧。得之則壽。失之則喪。近之者剛毅木訥。遠之者巧言雌黃。人道以立。民性以方。行而王。假而霸。汩沒焉而亡。臣愚不識。敢請之王。王曰。此夫含宏光大而不小適者歟。藹然可親。而博愛萬類者歟。君子所居。而小人所曠者歟。與本之於孝弟。而知之於觀過者歟。與發之於不忍。而萌之於乍見者歟。聖人之所以博施濟衆。勞來安集。賢士大夫之所以處世輔友者歟。匹夫力行則上達。國君體念則長秪。業者與致和而祥。博愛而公。請歸之仁。

是非弛張。靡不有常。或曲或直。截然精當。國家以之爲干櫓。庶民以之而自強。口誅筆伐。三軍以振。心廣體胖。正氣以養。可以斷穿窬之心。可以冷謀利之腸。可以禁暴振頑。百姓待之而後自立。臣遇不識。願聞其名。曰此夫守直道而避邪僻者邪。天爵之所歸。而人爵之所拒者邪。君子之所由。而小人之所舍者邪。剛正不阿。信道而篤。本之於羞惡者邪。一介不與。一介不取。其廉頑立懦者邪。志氣之帥也。氣體之充也。至大至剛。其天賦浩然之氣。所以生者邪。正大光明。請歸之義。

有物於此。行則梟獍可化。廢則殺機立萌。圓者中規。方者中矩。動以亨。聽以聰。視以明。言以榮。所以冠昏。所以喪葬。忽兮狠傲而讓。忽兮奮鬥而和。天下失之則亂。得之則治。

弟子不敏此之願陳君子設辭請測意之曰此夫順天秩而敦天序者與禁之於未萌而戒之於隱微者與君子所存而小人所失者與與其奢而易寧儉而戚者與人不得則若禽獸人得之則可希聖超賢者與居敬守約燦爛文明請歸之禮

有物於此足以窮萬理察利害趨吉而避凶履安而而遠危君子以修小人以墮大參乎天地精微而無形可以禁暴燭奸百姓得之而後泰寧臣愚不識願聞其名曰此夫安寬平而危險隘者邪執其兩而用其中者邪運籌帷幄而決勝千里者邪察人知言行爲動靜待之而後適者邪學才之淵源也識學之醞釀也天下待之而後定也明達洞照請歸之智

有物於此百姓恃之以立朋友依之以誠國家以之施政三軍以之出令得之可以行蠻貊失之不足取用於一夫君子重之小人畧之臣愚不敏敢質君子曰此夫恆其德而自立者與日月之照臨四時之遞嬗者與一賞罰而操縱自如者與核名實而功業自成者與王者所師而庶民所生者與表裏誠達請歸之信

妥帖易施詞無枝葉

●釋五常 仿荀子賦篇體

藍兆乾

芸芸萬衆孳乳蛻生親愛其子婦戀其夫弟衛厥兄友恤厥朋若有所驅若有所迫是何德焉敢問其名湛黯曰此夫本民彝而發中心者歟自爲之而無待於揉作者與聖哲所厚而姦回所乏者與得之者爲人類失之者爲禽獸者與羣賴之而立國資之而合興滅繼絶扶弱惠貧物遂厥生以慶天成爰歸之仁事物之聚各有其宜合之者祥不合者殃勢不可取利不可奪湯武持之而征誅桀紂失之而敗亡夷齊守之而絶粒惡來毀之而飛揚是若有物焉貴生命而榮帝王敢問其名曰此夫準是非而由常道者與行人情之所安而不屈於利欲者與樸直而無矯飾者與天柱賴以立地維賴以尊爰歸之義經緯天地被服侯王燕享鬼神和會萬邦政賴之而理治因之而修致化文澤附之而章是何物焉敢問其名曰此夫納事物於軌範者與安生而慰死達情而節性者與內外有別貴賤有等親疏有辨長幼有序通天人之和臚億兆之歡夫是之謂禮聖哲生知愚者勉學牖民成俗前物利用無爪牙之利而制兵革無毛羽之豐而厚衣服天時之烈無害地變之疾無損是憑何術揣造物而小天地耶曰此夫因功盡能窮事物之變化者與察往而知來執簡而馭繁者與判是非之歧定善惡之畛賢者因之而修好不肖者資之而作奸者與夫是之謂知匹夫硜硜君子矻矻一言之諾不

可或更一期之約不可或踰寒暑有序昏晝有時是何德焉亘萬古而不變曰此夫矜常行而尙實質者與行遠要久立誠而聚渙者與可以覘天候察地形可以格中孚交四鄰詐僞不興世以休平夫是之謂信天者並五星而行地者麗五行而藏唯人之生不可以乏仁義禮智信故字之曰五常

義精詞湛作作有芒

讀類

讀衛風凱風篇

曹麗順

春回大地萬物萌動彼棘之苗日在春風化雨之中以生以長蓋自棘之萌芽而滋長而茂盛無不日沐南來之凱風棘之夭夭凱風之功可不知乎芸芸者衆誰無父母自生育而懷抱而提攜而敎訓以至成人何日不在母氏慈恩之中我之翩翩成人母氏經幾許之勞苦而我處其中如戴高天履厚地欲報之德昊天罔極傷哉孝子之心也瞻彼黃鳥下上其音猶知反哺以養其母爲人子而莫慰母心不得樂其父母使終天年盡天倫之樂趣報慈恩於萬一是人竟不如鳥也嗟乎時序代謝涼秋已屆彼棘夭夭凱風不來父母旣沒雖欲孝其可得乎抱此遺恨石爛海枯其有已乎此吾讀凱風

一篇感而歎泣者也嗚呼陟彼岵兮瞻望母兮定省不修我心傷悲文有至性後段尤悱惻動人

●讀史記蕭相國世家

殷信篇

蕭何以刀筆吏從高祖起兵誅無道秦不十年天下底定論功行賞何爲第一位至相國以壽考終何之遭際亦盛矣哉夫豈知其得保首領者實天幸也太史公著相國世家將敘其功先表其識高祖爲布衣時何數以吏事護高祖及爲亭長又常左右之後以吏繇咸陽何送奉錢獨厚於他吏何與高祖繾綣如此知高祖之將興也與秦御史從事事常辦御史欲入言徵何何固請得毋行當是時秦方強盛而何不欲入秦知秦之將亡也夫一刀筆吏而其識乃卓卓若是以見他日之膺爵錫封爲開國功臣之首者非偶然也世家載何之功績僅四事鄂千秋與高祖論定元功位次第就何鎮撫關中轉漕發卒補高祖之缺乏以爲此萬世之功非參所及其收丞相御史律令圖書與舉韓信爲大將皆略而不論不知高祖所以有天下者以具知天下阨塞戶口強弱多寡之處也天下大矣戶口衆矣高祖所以能具知者以何入關時先取律令圖書而藏之也高祖與項王相距於滎陽成皋間何守關中發丁壯以益兵斂賦稅以足用高祖

所以屢蹶而屢振者實由於此然非信虜魏破趙下燕滅齊關中固不能守卽滎陽成皋之間亦未必能以久距是以太史公於收律令圖書之下卽大書特書曰何進言韓信漢王以信爲大將軍是韓信之功皆何之功也夫開創須良將守成須良相古今不易之理何與曹參不相能及何病孝惠臨問何舉曹參以代己舉其讎不爲諂尤見相國體國之忠焉他如修律令則見於張蒼曹參傳而世家不書項羽王高祖漢中高祖欲攻羽以何之言而止則見於班書蕭何傳而世家不書非略也錄其大者其小者不足言也然何之功愈大而高祖之猜忌愈深高祖之猜忌愈深則何之自全亦愈難不能如留侯之辟穀則將繼韓彭而葅醢以何之識能知高祖於微賤之時夫豈不知高祖之爲人乎乃自守關中至爲相國其遣子孫昆弟從軍史則曰漢王大悅悉以家財佐軍史則曰高祖乃大喜賤買田宅以自汚史則曰上心乃安然其謀皆自他人發之他人不言何亦不疑高帝之忌己是則何非獨功臣亦忠臣也而以請上林空地竟繫之廷尉飾詞爲相國受賈人財物非猜忌之深疑其收拾人心而預爲之讐哉微王衛尉言何必不免矣然則如何之忠於漢高漢高之忌何卒之勳業爛然可與閎夭散宜生爭烈者豈非天哉豈非天哉

闡明龍門史法讀書得間能見其大

●讀史記留侯世家

火炳彬

自古愛國志士傷祖國之淪亡痛宗社之傾覆臨風隕涕麥秀興悲其憤懣不平之氣磅礴鬱積於中思得一當以報其不共戴天之讎固不必拔劍而起捨身以殉如要離專諸荊卿聶政輩之甘爲知己死而輕於一試也然雖不輕一試苟有可以償我志復我仇者卽自同於要離專諸聶政輩之所爲亦所不辭夫良之先五世相韓然大好江山已爲虎狼所吞噬蹂躪我土地坵墟我社稷奴隸我人民良之心能無痛傷乎哉痛傷之不已必椎擊之椎擊之不已必傾覆之亦勢所必致也使擊之而中則大仇已復大志已償乃可告無罪於韓先王在天之靈卽六國未死之人心亦且同聲稱快兀兀蜀山茫茫秦鹿奚待狐鳴篝火輟耕隴上而始入他人之手乎度良於此已早從赤松子遊不復知有天下事矣惜也誤中副車不能稍減其憤懣不平之氣不得已出其智謀勇略輔相沛公位置漢山河埽盪秦毒螯蓋猶是博浪沙中之初志耳志已償仇已復遂託於辟穀飄然遠引絕不以功名富貴芥蔕其心則知良之心始終爲韓而已是故留侯相漢滅秦覆楚我不欽其深謀遠慮而欽其始終抱愛國熱誠何則滅秦良之

目的也而覆楚不過完其功業以善其終耳紫陽綱目大書特書曰韓人張良猶之陶潛心乎晉而書晉徵士張承業心乎唐而書唐特進愛國志士之照耀史册如此此留侯復仇之初志跡雖近於要離專諸荆卿聶政輩之所爲而一片愛國熱誠究非要離專諸荆卿聶政輩之所能望也此我讀其世家而歎其爲愛國志士也

首段氣旺神流得機得勢正昌黎所謂氣盛則言之短長聲之高下皆宜也中後亦能回環呼應消息靈通結構既極謹嚴聲情又復激壯洵爲愜心貴當之作

●讀枚叔七發

莊澤宣

吾嘗讀枚叔七發篇覺其諷楚王措辭之嚴立意之深假譬之妙誠人臣諫奏之奇文也顧吾讀枚子之作覺重有感者蓋楚太子之疾何酷似今日中國之病也邪氣襲逆中若結轖此國基之不固也紛屯澹淡噓唏煩醒此外交之緊迫也惕惕怵怵臥不得瞑此國內之擾亂也虛中重聽惡聞人聲精神越渫百病咸生此累代之積弱也聰明眩曜悅怒不平久執不廢大命乃傾此危亡卽在目前也況乎縱耳目之欲恣支體之安者非今日中國之華族耶龍門之桐高百尺而無枝非今日中國之政府耶摶之不解一啜而散非今日中國之民氣耶射千鎰之重爭千里之逐非今日中國之官吏耶

從容倚靡消息陽陰非昏瞶無知之國民耶旌旗偃蹇羽旄肅紛非西南乍驚之獨立耶高歌陳唱萬歲無斁非歌舞昇平之國都耶紛紛翼翼波涌雲亂非中立旁觀之歐戰耶然而太子之疾一聞吳客之言卽霍然病已獨中國國病之深由來已久雖枚叔復生吳客復起未可以救也嗚呼此中國之所以瀕于危亡歟

一唱三歎神味無窮

讀諸葛武侯出師表

曹守廉

嗚呼中原板蕩王室淩夷豪傑恃險以稱雄權奸乘機而抗命彼夫受顧託之重遇國士之知者非賣主以求榮卽苟生以忍恥其能致力邦家鞠躬盡瘁置一身利害於不顧者能有幾人忠哉武侯義哉武侯出師二表可振乎古而鑠乎今矣夫時至後漢社稷幾墟曹魏虎視於北孫吳鷹瞵於東主少國危河山殘缺此壯士揮戈英雄痛哭之秋也以精忠保國之武侯豈能坐視苟安措大難於不顧哉於是上表後主冀遂素願勸主則諮諏善道察納雅言自期則北伐中原興復漢室洵興邦定國之言也後主能以雪恥爲心復仇爲念任賢去邪淸心寡慾則鄧馬佐光武而重興炎漢郭李輔肅宗而收復兩京是武侯可繼其後而啓其先矣豈知東晉不能再西南宋不能復北而後

漢亦不得復前庸弱之後主竟苟安爲心昏闇成性使武侯一腔熱忱忠義盡付東流後之讀史者徒揮英雄懊喪之淚噫出師未捷身先死常使英雄淚滿襟誰之咎哉嗟夫賈生痛哭杜子罪言於時局奚裨枉令千古英雄增無窮之忉怛耳然武侯功雖不成而心不可沒余嘗推測於萬一矣當是時武侯東望中原則幽燕非我有齊楚非我屬羶腥滔天蒼黎溺水嗚呼匈奴尚在男兒何以爲家西域未庭書生於焉投筆人非涼血誰不奮興遂上表後主苟能從我言也則願清中原之地奏興復之功周公東征或可效也此武侯戡外之壯志不可泯也西顧半壁則庸主承其統奸邪專其政時局若焚憂心如醉嗟夫梁冀未去張綱爲之投輪張禹在朝朱雲不忘折檻心非堅石能不深憂乃進言後主苟能納我諫也則願施回天之力立再造之功霍光安漢竊有慕也此武侯治內之本懷豈容沒哉噫武侯如是耿耿忠心赫赫義膽出師二表可與日月爭光可與泰華並峙矣或謂武侯出師之表不能使後主遷善者徒教之以道喻之以理而未嘗悟之以心耳吁何責人之太刻耶夫師之於弟也能教之規矩而不能使之巧臣之於君也能告之以謀猷而不能強之行古來忠義之臣遇昏闇之主雖有危詞聳論而卒不能行於萬一者豈乏其人哉佛骨一疏不能豁憲宗之迷信將謂文公

不能以心悟之耶封事一書不能格高宗之和議將謂胡銓不能以心悟之耶拘偏見以論人則天下古今不能無可議之人矣是安足以識武侯哉且觀其表一如嚴父一如慈嫗誦之淵然而聲出金石滿天地卽之奕然而光燭千丈辟萬夫思之愀然聆之駭然而鬼神爲之泣風雨爲之動洵經世之文也余嘗細繹其旨不禁喟然歎曰江山不改斯文亦不改日月不滅斯文亦不滅又悲世人徒讀出師之表而不知所以上表之志故洒筆而書其後

文思縷縷文調翩翩規矩方圓首尾完好

●讀韓昌黎先生柳州羅池廟碑

童維善

嗚呼士之不幸蘊才莫遇僅小試於荒陬之地死則藉知己一言以表世豈不重可慨哉雖然得一知己可以無憾彼亦賴有此一言耳使後之人讀之悄然悲亦欣然慰蓋未嘗不歎愚民之非無情而斯人之鬱鬱以逝也嗚呼崇德報功在柳民不可無此廟傷心知己在文公不可無此文而予也撫碑文誦荔丹蕉黃之句惘然若有失者蓋又深佩乎柳州之才之德之不可及也夫柳地嶮人夷夙稱難治柳州之至獨能措置裕如民樂其業其才信有徵矣雖然任才而不以德吾見恃才賈禍者比比也文公此文

首謂柳侯不鄙夷其民夫不鄙夷其民以腹心待民民斯以腹心報上誠之至也德之至也柳州之爲柳州所以見信於民者其以此耶或者疑文公此文詳記部曲之夢醧人之懲有類誕妄嗚呼陋矣吾觀左氏作春秋傳多言鬼神史記效之亦時載神怪之說說者謂左氏史公文章之精妙正在乎此天地之間何所不有況當世衰道微之日賢人君子蘊其愛國愛民之蓄志曾不得一伸放逐竄離異已者且下井而投之石生爲纍臣死爲鬼雄萬歲千秋魂魄戀此柳州之所以眷斯民民之所以報柳州者悉乃事理之常夫何足怪所貴乎文章者謂其能洩天地之祕鑰輔相裁成國家政治之闕遺也是故讀左傳迷離惝怳之微詞史記宏談不經之偉論而春秋以來迄乎建元之世上自宮禁之隱微下至社會之情狀一一如在人目俾識者乃得知人論世因事而原其心由怪而反之正所謂明有禮樂幽有鬼神者此也文公此文蓋深得左氏史公之精意觀其記柳州館我羅池之言是柳州於未死時逆料去世已近意謂生與柳民伍死亦當依依鵝山柳水而不忍別也嗚呼不有柳州無以得柳民之輿情不有文公無以表柳州之政績不有柳民之作廟亦無以發揮文公之文之妙蓋於是柳州爲不死矣神矣聰明正直而一非柳州其誰屬耶嗚呼桂圍石齒猿吟鶴飛屈平離憂之作

長沙吊古之賦情性之語後先同揆誠痛之也誠惜之也然而文章千古索解人難郢人云亡匠石之質久死崔駰不作玄經之義長湮柳州之才之德有文公以闡揚之文公既逝知文公者果何人耶則又何怪蜉蝣撼樹之徒見文公之言神鬼嘵嘵訾議之不已也

精理名言絡繹奔赴望而知爲端人碩士之文

●讀柳子厚段太尉逸事狀

許國傑

古之欲有爲於天下者無勇不能無智不能然徒勇不足恃也徒智亦不足恃也勇無畏而已智機巧而已必其勇而能濟之以智智而能畜之以勇更必懷忠貞惻怛之心然後可有爲於天下也唐段太尉殆其人耶余嘗讀柳州太尉逸事狀雖零星瑣事不足以盡太尉之勳烈然吉光片羽太尉爲人概可知矣當汾陽王子晞縱兵肆虐邠州時邠州人士其誰不痛恨之然痛恨之而莫敢誰何卽掌邠寧節度之白孝德亦無如之何者彼蓋懾於其權勢也所謂無勇不足以有爲也而太尉乃能取晞軍十七人頭列槊上植市門外晞軍噪太尉並能親赴軍門請辭於晞是太尉之勇爲不可及也雖然有太尉之勇矣誠能斬晞軍十七人而無以善其後則晞軍噪患且不測若一旦有

變徒激之使更毒我民耳卽能親赴軍門而無以善其辭則晞軍洶洶恨太尉如讎敵徒輕身膏其斧鉞耳是所謂無智不足以有爲而徒勇亦不足以恃也乃太尉者解佩刀挈老躄者一人單騎赴軍門笑且入曰戴吾頭來而軍士盡愕莫敢誰何是公輕生死以柔克剛而以弭彼之銳鋒也既乃辭於晞初則曉之以大義繼則懾之以禍福而晞亦何如乎太尉終乃翻然悟叱左右解甲申軍令邠州由是靖是太尉之智爲不可及也是故無勇無智固無足論卽有太尉之勇而無其智則無以善其後不足以有爲也有太尉之智而無其勇則不敢逆王子晞亦不足以有爲也然有太尉之勇之智而無太尉救民惻怛之心則更不足以有爲也惻隱之心仁也太尉智而勇且仁者矣其後朱泚反太尉以笏擊泚而遇害則太尉亦忠貞之士也嗚呼其可及哉然吾聞之柳子之言曰太尉爲人姁姁常低首拱手行步言氣卑弱噫此太史公之所以異子房也殆亦太尉之所以爲太尉歟

以智勇仁三字立論頗爲確當用筆亦層層推勘曲而能達後路結束處具有衆流歸海之勢

●讀張子西銘

周賢頌

讀橫渠西銘竟。目眙神往。咨嗟累日卒奮而起曰。嗚呼。噫嘻。三代沒。王道絕。孔孟不作。天地荊棘。哀哀吾民。不聞斯人久矣。讀先生此銘。能無感乎。日黑風銳。雲陰山白。擁長裘。燃榾柮。良羔美酒。融融洩洩。野聞哀號。如鵑啼枝。憧憧而過。彷佛見之。敗絮挾蘆。見肘露骨。革裂膚落。結血盈握。曰其人夥矣。吾無與也。炎夏流金。山頹川竭。擁冰不寒。野如炬熱。入涼室。蔽重陰。沉李浮瓜。飲瓊嚼雪。則有負販苦力。暴被烈日。疾馳大郊。流汗如瀋。吐氣欲絕。曰其人夥矣。吾無與也。地發殺機。龍蛇起陸。欒雲鬱靆。彈雨橫集。或者貫胸洞腹。肢殘腸裂。或者邑落城摧。人亡家滅。遺婦號天。孺子泣血。異邦遙聞。如阿鼻之獄。曰吾則安居幸保其福。他無顧焉。嗚呼。天生蒸民。賦之官肢。錫之智慧。同具圓頂。同具方趾。胡爲乎或登青雲。或轉泥壑。或方歌舞。或爲餓殍。抑福者長樂。禍者永絕。蠕蠕而動。寂寂而終。君子猿鶴。小人蟲沙。同歸大盡耶。然則有巢何爲構木。神農何爲嘗藥。堯舜何爲親理萬機。禹何爲胼胝治水。湯武何爲勞骸靡神。致商周之治。鼓腹含哺。熙熙自樂可矣。抑使古無諸聖。何以有今日之文明。吾儕受天地之氣。食諸聖之賜。而乃拘拘人我之界。不欲拔一毛而利天下。去禽獸者幾希。善哉橫渠之言曰。民吾同胞。物吾與也。凡天下疲癃殘疾。惸獨鰥寡。皆吾兄弟之顛連而無告者也。何其仁乎。何其

任乎

陳古諷今別有懷抱

●讀范茂明先生心箴

楊惺華

孟子曰人之所以異於禽獸者以其存心也君子以仁存心以禮存心又曰無羞惡之心非人也無是非之心非人也嗚呼人之所以爲人禽獸之所以爲禽獸者其以此歟夫善惡之念起於心者至微耳然志乎聖賢則爲聖賢志乎盜賊則爲盜賊未聞心爲聖賢而能入盜賊之途者亦未聞心存盜賊而能入聖賢之域者故以堯舜之聖一罔念而爲狂以盜賊之惡一克念而爲聖夫以一念之微而其得失之相去若九淵之下與層雲之上可不懼乎語所謂失之毫釐謬以千里者非此也耶夫天地若是其大也萬物若是其衆也人以渺小之身而能參天貳地者徒恃此心耳然人生宇宙之間耳目所接爲心之賊者在在皆是若堅持此心庶可免於無害否則彼將乘機而入矣嗟乎以一心之微而攻之者如是其衆其與存者有幾何哉此古聖賢之所以正心誠意克念克敬一息尚存此志不容少懈也孟子曰志氣之帥也夫志至焉聖賢之訓豈欺我哉范茂明先生有宋大儒也常篤志聖賢之學以治心養氣爲本不近榮利閉門講

道。知人心之惟微。嘗作心箴以自警。竊讀而有感。因書其後。以自戒焉。

文有內心。動中肯綮。

上海 南洋公學國文成績二集卷一終

特價券

效用期夏曆十二月截止書印無多速購爲幸

本書二册定價二角特價一角四分

詳註 **通用新尺牘**

持券向蘇州振新書社、上海蘇新書社購取

特價券

本書內容爲乙卯中日交涉全案

本書四册定價五角特價三角

畢公天編 **辱國春秋** 出版

蘇州振新書社、上海蘇新書社購取

校長唐蔚芝先生鑒定

南洋公學國文成蹟二集

上海蘇新書社
蘇州振新書社
發行

大理院判例解释菁華錄

大理院判決錄及解釋法律文件司法界人人必讀之書顧全文繁雜法理散見一時殊難檢閱律師唐愼坊君擷其菁華逐年摘錄每條之前綴以簡明要目又以其要目依法令編爲索引刋列卷首極爲醒目尤便查考起民國元年訖六年六月民刑兩册每册價洋六角

驪廬判狀隨錄

是書關於法官之批判律師之訴狀種種程式靡不備載際茲共和重建司法獨立法官律師登進日多手置一編可資引觸法校實習可爲課本誠法學中別闢蹊徑之新書也著者唐愼坊先生在法界中頗負時望本社覓得原稿亟付剞劂以貢他山之助裝訂兩册定實價大洋五角賜購此書奉贈民法要覽一册藉答雅意

總發行所蘇州觀前大街振新書社 上海徐家匯蘇新書社

上海 **南洋公學國文成績二集卷二**

△經說類

◉天行健君子以自強不息說

陳長源

天地運行而不滯日月明照而不息雷電也風雨也轟烈交颷寒暑也霜露也循環不已孰使之然哉是天行也是天道也天道者主宰羣倫包含萬象天行者推行四序周流六虛聖人仰觀天象俯察地文體天極以立人極修齊治平萃於一身兢兢業業罔或敢怠其惟得天道乎法天行乎易曰、天行健君子以自強不息不息者天道也健者天行也惟健故不息不息故通通故廣大廣大故神明神明則妙萬物君子法之以修身以立命故自強不息古今來善察天道者莫若周文善法天行者亦莫若周文小心翼翼昭事上帝無時背天道也雞鳴戒旦日昃不遑無時戾天行也讀國風之詩誦文王之操周文之化自己身以及於家國天下庶人肅肅雍雍緝熙敬止兎罝野人公侯干城懿歟休哉是皆健之道也是皆不息之道也夫人以不息而立以健而昌家國天下莫不皆然周公孔子非有異於人也徒以其自強不息耳周公事不倦孔子學不厭是皆不息也孟子曰雞鳴而起孳孳爲善者舜之徒也又曰一日暴之十日寒之未有能生是不息之道也是不健之過也息則不立不健則無以立喪心傷生亡家失國喪天下胥由於是可不愼乎君子法天行察天道舉凡天地間一舉一動皆足以發其自強不息之心風雷之變所以示警也霜雪之降所以示肅也寒暑往來所以示和也日月光暉所以示明也星辰燦爛所以示整也盈虛消長運行不滯所以示天道不息而天行健也惟文王能察天道法天行自強不息以修身齊家治國平天下吾願世之君子法天而師文王焉

扼定周文立論穿穴經義四通八達不愧精理爲文

甘受和白受采忠信之人可以學禮說

盛棨東

事必有本而後有末人必有質而後有文蒙嘗讀禮至禮器篇曰甘受和白受采忠信之人可以學禮竊歎有精微之物理存焉夫甘爲五味之本不偏主一味故得受五味之和白爲五色之本不偏主一色故得受五色之采忠信爲立身之本不偏主一行故本立而後可以學禮也荀子曰禮者法之大分羣類之綱紀也又曰學至乎禮而止然則不務其本何以成其大不始乎忠信胡能止於禮是故忠信之於人也猶不足以美

其身學禮然後可以正其經緯蹊逕也君子之學禮也入乎耳箸乎心布乎四體行乎動靜如甘之受五味之和白之受五色之采蓋易易事耳夫禮所以正身也微忠信之人本且不立遑云正其身故凡由禮則通治不由禮則勃亂提僈由禮則和節不由禮則觸陷生疾要之惟忠信之人爲能學而美其身也昔我夫子以忠信爲甲冑以禮義爲干櫓則夫子亦以忠信立其本也世之務末者曷先求其本欲學禮者曷先始乎忠信也哉

詮題明晰動中肯綮

●君子之容舒遲見所尊者齊遬說

楊蔭溥

君子之對己君子之對人無所不用其敬獨居深處一室默坐而吾之敬自若也屋漏無愧暗室不欺申申夭夭孔子燕居之容卽孔子燕居之敬十目十手曾子愼獨之言卽曾子自處之敬漢張湛之幽室修整儀容柳仲郢之私居莊嚴拱手君子平日容止之敬如此至於上待長者對我所尊而吾之敬更肅也惟容止不怠而後禮節得中趨而過庭伯魚之敬父唯而不諾曾參之敬師君子對尊容止之敬如此禮玉藻篇曰君子之容舒遲見所尊者齊遬誠哉君子之敬也蓋舒遲者容之和而敬者也燕居獨處

禮容天然。不自約束而敬自不失。坐不失其端。手不失其恭。頭不失其直。色不失其莊。不必其嚴且肅也。於是容以舒遲。敬而微和。觀此可見君子慎獨之養性。至於齊遬者容之肅而敬者也。見所尊者。自宜動容。言語舉止。可不循禮。周禮三百。曲禮三千。對君上之禮。對父母之禮。對尊長之禮。無一非敬。即無一非肅。即無一非齊遬。觀此可見君子對尊之養性。是故平日之容。不舒遲則拘於敬。束於敬而受敬之害。失敬之意。對尊之容。不齊遬則忽於敬。畧於敬而放蕩。形骸失敬之容。一失之過拘。一失之過放。皆失其宜矣。聖人之言。必得其中。舒遲齊遬。蓋俱有深旨存焉。今者人心不古。道德日衰。禮敎蕩然。容止盡失。吾讀玉藻之言。吾心有所感矣。

義精詞湛。蘊釀功深。

●繩墨誠陳不可欺以曲直規矩誠設不可欺以方圓說

陸鼎揆

天下有曲直歟。有方圓歟。吾謂其曲則曲。吾謂其直則直。吾意其方則方。吾意其圓則圓。天下固無有曲直方圓也。曲者吾可以謂之直。方者吾可以謂之圓。曲直方圓之爲體。又固無定也。天下果無有曲直方圓歟。彈以繩墨而中則直。畫以繩墨而不中則曲。

度以規而齊則圓測以矩而正則方天下固有方圓曲直也吾雖謂之曲而直者則自直吾雖謂之方而圓者則自圓吾名雖無定而方圓曲直者固有定也方圓曲直何自明明於規矩繩墨規矩繩墨非能生方圓曲直者也天下雖無規矩繩墨而曲直方圓者自若也夫惟有繩墨規矩而後天下之體始定而不可易方者吾不知其爲方也正於矩而知其方圓者吾不知其爲圓也齊於規而知其圓曲者直者吾不知其爲曲爲直也中以繩墨而暸然知其曲直故曰繩墨誠陳不可欺以曲直規矩誠設不可欺以方圓夫天下又豈特曲直方圓已哉人亦猶是已中於道則知其爲善反乎道則知其爲弗善合乎義則知其爲正出乎義則知其爲弗正合乎中庸則君子反乎中庸則小人道之於天下猶之規矩繩墨而已曲直方圓莫能逃乎規矩繩墨故天下萬物之理莫能外乎道繩墨設規矩陳而不可欺以方圓曲直聖人之道立而天下之是非邪正分故曰聖道成而萬物歸紀綱立而天下治紀綱者猶繩墨也大匠不能棄規矩繩墨而言曲直方圓治天下者獨可外紀綱也哉

前路清空一氣中後發揮透澈詞尤精警

●繩墨誠陳不可欺以曲直規矩誠設不可欺以方圓說

張範中

物之曲直方圓。豈可類儔。則夫指曲以爲直。指圓以爲方。雖智者不能辯其非也。則人之受欺也易易矣。雖然陳之以繩墨。設之以規矩。則直者辨其直。曲者辨其曲。方者辨其方。圓者辨其圓。其成爲曲直方圓之權。固存於物。而定其爲曲直方圓之權。豈不操之於繩墨規矩。彼固不能徇物而引曲以爲直。張圓以爲方也。故記禮經解篇曰。繩墨誠陳。不可欺以曲直。規矩誠設。不可欺以方圓。雖離婁之明。公輸之巧。亦豈能外此。夫天下之事衆而奇矣。或忠信篤敬。或驕奢淫佚。無以爲之別。則受人之欺也。豈有限止。其自陷於惡也。亦豈有限止。則將使世之人互傾以智。相陷以詐。其危象豈不可懼。雖然有所謂道焉者。古聖立教。以貽後人。使無愆忒。循之以測天下之事。則善惡分。驕奢淫佚不能譬以爲忠信篤敬也。忠信篤敬。不能誣以爲驕奢淫佚也。循其已分之迹而行之。則一身安而天下治。叛而行之。則一身危而天下亂。天下之事。雖不可以千萬計。而道也者。則可以一統之者也。故曰一以貫之。度物而不以繩墨規矩。則物失其曲直方圓。處事而不循道。則不知是非邪正。一刻不循道。則一刻愆。一日不循道。則一日愆。故曰道也者。不可須臾離者也。夫所謂道者。非卽處事之規矩繩墨哉。吾未聞陳以規矩繩墨而人能欺以方圓曲直者也然則循道而受欺者豈有其人哉雖蠻貊之邦行矣雖然吾見夫人之信繩墨規矩而用之矣吾安覩夫信道而循之者耶

精理爲文筆曲能達喻意正意面面俱到允稱合作

居敬而行簡說

曹守廉

天下有至言焉以之爲己則綏而祥以之爲人則和而樂以之爲事則濟而效以之爲天下國家則無所處而不當熙熙雍雍黎庶樂業斯言也何言也所謂居敬而行簡也夫宇宙之大非可指掌盡也事物之繁不能僂指數也非行簡何以任之非居敬何以致之是以處世之道當先主其心泰山崩於左而色不變麋鹿興於右而目不瞬然後可以任大事可以臨萬民古之君子立身行道正躬率物必先主乎其心居乎其敬而後取之逢源造之自得治天下之事一若垂拱無爲而國家已如磐石之固者此其效也堯舜以之治國湯武以之救民周公以之定禮樂孔孟以之表仁義居敬行簡聖人之道也後世之人則不然輕莽涉世浮說動人心無主而任天下之事敬未居而臨萬民之政以致國勢日非人心日下嗚呼使古聖人而亦如是天下之亂久矣尙能相生相養而至於今乎今其言曰大局之事談笑應之可矣何必居敬居敬而行簡繩墨之

語迂儒之見耳。嗟夫、其亦幸而生於三代之後。不見黜於堯舜禹湯文武周公孔子也。其亦不幸而不生於三代之前。不見正於堯舜禹湯文武周公孔子也。古者君以居敬而出令。臣以居敬而行君之令。民以居敬而事上。親長康衢。擊壤比戶。含哺。生則得其情。死則盡其常。路不拾遺。海不揚波。郊焉而天神假。廟焉而人鬼饗。試問自聖道衰微之後。天下尚有唐虞三代之盛乎。嗚呼、大道之不傳也久矣。欲人之居敬也難矣。古之聖人。其出人也遠矣。猶且居敬而行簡焉。今之衆人。其下聖人也亦遠矣。反不居敬行簡。是故聖益聖。愚益愚。聖人之所以爲聖。愚人之所以爲愚。其皆出於此乎。紛紛擾擾。舉世爲非。雖有一二居敬行簡之人。亦必指爲異徒。目爲迂儒。噫。德修而謗興。道高而毀來。士之處斯世。而望名譽之光。道德之行。難已。觀人風者。得吾說而存之。力矯前誤。一振頹靡。其國家可幾而理歟。

驅遺韓文。如出己手。好在於題義比附不浮。

●人而不仁疾之已甚亂也說

陸鼎煌

自古君子小人不兩立。非君子除小人。定小人害君子。然簡冊所載。凡小人害君子。十占八九。而君子除小人。曾不數數覯者。豈君子不疾小人。乃轉爲小人所疾。要亦在君子疾之已甚耳如治水然太上利導之利導之不濟則莫如陰洩之苟壅之使無所容則潰決之患立起治人之道亦然太上感格之不可陰除之與之對壘無不敗何則惟昏君爲能信小人而容小人亦惟稍有才能者爲能爲小人今與之戰則權不能如小人信用於君才不能如小人諂媚其君其不敗幾希故孔子曰人而不仁疾之已甚亂也蓋小人誠足疾也又惟君子能疾之疾之斯可矣心雖憤恨惟不露於面目不形於詞氣徐爲之圖可耳何則彼既爲小人必其防人也甚嚴我苟爲其所覺則必不免不如隱於其所不知而後乘機圖之則事可以濟此所以不疾之甚也且彼既爲人必有良知必自知其所爲不當然其所以知其不可而爲之者不過爲利心所蔽耳我苟能揭其所蔽示之大道則不斥一人不戮一夫而利天下無赫赫之功而造福百姓若疾之已甚則反足以致禍是故東漢亡於何進晚唐亡於崔胤何則彼小人既爲君子所不容知伏誅亡挺而走險亦亡與其俛首繫頸轉不如鋋而走險或者可以安享幾年榮祿也於是由忍性絕理爲所不爲舉平日大逆不道所不敢爲者莫不倒行逆施以冀免於禍卒使天下咸受其害而以事實論之其禍實啓於君子然則疾之甚者非足以成事轉足以敗事孔子故鄭重言之也

詞義精卓饒有勁氣

●行己有恥說

顧曾錫

材不足以有爲而必欲爲則其行必妄材足以有爲而妄用其材則行必無恥材不足而行其妄則其所爲者無益而尙無妨於其材材足以有爲而行其所無恥則其所爲者必害公而敗理其所行必妨其所有爲是以材不足以有爲而必欲爲與材足以有爲而妄用其材者終不知材有餘而志有所不爲之爲愈也孟子有言人有不爲也而後可以有爲彼所謂有所不爲者蓋卽雖有其材知其恥而不願行其所無恥非材不足而不能行其所欲爲也子貢問士夫子謂行己有恥者卽是義耳且恥者卽恥其行足以辱己身辱先人辱一國知其恥而人人之所不欲爲者也苟士獨行之則安得而謂士故爲士者必遠其所謂恥志不爲其所無恥而後可以遠恥此夫子所以謂行己有恥也

說體而用已備下文不擊自動精心結撰吾無間然

●隱居放言說

彭昕

子曰邦有道則仕邦無道則可卷而懷之讀此有以知聖人之出處矣今夫居廟堂之

上。受蒼生之託。繫國家之廢興存亡。則焦心勞形。胼手胝足。不敢以有其身。若昏庸尸位。肉食滿朝。則高蹈遠引。效黃鵠之翱翔。伴蛟龍以遁跡。皜皜乎不與世俗同其汙斯固聖人用行舍藏之大端。而亦明哲保身之要道也。然而士生草茅。抱將相之才。負凌雲之氣。不易生才。先覺是任。世方多難。舍我其誰。豈能終老林泉。置興亡於不顧乎。以是憂時感世。聖人有歎徒隱之非計者矣。其謂虞仲夷逸。曰隱居放言。身中清。廢中權。當時夫子轘轍天下。卒老於行。故品分山林隱逸之儔。明其迹之異於己。意見言外。此心實同。嗚呼。何其歎惜之深耶。竊以為虞仲之隱居放言。其憂時感世之深。心實不減我夫子。栖皇道路之苦心也。傳曰泰伯虞仲。太王之昭也。昆季同奔荊蠻。蓋當日立嗣事起。傳雖不言其變。而蕭牆之內。猜忌之生。可想而知。此虞仲之所為以身隱也。身既隱而心內傷。瞻望家山。心牽宗國。懷抱滿腔。用宣於言。此亦人之情也已。或曰以隱而放言高論。毋乃與私心刺謬。且遭世俗之譏忌乎。曰非也。此夫子所以名之曰逸而不曰隱也。彼皆以其胸懷眼孔。自成一持世之手腕。其逸皆有關於世風。非如接輿沮溺輩。徒遯世不問者可比也。自來國政不綱。由於仕途之濁。而仕途之濁。則由於人多熱中。競進無所讓焉。誠有其人介然遠引。無所求欲。影響所及。豈獨息政爭。亦即良風俗此史遷所以世家首泰伯列傳首夷齊謂其能以隱自讓也若夫黃鐘毀棄瓦缶雷鳴之秋斯固賢人遁跡之際然若以此自絕於世俗不聞於理亂似能獨善其身矣其如蒼生何且撥亂反治伊誰之責俯仰身世寧不興懷於是有起而言之者矣乃網密忌衆唇舌未收而斧鉞隨之是以有心救世者爲求全之計始以隱居以示無求於世繼以放言自廢其身則言之可以盡其情而忌者無由施其實若猶不見諒於人則雖死無憾必就之而不避矣彼莊周列禦寇之儔放縱其文出天入地其諷刺當世之心固與屈子之美人芳草賈生之鵩鳥哀歌同灑傷時之淚不亦悲乎且隱居放言者卽今日所謂在野之政譚家也而爲立國者所不能離蓋當軸者多不能深悉民瘼舉錯乖異惟其在野故能知之益以放言故能形容盡致興感當局嗚呼清仕途恤民瘼惟隱居放言者能爲之然在位放言者有之矣隱居放言者竊未見焉卽起夫子於今世亦當歎虞仲之不生於斯時也

才氣掞張題情發越文至此眞無不盡之懷

◉隱居放言説

許國傑

嗚呼天之所以生我者夫豈偶然哉生民之哀樂非我之責耶國家之榮瘁非我之責

耶。天下之治亂。非我之責耶。天之所以責我者。至重且大。奈之何自放其身於曠野寂寞之鄉。與木石居。與鹿豕遊。是所謂欺天者也。奈之何自適其適。詡詡然號於世曰隱君子。是實疣民而已矣。雖然。古之英俊傑出之士。懷抱經緯濟世之才。乃濁世乖離。豺狼充斥。不能致其身。不能行其道。有不得不隱居於曠野寂寞之鄉。以求自潔其身者若夫能用其身。行其道。彼有不以生民之哀樂。國家之榮瘁。天下之治亂。爲其己責者乎。拯生民於水火之中。奠國家於磐石之安。使天下爲堯舜之天下。是固士君子之大欲也。乃身窮道晦。時不我與。不得不出爲遁世之行。是固生民國家天下之大不幸。抑亦隱君子之所痛心泣血者也。是故眞才碩學之士。其隱也。不得已也。身隱而心不隱也。曷謂心不隱。曰其身日居於曠野寂寞之鄉。而其心固時縈於國利民福。日想像乎生民之塗炭。國家之阽危。天下之沉溺。其爲痛心。蓋可知也。以是不得不竭其志慮思所以拯救之。以副天之所以責我者。此放言之所由起也。夫言之能救與不能救。固不得而知也。然或人主因之而知所警。世俗因之而知所勸。由是而生民賴以安。國家賴以存。天下賴以治。則身雖不用。而猶是用。道雖不行。而猶是行也。嗚呼。孤忠亮節。發而爲直言讜議。吾以爲雖不見采於人主。見聽於世俗。其裨益於世道人心。風教禮化。固若日月之昭然垂萬世而不可掩也噫、士君子不幸而隱不幸而隱居放言豈得已哉世俗人方且以處士橫議目之是則不特不知隱君子之苦心孤詣而幷欲率天下之人倫胥以及溺也夫濁世乖舛禮教淪亡世道人心之所賴以維繫者惟此直言讜議耳若幷斯而無之吾不知生民之塗炭國家之阽危天下之沉溺將如何也是故士君子而隱固生民國家天下之不幸然隱而放言猶是生民國家天下之幸也夫孔子言知我罪我其惟春秋孟子言余豈好辯哉余不得已也古聖賢達則行其道窮則行其言行其言行其道其救世之心則一也嗚呼、世有隱君子懷濟世之才抱救世之心者有不發爲直言讜論以冀救天下於萬一者乎然而世有隱君子而絕思慮擯塵俗生民之哀樂國家之榮瘁天下之治亂漠然無動於其中絕口世事放浪山川者矣是乃西方浮屠氏之裔也所謂以隱居自棄者也隱其所隱非吾所謂隱也世亦有隱君子而標榜虛名恣談元理昂頰鼓掌而壞天下之風會者矣是乃淸談誤國之流也所謂以隱居放言自傲者也言其所言非吾所謂言也吾之所謂隱居者爲士君子有懷濟世之才抱救世之心而不遇者而言也吾之所謂放言者直言讜論謂其有裨於生民國家天下而言也嗚呼、吾不願世有僞隱居吾尤不願有僞隱居之放言吾亦不願世

有眞隱居然吾甚願末俗之世有眞隱居蓋其直言讜論猶可救生民國家天下於萬一也噫

寫隱居不作感憤語寫放言不作荒誕語沈摯之思運以浩瀚之氣直能抉出逸民不忘世苦衷先哲有知引爲同調矣

●隱居放言說

鄒恩泳

君子之道不可固執固執有時而窮不可墨守墨守有時而悖故道有經焉有權焉經固爲重而有時必從權而道始立則權者道之必不可少而與經並重者也隱者或以世道衰墮不欲干預俗務或以避讓賢能不欲自顯其才於是乎或遠離華夏寧斷髮文身以自汚或幽伏深山寧採茹藜藿以終世其行可謂善矣然當隱居之時心尙纏綿於己所規避之事時而發出言論以爭是非籌謀計畫以慂聽用則是身雖隱而言不隱也言既不隱則是欲世之用其言行其策身之遠遁果何爲者夫所謂隱者必不欲世知之也世苟知之勿隱可矣雖然隱者多世之才人畸士嫉之羨之者皆不欲棄之苟不得如赤松子者與遊於宇宙之外其亦難爲避世計也然則如之何曰道固有權從權而無違乎志可也既不過問世事何不放其言縱其論意之所之口卽宣之乎

何不是者而非之非者而是之乎何不自立之言而自嘲之以己之矛攻己之盾乎則世之人將嗤之曰其詞若詭若正其理若合若離縱橫無有歸宿世可無需斯人任其老死山間可也而隱居之志於是乎遂矣然則事雖不倫而所以謀隱之道固必行權也孔子亦未以此爲不可也其有不保其身者則以其言必有所指觸人之怒而攖人之忌是其言不放也有以緘口不道世事而輒不免徵召勸駕之擾是未嘗放言也故或以放言爲謗訾或不放而卷舌皆乖放言之本旨隱而有取乎放言者無非欲深隱而保身故其言之放也如無的之矢無理可窺如顛如狂是也夫亦與世何爭與世何怨哉

詮題入微深造有得

●君子學以致其道說

翁思益

今夫學校者士人之官府也聖賢者士人之工師也背工師而惑於異術舍官府而入於歧途卽百工之事亦無所成況聖賢之道乎故古者先王知士之不可不學也設庠序學校以處士使獲切磋琢磨之效而不致奪於外誘喪失其志誠以學者而不能致道其病皆在學之不專志之不篤而不在道之難致若博學審思積而久之未有不致

其道者也故雅頌述辟雍之制鄭人有鄉校之設然而後世鮮有聞者矣噫政教衰人材熄盈天下皆不學人也卽盈天下皆背道人也善乎子夏之言曰君子學以致其道請申論之學也者所以適乎道之路也道也者所以驗其學之全也嘗觀古今以來聖賢之所傳君子之所守未有不純乎學而可以致乎道者亦未有不致乎道而可謂之純乎學者此其故惟君子知之夫道無精粗莫患乎其背也而君子則以學致之試思爲學之序學於庠而知養學於校而知教學於序而知射學亦不一端矣循其序而學之則閑存無可寬之地知行有漸進之方學無止進而道亦無止境焉由是不求道之致而道自致矣甚矣學之不可不專也然而後世之人未嘗不知此也而終不能致於道何哉惟學失其所以爲學道失其所以爲道也以訓詁詞章爲學者泥乎道之粗而不知忘乎道之精也以鉤深索隱爲學者騖乎道之遠而不知忽乎道之近也以致虛守靜爲學者偏乎道之體而不知違乎道之用也以權謀功利爲學者役乎道之外而不知務乎道之內也以是爲學雖終日言道而道必不能致也此無他志之不專故也志之所以不專者亦若百工之不居其肆則其忽於異端不亦宜乎君子知夫志不專之足以害學而學不精之不足以致道也故誦數以貫之思索以通之除其害者以持

養之然猶懼其欲速而怠也於是有循序漸進之策焉懼其得半而足也於是有深詣造極之方焉懼其務華去實也於是有返躬責己之意焉甚矣君子體道之明也雖然猶未已也道在倫物則用其明察以致之道在心性則用其省克以致之道在儀文則用其退讓以致之道在精義則用其度務以致之凡若此者孰非君子之學而致道之實功乎由斯以觀天下未有不純乎學而可以致乎道者亦未有不致乎道而可謂之純乎學者也然則正學之所以別於異學者亦別之於從入之途而已從入之途正卽致道之方也子夏學于聖人而篤信謹守者也篤信則志專謹守則學正而道何遠乎學以致其道此子夏身歷其中而欲以君子望天下人也奈何今之爲學者反不若百工居肆之有成也惜哉

科學既興經義久廢能持理論者尠矣不意作者竟有此切理饜心之詣驚歎之至

舉逸民說

盛棨東

聰於獨者不若聰於羣之爲愈也明於一者不若明於衆之爲遠也狃於聰明者猶不若羣衆之有耳目而況治天下而欲窒聰塞明棄海內之賢才而用一人之智耶天下之安危全視人才之消長而人才之生無世無之才者無求於天下天下之人求之者

也。紂有賢才而不能用。武王舉之而興天下。武王之逸民。卽紂之賢才也。使紂羅而致之廟堂之上。則紂之時卽武王之時。奚必謂武王應運而興。紂祚促而亡耶。且夫才者。天民之秀者也。天生斯民。所以授之位而安邦國者也。傅說伊尹太公諸葛孔明之流。亞當其未遇時。寧非天下之逸民哉。得其位則立王者之業。建不世之功。是知世非無才而無求之者耳。吾獨怪世人相習而言曰。有非常之人。然後建非常之功。嗚呼試登高而俯仰今古。磻溪忽爾。首陽歸然。蒼梧半壁天。何世無逋臣遺老萃其中。此世所謂非常之人者也。遇則建非常之功。不遇則邑邑老牖下。然則天下固不難夫非常之人。實難夫非常之時耳。非常之時者。武王之於逸民是也。嗚呼。世當黃鐘毀棄。瓦釜雷鳴。讒人高張。賢士無名之時。才者懷抱利器。肥遯山林。生不得時。死而無聞。是豈有才者之罪耶。是豈天之所以望於斯人耶。誠君人者之過也。武王深知舉賢用能之道。明乎一人之智不足以周庶物而無遺。故舉逸民而致之朝。倘所謂公天下而不私一人者非歟。噫嘻。此周之所以興也。

章妥句適。精能之至。

●舉逸民說

陸鼎煌

蓋天下不患無賢而患無以知賢天下不患無以知賢而患無以用賢用賢之道維何曰在爲上者因其勢鑒其時先其大而以矯天下之弊耳曾子曰國奢則示之以儉國儉則示之以禮商尚質周尚文武帝之朝多酷吏漢宣一代以吏治稱王莽篡漢上表美新者數十萬人及光武中興舉嚴光尚學術而東漢士大夫以氣節著雖桓靈以降而士有死不失義殺身成仁其流風餘韻猶扶漢數十年然後亡嗚呼此豈非其明效歟是故君子之德風也小人之德草也草上之風必偃下之所敝而爲上者不之禁則禍斯蔓矣下之所敝而爲上者禁之則未有不止者也而況懲其邪而復崇以德矯其弊而復示以新哉古之所謂善從政者語其大則盈虛消長變化無息語其小則莫不操此焉耳故武王大政治家也伐紂救民代有天下周用以享祿七百餘年而論語之稱其用賢之策但曰舉逸民是誠大有關於周時之人心風俗與其享祿之久且遠也當其時太公謀於外周召治於內其伐紂也諸侯會於孟津者八百餘國及殷既滅天下宗周其間賢者安可勝數豈猶不足於用而武王乃亟亟於此哉亦以紂之昏暴喜巧言悅令色其間盜人國竊人祿者多也雖周之克商武王早加芟刈於其徒而猶懼其不變天下人心將日趨澆薄臣節將至淪亡故乃舉逸民用節士崇禮之尊尚之以

示天下其意固不特在其才而在其智在其德而有以大矯天下之弊而革天下使之新也且彼逸民者知紂之不足與共故憤世遠去寧食首陽之薇而不以天下利祿動其心也然則彼能知紂之不足與共必能知武王之足與有成而鞠躬盡瘁於武王彼能不以天下之利祿動其心然後能以天下之務加之而無私於其身也嗚呼此豈非武王之微意哉不然彼所避者紂也周之有道彼必出矣而不待其自出而先舉之則武王之意又可知矣

用意微至實能抉出武王之心異常警動

夫志氣之帥也說

凌鴻勛

天其運乎地其轉乎日月其周行而不失其所乎雲者爲雨乎雨者爲雲乎陰陽寒暑其推斂而不混乎必有主宰是有綱維是建邦立國設政施敎治官分職以爲民極統率三軍叱咤風雲安邦定國以衛萬民必有君是而帥是者矣是故天下事以羣而治以合而成事有主宰則羣而不紊反是則亂人之於身也亦然心爲主而四體五官受令焉苟四體五官之動靜不惟心之令是從勢必自掣其肘而身以滅亡其於氣也亦然喜怒哀懼愛惡欲情之易感而易動者也心動氣盛充其極必至鹵莽滅裂暴戾恣

雖然則欲身之聽令而不自戕其身必須正其心而修其身欲不動其心而養其氣必須持其志而不暴其氣矣孟子曰夫志氣之帥也蓋以養氣猶養兵也謀臣如雨猛將如雲投鞭斷流戰旗蔽日者三軍之盛概也及其甚也拔劍擊柱狂呼紛呶號令不從爭功竊賞者強兵悍卒之跋扈也及其後也大將登壇小兵震懾誅姦鋤悍三軍以寧者主帥之聲威也以主帥之猛厲夫然後可以馭三軍之衆而不至有太阿倒持之患氣之於人猶兵之於軍也其爲物也易發而難收充其極而不知所制及其發也足使王公失其貴晉楚失其富賁育失其勇儀秦失其辯夫孰使之然哉志未持而心易動也氣者發於中而著於外者也志者守於內而不浮於外者也志之於氣猶帥之於兵也必專心致志牢立不移以剛毅之志而除其強暴之氣如鷹鸇之逐鳥雀如將帥之除驕悍夫然後志定神靜方可養吾清明之氣與天地之氣可以同類相求尙志之功用亦大矣孟子善養浩然之氣至剛至大充塞乎天地之間其所以如此者蓋由於四十不動心志持而氣不暴志爲氣帥蓋孟子所以養氣之方歟抑又聞之天地不息故日月自行而不悖主宰有方故軍民自治而不亂心志堅定故氣自浩而不暴氣發而不節者必其心志游離而持之不定矣易曰君子敬以直內義以方外學者曷先務其

本而行內外交養之法乎今世之士不尙立志其甘自暴棄鹵莽滅裂者吾無論矣獨惜有造之士持其志而暴其氣如三軍之一旦失其主帥竟至身敗名裂功名不終抑何故也抑知士之所事者尙志也三軍可以奪帥匹夫不可奪志吾願與世之立志養氣者共勉之

息深達亹氣盛言宜極行文之能事

●離婁之明公輸子之巧不以規矩不能成方圓說　文之孝

法有巧變理不移焉事無巨細道有定焉因其理循其道則事易舉而功易成反是則法雖巧必窮事雖細難就故明不足以恃也巧不足以稱也足以恃足以稱者理與道而已矣譬之航海者操是業有年矣一往一來誠駕輕而就熟其經歷不爲不多其技藝不爲不精也然不能不賴乎磁針蓋舍此則不足以達彼岸而慶成功此離婁公輸子故必以規矩成方圓也夫離婁天下之至明者也公輸子天下之至巧者也存其明懷其巧何事不足以有爲似不必斤斤然於規矩之器以拘束其目與心而不得顯其明與巧然則離婁公輸子何不明不巧若是之甚其實不然離婁公輸子之必以規矩成方圓者實其明也實其巧也何以言之規矩者方圓之準也製方作圓舍之無成蓋

明有時而蔽也巧有時而拙也明既蔽則明者不明巧可拙則巧者不巧是明與巧有時而窮無時或窮者其爲規與矩哉是以一物有一物之理卽一事有一事之道苟不遵其道而行則仁不足以彰義不足以見智巧不足以施徒勞心力終無所用似智實愚似巧實拙吾故曰法有巧變理不移焉事無巨細道有定焉欲事成功見舍因其理循其道又奚可哉

思精筆銳入木三分

●所欲與聚所惡勿施說

康時振

自古天下無不亡之國惟歷祚有長短之別耳大凡德澤及於民者其祚遠以長暴力加於民者其祚短以促上證於史其效可得而見也三代之世其君均以積德爲務流澤之及於民者至深也故其祚多在五六百載之間周之得民心也最深故祚亦最長秦之興也以暴其祚二世而斬降及後世亦各以其德之有無及於民爲判君子於是知民心之可貴而不可失也然則得民心有道歟孟子曰所欲與之聚之所惡勿施爾也其道盡於是矣孟子曰天視自我民視天聽自我民聽此言天之視聽卽民之視聽也又曰順天者存逆天者亡此言民心之不可逆也大學亦曰民之所好好之民之所

惡惡之民之所好民之所欲也民之所惡民之所不欲也欲者則與之聚之不欲者則去之除之如是則民心樂而天下可久安也是故古聖先王必兢兢翼翼小心將事惟民之好惡是求其行一政也必下詢蒭蕘其殺一人也必求同國人務以一人而徇天下人決不以天下人而徇一人非先王之好爲繁瑣之行也不如是民之好惡何以見而天下何由治哉天下有尙權詐者以爲民之喜怒不足重也我有力以服之民之好惡不足尊也我有術以御之乃不旋踵而土崩瓦解內外離心終至大壞而悔不及者比比皆是也是故弗謂民意之可違也固有時而不可違弗謂民心之可欺也亦有時而不可欺及至民心一失雖竭天下之物之力莫之能挽也孟子之言爲天下長治久安計也

前中融會經史左宜右有後路推勘詳盡激昂慷慨有絃外音

◉民之歸仁爲猶水之就下獸之走壙也說

許國傑

憂民憂樂民樂此王道終始之大端也唐虞三代之憂樂其民者詩書可考也書之無逸詩之七月言王道之憂書之賡歌詩之由庚華黍言王道之樂後之不能爲唐虞三代也罔也無憂樂乎民之心也曷言憂樂乎民之心曰所欲與之聚之所惡勿施爾也

是心也何心也曰父母之心也衣之食之廬舍之保抱而提攜之教育而訓導之蓋無一日不憂樂其子之憂樂也是心也又何心也曰仁者之心也惟仁者爲能愛人能愛人故能憂樂人唐虞三代其治尙矣而要不外具有斯心而已所謂憂樂乎民之心所謂父母之心者是也而可概之曰仁未有行仁政而不王者也孟子曰民之歸仁焉猶水之就下獸之走壙也豈偶然哉天下之民寒也飢也露處也相詐欺也相殘殺也有一人者出而衣之食之廬舍之保抱而提攜之教育而訓導之若父母之憂樂其子者則天下之民孰有不奉而愛之若父母者乎其歸之也欲求其不若水之就下獸之走壙得乎水無不喜下獸無不喜壙子無不喜父母民無不喜仁政水之就下性也獸之走壙性也子之愛父母性也民之歸仁亦性也是皆必然之勢也是故古聖王汲汲於民若堯如腊舜如腒禹股無胈脛不生毛爲仁惟日不足民寒若己寒民飢若己飢湯武弔民伐罪東面而征西夷怨南面而征北狄怨民之望之若大旱之望雲霓也其於斯民也若父母也其仁至且極也天下之民不歸之而誰歸沛然浩然孰得而禦之者哉雖然唐虞三代而下若秦政滅六國一天下新莽竊漢祚太學生謳頌之者四十餘萬人當時民之歸之者亦若水之就下獸之走壙也者是得謂之歸仁乎曰不然蓋民

有時歸不仁者蓋以雷霆之威萬鈞之壓民有不得不歸之勢也然而過顙之水豈水之性在柙之獸豈獸之性秦政以威刼民民之歸之者畏之也新莽以勢脅民民之歸之者惑之也夫豈眞若水之就下獸之走壙也哉是故一則二世而亡一則及身而亡蓋以力假仁之不足以恃也後世欲以力假仁僥倖以一逞者比比也要其終不過秦政新莽之續而已矣

文筆排奡氣亦充沛

●善戰者服上刑說

魏如

慨自生計日蹙競爭日烈黠者肆其巧強者逞其力相爭相奪以各遂其私而於是乎雄傑之徒飈至而雲起號召衆庶糾集蚩氓而爲之馳驅奔走以從事於彼一姓一家之產業或且誘之以甘言脅之以威權乘機觀變因勢而利用之成則王侯將相我自爲之不成則號子哭弟民實受之可悲哉可慘哉善戰者之罪一至此乎夫彼平民之安於畎畝也衣其衣食其食早饔而夕飧樂莫大焉爲之父母者身受保養之職應如何撫字愛惜生息而長育之庶幾民困紓民生遂而得相安於無事奈何馳驟束縛迄無小休驅之必死之域而奪其養生之樂是豈民之情哉而善戰者則曰吾之戰也固

將以強吾國而固吾圉也非是則無以拒強鄰而絕後患嗚呼使舉天下而若此則是戰爭終無已時也夫利己而害人俗之同病勝於我者則多方以排之弱於我者則百計以凌之如是則列國終無安寧之日增其軍額饒其積儲爭雄上國睥睨小弱如是則大欲終無饜足之日而又以強弱之不均也榮辱之懸殊也於是嘗膽臥薪者有之胡服騎射者有之禍機之伏如火積薪要不外一二善戰者欲逞其一己之野心而洩其豪橫勃發之氣故忍於犧牲數千萬人之生命而不顧也彼既自負其才而矜其能以爲非是不足以彰吾之名而揚吾之威也是故敢爲殘忍而無忌而斯民何辜哉是以善戰者日多而後戰日興戰日興而後民日困財日竭死傷日衆而孤獨日多其爲害也大之足以釀絕種之禍小之足以絕人世之樂豈天之降災無已耶抑善戰者實尸其咎耳是故孟子曰善戰者服上刑蓋深有痛夫戰國之時勢而慨乎其言之也夫罪莫大於殺不辜而得天下況殺不辜以逞一己之憤而爭一隅之地乎鄉人有鬬者殺人者死傷人及盜抵罪律有明條今善戰者驅市人而置之死地所殺者奚啻千萬殘其肢體毀其髮膚所傷者奚啻億兆竭其歲之入殫其里之出既已挾其篋而揭其囊矣爲盜之大有甚於是者乎不服上刑將何以警衆而詔後夫戰所以衛民也而非

以戕民也。所以維一國之治安也。而非所以洩一人之私意也。若其殘民以逞。干戈頻興。徒傷生命。而無補國事。則雖強如項籍。有百戰百勝之才。而江東子弟。無一生還。終亦必亡而已矣。惜乎戰國之際。以征伐爲賢。孟子雖大聲疾呼。有救世之志。而所遭不時。終亦託之空言。嗚呼。此戰禍之所以日烈歟。

持論痛切。用筆尤老成練達。灝氣流行。有筆歌墨舞之樂。

◉仁者愛人有禮者敬人說

鄒恩潤

宇宙之大。芸芸衆生。恃以維繫而不至渙散者。果遵何道哉。毋相殘害。毋相侮辱而已矣。然則愛敬之道。人人應具之德也。人人應踐之事也。而何爲獨仁者能愛人。有禮者能敬人哉。蓋愛敬之道。亦難言矣。世之愛人者。人未必承其愛也。敬人者。人未必受其敬也。是何也。愛人敬人者。自以爲吾愛人吾敬人矣。未一思其所謂愛者。不流於姑息之愛焉否也。未一思其所謂敬者。不流於諂諛之敬焉否也。故有以縱任恣睢爲愛者矣。有以脅肩諂笑爲敬者矣。其所以愛之者。匪惟無益。而又害之。其所以敬之者。匪惟不敬。而又輕之。蓋以縱任恣睢爲愛我者。其人必自甘暴棄之小人也。以脅肩諂笑爲敬我者。其人必卑劣齷齪之鄙夫也。以愛之而致之爲自甘暴棄者。以敬之而致之爲卑劣齷齪者是愛而害之所謂殘害也敬而輕之所謂侮辱也互相殘害互相侮辱以是求所以維繫人道猶治絲而棼之也烏乎可哉吾於是乎知獨仁者而後能愛人有禮者而後能敬人也夫君子愛人以德小人愛人以姑息愛人以姑息吾之所謂殘害也愛人以德惟仁者知之惟仁者能之鄭莊公之於叔段縱其予取予求衛莊公之於州吁聽其去順效逆以仁者觀之不啻親操利刃而殺其弟親設陷阱而害其子也而世俗之所以愛人者其能鑒此前車者幾希而不知無形之利刃其殺人也倍於有形之利刃無形之陷阱其害人也甚於有形之陷阱非仁者孰能愛而拯之愛之與仁其輔車相依之勢既若是矣而敬之與禮則亦有然孔子曰足恭左邱明恥之丘亦恥之足恭可恥恥其非禮也又曰恭近於禮遠恥辱也則敬而非禮恥辱接踵至矣非有禮者孰能行敬之道耶嗚呼世之愛人者先自列於不仁敬人者反自居於非禮則欲以此愛敬而維繫人道猶南轅而北轍也夫安有幸吾故發揮孟子之言而冀世人之反其本焉

安章宅句妥帖不頗足覘功候

●鳴謙則吉鳴豫則凶說

陸鼎揆

易之繫辭曰吉凶者失得之象也夫失得何謂乎言乎心而已得於其心得於其道吉矣失之而凶矣吉凶何自生也吉凶之生自乎動動自乎思慮思慮起於心一動而吉凶應之矣憂樂者人之情而不可得見也哀者戚然以思喜者欣然以悅而其情見矣其於邪正得失亦然人之心莫自窺也惟其畜於中者發而爲語聽視動邪者正者不自覺而其聲亦邪也正也得失者不自覺而其聲亦隨其得失也如扣斯鳴焉如響斯應焉蓋一念之善惡莫不形於外而吉凶於是生故易曰鳴謙貞吉鳴豫凶夫吉凶而自鳴者何也鳴也者心聲之發也中心之所藏發於聲而爲鳴其中心得之而正不覺其鳴亦正也失之而邪則鳴亦邪也故君子聽其聲而可以知凶吉吾嘗觀謙之德艮下而坤上一陽自上而退處於下退然自卑之象也故六爻無不吉豫以震上坤下一陽自下而奮出於上亢然自足之象也故德多凶君子知之翕然而卑以自牧知焉而若未有知也學而若未有學也窪然以深而猶自恥乎淺岸然以高而猶自恥乎卑也故其發於外者退然不期謙而謙也非有爲以出乎此也誠於中者蓋有莫之爲而然者矣其貌藹然其聲抑然其言遜然淵然其若有容空然其若無物故所以受益而無窮闇然而道日長其德可以嘉會而幹事故吉而貞也若夫自滿之士彼其心囂囂然

自以爲無不足也以喜以佚而未嘗知損之隨其後其接於物也惟求勝以爲快一旦得志貴極富溢不勝其酣恣悍然而未嘗遜於人也其於事也亦未嘗廑念憂危軍國平章姑謀樂而已藏之其中也如此故發於外而其聲亢然其貌弛然其言傲然滿之至而損招樂之極而吝生矣故曰凶也夫彼非以鳴而生吉凶也心之所藏不自知而外形而得失見禍福生矣乾之九三曰君子終日乾乾夕惕若厲謙之謂也故無咎其上九曰亢龍有悔亢之爲言盈也豫也盈則不可久故生悔也故德莫危於亢莫善於謙以讓遜

的實詳明允推合作

●堯典舜命夔教胄子直而溫寬而栗剛而無虐簡而無傲陳蘭圃先生謂卽古之大學所以教人之法說

莊澤宣

我國自古以德爲教凡歷代帝王孳孳於養民之德者天下未有不大治蓋民爲邦本民之有德卽國治之基然欲養民之德非天子以道德勵天下不足以圖治昔者皋陶以九德告舜舜命夔敎胄子直而溫寬而栗剛而無虐簡而無傲皆以德勵民而務國治之道也當舜之世民德未嘗不講天下未嘗不治然以四者命夔敎胄子者亦觀乎

民德有所偏而思所以全之之道也蓋直者多失于厲故以溫佐之寬者多失于柔故以栗勵之剛者多失于暴故教以無虐簡者多失于驕故告以無傲世之直者多矣然直而不溫不徒不足以爲德且以病己世之寬者多矣然寬而不栗不徒不足以爲德且不能治人世之剛者多矣然剛而虐徒以亂天下耳世之簡者亦多矣然簡而傲者又焉能勵己勵人耶此舜之所以命夔以四者教冑子使上行而下傚之庶人心正而天下永治三代之盛未始非受舜之賜卽古之大學所以教人者亦莫不宗于此舜之深思廣謨蓋亦大矣後世民德不講以九德教民猶不足以補其偏況斯四者乎雖然當民德完備之時古大學以此教人補其弊而全其德法至良矣吾讀陳蘭圃先生稱堯典舜命夔教冑子直而溫寬而栗剛而無虐簡而無傲謂卽古之大學所以教人之法吾信其言而益有所感焉

引申經義獨具匠心

●國風發乎情止乎禮義說

吳繼三

孔子曰關雎樂而不淫哀而不傷何謂樂而不淫哀而不傷夫人之所不能禁者情孟子所謂惻隱羞惡亦情之一端也存乎內者爲情發乎外者爲禮爲義是爲聖人之情

存乎內者爲情發乎外者爲非禮爲非義是爲小人之情情者生而有者也是故孩提之哭泣嗔笑怒呼亦情也有情而不以禮義遏制之道德防維之必如駕馬去羈橫衝直奔而不可駕御也樂者情之喜者也哀者情之悲者也一喜一悲而情之端於以見情之實於以露然而樂極則鮮有不近乎淫哀極則鮮有不近乎傷樂而至於淫哀而至於傷是侵禮軼義之情非吾所謂聖人之情也吾所謂聖人之情者樂而不淫哀而不傷耳何能使樂而不淫哀而不傷賴有禮義以止之耳發乎情而能止乎禮義是謂之情發乎情而不能止乎禮義不得謂之情禮義之與情有相倚而不可相離之勢也後世道德日下誤以私欲爲情浸而至於違禮蔑義之事莫不爲矣嗚呼若此而謂之情則關雎之樂而不淫哀而不傷將何以名之耶關雎詩之首也國風之宗也孔子曰詩三百一言以蔽之曰思無邪思無邪者能止乎禮義也余讀關雎而知國風之皆發乎情而止乎禮義也而歎後人之不知情也

解情字獨得眞詮行文亦有紀律

大學戒自欺孟子痛自暴自棄說

楊蔭溥

吾人自呱呱墮地卽具此良心良心者吾人所固有孟子所謂性善是也聖賢此心下

愚亦此心堯舜禹湯文武周公孔子存此心以成其堯舜禹湯文武周公孔子桀紂盜跖失此心以成其桀紂盜跖是故聖賢存此心者也下愚失此心者也存此心可爲聖賢失此心則流爲下愚聖賢也下愚也不過就其心之存與不存而區別之耳然則心烏乎存曰求則得之舍則失之心之失也不一端大要不外欺失之於自暴失之於自棄對外有不可告人之言對己有自愧屋漏之行暗室遜行獨居不慎是曰自欺自欺則其意不誠意不誠則心不正心不正則心放而心失言不中規行不由矩賊喪禮義自陷於邪是曰自暴自暴則心陋心陋則心邪心邪則心放而心亦失高視聖賢謂不可窺居仁由義非我能爲是曰自棄自棄則行敗行敗則流下流下則心放而心亦失是故自欺也自暴也自棄也皆賊喪良心之具人心維危旦旦伐之安得而不失大學愼重而言之曰所謂誠其意者毋自欺也孟子痛切而言之曰自暴者不可與有爲也自棄者不可與有言也欺而曰自欺暴而曰自暴棄而曰自棄蓋良心本不欺也而人自欺之自欺其良心卽自暴其良心也卽自棄其良心也良心本不暴也而人自暴之自暴其良心卽自欺其良心也亦卽自棄其良心也良心本不棄也而人自棄之自棄其良心卽自欺其良心也亦卽自暴其良心也其欺也其暴也其棄也皆人自爲之人

而至於自欺自暴自棄以自失其良心以自儕於禽獸舍巍巍之仁宅而不居棄坦坦之義路而不由背堂堂之禮門而不入哀哉

後段思路精闢神妙欲到秋毫顚餘亦清快可喜

●大學戒自欺孟子痛自暴自棄說

張曾昌

人之有生也渺乎其小處於天地之間然足以傳遠而不朽者乃足與天地長存其浩然之氣有以充乎其中也人不能善保此良質日以欺僞處世則其浩然之氣必銷滅無餘而不足與天地長存矣是故大學戒自欺孟子痛自暴自棄自欺者知其非而爲也自暴者失其固有之性也自棄者舍本性而他求也陸象山有言曰知非則本心復知其非而爲也本心必不能復也可知夫本心不復失固有之性與舍本性他求者皆銷滅其浩然之氣也名雖不同事則一也因雖各異果則同也一而三三而一者也人有此三者之一復何立於天地之間與萬物而爭長乎孟子曰人有雞犬放則知求之有放心而不知求哀哉以不能求其放心已可哀甚況放其未放之心乎是故孟子亦曰曠安宅而弗居舍正路而弗由哀哉浩然之氣者安宅也正路也且夫浩然之氣乃天然固有之性不必他求惟在善養之功耳孟子曰吾善養吾浩然之氣然則聖賢之

所以爲聖賢。君子之所以爲君子。小人之所以爲小人。皆在此耳。毫釐之差。謬以千里。浩然之氣。豈可不養而任其銷滅乎哉。欲保其原質而不銷滅其浩然之氣者。必自痛戒自欺自暴自棄。始陸象山教學者有言曰。汝耳自聰。目自明。子弟自能盡孝。不必他求。在自立而已。又曰。教人當以自重。不可教其有自暴自棄自屈。吾竊願吾儕學子自今而後。一去其自欺自暴自棄之念。而爲自立自重之行。人格之爭回。孔道之復明。夫豈難哉。

以浩然之氣作主。語有歸宿。非敷衍成文者可比。

△史論類上

●里克之中立鄧析之兩可終於邪而已論　王官宜

夫所謂豪傑之士者。亦特立獨行。不爲脂韋之行。模棱之見耳。坐觀其變而不爲之所。事潰而不可收拾。終亦身膺其難者。則利害之見深。禍福之念重也。蓋既憚發天下之大難。適足以敗天下之大事。當多事之秋。而身肩重任。無辭於天下。循循焉觀望於其間。無是非之斷。誠足以苟延於一時。而不知天下之禍。固將終集於其身也。嘗讀困學紀聞。至里克之中立。鄧析之兩可。終於邪而已。而益知其然也。夫天下之事。莫出於是非之途。它人之是非不足信。吾之是非終必有所定。而措施之方。宿於奚所。不難自明。從無中立兩可可言。而縱觀史冊。其陷於斯途者。蓋不可勝數。何哉。蓋嘗思之。小人之心。以為不如是不足以固吾之利。而或免於危難。是以匪不明事之是非也。而懼成敗之未可知也。事之是者。應從之矣。然烏知其必成乎。事之非者。亦未嘗不可隨也。特亦未知其必成耳。奚適奚從。不能定。而乃出於中立兩可之徑焉。易曰。眇能視。跛能履。履虎尾。咥人凶。千古小人之出於此途。及身而免於難者。固或有之。然其能視且履者。幸也。而不免於凶者。亦自然之勢也。夫推小人利害之心。固無所不為。然尚不乏補救之策。身肩大任。天下之事。成敗利鈍。決於一身。天下事之未能畨定。卽由其依違不決。卒至衆庶流離。天下騷擾。夫使天下之安樂。壞於其一人之不斷。而謂其一人之安樂。可永保者。有是理乎。夫事無兩可。而要於善斷。里克鄧析。其足鑑乎。

說理明通。文氣亦穩。

●齊司馬穰苴與莊賈約日中會於軍門莊賈夕時至斬莊賈以徇三軍論

陳輔屏

自古豪傑英雄。每出身微賤。出身微賤。登庸之道無由。因而懷才莫展者。世不知其幾何也。即或被擢爲吏。或被任爲官。方欲逞其所能。以爲國家用。而時君不察。輕其微而莫之信任。士民頑鈍。欺其賤而無肯服從。上不盡其才。下不爲之用。而求建蓋世之功立不拔之業。亦難矣哉。此英雄豪傑之所以不常見。而世事之所以多僨也。齊之司馬穰苴。可謂知用世之道矣。穰苴田氏之庶孽也。田氏當路於齊。輕穰苴而不用。及燕晉交侵齊。晏嬰乃薦穰苴文能附衆。武能威敵。可用也。景公遂以爲將軍。苴微賤之英雄得晏子之推薦。可謂得知己。有齊景之決然用之而不疑。可謂遇明君。常人之心。謂穰苴庶可竭忠盡謀。捨死生。室家而不顧。以報知遇之恩矣。設苴遽唯然受命。振旅出境而能敗二國之師。以復命於君者。苴亦何憚而不爲哉。惟其勢有不能。故苴敢復有請。當是時也。晏嬰得君。故景公爲嬰以苴爲將軍。由是觀之。公非能眞信任穰苴者也。苴旣不獲乎君。則用軍必不得專。一旦軍事僨。雖有晏嬰。亦莫能爲苴力矣。且穰苴新爲將軍。三軍將士未受拊循。驟然臨之。未易束服。軍不用命。戰必無功。功之不成。忠將安在。穰苴英雄。寧肯出此。噫嘻。吾今而後知成非常之功者。其才亦固出乎常人萬萬也夫苴受命爲將軍。克敵則名垂史册。喪師則身首異處。毫釐之爽。其差將不可以道里計也。苴乃從容不迫。復請於君。陽假人微權輕爲詞。而陰取君之寵臣。以爲樹威之具。

夫莊賈齊景比暱之臣也穰苴請爲監軍已得齊景之歡心矣賈之驕貴苴所知也當苴與賈約日中會於軍門之時苴固已知賈之以夕至也苴知賈之以夕至苴已料賈之可斬以徇三軍也賈寵臣苴以違軍令而斬以徇軍是使君有所畏而軍有所懾也迨後景公之使至馳入軍中軍正復言當斬當是時也莊賈已斬穰苴之願已畢遂矣又何必復誅君使以忿君哉噫吾論穰苴斬莊賈以徇三軍事吾不禁爲世之出身微賤不獲乎君不信於民具微才而急於求用徒自戮其身者反復而惋惜也

能將穰苴心事曲曲道出足徵論史有識筆亦圓轉如意頓宕有神

◉申包胥似張子房天下士也論

盛棨東

論者以申包胥擬張子房許爲天下士嗚呼申包胥一踵門乞食之儔耳其才識安足以望張子房耶當子胥之去楚也申包胥固知其必用於鄰國而將爲楚之患也則應如何詣其君所痛陳利害納君於善軌及其事之未形也而預爲之謀及子胥之用於吳也觀其厲兵秣馬其志未嘗一刻忘楚則又應如何急籌對付之方針定君國之大計以方城爲城以漢水爲池及其事之將形也而早爲之所彼申包胥不此之審而臨事以邀幸出之安貴其爲能復楚哉竊嘗謂子房歸隱之時尚能預定太子而爲安天

下之謀彼申包胥何有哉幸而乞憐於秦庭聲嘶力竭秦君憐而救之不幸秦不允出師則楚不爲吳人魚肉者幾希卽幸而秦出師矣獨不慮秦虎狼之國設一旦敗吳而後秦復作漁人之舉是復舉楚而臣妾於秦也申包胥身爲楚臣不能預定國家於磐石之安迨夫千鈞一髮之時而假手於人作邀幸之舉以視子房之佐漢高運籌於帷幄之中決勝於千里之外卒能滅秦而復韓讎其相去爲何如哉至謂其功成而不邀賞其跡與子房相似愚謂申包胥之逃賞宜也自稍有血氣者處之亦必掉頭歸隱蓋恥其全楚以邀幸也若子房之戎衣大定天下晏然然後從赤松子遊千載而下仰其高風顧豈申包胥所可及哉嗚呼謀國家者尙其務於老成萬全之計毋以邀幸而出之若申包胥者安得爲天下士哉

翻駁題義語語破的

●越王句踐式怒蛙論

陸以漢

軍之勝負在乎士氣之盛衰氣盛則踔厲無前勇往不復以必死爲心蹈白刃而無畏犯鋒鏑而不懼勝之端也氣衰則委靡不進苟且畏死以苟全爲念聞鼙鼓而心驚見兵刃而膽落敗之由也氣之盛衰在乎主將之激厲激之得其道則士卒感奮而氣以

作無以激之則士志懈惰而氣以耗昔句踐將伐吳見怒蛙而式之所以激厲士氣者深矣夫吳大國也席破齊覆楚之威兵甲之強聞於天下越人以傷弓之鳥一旦出而與敵未嘗無畏懼之心臨陣怯敵則大事去矣句踐處心積慮以求復讎竭生聚教訓之功而猶懼夫士氣之不揚也於是見怒蛙而式之非以敬蛙所以激士句踐之用意深矣卒之士人感奮勇死畢力戰陣而吳社以屋句踐可謂善作士氣者矣夫蛙氣盛而國君見之而式士氣盛而敵人見之而奔氣之不可忽也如是雖然吾嘗見夫蛙之鬭蛇竭力鼓氣望之隆然未嘗不有勇士之風而或至氣盡力竭以斃者則徒氣之不足恃也自古躁率輕進以敗事者逞虛憍之氣也鹵莽滅裂以召禍者恃粗暴之氣也不知養氣於平日而欲用氣於臨時其敗可蹻足而待句踐自困於會稽處心積慮以求沼吳十年生聚所以培國本而厚軍實也十年教訓所以養士氣而結軍心也蹈隙而動一舉滅吳此非徒能激厲士氣也彼固知用兵之道者矣夫蛙微物耳句踐式之足以鼓國民之氣人可以不如物哉且蛙囿於智不能修養以避禍徒鼓其氣以求一勝其勇可嘉而其愚可憫也人靈於蛙烏可不務所養而惟氣是尚以儕於蛙乎夫惟知尚氣猶不足貴況不能作氣者乎君子觀於此而歎愞阿淟涊之倫與夫畏懦苟安

之士爲不足道矣

筆歌墨舞興會淋漓可云毫髮無遺憾

●商鞅治秦定告姦者與斬敵首同賞匿姦者與降敵同罰之法論

鄒恩潤

天下之事莫難於立法蓋人以猜忌殘忍爲戒積猜忌殘忍之人而成國則自私自亂不待人伐足以自亡而法也者每每易傾於猜忌殘忍之一途故立法者當寓推誠持正之意於法之中而防猜忌殘忍之害溢法之外當使人知法守法而消其猜忌殘忍之行爲不可使人恃法藉法而張其猜忌殘忍之惡焰商鞅治秦定告姦者與斬敵首同賞匿姦者與降敵同罰之法是患猜忌殘忍之性之未滋蔓而推波助瀾以自亡其身而亡秦國也夫鋤姦者執法者之所有事也今乃畀人以告姦之賞與斬敵首同則貪賞者如見金於市所欲唯金金之外人且不見是非眞僞何足道甚至揣上疑之所在而告之欲加之罪何患無辭莫須有之獄遍國中矣後世法此而殺無辜之民至今未絕君子傷之而當秦之世商鞅躬受其禍至秦政扶蘇以父子之親而不免趙高之害推原厥始亦未始非此法養成猜忌殘忍之習有以成之讀史者不察以爲鞅富強

秦國其法未可厚非不知鞅之所以富強秦國者務農桑講武備使人民怯私鬬勇公敵有以致成之耳若此苛法則鞅自貽伊戚而又貽秦國以無窮之害也豈可爲訓哉或以爲賞告姦者與斬敵首同養成猜忌殘忍之習斯固然矣罰匿姦者與降敵同是亦去暴鋤強之一法乎余又以爲不然夫匿姦者與匿者必不願其事聞於外而發其姦者舍告姦者其誰哉是其害與賞告姦者何擇焉然則姦者因此得以逍遙法外則又奈何吾固言之矣鋤姦者執法者之所有事也非謂姦之不當治也苟畀人以告姦之賞則姦未必果姦而告姦者反得藉法以行其姦是乃可慮也以此養成猜忌殘忍之習則自私自亂以至於亡秦爲前車可以鑒矣後世立法者其愼旃哉

精心結撰深入顯出非積理富而用筆熟者不能有此愜心貴當之作

◉秦用司馬錯議滅蜀而國益富強論

譚銕堅

嘗謂春秋之大勢在乎晉戰國之大勢在乎秦秦據有關中之險擁有雍州之地進足以爭天下退足以自守誠天府之國帝王之都也自三晉分立勢力渙散不能阻其東向之漸於是諸侯恐懼合縱以挫其蠶食之鋒於是伐韓伐魏皆無尺土之功司馬錯知其然也故進滅蜀之計蓋人之所欲者難爲功人之所忽者易於得況天下之奇功

多在於所忽乎蜀僻西陲擠於戎翟北連關隴東毘荊楚沃野千里險阻自固入於楚則西北可以拊秦之背入於秦則西南可以扼楚之喉惜乎楚之君臣徒侵蝕江漢諸國沾沾目前之利遂以蜀西遺於秦自此秦蜀相併奄有西北厲兵於秦輜運於蜀雖代有好兵黷武之君而內無苦民乏財之患於是張儀可行其散縱連衡之術范睢得施其遠交近攻之策白起王翦蒙恬之輩可飲馬於中原三晉滅齊楚亡幽燕亦折而入於秦矣且夫有爭天下之志須據有爭天下之勢有其志而無其勢則大事卒不可以有爲楚項以蓋世英雄不免烏江之刎者以其以巴蜀漢中與漢也魏武以絕代陰鷙終至臨江而反者以蜀西據於劉也故光武中興伏波首說隗囂之降司馬篡魏鄧艾先併益州之險十六國之割據李蜀繼傳者數代當易姓之際草澤之雄未有不據蜀以自王者是故蜀誠天下興亡之大關鍵武侯隆中所早論定歟嗟夫秦能從錯滅蜀以富強不能資其德以久王是廣土而不修德者終不可以長治久安也

命意遺詞洞中肯綮具此識力可與論史

●孟嘗君招致任俠姦人六萬家於薛以故閭里多暴桀子弟與鄒魯殊論

殷信篤

國之強弱奚判乎視風俗之盛衰而已風俗之盛衰奚由乎視在上者之所嚮而已國之強弱俗之盛衰其關係也如此世之居高位而臨衆庶者其可不知所務哉吾以爲致國家於富強十年可期也管仲之於齊是也致風俗於醇樸百年之事也東漢之名節是也而致風俗於梟悍暴桀則何必百年何必十年其效之著傳之速殆如影響焉孟嘗君之於薛是也夫三代之盛固無論矣三代而後春秋已衰至戰國而大衰所謂禮義云者幾蕩然而無存然漢高帝以兵臨魯而猶聞絃歌之聲是當時之風俗猶未若江河之日下也分裂既多則各自爲謀斯風尙亦異是在在上者之所嚮而已鄒魯者孔孟之邦也雖皆小國然能產至聖如孔子大賢如孟軻則其人民風俗可知也則其在上者可知也孔孟既生則所以化其鄉閭者又可知也是鄒魯之強雖不及齊楚其風俗之美固當時之翹楚矣然則鄒魯風俗之所以美者以有孔孟也齊楚風俗之所以不美者豈非在上者之過哉夫楚爲夷狄之邦固猶有說而齊則何如者齊之有孟嘗君齊之所以盛也齊之有孟嘗君亦齊之風俗所以日媮也何以知之觀其於薛可知也史稱孟嘗君招致任俠姦人六萬家於薛以故閭里多暴桀子弟與鄒魯殊是薛之所以與鄒魯殊者其必指風俗明矣風俗之所以與鄒魯殊者其必在閭里多暴

桀子弟明矣閭里所以多暴桀子弟者其必在孟嘗君招致任俠姦人也亦明矣然則孟嘗君之於薛如此其於齊也何如乎齊爲戰國一大國齊尚如此當時之風俗何如乎嗚呼天下有以一人興以一人亡者所謂興亡卽風俗之興亡也則孟嘗君者非以一人而亡天下哉夫天下不可一日無風俗孟嘗雖不肖何能亡之不知所貴乎風俗者爲其醇樸也否則以一人之心中於千萬人之心惡習相傳氣節日媮其來如輕雲其疾如飄風莫之爲而爲莫之止而止必有遺毒於天下後世者此范寗所以謂王弼何晏之罪浮於桀紂也則雖謂之亡天下亦無不可夫任俠之風亦有時足以藥懦弱禮讓之風亦有時不足以圖強然而聖人不以彼易此者禮讓之功大且可以持久任俠之利少而其弊不可勝窮也蘇子瞻論秦之亡謂任俠之徒無所歸起而爲亂吾則謂六國之亡任俠之徒無所用久而致亂也夫任俠之徒其材未必無可用者而當時名公子以好客之名羅致門下投之閒散置之肉食日與民習蔚成風氣由是遂以輕身斷脰爲名高擊劍尋仇爲義俠而天下之大亂起矣此孟嘗君輩之過也夫鄒魯風俗雖美而仍隨六國以亡似禮義亦未必較勝也然而任俠之風亦遂可以圖存乎鄒魯之亡亡於積弱齊楚之亡亡於恃強而齊楚之亡亦未嘗後於鄒魯也是強大實可

恃而不可恃禮義實不可恃而可恃斯義也惜孟嘗之未聞而遂以任俠之風倡也由是以觀薛之於鄒魯其初未有以異也及孟嘗君招致任俠姦人而民風始變是豈非風俗難於醇美易於囂悍暴桀之明驗大效哉而世之在上者多不知所以導之保之馴至爵祿相靡機詐相尙洪水猛獸之禍未有甚焉此有心世道者所宜深長慮也

目光如炬筆大於椽見得到說得透洵爲有功世道非祗雄視文壇

●孟嘗君招致任俠姦人六萬家於薛以故閭里多暴桀子弟與鄒魯殊論

陳壽彝

嘗閱史記孟嘗君傳見孟嘗君招致任俠姦人六萬家于薛以故閭里多暴桀子弟與鄒魯殊不禁爲之嘆曰噫嘻風俗之化人也其如影響乎形之大者其影大聲之高者其響高風俗之移人也亦然以禮義爲尙者則其風俗必純厚以武勇爲尙者則其風俗必暴桀故秦楚之居多暴徒而鄒魯之間多純士豈秦楚之民異于鄒魯哉無亦風俗之有以遷移之也夫孟嘗君招致任俠姦人六萬而使之家于薛焉是驅其民而使之以任俠姦人爲效也夫古之在民上者常恐民之流于暴桀也設爲庠序學校以敎之養之以仁義導之以禮節而民尙有不從而況驅之于任俠姦人之途使之相習成

風也哉宜乎薛之子弟多暴桀而異于鄒魯之良善也夫孔子之在魯也化人以詩書之味敎人以仁義之道設禮樂以調其性明孝弟以敦其德滄浪之歌學禮之問文行忠信之訓卽今至杏壇泗水猶見其遺風孟子居鄒循孔道而明仁義國人化之多士君子之行此鄒魯風俗之所以純厚也而孟嘗君則反以任俠姦人是尙子弟之流于暴桀也又何怪哉又何怪哉蓋嘗試論之風俗之純厚非民之本純厚也由于在上者有以使之也風俗之暴桀非民之本暴桀也亦由于在上者有以使之也近儒曾氏之言曰風俗之純厚奚自乎自乎一二人之心而已一二人者當路在勢者也誠使當路在勢者有以使之純厚則在下者如火之就燥水之流濕相習成風焉孟嘗君乃不知是務而反加厲以致閭里成暴桀之閭里子弟成暴桀之子弟孟嘗誠自思之能勿愧乎雖然孟嘗君特功利之徒耳又烏足以語此吾獨悲乎世之在上者不以仁義禮節是務而以貨利卑鄙是行此風俗之所以隳壞至此有轉移世道之心者盍反孟嘗招致任俠姦人之事而求之乎

識見閎達議論精卓

●四豪者六國之罪人論

鮑國寶

古者臣有善必歸之君以表敬君之義而示無私惠之道也春秋之末諸侯失政大夫行權上竊君之恩下釣民之望如四豪者世且稱之爲賢而不知其奸之有甚於亂臣賊子也夫亂臣賊子不過弑君竊國而已而人心不死忠臣義士猶得誅而滅之或竟傳祚於一時而史官直筆後世詬詈蓋終不能免者矣四豪則不然懷欺君之心施私惠於人養士國家之惠也而竊之救災恤鄰國家之義也而竊之惠也義也國之所以爲國也是而亡國家之精神亡矣時人不知其奸莫得而討也後世不察其詐莫得而詬也欺君欺民欺天下欺後世與亂臣賊子相較其眞僞何如哉嗚呼、四公子之客非諸侯之民乎四公子之所以食客者非諸侯之財乎四公子之所以行信施義者非諸侯之力乎居高位食厚祿而不能爲國謀幸福其罪已不勝誅矣又況取公室之所有以遂其奸謀而成其美望賢者固如是乎陳氏施惠於齊後世詬之四公子之後特不能繼其志耳苟其後亦如四公子之行則四國固齊也然其後雖不能繼其志四國之亡固非待秦兵出而後亡也其民不知有君其本之亡也久矣且其所養者何人哉作姦犯法身無所容寄迹豪門以逸法網者也如此之人而四公子養之豈非破壞先王之法乎則四豪者謂之爲先王之罪人可也豈特六國之罪人而已哉

聲罪致討詞氣凜然

●趙奢爲田部吏因平原君家不納租稅誅其用事者九人論

劉蕙疇

法也者經國之常規神聖不可侵犯之物也法之執也主於官吏官吏而不能執法是官爲溺職之官而國爲無法之國法之行也由上而下上而不能行下亦從之是民爲無法之民而國爲無法之國夫官而無法民而無法上而無法下而無法是舉國陷於無法之中國必大亂是故國貴有奉法之民尤貴有執法之官瞽瞍殺人皋陶亦執之太子犯法商鞅刑其師傅平原君家不納租稅趙奢誅其用事者九人嗚呼可謂能執法矣田部吏者司納稅之事者也納稅者人民之義務也平原君恃其貴戚之身行其驕橫之志故有違法不納租稅之舉平原君貴戚也亦佳公子也舉國耳目所屬之人有風行草偃之勢貴戚而違法人民亦可違法賢人而違法愚不肖人亦可違法平原君一人之關係猶輕舉國人之關係則重平原君一人不納租稅其害有限舉國人不納租稅其害無窮蓋財賦者國之命脈也租稅者財賦之源也無租稅則財源絕財源絕則國之命脈斷趙之爲趙亦僅矣趙奢者司納稅之吏也知有法而不知有平原君

知執法而不知有貴戚也故誅平原君之用事者九人亦有來矣蓋非是不足以儆平原君與諸貴戚之專橫亦不足以儆人民之違法并不足以伸大法也

義精詞卓透闢非常

◉秦分天下爲三十六郡論

陳克恢

天下有亂君無亂國有治人無治法蓋國不能自亂也必有亂之之人法不能自治也必有治之之人可知國之亂否不在乎國而在乎君法之治否不在乎法而在乎人古今無不弊之法卽無不可變之法苟得其人而因時制宜立新廢舊變之可也則秦分天下爲三十六郡其誰曰不宜夫周末之時諸侯強吞弱肉君臣相殘王室徒擁虛名孤獨無助封建之衰可謂極矣秦於當時實有不得不變之勢不可不革之機而始皇乃毅然變之其可厚非乎然而先王之所以行封建者欲分權於天下而與天下共治也其公天下之心顯然可見秦之所以建郡縣者徒欲集權於中央而一人獨治耳其意豈不大相剌謬乎使秦於當時好民所好惡民所惡舉直錯枉賞功罰罪推先王封建公天下之心而行於郡縣之內則禹湯文武不難復見於秦民風可以復期乎古後之論者其將以始皇爲何如人哉奈何始皇不知出此遂以天下爲一己之私土賦斂

爲一己之私財兵甲爲一己之私衛人民爲一己之私僕而爲君者又至尊無上於是舉天下而惟吾之所欲逞吾之所爲以爲天下可以長治久安君位可以傳之子孫萬代自以爲智反成其愚後之驕奢淫佚暴厲恣睢爲民之蠹而民無可告訴者豈非始皇爲之作俑耶嗚呼秦行郡縣郡縣終不利秦而尊上抑下之風已由此滋矣漢高知皇帝之貴而不知民之貴後之爭天下亦皆知有皇帝之貴而不知民之貴故湯武之起兵爲民除疾苦而秦以後之興兵爲一己之富貴不知民也者國之主國祚之長短視乎民心之向背尊上抑下之風秦既已開其端後世又從而甚之則又豈非秦之罪人也夫故郡縣之於秦有不得不行之勢特所有者非其人耳若秦也者行郡縣亡不行郡縣亦亡使始皇而處三代之世雖封建亦亡使禹湯文武而處秦之世雖郡縣亦治蓋國之存亡不在乎封建與郡縣而在乎恩澤之施不施民心之得不得也

意亦猶人詞獨完好不必矜才使氣自爾出色當行

●秦始皇上泰山刻石頌功德論

鮑國寶

古昔帝王恩澤施於天下四海昇平萬民樂業故史官記其功德載之金石所以垂法萬世示範後王非僅頌揚而已也世道衰微廉恥盡喪人臣習於諂媚人主自大而好

訣而金石之用遂濫矣當周之末戰國紛爭兵戈不息生民塗炭壯者疲於戰陣老者死於溝壑始皇併六合不思救民於陷溺又從而虐之以暴政苛之以徭役當是時民之所以不畔者徒以秦新得天下其鋒正盛無勢可乘也熾火於積薪之下可得謂之昇平乎納民於水火之中可得謂之恩澤乎其有何法以遺後世而何範以貺後王也且其所謂功德者何在愚虐黔首開萬世專制之端其罪惡可誅也嗚呼滿而溢天之道也湯放桀於南巢即天子位猶曰有慚德始皇何人哉當其登泰山望中原舉目四海也封疆萬里兵及河朔其志意固已滿矣而逢迎之臣窺始皇之意於是請頌功德以爲過三代而軼堯舜始皇之心益驕矣能無敗乎故登泰山而後志益滿政益暴生民怨讟益烈而始皇方巡狩四方羣臣方爭頌功德孰知軹道之災已伏於泰山之刻石也

開局堂皇中後詞亦酣恣

◉項籍破秦軍於鉅鹿論

聶傳儒

功罪參半之事拘文義顧小節者不敢爲也惟英雄豪傑之士迫於時勢激於義憤獨冒天下之不韙而建不世之功此項籍所以殺宋義於安陽而立功於鉅鹿也而論者

皆以爲籍之罪夫章邯以勁旅之師而擊蕞爾新成之趙危亡之幾一髮千鈞楚軍一出卽解趙圍而覆秦者鉅鹿之戰也鉅鹿之戰九敗秦師者籍爲之將也籍所以爲將者殺宋義也不殺宋義秦必勝趙必亡趙既亡十餘壁之救軍必望風而降矣然後章邯分其乘勝之師擇己親信之將渡河擊義而已則退據關中坐以待敵秦地險阻易守難攻堅壁淸野以逸制勞沛公孤師深入越地數千里既苦無救援又艱於餽餉將不戰而自潰矣然後邯出武關南擊盱眙之後而所遣之將攻於前懷王左右無輔弼之臣而軍中無奮擊之卒腹背受敵首尾不能相應鹿死誰手不待言而知矣然則殺一宋義秦之將士降於外君臣二於內趙高族誅二世遇弒沛公得從容入關受子嬰之降此籍之功乎抑籍之罪乎雖然論者以殺宋義破秦軍爲籍之罪固有說矣以爲宋義懷王心膂之臣也義爲上將籍爲裨將懷王之命也無王命而殺王之心膂之臣是無君也以裨將而弒上將是無上也履霜堅冰由來者漸他日江中之弒已基於此矣雖有破秦之功焉能掩其弒君上之罪哉吾謂論者以殺義罪籍蓋未思義有可殺之罪也義受命救趙行至安陽留四十六日送其子至齊置酒高會是棄懷王之命也鉅鹿兵少食盡岌岌不保而義逡巡畏縮頓兵不進是孤趙人之望也楚軍無見糧兵

食半粟天寒雨雪士卒飢凍而義不撫恤是攜楚軍之心也籍以利害說之義猶欲袖手旁觀坐待成敗收漁人之利義所謂狠如羊貪如狼已實兼而有之義之罪豈勝誅耶項籍勇蹈高風獨犯不韙毅然斬之帳中所失者未請命於懷王耳然安知夫請命於王王不是義而非籍也諺云果者事之功需者事之賊籍所以絕無忌憚斬義帳中而立功於鉅鹿也且籍未嘗不知殺義爲國法所不容人心所不歸故焚棄輜重身先士卒以示必死其情可諒其功亦不可湮沒也嗚呼論者以項籍慓悍猾賊坑降卒弑義帝遂以爲鉅鹿之功不足掩罪亦過矣哉昔魏信陵君竊兵符殺晉鄙奪其軍以救趙雖破秦軍僅足以存趙項籍殺宋義亦奪其軍以救趙一破秦軍卽足以救天下論信陵者謂其功足補罪吾願論籍者以信陵例之可也

思沈力厚氣足神完是極意經營之作

●韓信爲漢則漢勝爲楚則楚勝論

羅錫暄

治世有是非而亂世無是非治世有仁暴而亂世無仁暴而况躬擐甲冑手秉干戈更何所謂仁義道德哉是故爭地以戰殺人盈野爭城以戰殺人盈城交兵之際舉凡天綱地維均不足以繩之武王克商血流標杵夫同爲圓顱方趾履地戴天人豈嗜殺哉

正有不得已者在耳楚漢之相爭楚亡而漢勝後人皆以殘暴詬項王余以爲苟楚勝而漢亡則後人又將以不孝病高祖蓋成敗論人賢者不免而況於子長以後誰復能進憤王之義概也哉故有可乘之機烏可坐而自失徒爲他人增評論之價値此古人之所以有雖有智慧不如乘勢之言蒯通之所以有說韓信之舉歟夫項王漢高之與信也均崛起布衣同戴義帝其後羽既背楚而自立邦亦棄羽以東歸則信又烏有不能南面之理秦失其鹿捷足者得之當時天下大勢誠有如通所云者若以爲漢高之恩寵難忘則信之所以報漢者已不菲矣感小惠而忘大事智者不爲而信乃昧之何不一味兎死狗烹之語耶況復勇略震主者身危功蓋天下者不賞文種之於勾踐乃不能保有其身爲漢高之功臣更安望其能久享祿位惜乎信之見不及此也洎乎廣武戰處宿草未生長樂宮中英雄已沒回首前塵眞有令人追悔不及者矣其後汗馬功臣誅殘殆盡親如樊噲亦不能存而通反得隱居善終嗟乎蒯通亦奇士矣哉

持論超邁頗不爲經常之見所拘

●漢高祖過魯以太牢祠孔子論

吳穎達

威力可以服人於一時而不可以服人於久遠故古來英霸之主崛起草莽之間雖未

嘗聞詩書之教而默察世變蔑棄禮教縱有天下不能一朝居亦不得不傾心於儒教誠以儒教者立國之精神也竊讀史至漢高祖過魯以太牢祠孔子不禁歎漢家享年之永未始非高祖尊儒教有以造之也夫高祖一武夫耳率百萬衆西向而爭天下是其所習聞也何聞乎詩書之教而於卽位之十二年淮南王英布反自將討平之還過魯乃有祠孔子以太牢而尊儒教之舉嗚呼高祖昔嘗賤儒者溲儒冠矣而於此時亦不得不傾心儒教焉謂非無所感而有是舉歟揆彼其心蓋見夫昔日之爲我敵者滅矣而昔日之爲我攻城奪地効力於我者又起而爲我敵我兵雖強我謀雖多終難堪此接踵而起之叛敵且人心莫測無禮教以繩之一室之中誰非我敵耶誰爲我用耶是雖有百萬之衆不啻無一人也雖曰多謀實則無謀渺渺此身難保朝夕況天下乎言之及此實可寒心爲自保計爲天下計皆不得不崇儒教而以太牢祠孔子之舉於以興故是舉不興於高祖卽位之初而興於卽位之十二年不興於英布未叛之始而興於平英布已叛之後可見高祖崇儒教之念之深切有感於利害非泛言崇儒教者可比也嗚呼高祖眞明主矣後世開國之主未嘗聞詩書之教者亦有之矣從未有若高祖見理之明也惜乎高祖有崇儒教之心而佐非其人當時所號稱儒者不過叔孫

通輩儒教不能大昌耳設使佐得其人則昔日孔孟之所經營而未得其志者不難見於漢代雖與唐虞比隆可也吾是以始爲儒教幸而終爲高祖惜也

高祖此舉謂其將以振興儒教固屬迂談謂其藉以伸張君權亦屬深文周內文獨謂其鑒於叛者之多懼而爲此是眞洞悉高祖之隱情者論既曲當運筆尤銳於干將

漢吳王濞稱疾不朝文帝賜之以几杖論

顧寶善

天地之化育萬物也不能有雨露而無雷霆帝王之治天下也不能有德澤而無威刑況政者正也所以正人之不正也烏可以小不忍哉語曰小不忍則亂大謀可不戒哉史稱文帝漢之賢主也然嘗讀炎漢之史有吳王濞稱疾不朝文帝賜以几杖事夫不加之斧鉞申之以國法而反賜之以几杖則他日有効尤者文帝其將何以處之抑從之以斧鉞嚴之以國法耶若以謂以德化人則正所謂婦人之仁也傳曰臣無貳心天之制也苟懷貳者周有常刑既無德政又無威刑此婦人之仁所以憒事而有餘也故七國之舉兵雖謂文帝養成之可也七國之叛亂雖謂文帝使之叛亂可也蓋七國之反吳王爲之謀主吳王之所以敢反者則文帝賜之以几杖而示之以怯也然則七國

之反非文帝之咎耶使文帝以不朝之罪出六師以討之則變速而禍小何至七國並起哉惟養禍而惡大故一旦有以藉口而七國之變亂以起雖然此不足以罪文帝也傳不云乎葛藟猶能庇其根本況王室乎苟能親之皆兄弟也何一不可爲我所用也人非草木孰無良心豈有推心置腹而視如寇讎者耶文帝明於此故其賜之几杖也欲結其心也豈徒然哉論語稱孟莊子之孝也其他可能也其不改父之臣與父之政是難能也夫吳王非高帝之所封乎故文帝不發其雷霆之怒者孟莊子之心也卽其賜之以几杖者亦莊子之心也豈可厚非哉嗚呼此文帝之所以爲賢也

前半詞嚴義正後半潛氣內轉尤佳

●賈誼過湘水投書弔屈原論

胡鴻勳

嗟乎天賦人以非常之才必授人以非常之遇以建非常之功方可謂不負其所學而無憾者矣然自古以來有有才與遇而不逢其時者焉有有才與時而不遇者焉當天下板蕩之秋不乏聖君賢臣魚水交歡方以爲自此可展其雄才以淸中原而狂瀾非隻手所能挽大廈非一木所能支事勢已去竭誠無補或遁入山林爲前代之遺民或鞠躬盡瘁竭一死以報國蜀漢之武侯東晉之靖節是已此有才與遇而不逢其時深

堪痛惜者也若夫天下草創待理之時正志士施展經濟之秋世之抱不世之才懷救時之策者莫不延頸企踵鵠立待遇而上無明主之採訪卒使懷才不遇能不克展或埋首巖穴賫志以沒或披髮佯狂飲恨而死楚之屈原漢之賈生是已此有才與時而不遇尤可痛惜者也彼武侯靖節雖不得其時猶可竭心力以濟時艱於萬一而屈原賈生皆懷安國之明智治世之良才致身清要宜可以大展其經綸而被讒受謗放流黜逐一則悲憤填膺自沉汨羅使感君之苦衷竟成遺恨一則怨悶充胸氣鬱而卒致治安之良策徒作悲觀而尤可痛者則中原擾攘三代之治終不見於後世或則國勢日弱社稷亦隨之以邱墟也嗟乎以賈生之才遇文帝之明和衷共濟天下不足治也而讒諛得志方正逐黜與屈原之被譖放逐隔世如出一轍其草詔諸侯無異屈原之造爲憲令也絳灌猜忌無異上官之讒毀也躊躇湘濱無異行唫澤畔也哭泣絕粒而死無異自沈汨羅也投書湘水所以自弔也所以自諭也踽踽水國心傷迴流茫茫塵寰知音罕覯則賈生之曠世相感而可引以爲知己者舍屈原其誰哉而說者謂賈生不能待不能忍以不能結納權貴爲賈生病不知士君子處世寧超然高舉以保眞而不遊大人以成名寧廉潔正直以自清而不突梯滑稽以絜楹寧與黃鵠比翼翱翔於

太空而不與鷄鶩爭食徵逐於圂阱豈可以皓皓之白蒙世俗之塵埃而傷吾之廉貞哉惟賈生行之廉故能成其貞惟賈生志之潔故能自拔於汚淖之中而與屈原並稱爲曠世之知音蘇氏之子焉能知賈生之行哉說者又以唐之宣公逢時遇主克致清平賈生亦幸遇時君而功業不能與宣公同炳彪蓋道未至也應之曰道雖在我宏之在人飛蝗竟天農稷不能善稼奔車覆轍孟軻亦廢規行若使宣公與賈生易時而事則一否一臧未可知也而功業不能與宣公同耀者舉世之溷濁而不淸也賈生之保貞而不阿也而以爲其道未至不亦誣乎讀屈子懷沙之辭賈生鵩鳥之賦哀怨憤悶窮無所告可以知其心之忠而志之潔矣嗟乎黃鐘毀棄瓦釜雷鳴讒人高張賢士無名世之懷才不遇賫志以沒者可勝計哉余願敬告世之懷不世才者曰寧爲神龍之韜晦遠濁世而深藏寧爲鸞鳳之高翔見盛德而下降而勿蹈屈賈之覆轍也悲夫

悲壯蒼涼聲情激越

●司馬子長讀功令至廣厲學官之路未嘗不廢書而歎論

吳長城

古者學無官凡民之生也少則習之學長則材之位夫人事學夫人有從政之能攻學

匪以干祿出仕所以行道也迨嬴秦而降有博士之稱學官之名學者志在利祿有司藉以籠人於是眞儒絕跡哲人云亡秦社之遽爾坵墟未始匪以乏讀書種子故也劉季崛興馬上成業以儒冠盛溺視學者如敝屣斯果儒之厄運然而不足慮蓋道明於日月縱見厄於一時終當顯於后世逮孝武繼統播爲功令凡能明一經者錫之以位其立法本意未始不以當時異端充斥大道沈沈將廣厲學官路爲挽瀾砥流之計而孰知儒之不幸有甚於往時者乎蓋不爲利祿所移者上智暨下愚焉餘則經之營之不遺餘力縱無功令之頒猶日以干祿爲務矧播爲明文示之萬民者歟當其橫經鼓篋呫嗶竟日心早馳於紛華波蕩之中迨祿位既得而能布教化民者鮮矣噫當時之設是功令亦愚矣哉夫上有所好下必甚焉設廣太學敦五教將儒者職分布爲功令上之人躬親行之則異端將歸附之不遑何須懸爵祿以餌之哉不是之務廑以術誘使天下儒者之心盡羈於功令眞儒將絕大道日晦其不爲亡秦之續者幾希此司馬子長之所以浩歎也

識高筆老滌盡蕪詞

●司馬子長讀功令至於廣厲學官之路未嘗不廢書而歎論

薛紹清

蓋聞計功而談性理不如不談之爲愈也要譽而言訓詁不如不言之爲愈也誠以學也者非干祿釣名之具乃修身用世之方也通經以明是非治吏以辨得失窮則獨善其身達則兼善天下夫然而洞徹學義克盡乎爲學之道矣慨自聖人既沒周室衰微大道亡羊禮樂敗壞靈均懷沙而後蹇脩之辭靡聞秦政坑儒以還絃歌之音不作世溷濁而不清士炫飾以邀譽修仁義以圖功名諷詩書以干利祿貌孔孟而行鞅斯口夷惠而心桀跖流風所靡盡世皆然士習卑污一至此極而在上者又復鼓吹提攜不遺餘力官爵以誘之祿位以陷之驅天下之學者而盡鶩於利祿之途壞心術於冥冥之中亂天下於無形之際是皆教人作僞有以啓之嗚呼此司馬子長讀功令至於廣厲學官之路宜其廢書而歎矣夫所謂功令者公孫弘之徒所作也其意未嘗不善惜乎未得其方也夫勸學脩禮崇文化也舉善勵賢風四方也政教脩則士人有廉恥士人有廉恥則天下有風俗今也令能通一藝者得補文學掌故缺是則士子莘莘爲學務在得官得官則故步自封自封則業不修業不脩則德不進德不進則退昔之潔狷自好者今則貪黷任情是亦何用夫爲學哉且其言又曰以文學禮義爲官遷留滯選

擇其秩比二百石以上及吏百石是則治文學習禮義非所以爲立身行己之道而轉爲干祿之階賞以勵賢而賢日尠爵以勸學而學益紊崇文化反以擢之風四方反以溺之馴至公卿大夫盡多僞學之流上以利祿求斯下以利祿應飾先儒之道欺當世之民炎炎其言仳仳其行心術既壞誠意乃沒害於其事害於其政一旦綱維解紐遂至分崩潰決而不可收拾然則常人視之猶抱隱憂而況如司馬子長其人烏有不廢書而歎者哉或曰子長之作儒林傳觀其文察其意似多公孫氏者子爲是說抑何據乎余應之曰此子長之隱語也武帝時法令森嚴且子長又身蒙大辱雖欲非之烏得而非哉且篇中有云自此以後公卿大夫士吏斌斌多文學之士此非其隱語而何嗚呼自公孫氏創祿誘之端被其害者奚止兩漢百世以下猶未已也是故楊著太玄受祿新室馮序長樂傳食多朝其他貌比曾顏心若鴟鴞禿筆不能盡紀也雖然漢以利祿奬士猶重其學法雖未臻盡善意則未可厚非若至近世則非惟以利祿誘人抑且不重其學矣雜流並進學子窮居苞苴白晝賄賂公行求如兩漢之文學蔚盛已不可得而況欲求其如三代之治乎嗚呼使子長復生今日行見其痛哭流涕有如賈生之於西漢奚止興歎而已哉

聲情流露。歎字寫得酣足。

●漢武帝設酒池肉林以饗四夷之客作巴俞都盧海中碭極漫衍魚龍角抵之戲以觀視之論

陳祖同

自三代以下。帝王具并吞四海之雄圖。抱懷撫八荒之偉畧。貔貅之師。轉戰於胡漠之邊。口舌之士。交馳於蠻狄之域。卒致摧城下部。得地拓疆者。惟漢武帝一人而已。世皆以武帝窮兵黷武。遂致天下騷然。民貧財困。爲武帝病。嗚呼。征討戎羌。英雄之所以強其國也。何足以擾天下。特武帝雖具征討之策。而乏懷撫之術耳。不觀夫武帝之享四夷之客乎。宴則酒池肉林。樂則巴俞都盧海中碭極漫衍魚龍角抵。此戲也。奢靡鄙陋。第足供天子玩好而已。豈足用爲四夷之大合樂而饗視之哉。蓋以宴則窮極奢侈。樂則備具光怪。彼僻處西北諸邦。見所未見。聞所未聞。在武帝之心。未嘗不以爲非此不足以駭其觀聽。盪其魂魄。令其知中國之富。堅其畏中國之心也。不知金革西北之產也。舞伎蠻夷之能也。彼所敬畏者。中國之文物禮樂耳。示之以奢侈之宴。詭幻之戲。徒足以生其輕中國之心。啓覬覦之念。彼且以爲中華禮樂之邦。亦蠻夷比耳。從而竊笑之矣。傳不云乎。修德以來遠人。又曰以德服人者。心悅而誠服。禹卻旨酒之獻。而北狄懼文王修禮義之教而西夷降武帝誠能明其政刑修其禮樂其饗夷也僅有膰肉之賜而作大韶之樂則吳越之蠻是生季子不難歎洋洋之美服美善兼盡知中華文物之邦蠻狄無以窺其底蘊濟之以蘇武張騫之辯李廣衛青之勇吾知征東西怨征南北怨皆將奉琛重譯來臣又豈致輪臺戍兵天下騷然哉夫酒池肉林之設非殷紂之所以焚其身乎魚龍之戲非周厲之禾黍其西周乎以亡國之宴樂視夷狄而謂能服之懷之乎幸而武帝尙具與人樂與衆樂之心公諸四夷之宴得外託王季之好貨太王之好色耳不然吾恐不待輪臺下詔黃巾赤眉將徧天下矣故天下之騷然也實由武帝無懷撫之術以力服人雖有蘇張李衛輩不能免其叛亂之志不能罷屯田之卒遂致百姓肝腦塗地其幷吞大計固未可厚非焉嗚呼世有不獨採奢侈之宴光怪之戲且從而效四夷之宴之戲更何足懷柔遠人哉是又武帝之罪人矣

陳古刺今折衷至當

◉漢公孫弘爲丞相開東閣以延賢人與參謀議論　譚鐵肩

有僞儒之學焉有眞儒之學焉眞儒之學祇知有國僞儒之學祇知有君知有國則所學者上下千載務關於天下民生郡國利病以繼往開來自任其言不爲一時其學不

爲一人是謂眞儒之學若僞儒之學則不然所讀不過功令之書所業不過利祿之術或有所學似眞儒學之學惟炫惑勢利之心勝遂緣飾經術以取媚時君邀寵富貴若漢之公孫弘其卽僞儒之學歟史稱弘開東閣以延賢人與參謀議者吾謂適彰其僞也竊謂當時之賢人邃於經學可稱醇儒者莫如董仲舒而弘忌其眞儒之學遂屏其進途忠於王事可稱直臣者莫如汲長孺而弘肆其奸梟之舌請徙其官史公之學羅萃今古洞悉時弊亦當時之賢士未聞弘與之交接然試搜東閣所延者欲求一賢人而不可得是則皆利祿之徒曲學之士矣其所與參謀議者亦不過私門之事夤緣之路耳若漢武者固一代英雄之主思籠絡天下之賢豪以邀後世之譽雖或知弘之飾僞而亦以僞應之故其君臣之間互以僞以成其名者也嗟夫自公孫弘以僞學倡天下故天下之士慕時勢之所尙利祿之所在不惜遷就其所學以投時王之所好遂釀成一君學之天下而國學漸以亡張禹孔光之流習弘之故智徒事唯諾以成王莽之篡揚雄且劇秦美新以僞學媚異姓之主矣至許衡姚樞甚以僞學轉媚異族之主矣嗚呼李斯棄其學以亂天下公孫弘曲其學以阿世皆以尊專制君主之權而成今日之危局者矣悲夫悲夫

議論奇創。未經人道。是能以偏師制勝者。

●霍去病重車餘棄粱肉而士有饑者論

彭 昕

史稱票騎將軍從軍既還。重車餘棄粱肉。而士有饑者。論者多以不能與士卒同甘苦為將軍病。竊以為過矣。蘇子曰。辦天下之大事者。有天下之大節者也。蓋欲有所建立不先立信於人。必不能成其功業。霍將軍者。其能先立信者歟。夫兵戎衆多。統之非易用之尤難。萬里長征。連年奔走。朔雪晨飛。河冰夜渡。淒風苦雨。慘不勝言。將不能仁。未有不立散者。戈甲在懷。孔武有力。偶有失意。倒戈相尋。故徒仁而無智以禦之。亦不可今將軍身統大軍。出征絕域。轉戰數千里。身先士卒。而以勇氣敢往聞。夫不能與士卒同甘苦。必自保其身。自保其身者。能身先士卒乎。且史稱其約輕齎。絕大幕。又曰師率減什二。取食於敵。其糧食之少可知。然猶節節進攻。追窮寇於雪暗如沙。冰橫似岸之鄉。立豐功於天漢之外。而士卒心悅誠服。無一煩言者。其方略之先。有以示信於人。不從可知乎。蓋將軍之心。以為忝握兵符。身膺重任。仁智以外。惟忠勇可以維軍心。可以勵士氣。可使赴火蹈湯而不辭。安共患難而不變。若徒椎牛釃酒。要結軍心。僅固於一時。不能得之於危難。徒阻其館穀之心。亦長其輕視主將之習。是以法項羽持糧之舉學韓信背水之謀開誠布公以忠勇結軍心脫有不幸則臥沙場裹馬革以爲榮觀其對主上云匈奴未滅何以家爲其志可知矣故士卒信之衆皆以忠勇爲心是以乏糧而不變蓋其心不係於糧之豐不豐求可以濟足矣則師還之日車餘粱肉亦常事耳曷足病乎且姑恤養奸千古一轍試問職有尊卑將卒能一一同之乎此不可能也若不持其大體以口腹小惠維繫軍心則偶有不及未有不起而爲難者試問士卒衆多能一一得其滿心乎此又不可能也此華元殺羊食士致遭囚擄之辱也可見治軍威信不立徒行小惠鮮不及於難者若將軍者可謂能以威信治軍故能爲人所不能爲還朝之日從者如雲未聞有怨將軍者果不恤士者能之乎

卽以嫖姚語作骨能見其大文筆亦華實並茂疏宕有致

●霍光出入殿門進止有常處郎僕射竊識視之不失尺寸論

楊肇煇

雨暘時若寒暑弗差天地之正天地之常也烈風拔山驕陽爍金雖足震炫而化育不資焉正其衣冠尊其瞻視行止以法定動有則行己之正行己之常也矜持故爲赫奕徒著雖足飾外而德行無加焉史稱霍光出入殿門進止有常處郎僕射竊識視之不

失尺寸。可不謂能常乎。觀人於微。君子以此知霍光矣。拔山之風。爍金之陽。非常道也。矜持之態。赫奕之著。非常行也。非常者弗可以久。今霍光之出入殿門。必數郎僕射之竊識。必不止一日而不失尺寸。是其習之有素也。是其能常也。是其非故爲矜持徒著赫奕也。何則。故爲者不能無斯須之變。徒著者不能無尺寸之失也。且夫經邦有常憲。治國有常刑。遵常斯治。失常乃亂。刑憲之常否。視守憲典刑者之行己能常否耳。常於此者。必不變於彼。變於彼者。必不常於此。霍光行己有常矣。故其輔昭帝。廢昌邑。立病已。俱能行所當然。而不背乎常。佐漢安劉。厥功偉矣。是以君子謂爲能常。雖然猶有惑。霍顯弒后。光竟隱忍不首。是亂刑憲也。失常莫大焉。天地失其常。必有奇變。人失其常。必有奇殃。今光始能常而終不常。此光之所以爲光。而霍氏之所以不久也歟。悲夫。

前路清機徐引。後半議論警闢。擅一篇之勝

●郭林宗隱不違親貞不絕俗論　吳長城

獨善云者。豈君子本心哉。蓋摘精取華。參爲三才者。爲能心天地之心耳。厥心維何。曰日月煦焉。雨露潤焉。天心可知矣。羣生遍載。萬類紛如。地心奚隱哉。則仁者匪天地之心焉耶。君子心之。此文王之所以日昃。阿衡之所以殷憂。孔孟之所以馳驅。他聖賢之所以皇皇竟日拯民水火者也而或者生不逢辰棲身衰季陰消剝極碩果難繫則亦放浪形外寄跡奧谷汲清泉而獨酌抱玉兔以長終執用黃牛居內處中其身不遇厥心可憫焉曾聞夫有漢郭泰之爲人矣明性有主雅俗無失遯初善終觀象譬物若林宗者殆由巢夷齊之流亞歟噫東漢末葉何時也羣賢退黨錮興非君子道消小人道長時歟朝野紛紜民生凋弊奄宦橫行清流鯨鯢林宗目睹之矣目睹之而不能救其心傷哉其甘居草莽不願朱丹其轂者豈忍視民生之塗炭蓋有不能者在也不能而高舉君子獨善其身之現象焉然而林宗亦豈映高霞侶白雲枕丹崖席碧嶺與風月爲友偕猿鶴同游者乎事母孝服喪哀隱不違親介之推不若也識英俊造賢才貞不絕俗柳下惠不過焉有道之士乎有道之士也后有處亂世之君子盍以林宗爲則

格調頗佳

●郭林宗隱不違親貞不絕俗論

薛紹清

嗚呼士生當亂離之秋處世其難矣哉當此之時君子在野小人在位出而仕進不啻自陷其身覆亡無日無已其隱乎故殷室未屋而箕子佯狂晉祚將亡而淵明歸去誠以時丁否塞君子道消小人道長天地失位上下不交君子持明哲保身之謀主潛龍

勿用之義。各保其素。蹈德藏身。古來之若此者。蓋不可勝道。易曰。天地不否。君子以儉德避難。先聖言之詳矣。然歷觀史册。自好者固不乏其人。而假隱自名。以詭祿仕者亦復相望於道。若北齊彥倫之流。假容窮山。繫情好爵。乍廻跡以心染。竟先貞而後黷。何足道哉。何足道哉。吾觀郭子林宗之爲人。不禁有所感矣。夫東漢自孝安而後。主幼臣弱。閹宦擅權。北鄉侯薨而孫程立順帝。孝質被毒而曹騰說梁冀。士夫之廉節掃地。朝廷之威信無存。加之水旱頻仍。盜賊蠭起。殆易所謂天地閉。賢人隱之時歟。林宗知其然也。是以去縣廷而不給辟。有道而不就。獨行其志。獨善其身。范滂稱之曰。隱不違親。貞不絕俗。嗚呼。此林宗之所以爲林宗也。蓋士之隱也。守身勿失而已。非所以釣名沽譽也。是故其隱也。不違親。不絕俗。與人無患。與世無爭。導人以善。訓誘後進。以盡其爲人之道。以行其濟世之謀。宦途卑汚。不官可也。朝廷無賢。不仕可也。舉世混濁。絕世則不可。何也。民猶草也。視風而偃。民之好惡。上之所好惡也。非民之自爲好惡也。是故上失其道。去之可也。下失其道。則必盡吾力而救之。惡者化之。暴者馴之。大丈夫救天下。溺奚必在位哉。是以違親而隱。非隱也。求名而已。絕俗爲貞。非貞也。自異而已。惟林宗。不違親。故其隱也眞。不絕俗。故其貞也正。不易乎世。不成乎名。樂則行之。憂則違之。確乎其潛龍勿可拔也宜乎無愧於蔡邕之銘矣觀其所獎進士類如茅容庾乘之流一經陶鑄靡不成德傳曰有教無類林宗盡之矣嗚呼自兩漢而下世道衰微假隱自名絕俗爲高至號終南嵩少爲仕途捷徑去林宗遠矣可慨也夫

題義皦然呈露成如容易却極艱辛

◉郭林宗不爲危言激論論

楊蔭溥

自來黨人之禍亦云酷矣片言不愼刀鋸隨之一語不合鼎鑊加之君子正人一網打盡一朝元氣索然無餘下至明之東林前後六君子塡尸牢獄而其禍烈矣孔子曰邦有道危言危行邦無道危行言孫又曰邦有道則智邦無道則愚中庸曰國有道其言足以興國無道其默足以容司馬公曰天下有道君子揚於王庭以正小人之罪而莫敢不服天下無道君子括囊不言以避小人之禍而猶或不免誠哉此君子處身叔季之常規此君子明哲保身之良法也東漢郭林宗其得此意乎林宗生當桓靈混濁之朝世值黨禍瀰漫之際斯時也李范陳竇之輩俊顧及廚之徒奔走號呼互相標榜輕議朝政不識時機中外承風天下景仰公卿而下倒屣迎門淸議一出羣姦側目於是寺宦乘之肆其口實誣以誹訕朝廷之罪加以疑亂風俗之名下詔郡國捕亡四出枝

連蔓牽六七百人殺戮禁錮士無噍類而正人旣盡宦寺愈張東漢之亡實兆於此嗚呼黨人欲以救國適以亂國欲以除姦適以長姦徒戕其身有何補哉林宗生當此世而孑然一身怨禍不及史稱其好臧否而不爲危言激論信乎勝人一籌哉蓋林宗知宦寺之毒其根已深盤据中宮勢傾中外生殺大柄盡出其權決非言論之所可得而轉杯水車薪無補於事抱薪救火適以助威恐立言益危身亦隨危持論過激其毒益激言之無效適逢其怒獠虺蛇之頭踐虎狼之尾徒遭其毒徒膏其牙身死無益於國家適以長威於宦寺人之云亡邦國殄瘁爲國家惜身林宗有焉使當時賢士人人具林宗之卓識坐待事機徐爲後盾則黨錮之禍可以不興賢士正人可以不害國家元氣可以不傷吾恐漢室之亡未必若是之速也嗟夫黨人之禍一時名士幾乎噍類無遺所存者除郭公而外惟申屠蟠徐孺子茅容三人而已悲夫然吾猶有所不滿於郭公者公與李膺意氣相投堪稱知己同舟共濟飄乎其仙然而何不於此時從容進諫以君子見幾而作之言盡朋友相規以失之責諫而不聽膺之過也知而不諫郭之失也郭徒知自高不知翊人事前坐視黨人之嗜進輕生不知援手事後雖贍烏私慟有何補哉有何補哉

文氣凝鍊自成一家之言

●郭林宗不爲危言激論論

徐經筵

士君子當清平之世遇有爲之時因其才力用其心思建議是非辨論得失上致君下澤民求盡吾一生之職而免乎同汙之譏及乎事機反覆主弱臣庸君子隱於山林小人列於廊廟則正心脩身而不爲激切之言誠以道不可守經而言不可不達權也孔子不云乎邦有道危言危行邦無道危言行遜孔子非不知同汙之爲惡而忠直之爲愈也然而時無可爲力無可及危言激論無補於國家之大政徒賊其身而有餘此君子所以貴知幾也漢桓靈之世政綱頹壞羣小竊權非君子道消小人道長之時乎李膺范滂等學非不博也道非不深也且非不知時之不可爲也然而識力未充涵養不足能忍所能忍而不能忍所不能忍也言所不敢言而不能不言所不宜言也彼見夫朝綱之紊亂羣小之奸邪不得不發爲危言訕議得失而孰知有黨錮之禍哉好言招咎自古然也我於此則不得不歎郭泰識之卓而學之深也泰於此時嘗爲其冠矣以情而言則其激切當尤甚於此者而泰則正心修身躬行其道言而不危論而不激深察乎時明體乎勢終其身不及於難有以也夫夫言論而危激則痛切痛切人所不能

忍也。吾痛切以斥小人。言非不正也。論非不直也。而小人之懷怨日深。報復之心愈急。終至殺身被害。荒草含寃。蓋有以迫之促之而激成之也。范滂李膺等均蹈此弊。獨泰不然。卒不與范李等同禍。其學識涵養爲何如哉。介然特立於羣小人之中。猶可及也。介然特立於衆君子之中。不可及也。吾不得不歎其識之卓而益服其學之深也。

扼出知幾一語破的。

●徐孺子與黨錮諸人志節異同論

殷信篤

士君子以清白之身處濁流之世。其所以出處之道必義各有當。固不可以形跡論也。立朝不阿。匡君於正。草茅高隱者則掖進之。小人擅權者則芟去之。勝之固有益於國。不勝止禍及於身。此君子之出仕者也。夫君子之愛其身。孰若愛其社稷之爲重也。社稷者人所托命而共存。則國苟亂亡。更何有於身家。止身家不保。而乃有益於國。則雖有禍患亦必不避。但求有益於國而已。皆君子之所樂爲也。君子之所守者道義。蹈道義而死者雖死猶生。死豈足以阻君子之志哉。此黨錮諸人所以甘於觸怒百折不回。與小人抗。卒以危及其身而不悔者也。揆諸出處之義固甚當也。而當是時有徐孺子者。獨一反衆人之所爲。窮山僻野。高臥茅廬。屏絕世俗以終其身。國之有事非己事也。

人君之不德。不思有以匡之。奸佞之林立。不思有以去之。生民之未安。不思所以安之。社稷之未固。不思所以固之。知國政之得失。而不肯言。懷經世之才智。而不肯仕。然而時人稱之。史册書之。後世景仰之。若是者何哉。豈不以出處之有道。而不在赫赫乎當時。保身以明哲。而不必致身堂廟哉。然則孺子非不知社稷之重也。非不知奸佞之當去也。而顧不仕者。時有所不可。勢有所不能。雖仕矣。匡君之失矣。言國政之非矣。小人在朝。能終保乎。雖欲有言。君獨舍小人逢迎之語。而從此逆耳之言乎。不能益國。而反以危身。適足以長奸人之氣。燄灰志士之心。懷是故知時之可與爲者。爲之可也。時之不足與爲者。隱之可也。隱與仕。非二物也。皆君子所以出處之道也。況朝綱隳敗。天下靡然而從風。政治之得失。一時之事也。敗之易而復之。亦易風俗之盛衰。百世之憂也。敗之易而復之則難。君子豈舍立朝行政而別無所事哉。以身作則。講道設學。使風俗必歸於醇。而人民必衷於義。當時以之而觀感。後世以之而奮興。其責尤重。其事尤難。聞之蘇子曰。君子不必仕。不必不仕。然則其仕者固是。而其不仕者亦未必不是。要皆隨時勢爲轉移。俱君子之所不廢者也。此徐孺子所以終於居隱。不求聞達。以自樂其天年者也。由是觀之。徐孺子之與黨錮諸人。蓋易地則皆同者也。所不同者。在區區之。

形跡所同者在耿耿之心志君子亦原其心而已矣不必論其仕不仕更不必是彼而非此也孔孟之周遊列國顏原之窮巷陋居而卒不失其爲賢聖者時固有可不可而一己之出處亦未必全出於一途則孺子之志節所以異於黨錮諸人者幾何哉然而孺子之所以處亂世者其高風尤倜乎遠已

說理透達用筆尤有詞源倒流三峽水筆陣橫掃千人軍之概

●曾子固以黨錮諸人激厲氣節而漢能以亡爲存論　許國傑

莊叟曰哀莫大於心死心死在家則破在國則亡未有能幸存者也哀哉余竊歎夫以一國之大而亦可以心死亡之也此其故何哉間嘗謂國之大要曰氣運曰風俗而天壤間之所恃以維繫而不棼亂者曰名敎曰是非洎夫羣天下而心死則人才委靡人心柔滑人才委靡則名敎之防壞而小人之熖張國家之氣運不可問矣人心柔滑則是非之說淆而君子之澤盡國家之風俗不可問矣嗚呼名敎是非天壤間之所恃以維繫也而今若是國家之氣運風俗奈之何不隨之以衰頹也風俗頹而氣運衰國之敗亡可立待也余嘗讀後漢史至桓靈間每疑其以疲弱之勢諸強大覬非望者相屬而竟不卽斬其國祚嗚呼觀其表而不察其裏後漢之亡寧待獻帝其所以不卽亡者

蓋其氣運之未衰風俗之未頽而人心之未盡死也漢當桓帝之世黨錮叢興朝野標榜相與激厲氣節發憤同心直道正言不少屈其意若是者所謂人心未死而名教是非之猶在天壤間也是故強大覬非望者雖相屬百餘年間皆逡巡莫敢首發難以冒天下之大不韙蓋亦謂名教之不可滅而是非之不可昧也不然以阿瞞之奸雄取漢天下反掌間耳乃不敢躬行其事而畀其子亦徒以天下之人心未死而淸議之可畏也然則漢之能綿其祚於禍亂之秋豈非黨錮諸人相與激厲氣節而使天下人心不死之效也耶曾子固謂黨錮諸人激厲氣節而漢能以亡爲存其識洵異乎人哉

議論切當用筆亦慘淡經營到底不懈

南洋公學國文成績二集卷二終

上海

校長唐蔚芝先生鑒定

南洋公學國文成績二集

上海蘇新書社
蘇州振新書社　發行

◉振新書社篆文廣告

上海各省 商務書館 各大書局 經售

楊沂孫說文部首許敍 篆書墨蹟

楊沂孫先生精古籀尤長小篆與鄧頑伯相頡頏然鄧篆結體長而楊篆結體圓得力於古籀者蓋多遺墨流傳珍如拱璧然皆不如說文部首與許敍之精神團結也世稱蘭亭為右軍得意書玩此墨蹟精采弈弈恍若周彝秦鼎非所謂得意書乎近來好古之士每講篆學惟篆學原於說文說文部首為篆學之胚胎治說文者不可不根據部首習篆學者更不可不根據部首楊篆較吳篆多許敍一篇尤足為後學津梁至足寶也敝社覓得墨本影印行世連史合訂一冊定價五角

吳大澂說文部首墨蹟

吳清卿先生亦善篆籀譽馳海內名噪東瀛是篆係臨摹楊沂孫本筆法蒼勁與楊篆墨蹟參觀互校洵為珠聯璧合末附劉雅賓先生跋文一首所謂雄勁蒼莽深得秦漢以上筆意者也博雅君子苟得此本玩索之則篆學有門徑進而求之何難登鐘鼎彝器之堂奧詎非現在習篆之師法哉連史一冊定價三角

兩罍軒彝器圖釋

彝器非徒古玩好也可以證經訓考古制是編為歸安吳退樓先生雲所著每器有圖有釋圖既清晰釋亦精審間有為諸家校正者自商周歷秦漢魏晉而至五代可謂集彝器之大成書中從古未見者非特兩齊侯罍郎如戣戳兩器為尙書顧命七兵之二俞曲園稱歷三千餘年鄭孔諸大儒所不能言者而今得見之然則古器之裨益經義為不淺矣連史精印分訂六冊價洋四元

上海

南洋公學國文成績二集卷三

△史論類下

●管寧與人子言言孝與人弟言言悌論

李衷

嘻難乎其與人言也韓子說難蓋知之矣與士言稼言雖切或非所欲聽與農言工商工商雖利或非所欲行無以則順導其所欲惡以求臻於善乎於是見士言學見農言耕見工商言利然言之者爲士則其逢農與工商也不敢有所言矣何也農與工商非彼所能言也於是乎凡欲言者必與其同業同利之人言不能達乎其外其爲言也幾何矣言者心之聲也常人以之達意君子以之表志聖人以之率天下萬世之民蓋聖人之言非一人與一人之言也一人與萬人之言也非僅一二人之所當法也天下人之所當法也非僅當代之所當行也萬世之後猶可行也是何也聖人說之之利也言孝悌之利其有是乎人之生而性善故人莫不有惻隱之心莫不有是非之心今叩人曰而欲爲善人乎雖不善之人亦必曰欲爲矣復叩人曰而肯爲惡人乎雖極惡之人亦必曰非所願矣何也生而性善也是故導人爲善人莫不從由是而後善言可得而

聽焉聖人敎人敎其大者然後小者隨之吾求之漢得管寧焉管寧敎人言其大者也天下之爲人子者莫不有父母也爲人弟者莫不有其兄也是以孝弟之事天下之人之所欲爲亦天下之人之所當事也與人言孝弟而人之不欲聽者鮮矣夫如是然後知聖人之用心矣聖人果不欲敎民以良士良農良工良商乎斯亦聖人之所當敎也欲導民於善是當由根本敎之使爲士者先知何以爲士農者何以爲農工者何以爲工商者何以爲商然後分而敎之蓋凡爲士爲農爲工爲商者皆必先事其父母兄弟妻子然後勤於其業聖人知之故先求其本性而勸之見人子則言孝見人弟則言悌孝悌之子弟而不立身爲善不勤於爲士爲農爲工爲商者吾不之信也聖人敎人由本而及於末故其敎行而道顯也歸有光曰仁愛之君子能使一身爲天下萬世法今管氏之言可法矣管氏者以聖人之行爲行聖人之志爲志者也

理解通達意象亦佳

●袁術歸帝號於袁紹至江亭坐簀床而歎論

羅錫暄

昔虞夏之興積善累功者數十年湯武之王脩仁行義者十餘世暴秦之興起自襄公成於始皇醞釀亦百餘載以德若彼用力若此蓋一統若斯之難也況德不如三代力

遜於嬴秦而欲措天下於一統不亦難哉術乘漢末之大亂藉祖父之餘蔭割據一方不以此時掃蕩黃巾廓清漢賊剷除凶暴恢我漢祚乃僭號壽春自命爲識時之豪俊然而一敗於温侯再窘於孟德連年奔竄資實盡空汰侈淫昏士民解體乃歸號於袁紹還至江亭坐簀牀而歎曰袁術乃至此乎聆其言何愴傷之甚也揣其當日之心亦有引天亡我之慨曾不知庸劣如術得以善終猶云天幸夫復何所怨尤然而帝王之末路庸可傷矣夫袁術雖愚謀士非不多也兵甲非不衆也土地非不廣也藉先代之蔭名勢非不尊崇也用之失其宜身死而名裂蓋非集兵之爲難而用之之難也非僭號之爲難而能久持之之難也不然以孟德之權勢篡漢興魏反掌間事耳乃知人心之未附威信之未孚不敢輕於一發其機深其慮遠人之受其紿也如醍壺之灌頂浸假而傾心焉其沈摯陰狡爲何如耶豈袁術之徒所能望其項背哉世有具孟德之志而乏孟德之才者盍亦以袁術爲鑒也乎

用筆疎宕詞亦清利

◉諸葛武侯輔政後首遣鄧芝使吳論

盛椿

諸葛武侯輔後主首與吳和自古論者皆以爲武侯識時務知應變能忍私怨而匡大

事也余嘗推武侯之言蓋早定之於隆中之時故其對先主曰孫權據有江東已歷三世國險而民附賢能爲之用此可與爲援而不可圖也蓋彼雖蟄伏隆中而天下大勢固已明如指掌正不待此日而然也雖然吾於和吳之策不驚武侯之智而怪先主之不智焉何也三國之勢擬之戰國七雄曹氏猶秦也蜀吳猶趙韓魏齊燕楚也使趙韓魏不與齊燕楚和則趙韓魏必交相受敵趙韓魏必不支則入於秦趙韓魏入於秦則齊燕楚亦必交相受敵其能不折而入於秦乎蜀之與吳亦猶是也脣齒之勢也吳無蜀不能立蜀無吳亦不能存何也動輒掣肘而其勢分也故戰國之時爲六國計莫如合縱三國之時爲蜀吳計莫如聯和此必然之勢也而先主不知焉雖然吾於此益知臨大事之難矣以先帝之明而不免失策急於復仇負氣懷憤有以致之也而武侯於敗軍之際受命之間措置井然不失常度芝陳數語而吳卽絕魏較之隆中之對豈非更難得哉

文氣完密詞無枝葉

◉諸葛武侯五月渡瀘深入不毛論

顧禮宗

古來經綸軼世之士胸藏韜畧其舉動有令人不可思議者莫非有深心以權衡其間

吾觀諸葛武侯五月渡瀘一事。而知其滅魏之心深也。夫魏。漢賊也。欲興王業。必先伐魏。魏滅則可合三分之局爲一統之基。武侯籌之熟矣。然而休養生息至數載之久。迨軍備糧足。而不以中原爲亟亟。乃勞師動衆。下與夷族無識之人以相爭長。荒煙蠻草。瘴雨連天。險遇毒癘之災。幾遭淫泉之厄。雖南人不反。攻心之策已行。奈馳驅謀畫。身心太勞。何厥後六出祁山。卒以勞瘁太過。致食少事繁。出師未捷。大星先隕。有心人未嘗不爲之浩嘆也。而不知征蠻之舉。正滅魏翦吳之預備。武侯復漢之深心也。五月渡瀘。深入不毛。夫豈得已哉。誠以內平而後可以治外。蠻方不服。內亂詎可得平。一旦長驅伐魏。彼狡焉思逞之蠻。圖於後。魏兵乘機攻其前。進退維谷。武侯縱有制勝之謀。其能免喪師失地之害乎。是則征蠻者。卽所以伐魏也。所以絕內顧之憂。而使專心致力於討賊也。謂非興劉復漢之深心乎。然或者謂蠻雖猖獗。兵力究係有限。當其畔時。命一大將征之可耳。曷爲親臨惡地。自輕其身至此乎。嗚呼。是豈知武侯之心哉。夫蠻人之畔。非一日矣。孟獲之流。亦非易制者也。苟斟酌未善。處置失宜。則旋服旋反。我師敝於奔命。而蠻人卒不心服。雖欲滅漢賊。伸大義於天下。終不能無牽掣。此武侯之所爲願耗其心力而不顧也。此卽任人不若任己也。正鞠躬盡瘁之意也。嗚呼。武侯眞三代

下第一人哉

持論明通獨臻完善

●魏司馬宣王按行諸葛武侯營壘處所歎爲天下奇才論

陳克恢

遇聾者而語以悅耳之音遇盲者而示以奪目之景必不能使之得其趣也蓋物非識之者必不能顯其美質也騏驥生於曠野非伯樂不足以知之巨木生於山材非公輸不足以用之英雄生於天下非英雄亦不足以識之漢之末造天下紛擾其間英雄不可勝數蓋時勢造英雄英雄不期至而自至也司馬宣王歷千百艱難喪億萬生靈然後天下始歸於一其時最勁之敵莫若武侯夫蜀以遐方寸土偏安西陲兵甲不足與魏較土地不足與魏較財庫更不足與魏較然猶復能支持數十年者皆恃武侯一人而已而武侯之所以能勝人者皆恃其築營壘之巧而已蓋營壘爲戰爭之要點營壘固者戰必勝攻必取武侯長於戰畧智慮絕人知彼知己料敵如神功蓋三分名高八陣中外有輕重之權陰陽有剛柔之節彼此有虛實之地主賓有先後之數其營壘之堅有如此者宜司馬宣王畏之如虎不敢與戰而甘受巾幗之遺及按行武侯營壘處

所而歎爲天下奇才也方宣王按行之時必以爲武侯之深謀妙算果非他人所可及於是探其所長思己之短前日之竭精疲神苦心焦思索解而不可得者至此而恍然大悟矣其不更將曰使余而處武侯之境其將若之何使武侯而處余之境又將若之何臨別依依有徘徊不能去而甘拜下風者矣故雖忌之能弗奇之乎奇之能弗愛之乎所謂英雄識英雄蓋至此而後信也惜乎五丈原頭大星光隕出師未捷流涕沾襟鞠躬盡瘁之奇男子卒不獲收尺寸之效而致黃皓擅權陰平失守鄧艾鍾會長驅席捲斯亦無如何於天者也不然則整飭北進伸義討賊漢祚不難恢復也幸有司馬宣王識武侯爲天下奇才不然則荒垣斷塹荊棘縱橫孰有過而察之者乎非孔子無以知簫韶之美非鍾期無以知伯牙之琴非宣王無以識武侯之爲天下奇才蓋物相頡頏者然後有競爭有競爭然後有進步三國時人才獨盛其以此夫武侯與宣王尤其矯矯者爾

一氣卷舒筆致跌宕可喜

魏司馬宣王按行諸葛武侯營壘處所歎爲天下奇才論

徐承煥

諸葛武侯既卒。魏司馬宣王按行其營壘處所。歎曰此天下奇才也。旨哉斯言乎。夫惟天下之奇才。乃能識天下之奇才。蕭何一見韓信而許以大將。苻堅一見王猛而舉國相託。何哉。彼英雄之才力智慧。固非常人之所能及。亦非常人之所能知。而獨具觀人之明。知人之哲者。亦惟英雄而已。武侯蜀之雄也。司馬魏之雄也。兩雄相遇。各不相下。勢所必然。然吾知司馬之識武侯爲奇才。不待其按行營壘之日。而早已心契乎兩雄鬬智之時矣。及按行其營壘。益足以證其才力之不可及。乃發爲斯言。非司馬之自謙也。蓋惟英雄。能知己知彼。以己之才力。量人之才力。不容或諱。彼司馬之心。實歎其才之不可及。悲其志之不酬。而又喜後此之莫余毒也。曹操之語劉備曰。天下英雄。惟使君與操耳。操固一世之雄。而所許僅備一人。蓋英雄知人之明。豈常人所可同日而語哉。語曰。得一知己。可以無憾。彼司馬。固武侯之知己也乎。

字字穩愜。以少勝多。

●晉山濤請釋吳以爲外懼論

張承祜

人臣輔君之道。欲使君之不陷於惡。不侈其心。則太上莫如喻之以道。其次輔掖之至於以禍懼之。斯爲下矣。夫以萬乘之尊。富有天下。其心固易侈也。爲人臣者。誠能喻之以道使其君怡然自樂於道而忘其非理之樂則終不致陷於惡矣若輔掖其君則雖爲善於一時而心不悅也然強從者亦不少焉至若樹禍以懼之則禍不可常樹而君之心終不甘也一旦不能忍則其惡一發而不能止矣況其君之不畏禍者乎晉山濤請釋吳以爲外懼抑不知武帝之心果不願爲惡耶何待懼爲果自甘爲惡耶則外懼不足以止之何則武帝既爲天子苟思行其樂則將若劉後主者矣外懼林立何暇顧耶然欲使武帝之不願爲惡者固莫如喩之以道則武帝之心雖無子女玉帛而樂既足矣又安至於怠荒肆志哉山濤舍此而欲懼之抑末矣且當是時吳主適爲昏暴之時苟依山濤之言釋之而不伐則武帝之侈仍不可止而吳則苟易明主將思乘其昏亂而反攻晉矣此時猶可謂外懼之有益於君德哉故人君既能喩於理則內自懼也何待於外苟欲樹外敵以畏君則終不能止君於惡適以召其外禍焉耳

文筆清勁詞無泛設

●王衍自爲司徒置二弟於藩鎭以爲三窟論

鄒恩潤

古人以三窟喩自全之道而王衍自爲司徒置二弟於藩鎭爲三窟以自全至亡國破家滅身敗名爲天下笑自敗之道云爾自全之道云乎哉夫自全之道人生不可須臾

離使以自全之道而適足以自敗則人人將視自全之道如蛇蝎而不敢嚮邇以自全之道爲酖毒而信其不可懷也雖然旣循自全之道矣萬無不克自全之理而以自全之道適以自敗者非自全之道之不足以自全也實以不自全之道而妄以爲自全焉而已矣以不自全之道而妄以爲自全而猶引領拭目以企自全是猶緣木求魚也緣木求魚雖不得魚無後災以若所爲求若所欲惟日卽敗亡而已矣其故何哉自全之道無他求一國自全則吾家不求自全而自全焉吾家不求自全而自全則吾身安得而不自全不然國事日非風雨漂搖皮之不存毛將安傅甚矣王衍之不思也晉國而安王衍卽退居田野隱於蓬蒿二弟卽身爲布衣優遊林下其樂多矣不然卽全家而爲司徒全家而置諸藩鎭國已亡矣亡國之司徒藩鎭皆亡國大夫耳十窟百窟不免爲死兔矣三窟何能爲而欲恃爲自全之道其愚陋爲何如耶此其所以爲窟而適以自敗也豈自全之道敗之哉衍苟以爲旣安矣旣足以自全矣而不察其所謂安者適爲危所謂自全者適以自敗也沾沾自喜泰然安之三窟之利未收陷阱之害已至自爲司徒卽以自辱其身置二弟於藩鎭無異投二弟於深淵是日近蛇蝎日飲酖毒以求自斃也誠足悲已不然以錯置自身錯置二弟之心思才力力謀經國勵精圖治解

民倒懸猶可爲也何至自害其身而貽邦家以無窮之禍嗚呼王衍往矣吾無責焉矣吾獨悲夫世之人於風雨漂搖朝不慮夕盜跖環伺危如累卵而猶兄弟鬩牆不顧外侮惟日孳孳力謀三窟以求自全效尤王衍步武王衍者皆是也吾特表而出之使世之人毋妄以不自全而目爲自全以自貽伊戚也

中段最爲精警餘亦暢茂條達

●王衍自爲司徒置二弟於方鎮以爲三窟論

薛平洋

鄙哉王衍三窟之言也其未聞聖人之大道歟衍之言曰朝廷危亂當賴方伯宜得文武兼資以任之持論何其公也誠能推是心以選賢任能安邊鎮國如岳牧然吾知衍之榮譽將流芳百世也乃舍是不圖但爲自全之計不出於公而出於私不以天下才能是求而惟二弟是任噫立心固已險矣卒之晉室陵夷己亦不免於禍天道恢恢豈不信哉爲問江漢之固負海之險曾莫能覓一逋逃地乎爲問狡兔三窟曷不伸首舉足一試鑽營之技而逍遙法外乎天之報施於惡人如此其不爽也吾嘗聞周公之相成王矣一沐三握髮一食三吐哺羽譙口瘏勤勞王室未聞爲自全計也諸葛武侯之輔蜀漢也受任於敗軍之際奉命於危難之間六出祁山鞠躬盡瘁未聞爲自全計也

顧聲名赫奕千古不磨是知治天下者本於公人必從則己雖不自爲謀天亦福履綏之本於私人必從旦旦圖自全之術將更不可得孔子曰財聚則民散財散則民聚又曰貨悖而入者亦悖而出惜乎衍未之聞徒孜孜自私是務身死不足惜晉室因之漂搖衍有責矣吾故曰衍未聞聖人大道也

高瞻遠矚卓犖不羣

●溫嶠絕裾論

盛棨東

嘗讀史至西晉之末而歎中原流血之慘爲吾國種族競爭之劇烈時代也然以漢族之人不免爲朝廷累以王猛之才而反爲苻氏用腥羶遍煽華夏淪胥有志之士莫不以恢復中原爲急圖嗚呼此殆名士渡江之本意也歟雖然江左之衣冠類皆名士書空不足爲晉室中流砥柱也劉越石知安晉室者非溫嶠莫屬遣之東來使其流譽江南任人之所不能任而嶠又矢志中原雖倚閭有母毅然絕裾而不顧論者謂有母不養絕裾違命豈仁人孝子之心哉雖然嶠之心豈得已哉當其臨別泣言回思煦育之恩固不知涕泗之何從也況古人以立功揚名爲孝之要道嶠之背母而爲國毅然絕裾而不顧正其明乎孝子之道去其小而圖其大也天下惟至孝者而後至忠嶠之絕

裾出於萬不獲已羈棲北土終不兩全則勉此一行或能奠定中原迎母歸養豈非計之得乎況劉司空知嶠者也嶠去必能善養其母否則劉亡而嶠以漢族之健者安得獨存彼蓋思之熟而計之決者烏可妄執一見而評論也哉吾且謂嶠之母非不欲其子盡忠於國而牽裾不許行也蓋其時中原烽火觸目驚心不忍其子之孑身赴難間關跋陟未補於晉而轉以傷其身此亦慈母愛子之心也嶠之絕裾不啻曰吾無慮焉耳吾嘗謂嶠母雖不若卞壼之母曉乎忠孝之道然亦必非常人之母也惜其事不傳耳其後溫嶠戮力晉室未聞有迎母之事豈亦已遭大故歟而嶠年不永亦未始非思母致之也嗚呼江左名流若嶠者有幾人哉

文頗有惻惻流芳之概後幅實實寫出母子心事能發人所未發

●王羲之止殷浩北伐論

陳炳綸

大丈夫行事當度才量力然後定去就明進退己之才也不能勝我之任己之力也不能濟我之事則寧退隱山林與世絕跡不然當察納雅言以助我力不逮若才不富力不足不退隱山林不察納雅言則其終未有不身敗名裂貽禍家國者我於晉殷浩北伐不禁深寄感慨焉當此之時何時也非懷愍被執五胡亂華之秋枕戈待旦英雄用

武之日乎則稍存血氣明大義者當如何盡心盡力以洗不共戴天之仇恢我中原還我赤子而不容須臾緩彼空言黃老專事清談者不足道也是故勾踐之臥薪嘗膽曹沫之威迫齊桓爲當時惟一之計此所以浩之心與志可比勾踐之臥薪嘗膽曹沫之威迫齊桓不可誣也雖然有臥薪嘗膽之心不能生聚教訓如勾踐則徒臥薪嘗膽而已安能復讎存恢復國土之念而無決心壯胆如曹沫則徒空言雪恥而已安能償其素志哉是故有臥薪嘗胆之心能生聚教訓如勾踐則可以爲勾踐可以報仇存恢復國土之念能心決胆壯如曹沫則可以爲曹沫可以雪恥否則皮毛而已空言而已彼浩者何人也自度其才能勝北伐之任乎自量其力能濟北伐之事乎不能勝其任不能濟其事則寧退隱山林與世絕跡蓋北伐事之成敗有關國家之興亡北伐事之不濟非特不足以雪恥復仇且足以開釁召亡董丞不奉衣帶之詔曹操不敢犯及宮闈曹爽不爭顧命之權司馬氏不敢擅爲廢立禍之來也必有起故晉之國勢日替外侮日急我不得不歸咎於浩之無能而開釁也然當軸者昏旁觀者清事之至理也則浩之昏迷愚暗自以爲能勝北伐之任能濟北伐之事我不怪也我獨怪當羲之屢止北伐而浩不悟何也豈自以爲己之才智眞勝於苻雄姚襄己之武略眞優於桓溫耶敗

於許昌不足以敗其聲名耶何不明之甚耶夫羲之知浩之無實用又料北伐之必敗故竭力勸導之諫阻之使國家不至瀕於滅亡浩之身名不致一敗塗地爲國利亦爲浩利也童貫之助金伐遼韓侂胄之助元伐金彼童貫侂胄之意亦以爲非此不足以報仇雪恥不知無力以伐人雖人滅而已終不能存也故遼滅而北宋亡金滅而南宋虜其失與浩之北伐相同然浩有羲之之諫而不能用則浩之身敗名裂爲人恥笑浩之自取也嗚呼世之大丈夫當愼其所爲也可

心所謂危掬誠以告讜言正論酣暢淋漓

◉王羲之止殷浩北伐論　　顧曾授

欲成事者必審於時機後機而行必失先機而行亦必敗吾觀王羲之止殷浩北伐事而知之矣當夫晉都建康中原淪陷生民倒懸呼籲罔聞爲晉室長治久安計莫如恢復中土重蘇民困殷浩北伐固理所當然不得謂其不忠於晉也而王羲之止其北伐豈有意於危晉哉浩之忠誠可嘉而其所以行其忠者蓋不如羲之遠矣王羲之之心非危晉也爲存晉也慨自晉都南遷以來兵卒勞疲倉廩空虛生民受擾創痍滿目而敵軍則雄據中原戰勝之後勇氣方剛當此之時正宜撫士卒蘇民困繕甲兵實府庫

以待敵氣挫敵糧盡我之生民復甦士卒樂戰有必勝之機於是興師北伐則所向披靡重建晉都於洛邑易若反掌苟不然內政未修先圖外略欲以新挫之兵當方張之卒勝負之數無待蓍卜矣夫王羲之止殷浩之北伐蓋知時也知先時而伐之必敗是以力阻之殷浩不聽竟一敗於許昌再走於譙城而羲之之善識時機皎然明矣然則羲之止浩北伐者豈許洛之永不可伐哉時未及耳設許洛有可伐之機殷浩雖不伐洛羲之必促之使往矣嗚呼羲之誠忠於晉矣惜殷浩不用其言以致有忠之心而不能成忠之行悲夫

拈時字立論語潔氣清

●陶淵明不爲五斗米折腰論

薛紹清

易曰否之匪人不利君子貞嗚呼斯象也其當晉之末世宋之將興耶當陶潛賦歸去來辭之時耶其象傳解之曰天地不交否君子以儉德辟難不可榮以祿陶潛之德尙矣夫春往夏來天地無不變之時盈虛滿昃日月無不變之態物滿招損水盈則溢泰極則否治極則亂然時否而人不可與之俱否世亂而人不可與之俱亂天下之不貞君子不可不貞孔子曰危邦不入亂邦不居晉安恭之時何時也亂離之時也晉安恭

之世何世也辟難之世也靖節一官瓠繫久思所以去之矣夫豈不甘於折腰哉夫豈有惡於鄉里小兒哉亦睹夫當時上下不交天下無邦小人道長君子道消強臣握柄尾大不掉政由下出徒擁虛位靖節非不欲救之也時不可也位不得也不遇其時不得其位靖節亦安所用而不去乎耕彼南畝事乎西疇躬耕於前妻鋤於後忍天下之至窮而不以爲苦何若束帶見督郵之徒傷形役哉夫是則利祿不能誘好爵之縻禍之所隨也不可誘以利免禍之道也厥後宋文特徵終不爲起此非所謂君子儉德辟難不可榮以祿者歟孔子曰涅而不緇磨而不磷君子當否之時非有大人之道者不能於否中致亨也六二之象曰大人否亨不亂羣也靖節之謂矣嗚呼世之否塞至於今而極矣廉恥墮喪節義蕩然欲求如先生其人者則渺不可睹君子於以觀世風之變矣

文饒有清淑之氣通體本潛龍勿用之義尤有見地

◉王猛之經國苻堅之管仲也論

鄒恩潤

生民之禍莫烈於天下未定於一弱肉強食互爲爭奪使元元肝腦塗地慘酷無倫故經國者能措其國如磐石之安不爲狡焉思啓者所侵襲尙矣而能挫強扶弱使不義

者不敢肆其凶鋒俾危亡者得以保其殘喘則受其賜者天下不特其一國之民其經國之功不尤偉哉管仲王猛其才智相若受知己者之薦相若各得其主而獲行其志相若既行其志而致其君於霸相若終其身其君敬之而人不能間相若於其沒也管仲謂桓公弗用易牙開方豎刁王猛謂苻堅勿攻晉其事相若及其既沒也桓公不用仲言目方瞑而五子爭立國家棼亂苻堅不用猛言淝水之敗僅以身免其事亦相若然則崔浩謂王猛之經國苻堅之管仲誠哉其然也雖然管仲輔桓公一匡天下九合諸侯使弱者受其存亡繼絕之恩暴者斂其殘民以逞之計方周室之既衰夷狄之交橫而此孑遺之民尚幸獲一旦之安者桓公霸者之功亦卽管仲爲政之力微管仲吾其被髮左衽矣則當時受其賜者蓋非僅齊國之民宣聖之喟然詠歎良有以哉若夫王猛之輔苻堅使其主威盛當時莫之與京國勢勃興民庶富實於苻堅則誠有功矣於秦國則誠有功矣謂其有裨於當時天下則猶未也故謂王猛之經國苻堅之管仲可也而與桓公之管仲絜長比短則有間矣蓋桓公之管仲匪特桓公之管仲而已是時周室諸侯皆賴以獲一時之安則管仲者亦周室之管仲也亦諸侯之管仲也微管仲吾其被髮左衽矣則管仲者亦後世之管仲也若夫王猛之經國苻堅之管仲也彼

獨苻堅之管仲而已矣

筆用中鋒墨無旁瀋後幅推勘處義尤允當

王猛之經國苻堅之管仲也論

范承達

自來英雄豪傑抱經文緯武之才生當亂離之秋不能展其懷抱隱跡草廬未仕存已仕之心其富國強民之策雖略有歧異而所以經國之道則一也故其出仕也秉國之政爲一代之名相其歿也動繫國家之興亡昔崔浩有言曰王猛之經國苻堅之管仲也旨哉斯言乎管仲之治齊王猛之治秦其富國強民之策大略相似而兩人經國之道則在嚴治而已夫法者一主權也國體之尊朝綱之立民風之振吏治之興皆由主權之一是故立法者君奉法者民而用法者臣君立法民奉法惟臣爲能用法用法嚴則主權未有不一者陶侃之治荆諸葛武侯之治蜀張居正之治明皆由斯道當周莊王之時魯侯伐齊取子糾正齊多事之秋其內政之不修軍備之不講民氣之衰頽可想見矣非管仲相桓公作內政寄軍令興魚鹽以嚴治其國安能理萬事之失紀挽已靡之人心集主權於一佐桓公之霸業卒爲春秋時之霸主攘夷狄尊王室一匡天下九合諸侯哉故孔子曰微管仲吾其被髮左袵矣東晉之時五胡雜居中華值騷擾之

際士尚淸談頹靡之風不可挽救況秦處西陲僅領數州士氣萎苶民俗邪僻西羌南蠻時吿不靖非王猛之相苻堅賞罰嚴明脩廢政表節義興農桑安能破燕入鄴豪強一時向使苻堅果從王猛臨終之言除鮮卑西羌之患勿圖東晉成絕大之強邦不難也而苻堅猶是昏昏焉夢夢焉不除鮮羌之患反圖東晉其能免邦家之亡乎由是觀之桓公無管仲齊一庸弱之國安能爲當時之盟主數十年救王室於衰微乎苻堅無王猛之佐則鮮卑西羌早已爲患烏能延數十年成西陲之強國奈何管仲死而豎刁開方亂齊王猛死而秦成分離之局嗚呼良相之關繫於國家之盛衰存亡顧不重且大歟吾嘗論二人富國強民之策畧有歧異而其經國之道均主乎嚴蓋鑒夫叔季之世文法黷靡官司不知有國典則必亂法以病民黔首不知有政刑則必壞法以誣上故二人身處當時不得不以嚴治之集主權于一支持危局也惜乎管仲王猛遇桓公苻堅祇能成霸主強國使其遇堯舜之主其功烈更當何如哉

以集主權立論抉出管王治國之綱要識解不浮入後語尤精確

◉王猛之經國苻堅之管仲也論

陸鼎揆

舉古今名卿賢相或以德顯或以術著或以功業稱然或長於德而絀於才雍容坐鎭

未必有所爲於天下或有其志焉而力不逮或有其力焉責之不得專也則終挫敗去矣若其才識宏偉得其君旣專而能有所樹建以展其懷抱者吾罕見之矣讀史至兩晉吾得一人焉曰王景略當是時也司馬氏失政五胡乘而亂華沮渠赫連乞伏禿髮慕容之族相繼稱雄於中原干戈之興蓋百年未嘗或衰苻氏承其先業逼處關中外懼強鄰內乘喪亂苻堅繼生而有國人心未附其能守之不墜亦已幸矣王猛以起自白衣遂執秦柄從容而興之拔才興廢進賢退庸務桑勸農通商惠工政教行而刑法舉治化成而武備修於是東舉鄴都北走胡族秦威震於天下濟世之才莫得而匹焉吾聞之齊桓公入繼大業管仲爲相遂霸諸侯內政修武力充卒以救衛邢走夷狄尊周室而匡天下景略之業蓋有同焉管仲之相桓也適乘齊亂之後而景略之佐堅也秦方有苻生之變管仲以囚而爲相王猛以布衣而登朝其出處同也仲之見任於齊桓猶猛之見信於堅也以言經國之術猛之修政任賢務農賑困興禮教而設庠序即仲之所以治齊之蹟也猛之拔才能即仲之任隰朋寗戚也務農桑則仲之使工處其居也言國計則仲之官山府海也興禮教舉學校則仲之言四維也猛之破燕而走胡則仲之伐戎討夷也終仲之世知楚之未可敗而未嘗輕啓戎端焉猛也亦知拓拔氏

之不可圖而未嘗用兵焉景略之卒也謂堅曰晉雖偏安江左而正朔相奉上下一心未可圖也嗚呼景略之言於堅者亦豈僅爲秦哉景略者晉人也其志蓋欲興晉而早識桓温之隱不欲爲逆臣所用故辭其聘而自晦焉然而以景略之懷抱又豈甘心夫沒世而不自見者故一朝遇苻堅則奮然自效以一匡其才焉然而心固未嘗忘晉也故終其身不忍南向而圖不然晉人是時方受厄於温朝野惟清談言佛老以景略之才不足爲也其所以捨而不謀亦管仲尊王之微旨耳二子者其才相侔其行相類其志相合其經國之術相頡頏嗚呼景略者其亦堅之夷吾哉使二君者易世以居則其專任必同也使二子者易位以處則其所設必同也齊桓不聽仲之遺諫而齊亂苻堅不用景略預謀而秦亡二子者智相侔矣仲之後千有餘載有王景畧景畧之後千有餘載有繼起者其才足以與二子相埒曰張居正其他若武侯蘇綽王荆公諸賢才未嘗或不逮遭際不如也嗚呼世未嘗無撥亂之才而不能自顯或得其位而厄於上下不克盡其才此所以政之多廢矣悲夫

精心融合識議恢張

◉論北周之關係於隋唐

張承祜

縱觀歷代草創之際。往往取前代之典章文物。鑒別其得失。而擇用之。以成其一朝之新制。此歷代相沿之常法也。隋之興。受之於北周。故北周之制度。傳之於隋。隋傳於唐而唐沿其法。是故隋唐之法律制度。悉皆取之於宇文。遙接乎拓跋。則北周之關係於隋唐也審矣。雖然。唐虞三代之法。互相傳授。以下至於秦漢魏晉。而不得其傳也。然則隋唐何不取魏晉之遺法。而遙續三代乎。又何必舍中國之古法。而取諸夷狄。是北周固無關於隋唐也。嗟乎。中原自晉末以來。夷狄亂華。神洲板蕩。天下幾盡淪爲胡矣。卽經南朝之宋齊梁陳。而處於大亂之世。將修戰之不暇。又何暇及律法禮儀乎。先王之遺法。廢棄久矣。北周雖爲夷狄。處多事之秋。而其始有蘇綽焉出。而定律法。修政教。頒治理於角逐之時。施禮儀於紛爭之世。蘇綽之功偉矣。隋不能續先王之遺法。則舍北周其奚取乎。嚮使蘇綽不修法律制度於北周。則隋不能得之。以傳唐。唐不能得之。以成貞觀之治矣。故蘇綽之修法制。實爲貞觀之導師。而三十六條之新律。至今猶有其遺法焉。然則其關係。豈特隋唐而已哉。

於魏晉後治法絕續關係。言之獨見其大。說到蘇綽處。尤見記憶獨強。

●唐太宗以魏徵王珪爲諫議大夫論　程殿福

嘗聞賢聖之君不以祿私其親不以讎棄其人功多者授之能當者處之齊桓置射鉤而使管仲相卒合諸侯一匡天下晉文棄斬袪之怨而見寺人披卒脫呂卻之難秦穆公不以一眚掩大德赦孟明而復用之遂霸西戎向使三君者思舊怨而忘大德則是齊桓不合諸侯晉文必死於難而秦穆又何自霸西戎哉唐太宗三代下之令主也魏徵王珪沃心弼德之直臣也當唐高祖之卽位也建成以長子立爲太子太宗以功高而不得立玄武門之變遂殺建成魏徵王珪建成之臣也食其祿必救其難死之可耳乃非惟不死又臣事太宗奉令承敎受命而爲諫議大夫求利焉而逃其難可謂仁乎而太宗亦忘其爲仇讎擢之衆人之中列之羣臣之上不諫而使爲大夫可謂智乎雖然太宗之舉爲其德也爲其稱職也非釣名沽譽者比也魏徵王珪之受命也恥不羞小節而恥功名不顯於天下也非貪利祿者比也晉祁奚乘馹見宣子而免叔向不見而歸叔向亦不告免而朝何者爲國政也非私惠也祁奚無德於叔向叔向無感於祁奚太宗無德於魏徵王珪魏徵王珪無感於太宗嗚呼太宗誠賢明之君也棄前怨而使魏徵王珪爲諫議大夫可謂智矣魏徵王珪不以仇讎之故臣事太宗以直諫主卒無慚德可謂仁矣魏徵王珪得官太宗得臣行一令而二物成能舉善也乎惟善故能

舉其類詩云惟其有之是以似之太宗有焉

用筆簡峭澤古之功

狄梁公望雲思親論

楊蔭溥

天下最可感者莫如別緒人情最難堪者莫如旅况回首江鄉茫茫雲樹離亭寂寞旅館蕭條對影孤燈花晨月夕每每卽景生情無窮惆悵動家鄉之念感離別之悲此行役之常情盡人而然者也唐狄梁公望雲思親其孝思誠加人一等哉原夫梁公之登太行也披荒榛陟峭嶝跨穹隆之懸磴臨萬丈之絕壑踐莓苔之滑石搏壁立之屛翠俯視人寰桑麻掩映茫茫大地一望無涯而吾之故鄉安在耶仰觀天上飛鳥數四白雲一朶徐動孤飛而吾之家庭安在耶回思椿萱並茂菽水承歡晨省昏定樂也融融今可得乎吾親所居在此雲下雲飛可覩而雲下居人不可得而見也吾今極目登臨望雲惆悵安知吾親不負杖倚閭與游子久不至之歎乎此梁公之孝思卽梁公之孝行而梁公之所以爲梁公也覩一物則感慕之心發而思親之念生作一事則感慕之心又發而思親之念又生於是一舉一動一言一行莫不以思親之一念間之其對君也則思親尙有不忠不敬者乎其臨民也則思親尙有不仁不慈者乎守身維謹行事

維慎一以思親之念概之孝哉梁公推望雲思親之孝而爲事君爲臨民爲守身爲行事維恐有或不忠不敬不仁不慈不謹不慎以致不孝者然則望雲思親殆梁公充於中發於外之一點孝思而爲梁公事業發軔之始也後日唐室中衰逆周僭號梁公任重廊廟待時而動起姑姪子母之諷進二子兩翼之對從容回天皇唐反正非梁公之力而誰耶忠國愛君梁公眞善推其孝不僅望雲思親已也

意義周匝文情斐懿的是用功文字

何易于腰笏爲刺史挽舟上下論

曹麗順

嗚呼世之爲官者其視人民爲何物哉夫民爲邦本一國之中民爲貴官者民牧也民之父母也質言之人民之公僕也而我國古之爲官者無不背此義而行此所以政治永不發達也人民永不進化也然古人豈眞無知之者哉若何易于者是矣何易于之爲益昌令也刺史泛舟遊春所至索民挽舟易于卽腰笏引舟上下刺史驚問狀曰方春百姓不耕卽蠶隙不可奪易于爲屬吏當其無事可以充役嗚呼何其言之痛且切也易于其眞明設官之義者也蓋世之官視民爲奴隸而不視民爲主人自視爲長上而不自視爲公僕此實大謬者也夫民聞爲國充役未聞爲官充役也以民充役不若

以屬吏充役也以朝廷命官充朝廷命官之役可以尊貴之國民充其公僕之役則不可且官爲民牧爲民父母宜若何使民之不失其時而保愛之若赤子也今乃奪其農時令充僕役之事以快一己之私是設官反以害民也此易于之所歎息痛恨而不忍者也故曰爲屬令當無事可以充役刺史不欲以無事之屬吏爲役而寧欲以有事之人民爲役乎腰笏明同爲朝廷之命官而又愧其背朝廷命官之意也嗚呼若易于者其身雖官而實行民貴官輕之義者也易于亦幸矣哉刺史跳舟去而考猶得中上也不然以其種種之愛護國民卽所以反抗上官反抗朝廷可死之處甚多豈止竄於海裔也耶

一氣揮灑詞甚痛切

●李泌歸隱衡山論

陳克恢

天下之最可樂者莫富貴若也然而恆人之情富而樂不富而不樂矣貴而樂不貴而不樂矣禍福有倚伏之機盛衰有循環之理而其樂亦顚倒不能自主者矣惟智者識見深遠不以富貴動其心故其樂有常觀李泌之歸隱衡山蓋可風矣夫泌見寵於肅宗肅宗嘗欲舉之爲相爲他人者宜如何堅主之信結主之歡以保其富貴乃泌非惟

不受而且歸於衡山何也豈鐘鼎之奉爵祿之班紆青拖紫朱丹其轂他人以爲樂之極而獨不足以樂泌歟嗚呼吾知之矣李泌位極公卿功震人主宜其忌之者多讒之者衆彼豈不願富貴哉特以與其貪瞬息之榮而致刀鋸斧鉞之加何若超然遠引退然獨藏明哲保身自求多福之爲愈哉是故駟馬高車可樂也短衣徒步亦樂也鐘鳴鼎食可樂也飯疏飲水亦樂也細旃廣廈可樂也蓬戶甕牖亦樂也狐貉文繡可樂也縕袍葛履亦樂也心知夫富貴爲可樂而不以富貴自期身處於衡山僻野而惟以衡山自娛釣於河畔樵於林中優游自得談笑自如陽光和煦綠蔭交飛寒蟬悽慘枯木蕭條四時之景其樂何極入室有清風對飲惟明月當夫閉門下簾披書一卷聲琅琅誦讀其中而悟修齊治平之道又或鼓瑟操琴以極幽閒之趣而養致靜之功天子不得而臣宵小無從而謗此其樂有遠勝於富貴者以視世之挾策干時奔走道途足進趦趄口言囁嚅戀戀富貴亟亟功名未得冀得既得患失及罪至罔加噬臍無及其辱身賤行視李泌之棄富貴如敝蓰相去爲何如哉李泌惟不急於富貴故能常保其富貴人第見李泌歸隱之愚而不知此正李泌之智也張子正蒙曰榮利非樂忘榮利爲樂其李泌之謂乎雖然李泌亦豈好爲矯情於榮利無所動哉觀其列事四主格君之

非何其忠也惟其智能燭先機故世而容吾也則吾揚眉吐氣爲所欲爲利澤施於人名聲昭於時世而忌吾也則吾養吾氣吾誠吾意吾修吾身吾立吾志不以形勞心而以心役形衡山之樂一若富貴之樂也所謂窮則獨善其身達則兼善天下李泌有焉李泌亦加人一等也已

敷腴朗暢格調甚佳

●八司馬論

胡鴻勳

當國君禪位宦豎竊柄之時而有人焉起而扶立皇儲底定國基奪宦官之權任忠信之臣拯國危於無形安社稷如磐石若爾人者稽之史册蓋不數數覯焉唐德宗之將崩也太子以瘖疾不克理朝政而諸宦官方議易儲以危社稷當斯時也皇儲立則社稷尚可安宦官横則順宗危而憲宗抑且不免其危如一髮引千鈞幸有八司馬之扶助王叔文之專決順宗得立國政晏如召回陸贄陽城剷奪宦官兵柄大革德宗末年之亂政唐室之垂危而復安者豈非八司馬之功哉而史氏謂棊待詔陰險譎詐韓柳等附之朋比爲謀因極其貶謫以爲不可復列於士類又甚而比之趙高宇文化及之流嗚呼其亦不諒甚矣夫事固有經有權當承平之世經爲常道而危急之秋則權亦

不可缺八司馬等之輔叔文以行政也以止宦官之邪謀也出乎不得已也權也霍光之於昭帝武侯之於後主皆代王任政也出乎不得已也亦權也況順宗之嬰疾乎而史氏於彼則曰媲美伊周於此則曰行同趙高宇文何厚於彼而薄於此耶且憲宗之立雖出於鄭絪亦因宦官銜奪兵之怨而設謀誅逐諸臣也豈眞八司馬等有搖動國本移易大位之姦哉而史氏乃指斥其惡言之不勝其醜推其意不過因韋執誼之驚慌王叔文之憂恐遂以爲謀敗而中餒殊不知大臣孤心苦詣力謀國家之安一旦聞變誰能不驚狂而失色而史氏乃謂爲千古之敗類亦云酷矣考八司馬之行不過朵聽謀議勇於任事屛人竊語莫測所爲而已朝廷之上宦豎伊邇國家大事固有不可告人者而況宦官之日伺其側乎而史氏乃執是以誣之豈不謬哉所可憾者器小而易盈氣浮而不守事可共圖者而故出之以密以見其愼謀無他奇者而故居之以險以示其能遇同類則互相推奬待異己則亢傲自矜因是而啓衆人之疑結盈庭之怨卒至謗議騰沸冒天下之大不韙而廢逐爲放臣亦可哀也已然此乃行事之過中其心固惟知盡瘁國是以答順宗知遇之恩也嗟乎天下事可昭然而不祕者與天下共之其或深謀奇計則斷之於心而愼之於行若驟遇國家之危機而驚駭震恐涕泗橫

流往來奔走以光大之事而故爲詭祕之行必致身受天下之惡欲置辯而無從如八司馬無疑也士之欲有爲於當世者務愼其所爲而毋蹈八司馬之覆轍也可

前半饒有意議後路抉出諸人之病根爲作者見地獨到之處

何蕃叱太學諸生從朱泚之亂論

陳克恢

今夫舉重起堅拔山扛鼎暴虎憑河死而無悔此匹夫之勇不足爲勇也君子則不然手雖無握雞之力身雖不滿六尺而其勇氣有遠勝於他人者一言可以轉國勢於阽危一怒可以靖人心於反側此君子之大勇陳東以之而上書何蕃以之而叱大學諸生也夫國家之衰微由於士君子廉恥道喪氣節淪亡耳大學者國家造就人才之地其爲天下表率可知則朱泚之亂爲大學諸生者宜如何守身不屈爲天下先而乃非特不然反欲從之爲亂揆之大義豈尚可容問諸良心能無羞愧何蕃目擊心傷能不叱乎且夫無業游民起而爲亂未足憂也亂臣賊子起而爲亂未足憂也至於號爲大學諸生讀書明理而欲從逆爲亂則天下之可恃者其何人哉此何蕃之所以不得不叱也當此之時諸生欲害何蕃易如反掌而何蕃竟敢叱諸生者非不畏死也愛惜名義之心有重於其惜死之心耳而諸生亦不聞加害於何蕃者蕃之忠義早服其心諸

生瞻之深而仰之久其忍害之乎是故侃侃數語森如刀鋸斧鉞之加區區寸舌威於迅雷驚霆之奮牖知覺於迷謬戢凶燄於方張其後朱泚授首逆賊就誅雖李晟等戡定之功亦不可謂非何蕃之力也此之謂君子之大勇不然大學諸生既已不守節義從朱泚之亂而下於諸生者又烏集蠅附則天下擾擾何時已乎吾恐唐室之祀不斬於廢帝而將斬於德宗矣後之朝爲君臣暮爲仇敵更將以諸生爲藉口諸生非百世之罪人也夫嗚呼彼之守節不堅隨俗浮沉而號爲一世之士君子者安得何蕃其人振其勇氣出而叱之哉

叱字寫得酣足規員矩方從容中度

李愬雪夜入蔡州論

陳輔屏

善用兵者其勝敵也每不用正而用奇蓋明遣兵而伐人豫約期而宣戰敵早有備矣縱或勝之已師必大喪失良將不爲此也必先度己之勢審敵之情因可乘之機出精銳之卒乘敵不備一舉而襲其要害則其勝也兵士少亡弩矢少損敵人俛首係頸委命下吏而我乃收全勝之功若唐李愬雪夜之入蔡州可不爲戰術上特闢雄奇之略哉愬之征淮西也得賊將輒釋不殺後用所得賊將因天大雪疾馳百二十里夜半破

蔡。遂俘元濟而平淮西。是後強藩悍將。皆思效順。元和之中興。李愬善用奇兵之力多矣。夫吳氏據蔡州。持重兵厚屯聚爲日久矣。愬提師遠來。貿貿然伐之。賊人以逸待勞。或堅持不出。不特不能成功。且恐至於敗衂。爲愬之計。惟有先探敵之內情。有機卽發。庶可搗其巢穴。愬故不殺賊將。以利啗彼烏合之流。使効力爲已用。及天大雪。而愬成功之時機至矣。夫賊在蔡久。持城池厚壘以爲固。知愬之以師來伐。而不意愬師冒雪而至也。懼愬師以夜臨蔡。而不慮愬之以雪夜襲蔡也。以愬師來蔡必圍蔡。而不知愬已用所得賊將。入蔡之易。有如駕輕車而就熟路也。愬初距賊遠。忽以雪夜卷甲束兵。踰越冰雪溝濠之阻。馳驅百二十里。夜半猛襲蔡城。元濟雖狡。焉能有備。則其就擒也必矣。唐憲宗之世。承建中亂後。國力方衰。諸鎭跋扈。元濟背叛。宜有重懲以伸王室威信。奈府庫空虛。生民厭亂。動兵征伐。久而不平。亦非良計。李愬乃出奇兵。一舉而平淮西。不特其用兵之神妙。足爲史乘生色。且其有補於唐室者。豈可泯哉。

機神流走。後段尤饒精彩。

李愬雪夜入蔡州論

楊肇熑

淮西之平。李愬之功也。豈待論哉。雖然。世或以愬爲行險徼幸者。是不可以不辨。夫愬之克奏膚功顧偶然邪史稱愬征淮西得賊將輒釋不殺後用所得賊將自文城疾馳百二十里夜半到蔡擒元濟而淮西平其成功也是其善兵也是其神速也是其知幾也是其遠謀也向使愬以俘馘爲能恣肆殺戮凡賊將無得生者則不惟不能探賊之蘊抑且激賊之憤吾恐愬雖善戰而賊志成城卽或可破亦曠日持久矣又使愬婦人之仁輕躁無謀則不審情僞所得賊將或卽間諜者流倘投其計微言元濟不授首蔡州不得入實足致三軍虀粉司命爲禽矣又使愬雪夜不動必待晴明則氣候融和賊備亦嚴雖將威叱咤士氣奔騰而重柵層佈賊守雲屯百二十里之蔡州勢難飛度矣又使愬御下無恩士心不附則冬夜寒酷雪虐風饕角弓不控鐵衣難著猶復令其兼程踏雪越柵疾馳不致倒戈之變亦有譁散之虞矣乃愬不然善遣賊將以靡其心聰明深察以絕其詐雪夜疾馳以乘其機而士卒爲用聽令無違殺賊如挾纊之温捐軀等鴻毛之重果也賊疏無備束手待誅渠魁伏法淮西以平其成功也是其善兵也是其神速也是其知幾也是其遠謀也豈偶然哉豈偶然哉

摶題有力機局靈緊

●韓愈謂柳子厚前時少年勇於爲人不自貴重顧藉謂功業可立

就故坐退廢論

許國傑

嗚呼士之懷拓落之奇才而遭逢不偶卒至坎坷以死者大抵勇於有爲也夫惟其勇於有爲故不顧世之是非身之安危蓋其所以自爲者輕而爲人者重也然而曲高和寡欲求施其才行其道古今來有幾人哉此有志之士當同聲一哭而無可奈何者也觀於柳柳州而益信矣昌黎謂柳州少年勇於爲人不自貴重顧藉謂功業可立就以此坐退廢噫可勝慨哉柳州少精敏無不通達頭角崢嶸踔厲風發此非所謂士之懷拓落之奇才者非耶然而卒至貶斥廢退者彼蓋勇於有爲而已勇於有爲而爲己者輕爲人者重所謂不自貴重顧藉也是以遇用事者得罪至斥爲刺史貶爲司馬十年不調再遷刺史以終夫豈柳州之罪耶夫貴重顧藉或謂君子明哲保身之道也然我見所謂貴重顧藉者矣趨安避危去禍就福貶道以求容模稜以處世者比比也使柳州而如是不特不退廢功業且可立就然柳州不以彼易此者豈不知不自貴重顧藉之足以取戾而顧不少貶其勇於爲人之志者不屑效小人之爲耳嗚呼少年英氣蓬勃每懷大有爲之志而卒見擯於老成抱利器而莫就雖曰光芒太露何莫非擯之者之過耶洛陽少年徒追汨羅君子而逝此古今所同慨也觀於柳州更不知淚之何從

矣然而昌黎懷奇才亦不遇於時則其所以悼柳州者殆其所以自悼歟

筆意沈着寄慨頗深

●韓愈謂柳子厚前時少年勇於爲人不自貴重顧藉謂功業可立就故坐退廢論

彭昕

昔賈生負才不合於世死而不顧蘇子惜其不能自用其才予竊以爲實所以用其才也夫才不才成乎己用與舍屬諸人顯而在上功施當時吾道固行也不幸黜而在下或放逐至負才以死名傳後世吾才亦用也不然用才干祿苟合取容未得患得既得患失生則碌碌顯榮死則寂寂無聞亦可謂能用其才耶賈生懷不世之才豈不欲用其功於民無如遇黃鐘毀棄瓦缶雷鳴之日以其枉道求合貽譏君子孰若負才而死無愧後人使如蘇子所言結交大臣漸以得位則不特枉尋直尺必不如磊落以死得傳其名於後如今無疑也嗚呼若此者論之肉食之儔固不可得卽求之士林中亦鳳毛麟角矣韓公謂子厚前時少年勇於爲人不自貴重顧藉謂功業可立就故坐廢退子厚其庶幾焉夫自貴重顧藉不爲人滔滔者天下皆是也若身列士君子之林復靦然爲之躋金門登玉堂顰有所顰笑有所笑若人者其堪問耶故子厚滿懷悲憫抗顏

而行殉知已於當路置窮愁放逐於不顧其不自貴重顧藉謂功業可立就者卽其輕視功名以轉移士風自任之心也其自任之心愈重則其行愈堅而不顧雖不得於時君實有造於來者此卽能自用其才者也反觀所謂士大夫者奔走侯門卑躬屈節搖尾乞憐以求階前盈尺及既得勢則奉趨上命惟恐或後視友朋患難如秦越避之惟恐不及惟祿位是求幷生命殉之若無所顧惜可恥亦復可悲矣故子厚之行於少年盛氣予智自雄者固可引以爲戒然其光明磊落不顧流俗有功世道者豈淺鮮哉豈淺鮮哉

用筆矜貴綽有工夫

●唐宣宗本處分語以驚服羣下論

吳長城

不知一家之事者不足以治一家不知一國之事者奚足以治一國哉然所謂知者豈摘微揭隱詳察瑣事之謂乎亦曰明大體審時勢務其大者遠者略其小者近者不昧治體不悖事理而已非瑣微之事不宜知也特以知有所不足力有所不逮權其輕重果應爾爾乃唐宣宗欲以一人之智周知天下之務往往抉摘細微以驚服羣下如每見外吏輒本處分語歷述該邑境土風物及諸利害其意亦欲整飭吏治有造元元也

然豈御吏之術哉。今夫雇僕治家事。語以某處有樹幾株。某所有地若干。至于栽種之勤惰不之責焉。成績之優劣不之問焉。其主雖明無益於家。矧所謂明者亦非得自己力。僅強記他人之論說乎。家政尚堪問耶。宣宗之爲政亦猶是耳。噫宣宗之世果何時乎。奄人勢張。威傾人主。廢立之權操自家奴。稍覺蒙恥。自必痛心疾首。有以除之。文宗憤憤。尚謂周赧漢獻之不如。宣宗號稱明主。獨不念祖宗遺業。行將毀墮。身雖居位。實猶傀儡。雖有何種施設。早已見鄙於宦者。何不赫然一怒以去之乎。設或不能。則宜善爲控馭。潛移默奪。以削其勢。令韋澳以著處分語之。心力密查閹寺之權勢。以察微之智慧。建除害之計畫。則國蠹可滅。唐室可振。然後徐圖吏治。敷化導民。大中之治。安知不能擬于貞觀。乃斤斤以抉摘細微爲明。大綱不舉。賢士無聞。宦者充斥。豺狼縱橫。廟堂之事。猶未盡悉。尚何天下事之足云。噫若宣宗者其得謂之明主乎。

文筆搖曳。妙有筋節。

●梁王彥章期以三日破德勝南城論

楊蔭溥

自來用兵無定法。勝敗無常規。善用兵者。於運籌帷幄之中。已決勝千里之外。敵將如何。敵卒如何。敵形勢如何。敵守備如何。或誘之。或怒之。或宜間之。或宜結之。或宜固壘以老之或宜出奇神速以取之度其時勢相其機宜然後戰可以勝攻可以取如操左劵百不失一五代時梁將王彥章之破德勝於帝前先期三日一時將相皆竊笑之而卒如期攻破南城彥章果何恃而先見如神耶曰彥章不過出奇不過神速焉已耳當是時也莊宗在魏南城之防必疏彼諸將方以爲吾深溝高壘鄰敵不至外旣無攻襲之虞內何必嚴守防之務此意彥章知之欲破南城利在速攻出其不意攻其無備用疾雷不及掩耳之法使敵內不及防外不及救措手莫及設彥章稍遲數日莊宗援至吾恐彥章雖勇時機旣失未必能如摧枯振槁破敵若此其易也吾知彥章蓋已早見及此故其受命之時已胸有成竹知欲破南城必不能出三日出三日必不能破南城救援一至全功灰燼故志決意堅以三日先期蓋已決三日之必破南城也庸夫不察皆竊笑之又安知彥章之計哉吾故曰兵勝在將將在用計計在出奇奇在能速不速不足以用奇不奇不足以用計無計不足以爲將蓋奇則敵不能料速則敵不及防此兵家之勝道也昔者鄧艾滅蜀攀木緣崖出奇也速也韓信破齊輕騎拔幟出奇也速也其他如李愬之雪夜入蔡韓擒虎之宵襲釆石皆能一舉成功豈非奇速之明效哉

文筆峻潔壁壘一新

王欽若以宋眞宗爲寇準之孤注論

李衷

澶淵之役眞宗用寇準策以拒契丹既盟而還契丹不敢復來寇者殆十年皆準之功也王欽若乃言於眞宗曰陛下準之孤注也斯亦危矣夫孤注之謂何博者輸錢欲盡乃罄所有以出之是之謂孤注孤注者戰敗而喪乃盡所有以與敵謀也既未戰而未敗喪何有焉當此時尙不知彼我之誰勝孤注非所謂也欽若乃目眞宗爲準之孤注謬矣奸矣險哉其心眞宗何爲而信之且夫契丹之民不及宋之一府乃烽燧初舉遂欲挾人主逃亡委中原於夷狄以天下之大坐棄諸一府之衆棄其本而亡其利排削剝割而委之於敵自困於孤注之地能不羞乎若是者亡國之行也小人無能惟恐鼠縮之不疾猶敢抗顏而譏功者之過雖萬死亦不足以赦之且戰而不保退而守之他方猶可言也猶有我可至敵亦可至之憂回觀前代敗而轉遷者非立亡則苟安若未戰而自走者猶如降耳七國之世燕王避秦兵於遼東終爲秦虜魏王徙都於安邑終爲秦滅遞至東晉南宋亦偏安數世而亡此固由於不能自支不得已而出然不堅於其初者必不能持之於其後不勤兵於未敗之前者難收兵於既敗之餘苟西晉北宋備胡而挫之於前雖胡不入境可也苟眞宗聽王欽若而南遷雖身死國亡而爲靖難

之前役可也夫首都乃天下之至險糧粟之所集太兵之所駐人才聚焉豪富居焉國家之命懸於此人主號令出於此此天下頭也亦國家之根基也頭已不能自守何所保於手足根基不在何以求生是以唐高祖知之聽秦王世民之議不徙都洛陽而卒滅突厥使無滋蠻族於華夏眞宗祖之用寇準之計得轉危爲安無蹈於敗亡之域然羣臣無識者多幸有一二賢人以爲之堡障其所以出險即夷亦云幸矣苟如王欽若之言謂眞宗爲寇準之孤注則昔漢高聽呂后之言自將討彭越而高祖已爲呂后之孤注矣李世民勸唐高祖勿南徙高祖已爲世民之孤注矣天子者天下之主也非有大過天下不忍叛之其言必行其令必遵天下有患臣不能自主非天子馭之而何其將令臣下自叛乎且天下之主猶博奕之主人也軍士猶博奕之具也博者觀審周詳知其具之性及其轉變之法故一擊而挫敵人今乃疑其具之或害其主遂謂博具以主人爲孤注天下之論未有倒置如是者也吾嘗驗古來遷都避敵而不敗者實罕有其數僅聞太王遷都於邠其後因而興起然太王之遷都蓋有由也當時隴西皆西戎已爲華族介乎萬戎之中非中原可比自古馭異族而處於異族者常危非中原之國都黎庶皆吾民四方皆吾土可與倫比也由此觀之寇準誠當世唯一之大賢矣其存

君興國有如唐太宗其爲忠爲民有如屈正則獨惜歷朝奸人多而忠臣少上官欽若等可得而讒害之也悲夫然吾聞準雖才智嘗以策用而自伐戎狄既逐遂儼然有德色於國家後世無所建立能逐戎於一日不能備戎於其後得君上之厚待不乘時而行長治久安之理使宋日以弱數世而國破準亦未始無責焉然則準之被讒蓋其所自取也乎肉食而無遠謀雖欲久得人主非所望已

辯駁曲當才識無雙

◉王沂公平生志不在溫飽論

鄒恩潤

心之所之爲志志之所在富貴不能淫貧賤不能移威武不能屈三軍可奪帥而匹夫不可奪者志也志之未立也則立其志志之既立也則行其志志之既行也則守其志昏昏瞶瞶未足言夫立志也畏怯顧慮未足言夫行志也半途而廢未足言夫守志也雖然聖賢有志豪傑有志鄙夫亦有志懦夫亦有志雖盜跖亦未嘗無志志之所在而精誠隨之孔子視富貴如浮雲雖飲水曲肱未嘗不樂蓋吾十有五而志於學其所志在此而不在彼也惟其然也故七十不踰矩顏子視屢空如甘飴雖簞瓢陋巷未嘗或憂蓋聖門高弟其所志在此而不在彼也惟其然也故三月不違仁此聖賢豪傑之志

也其志在是故其行也行是守也守是而探本推源則志之所在使之然也張禹不敢啓王氏之隱禍非不知忠良之可嘉可仰也蓋其志在富貴妻子志之所在雖知忠良可嘉可仰終不能勝此鄙夫懦夫之志也其志在是故其行也行是守也守是而探本推源則志之所在使之然也攫金於途但見金而不見人非不見人也志之所在雖十目所視十手所指終不能勝是盜跖亦未嘗無志也其志在是故其行也行是守也守是而探本推源亦未始非志之所在使之然也王沂公謂平生志不在溫飽偉哉其志至哉其言夫一心不能二用一志不能分途志在此則成也在此志在彼則成也在彼沂公志不在溫飽其所志者可以知矣孔子嘗謂士恥惡衣惡食者未足與議也志在溫則恥惡衣矣志在飽則恥惡食矣安足與議哉志之所在卽行之所在卽守之所在其理既昭昭矣今志在溫飽則其精誠在溫飽未得也患不得既得也患失之患得患失之念生則見義不敢盡其勇行仁不能無所慮甚至奔走於如市之門仰息於尸居之氣得罪名教不足惜摧殘良知不稍顧不志聖賢豪傑之志而存鄙懦盜跖之心君子爲之痛心而彼且徜徉也哀哉雖然無足怪也其志之所在固在溫飽溫飽之外非所知也名教良知安所恤哉探本推源非志之所在使之然耶嗚呼士之所重在乎志

使其所志而不得其正。則雖三軍可奪帥。而匹夫不可得志。安所用哉。君子聞王沂公之言。嘉歎其志而觀世俗之誤用其志者。不禁感慨係之矣。

扼重志字。用筆亦堅卓可喜。

●范文正公少孤力學食不給至繼以糜粥論

楊蔭溥

嗚呼。古來之大聖賢大豪傑。何嘗非自貧苦中力學所致哉。惟其能忍。志貧苦力學。不倦。此其所以能成大聖賢大豪傑也。孟子不云乎。天將降大任於是人也。必先苦其心志。勞其筋骨。餓其體膚。空乏其身。行拂亂其所爲。所以動心忍性。增益其所不能。是故捉衿肘見。子夏不因以灰心。縕袍衣敝。子路不因以餒氣。陳蔡絕糧。孔子樂道如故也。簞食瓢飲。顏子力學如故也。吾可斷之曰。此卽子夏子路顏子之所以爲大賢。而孔子之所以成大聖也。絕糧三日。執經之誦習未休。丐食度時。吟咏之詩篇未輟。鐘傳飯後困矣王播。士銼無煙苦哉王褒。嗚呼。古來之大聖賢大豪傑。何嘗非自貧苦中力學所致哉。吾更觀之於范文正之少孤力學。食以糜粥而益信矣。文正二歲而孤。生母更適。子然一身。零丁困苦。後讀書蕭寺。食不給。繼以糜粥。而力學不怠。文正誠異於人哉。今夫惡窮傷貧。人之常情。稍受挫折。則窮途自哭。末路徒悲。不自壯其身。必灰心進取。絕意詩書以為身之難養何暇學問食之不給何言進取徒終年伏案刻意架書吾恐未能享人生之樂而可先會我於枯魚之肆矣此心一發試問能更力學乎此文正之所以異於人也文正抱堅忍不拔之心具百折不回之志吾身可貧而學問不可貧也吾身可困而學問不可困也吾外受形骸之飢餓而內有吾道之飽樂存焉天之苦我正以成我吾不可不就此機以成吾學此心一發試問飢寒之小事足以阻之乎吾可決之曰此文正之堅忍心此文正之耐苦心此文正之所以忠義滿朝廷事業滿邊隅功名滿天下而為萬世所欽佩也後之學者有坐費年華者乎請一法文正之貧困中力學

能將題中精意發揮盡致允推功深養到之作

●歐陽修主用奇取勝以平西夏論

楊樹松

士之設心好奇者皆一事才也奇之為謀特驚人一瞬適當其用足以濟一日之事徼倖成功習此而好之則大謀遠略必非其用心所至將置天下於驚駭眩之中可得定乎歐陽公主用奇取勝以平西夏曰古之名將必出於奇然後能勝非審於為計者不能出奇奇在速速在果此天下偉男子之所為非拘牽常算之士可致甚矣其所見

之偏也夫吾以智鬬遇尤智者則吾智阻吾以奇競遇尤奇者則吾奇敗武侯名將也運籌幃幄決勝千里可謂審於爲計者矣然而不用魏延出兵潼關之計如韓信故事致遺譏怯懦者何也勞師以襲遠行險以徼倖智者所不爲也孟子曰仁者無敵蓋以正而待詭以堅而破脆勝出於萬全者也宋仁宗之世君飾太平以誇驕虜臣立異同以爭口舌於是而西陲撤備將帥戢身戍兵束手者垂二十年西夏乘無亡矢折鏃之患擁鹽池苑馬之資藉中國金繒之利休養其人以梟岸於河山險固之地雖微元昊且將鷹飽而飛況昊以雄狡之才中國久在其目中而欲使帖耳以馴於柙也庸可得乎然彼雖強而未嘗無所憚也以一隅而敵天下則貧富不相若以孤軍而抗天下則衆寡不相若內患未起而人利安存則撼我也惟難內治猶修而人思外附則誘我也無術固本自強以待其疲猶足恃也若挺而赴險蹶然而起以希非望之功驅積衰之衆縻無益之財挑進則利卻退則死姑與之遇侵其邊疆而墮其陷阱一嘗之則敗矣彼氣增而我氣折矣再嘗之三嘗之而無不敗矣彼氣彌增而我氣彌折矣彼固未能如是之勇我以勇貽之也我且未必如是其怯吾教之以怯也前之有所憚者無可憚矣有所疑者無可疑矣則雖有勇將勁兵以繼其後彼且無所懼奮死以相搏而勢終

不可敵。歐陽公徒急於速滅西夏。欲出奇以致勝。而未能觀一世之勢。深謀遠慮。以定勝負之本者也。范公老成謀國。其鎮延州也。興營田。通斥候。修堡砦。按兵不動。以觀其釁。使得如公者以終其所爲。財可充。兵可用。術可擇。俟之俟之。元昊死。諒祚弱。無難折箠以收爲外臣。卽未能然。而不驅嘗試之兵。送腰領以增其驕悍。重城屹立。士氣猶存。元昊雖強。卒不能渡河而有尺寸土也。急庸人之所緩者。建威之宏略。緩庸人之所急者。定傾之成算。士之設心好奇者。一事之才也。

力主持重。中後文氣凝鍊。於當日大勢。瞭如指掌。

石介作慶曆聖德詩死後幾得奇禍論

許國傑

士之特立獨行。不顧世之謗議。身之安危。彼蓋信道篤而自知明者也。其迹雖若違世驚衆。流於狂癡。而君子則未嘗不推其用心而哀其志。嗚呼。若此者。宋之石守道先生。其庶幾矣。史稱先生作慶曆聖德詩。死後幾得奇禍。噫。先生生時之幾瀕於死者屢矣。亦追論死後之幾得奇禍哉。歐陽公稱先生遇事憤發。指切當時。無所忌諱。於是謗議喧然。羣小人相與出力。必擠之死。若是乎先生之日日可得奇禍也。又何必死後也哉。先生之所以不以此而易彼者。蓋信道篤而自知明也。蓋先生固以道爲禍福者。道之不在雖福猶禍道之所在雖禍猶福也慶曆聖德詩之足以買禍先生寧不知之其所以爲之而不顧其他者徒以道之所在焉而已則先生死後之幾得奇禍亦意中事耳嗚呼先生幾得奇禍而不得也人皆爲先生幸然使先生死後而竟得奇禍也吾知先生亦必含笑地下而無所用其戚然者矣守道而死吾事畢矣彼小人之讒毀吾陷害吾卽甚而至於發棺驗吾曾能傷吾之道於幾微也哉先生曰學者學爲仁義也唯忠能忘其身唯篤於自信者乃可以力行也先生殆其人歟蓋先生固信道篤而自知明者也然先生不遇於時不得行其道而當時人往往以先生違世驚衆笑爲狂癡嗚呼若是者其可悲也夫其可哀也夫

渣滓盡去清光大來此筆固由天授

胡安定教設湖州以經義治事分齋論

聶傳儒

三代而上君與相皆師也刑與政皆敎也自世衰道微君與相皆以貴治賤不復以賢治不肖於是敎與政分孔子遂以布衣司敎育之權明堯舜三王之道以敎吾徒而又著之於書以敎萬世由是師道不在上而在下善夫孔子之言曰六藝於治一也禮以節人樂以導和書以紀事詩以達意易以神化春秋以道義此六者謂之經義可也謂

之治事亦可也是故後世有知治事而不知經義者吾聞之矣知經義而不知治事者吾未之聞也而宋胡安定以經義治事分爲二齋何歟曰時爲之也祖龍焚書六經煨燼漢武右文遺經復出諸儒篤守師說互相傳授國有大政往往援經義斷事之是非當炎漢盛時經義治事未嘗不合而爲一至東京之季馬鄭出而訓詁之學興治經者第蒐補殘缺攷訂異同於聖人明體達用之旨缺而不講魏晉以降去古愈遠兵農禮樂邊防水利諸端多於古不合士君子學而後仕必以唐虞三代之法治隋唐以後之天下非孔子所謂生今反古災及其身者耶經義治事析而爲二固時之自然亦勢所必然者也然則安定設教但教學者以治事可也奚須經義不知經義者聖人之微言也學之體也治事者經世之大略也學之用也孔子沒而學術分東周亡而七雄出當其時縱橫之學兵陳之學刑名之學各樹一幟於戰國之時是數者皆治事之傑出者也其學愈昌天下愈亂何哉學無本原故也安定立經義齋所以爲學者植其根柢立治事齋所以爲學者鍊其才能根柢在於躬行即聖門德行之科也材能見於事功即聖門政事之科也是以游其門者人才輩出處而爲純儒出而爲能吏者胥由於此雖然經義如日月經天江河行地歷千古而不廢者也治事則因時而制宜文化日開治

術亦日變今人所治之事異乎昔人所治之事立教者因治事有今昔之殊卽謂經義宜於昔而不宜於今吾不得不望世有胡安定其人也

於政敎分合源流了然貫澈行文亦開闔動宕氣足神完

●宋哲宗召程頤爲崇政殿說書蘇軾爲翰林學士論　顧懋勳

余讀宋史至哲宗之世程頤蘇軾後先並進竊思二子承奸邪廢黜之後當上下願治之秋賢人君子之進如茅斯拔小人不肖之退如距斯脫位非不寵矣任非不重矣二子宜知所以處陰陽消長之會而夕惕若厲矣必且勵精壹志兢兢業業舉以納君軌物致君堯舜爲己任而惟日不足矣庸詎知二子以意氣相凌門戶相高冰炭不已而匪人遂得乘間工讒以制其死命嗚呼其亦疏於爲國矣使二子俱非講學之徒僅知榮幸是爭利祿是攘者余何責焉二子有希聖希賢之志忠君愛民之心獨不能相稱美相推讓同寅協恭以答萬民望治之心朝廷進賢之意徒爭口舌樹黨派以相傾軋嗚呼是誠何心哉余讀宋史余心傷矣夫君子之與小人如枘鑿不相入水火不相容是道不同故也然君子之心寬宏惻怛苟小人之非巨惡大憝足以誤國殃民者亦不至疾之過甚而況君子同道而行君國是謀獨以性情稍不相投卽互相攻訐互相排

擠。嗚呼、其亦不思而已矣。且夫、君子之所貴者何哉。居敬有容而已。蘇子豪放好謔自負。其不羈之才。有輕視法度之士之心。是失之不敬。蘇子之過也。程子以規矩自守法度自繩。乃未聞藺氏之風。獨不能坦然置之而不問。是失之無容。程子之過也。假使二子和衷共濟。同扶幼主。則鷸蚌之禍不作。而衆賢一心。小人何由而間之哉。即不然。使程子有容人之量。置不與校。亦必足以折蘇子之心。則洛蜀之黨不興。蔡京之徒不起。紹述之說不作。而天下之民不復蒙新法之苦矣。嗚呼、講學如二子。天下不被其澤而反蒙小人之禍。是豈二子之心哉。吾故曰爲國疎矣。

安章宅句妥帖不頗

●華盛頓退位後隱居別墅野服蕭閒與樵漁爲伍論　王濟熾

夫形而生。裸而出。爛漫乎天眞。恢恢乎宇合。初無所爲富貴名利者。偕以來也。病而死。老而脫。輾轉於世。故迹磨而影滅。初無所爲富貴名利者。偕以往也。是故天地者萬物之逆旅。光陰者百代之過客。富貴者天下之公冠。名利者庶兆之共服。今日之加於我者。明日可易焉。今日之衣於我者。明日將謝焉。故君子不汲汲於富貴。不戚戚於貧賤患道之不聞。名之不立。懷己饑己溺之心。抱先憂後樂之志。故其持於己也。戒盈而守慮惠於民也功高而業著昔李文靖匡輔眞宗功勳卓著而門僅旋馬曰將以遺後也後之人非必相也然則其視富貴澹矣韓魏公績奏文武翼贊隆圖方盛炎喧赫之際爲醉白堂以寄蕭灑磊落之志然則其視尊官厚祿有不如樂天之詩酒絃歌琴書嘯傲者乎二公之所視者澹故其所發也厚所守者高故其所謀也遠赫然千秋炳然萬禩日月爭光天地比壽矣夫秦皇帝威挾虎狠氣吞二周然身崩沙邱不十五年而祚移拿破崙氣吸風雲有席捲五洲囊括全歐之勢然而一挫於惠靈吞終老於希里納英雄身手長此銷沈吁可慨已華盛頓崛起編氓帥三軍之師脫英人之軛血戰八年僅乃克之然不自以爲功革專制政體而改建共和任總統數年而國治旋引身退恐天下之德己而復任之也復恐後之爲總統者溺名利而不忍以四年退也故隱居以示絕於世野服蕭閒以爲溺於名利者法夫惟其能隱斯其所以視血戰之功如敝屣總統之尊如草芥唯其愛民也深斯其自愛也亦深故急流勇退保泰持盈澹泊明志令名永著至今銅像巍峨使人依戀而瞻仰之者不唯佩其豐功偉烈也佩其有野服蕭閒之風度也今之亟亟於終身總統者夫亦失其所趣乎

文筆曠遠能見其大入後尤有精闢之語

梭倫以詩歌激發國人戰勝曼地尼亞論

王濟熾

夫浩瀚而激人於義者謂之氣神化而感人於情者謂之聲聲之所感志至焉氣次焉而情遷焉是故聆春鳥之音萬物爲之和煦震殷雷之烈萬物爲之怒發聖人因聲之神而作樂文士因聲之化而作詩歌樂以覘政詩歌以覘志黃鐘鳴而百物清二南宣而萬方化蓋詩之所感沁人於心也是故嗟歎之不足則永歌之永歌之不足則不知手之舞之足之蹈之然後可以感天地動鬼神賦無衣於秦庭而三軍皆爲楚死歌羽聲於易水而餞者皆爲指髮爲正氣之歌沴厲辟易爲豪宕之歌志在黃龍嗚呼感憤而決勝於曼地尼亞者雅典之民也斷頭折肱以爭片土者雅典之軍也然而旌麾凱旋之日爵賞論功之時豪然上首者梭倫也所以成梭倫之功者則蓋醬覆瓿之數十小册子耳夫淺於理者則文章有所不進淺於義者則辭說有所不受是故寄正聲於詩歌使之感憤宣其發揚蹈厲之氣於是可使之興可使之勇可使之戰而勝負之數不待蓍龜知其勝在我矣梭倫之所以決勝者意在斯乎士君子立身濟世無赫赫之功而欲以呫嗶咿唔競勝於詩歌之末斯亦窮矣然而寄經綸於聲韻宣謀略於步伐流金石之聲噴珠璣之字爲民振氣爲國立功此斯文所以與日月爭光山河並壽也

若夫後庭之曲方唱陳社已墟霓裳之奏未終漁陽早發沙陀英主雄才消於曼聲亞子佳兒遐舉毀於柔麗是則樂而多淫柔而不振鼓鐘於宮聲聞於外君臣上下同爲綺靡所由羯鼓喧來潼關頓破石橋置酒泣下沾襟者也夫太白非所謂詩聖者乎雲想衣裳花想容之句爲李龜年琵琶胡索之資曾不能振淸音而救時靡有不如雷海靑戟指罵賊之烈以羞張垍兄弟視梭倫之一歌定國一詩復土其拱璧與覆瓿分當有屬矣嗚呼有萬世之志而後可以詩有愛國之忱而後可以歌不然雖錦心繡口奚足多哉奚足多哉

前半文氣浩瀚學古能化中後胡笳抑鬱燕筑蒼涼合作也

蘇州觀西振新書社出版書籍廣告　各省各大書局經售

初學論說軌範四版

是書爲錫山鄒君登泰所著君夙具經史通知世務慨現行教科於國文多記載而少議論爰編論說專書以啓迪後進其撰述大意已載例言其五大特色不可不標而明之

一宗旨純正也闡發道德鼓勵言行以孔學爲歸宿

一體格謹嚴也拈題雖不一類而措詞用筆往往矯正世俗藉端蒙養

一程度適當也兒童入校一二年級不過令其識字造句毋庸論說是編預備初等三四年級及高等初年級之用

一篇幅匀稱也自八九十字遞至一百四五十字循序漸進既免躐等又便摹做

一註釋詳明也讀書貴識字若字之音義不明文亦何從了解列爲註釋既便學生之參考又便講師之教授每部四册大洋三角

總發行所　蘇州振新書社

寄售處　上海各省商務書館　上海蘇新書社　上海中華書局　上海掃葉山房　上海圖書公司　上海文明書局

幼稚課本再版

一本編以幼稚教科爲範圍爰定名曰幼稚課本

一坊間初等國文教科屢出不窮然皆苦於繁重求其合幼稚程度者實尠本編一字一圖一圖一義要使兒童一見其圖便知其字之音與義無煩教授之勞

一本編非習見之字不采非習見之物不畫將日用與智識上所不可少之物順序編入冀幼稚之易悟

一本編格式整齊圖畫精美得喚起兒童就學之趣味

一本編圖畫一百六十餘幅八圖後間以動字狀字又八圖後間以聯字（以熟字爲限）爲將來造句之練習

一幼稚不分男女本編兼收女子材料便男女同校之用

一本書依次編輯第二册將脫稿付印以餉學界

總發行所蘇州振新書社代發行所上海中國圖書公司掃葉山房文瑞樓書莊

校長唐蔚芝先生鑒定

南洋公學國文成績二集

上海蘇新書社
蘇州振新書社
發行

上海 南洋公學國文成績二集卷四

△性理論類

◉司馬溫公之學始於不妄語而成於脚踏實地論 陳肇坤

嗚呼今世以來士民之行事非出於浮則至於中道而止非至於中道而止則徒為表面虛文以曠世而駭俗而無當於實事是亦曷故哉夫既自度其力之不勝則能有力者正不乏人無妨棄而委之以免害世殃民為也蓋思之得其故矣彼其大言炎炎滔滔然口若懸河非不震世而炫俗然非出自良心之言能言而不能行不能而勉強以為之於是或中道而止或表面敷衍要皆一歸於浮而已夫惟君子言顧行行顧言不言不能行之行行無不合於言如宋司馬溫公者此其人矣人之能力有盡而言之可言者無窮不妄言者恐力有所不能至是故君子慎於言而敏於行俾行有當於言何也言易而行難也故溫公之為學其始也不妄言其終也事倚乎實蓋所言皆其所能行故也彼放言高論之徒不量己之能力諟其言之所至其心殆不復思所以躬行之是故大言不慚則無必為之志向所言皆非所能行也且夫不妄言者所以使己之行

能合乎言而所行者皆在乎能力之內足以達此事之極斯無絲毫苟且存乎其間而斯事之進行有非外界所能撓奪富貴不能淫貧賤不能移威武不能屈其自信之力強故也温公之學始於不妄語而終至於脚踏實地其所由致之者要亦不外乎此也總之温公之學不外乎誠言以誠行以誠誠者物之終始不誠無物吾儕卽誠以行自可以貫澈一切事物不妄語者其從入之途也

以言行二字對勘說理旣明筆亦不滯

●程伊川先生稱橫渠以禮教學者最善使學者先有所據守論

鮑國寶

昔魯秉周禮國因後亡伊川被髮百年爲戎列國之士秉禮以觀國觀人以衡其盛衰興滅鮮有失者以禮者國之所本人之所立也國無禮則名分不正賞罰失平綱紀凌夷不能終日治人無禮則據守失常惡邪乘釁倫常紊亂不能一朝立況乎爲學辨在忽微苟無所據守何能不陷於異端而蔽於邪說哉忿慾嫉惡所以賊吾心者也功名貨利所以亂吾心者也憂怨哀悲所以傷吾心者也知巧機詐所以喪吾心者也心一而欲百苟無禮以節其過而防其邪則又何以免人欲之日熾良知之日淪哉孔子曰

不學禮無以立詩曰人而無禮胡不遄死由此觀之禮所以爲人失禮則失其所以爲人失其所以爲人則何以立於天地之間而況欲求大道乎人羣畏爪牙盜賊之害則必守之以城郭賊吾心者豈徒爪牙盜賊而已耶則守之衞之必又加於城郭而後得免於患害矣晚近士大夫好談新學以禮爲無用棄而不言甚或視爲蟊賊攻之排之必使斵喪無餘日以科學爲急務而不知無禮以爲之據守則科學適足以助惡耳抱薪滅火寧有濟耶禮者萬物之正也一事無禮則一事不得其正一物無禮則一物不得其正天下豈有不正己而能正人者哉則自守以禮之爲重亦審矣孟子言仁政必自經界始禮者其道之經界歟

循題布置矩矱秩如

●程伊川先生見人靜坐便歎其善學論

趙以嚳

憧憧逐逐心放而志馳矣泄沓紛紜平旦之氣亡而良知泯矣嗚呼吾心惟一而外物之擾我神明者不一吾志易馳而嗜欲之誘吾志者復衆孟子稱學問之道無他求其放心而已矣今既馳其心復役其志而欲其學之有得也不亦難乎大學有言靜而後能安安而後能慮慮而後能得蓋人不患其無學而患不能靜其心心不靜則志不一

志不一則雖言堯之言行堯之行而外物儻來將必失其固有之良亡其德性之善者矣由此知爲學之道先靜其心立善之始在專其志夫人當清夜靜坐萬念俱冥之際所行不善未嘗不汗然自愧歉然自咎者也誠以其時已靜斂其放心息其紛志故平旦之氣存而良知之念生矣孔子四十而不惑孟子四十不動心聖賢之學亦不外乎此耳乃雞鳴而起卽念念外馳一息之間馳騖出入莫知其所止嗚呼息其紛志僅俄頃之間斂其放心止人靜之時此衆人之所終於下愚也宋程伊川先生見人靜坐便歎其善學先生其示人以爲學之方乎夫四十之功其養之者深守之者固誠非朝夕之功焉卽求放心之功亦非學者所能遽至也故宋儒有言主敬主一主靜以啟後學者然敬靜之功亦非易致或反使學者誤以屏絕思慮裁抑心念之卽爲主靜也夫不思不慮烏能有得此實宋儒學說之弊也故伊川先生不謂人能靜坐卽爲善學蓋靜坐之功學者所易能苟加以思慮之功而後能求其放心斂其紛志以入於聖賢之途焉非冥絕之謂也便歎其善學者謂其有入學之方而更勉其致不息之功焉

清言屑玉獨具卓見

◉謝上蔡先生稱天下皆亂而已獨治不害爲太平論 鄒恩泳

今夫普天之下災患不作民人安樂禮義以講五倫以立淳風沕穆有如三代之時足衣足食不讓貞觀之年斯天下之太平也若夫高尚之士修身立德特立獨行世之治亂不能奪其志造次必於是顚沛必於是衆人雖醉而我獨醒衆人雖濁而我獨清斯一人之太平也一人之太平一人爲善而已天下太平必天下之人皆爲善也然則處於亂世一人爲善所可太平者一人而已如謝上蔡所云天下皆亂而己獨治不害爲太平是也雖然上蔡之意不僅如是也夫天下之太平何由而致非自一人始耶一人之太平何由而得非由獨治耶一人治而一人太平使天下人皆治天下豈有不太平者今天下之所以大亂者實獨治者少其人而好亂者衆天下安得而靖也然而我尤不屈不移獨善其身雖在紛擾之世而心境清明如居昇平之墟固無傷乎爲天下之太平也而害天下之太平者實天下之亂人也是獨治者不僅無害一己之太平而一己實已太平天下雖不太平而亦無傷天下之太平斯上蔡之本意也世人不察以爲四海滔滔終無休寧之歲狂瀾既倒必非一手可挽不如隨波逐浪與世浮沉不知人人如斯則永無太平之日矣世雖不治苟人人獨治不懈以爲天下之太平卽不可期一己心正樂亦在其中則天下之太平亦可坐而待也然則上蔡之語誠致天下太平

之訣也

意象醇實深人無淺語

◉胡五峯先生稱學欲博不欲雜守欲約不欲陋論　薛紹淸

尼山之敎人也曰君子博學於文約之以禮而顏氏子所造獨深則曰博我以文約我以禮特著一我字見夫子之循循善誘博約兼施而工夫之精進唯在我而已胡五峯先生防學子博約之弊而又申其說曰學欲博不欲雜守欲約不欲陋由斯以行未有或失者也蓋嘗因而論之博與雜相類而實不同約與陋近似而實大異請先言學夫所謂博者多見多聞也雜亦多見多聞也然則盡人可以言夫博學矣是不然博者學一事必有所得也雜者多學而無所得也是故博學之多見多聞是眞有所見聞也雜者之多見多聞實無所見聞也斯博雜之分一也且也博學而無所善惡善者求之不善者求之是則安用夫博學乎是故博者學而循乎禮者也雜者學而軼乎禮者也是博雜之分二也博學者旣循乎禮則未有不能約其身是故學博而守自約矣雜者旣靡所視範守身安得而約不約斯趨於陋矣是故博學者未有不能守乎約也雜者無往而不陋其守也欲約其守必博其學若雜其學卽陋其守博之於約猶雜之於陋也

孟子有言博學而詳說之將以反說約也蓋恐其博而失之雜也猶是孔子約禮之意也約以禮斯不雜不雜斯不陋矣胡子之言其殆本於論孟乎嗚呼五峰先生處偏安之局當多事之秋國勢凌夷風俗頹敗蓋亦嘗思有所以救之矣而當時學者徬徨歧途駁雜相仍言聖教者時浸漬於黃老言佛學者時蹂躪夫禮教學之雜守之陋曠古以來之所未有也於是先生乃大聲疾呼以告於衆曰學欲博不欲雜守欲約不欲陋相土栽田視病施藥造福於衆誠非淺鮮厥後元室南侵宋祚以絕忠臣義士思恢復舊山河者累累相望未始非先生一言之功也今之世實有類於宋新舊紛更教育之方針無定科目繁瑣求學之目的靡從學既日趨於駁雜守亦隨之以日陋求其欲安國利民烏可得哉小子不敏有懷時局謹執胡先生之言爲國人告焉

分詮互發一一了然入後援古慨今獨絃哀歌尤覺氣流聲動

●胡五峯先生稱學欲博不欲雜守欲約不欲陋論

吳穎達

嗚呼三代而降大道閉塞異端簧鼓莘莘學子鮮知所本雜陋殊甚而博學守約之道難言賢者憂之故爲啟發之言曰學欲博不欲雜守欲約不欲陋指我迷途使知所本夫異端之學驟視之千奇百怪包羅富有非不足以眩學者之目也自有道者觀之淆

亂孰甚至若守其一藝誠不能行之鄉里而無窒用之一身而無乏鄙陋孰甚夫聖人之道至平易而極廣博造化生物之意無不具而豈有外聖人之道別有所存者廣博哉聖人之道學者守其一理行之天下而無所阻用之一身而無窮而豈異端之鄙陋比哉後世學子昧於大道以雜爲博以陋爲約學術愈紛心術愈歧亂臣賊子盈天下不能一朝居何所守以處斯世此弊之極端也學者亦知所警乎是以學欲博不欲雜守欲約不欲陋而欲學之博尤在求學之平易大道之廣博大道至平易也大道之廣博不可幾大道之平易愚夫愚婦皆能爲由平易而求博而後所學不至流於異端不由平易而求博學子無知鮮不爲異端所惑然則學欲博不欲雜守欲約不欲陋一語先賢衞道之言也而求學自平易始尤求道之方也

擇精語詳○先賢衞道之言句見得明斷得碻包得知言一部大旨是作者沈思獨到處

●胡五峯先生稱學欲博不欲雜守欲約不欲陋論　張有彬

學欲其博守欲其約雜似博而陋似約此則不可不辨也孔子言學篤行之先而曰博學審問愼思明辨博學而必繼之以審問明辨而必先之以愼思蓋欲去其博約之似

者博者何貫通經史匯覽羣書研百家之同異察羣賢之特殊觀聖人之書則拳拳服膺如恐不及觀賢人之書其合於禮者取之不合者去之觀雜家之書其通於禮者採之不通者棄之然後考其時勢究其經權融會而貫通之齊其本源而略其枝葉於是上下古今之得失與二帝三王羣聖之大道莫不積於寸心包含萬象而有條理網羅千載而本於一此則所謂博學也此博學而必繼之以審問也約者何羣聖之言皆道也諸賢之言皆禮也守其道與禮爲學得之矣離其道背其禮不揣其本而齊其末取其枝葉而遺其本源雖日讀聖賢書無益也惟精惟一允執厥中此堯舜三王所傳之心法也夫子之道不過忠恕而已矣孟子道性善言必稱堯舜昌黎闢佛老朱陸闡性理陽明致良知此諸聖賢所守之道也惟其約故守則篤若徒泛濫而無涯則如無源之水無根之樹其汪洋榮茂轉瞬卽息故學旣博則必思其同異辨其源流孰是孰非孰經孰權溝而通之廓而清之其採也豐其取也廉此守約之賴愼思而明辨也若徒涉歷諸子泛覽羣書注疏釋義汗牛充棟一字之解辨析秋毫尋枝順流忘其本根無選擇之力乏辨別之知分離乖隔無所遵循此則雜而非博也若夫拘其形跡而不追其心意論其行止而不諳其時勢通於彼而不知通於此守其經而不知達其權硜硜

然守其小者茫茫然喪其大者以煦煦爲仁孑孑爲義以吝爲儉以易爲簡以足恭爲敬以鄉愿爲德事獨夫爲忠證父竊爲信此皆失之陋也故孔子既稱君子博學於文約之以禮而又必曰博學之審問之愼思之明辨之蓋恐學者之徒知博而流於雜知約而流於陋也惟加以審察問難精思辨別則不致得其似而失其眞矣學者可不務乎。

詮釋精碻不肯一字含糊過去想見良工心苦

朱子稱邵康節先生心體靜極看得天下事理精明論

周浩泉

微矣哉心之爲體也視之無形聽之無聲而上下數千年縱橫幾萬里聖賢之所以爲聖賢不肖之所以爲不肖無不由此而判故心體者人身作事之基礎心能察識事理則其作事自必合理苟察識不精明則作事必將過誤或曰同一人也同一心體也何以彼則能如是而我不能噫是無他惟在能主靜與否耳夫心體之在於人身本靜質也不感不動不觸不紊不發不思不撓不壞是以心體之動動於外遇之感心體之紊紊於外遇之觸心體之思思於外遇之發心體之壞壞於外遇之撓人能不爲外遇所

亂不使心體妄動如是則天下事物之來自能精明其理而無秋毫之爽矣邵康節先生之學別成一家所著皇極經世一書能知人所不知察人所不察實則先生之所以能如是者亦惟心體之能靜不爲外遇所亂耳觀其居百源山中也讀書其中布衾蔬食刻苦自勵夏不扇冬不爐怡然自得靜居其上外遇不能亂其心神閒氣定無饑寒貧賤之虞夫豈好爲是刻苦哉蓋心體清明有以鎭靜而不動也是故荊公變法人皆反對獨先生調和之曰此眞賢者所當盡力之時能寬一分則民受一分之賜呂惠卿參政富公憂之惟先生知其勢利相合必叛安石由是觀之可知先生主靜之學之所得矣故先生之不可及不在於能知事理之精明而在於能守心體之鎭靜也朱子稱邵康節先生心體靜極看得天下事理精明可謂至言矣

思精筆銳中段尤佳

●陸梭山先生稱凡小學大學之教俱不在語言文字故民皆有實行而無詐僞論

范壽康

慨自魏晉以還學者競尙空談趨重浮華古代教育之本旨淪喪靡遺淳樸之良風寖衰殆盡人品愈趨而愈下世風彌久而彌窳至今日而欺陷之事層見詐僞之計百出

欲云補救蓋已難矣成之匪艱革之維艱可不哀哉夫人何爲而學學所以致用也學之不實用於何有此今之民智民德所以遠遜於古也古之制民生八歲必入小學十五則各因其材令就其業四民既無不受教育矣而秀異者更入大學而爲士其教育之普及爲何如也且小學教之以六藝大學教之以德行業修而德進其與今之所謂實用主義若合符節宜其朝多德高學邃之輩野無不學無術之流蓋國中所最難馭者無知之徒與無業之氓教育既已普及學又合於實用則小民謀生有術衣食贍足管子所謂倉廩實而知禮節衣食足而知榮辱舉凡奸險詐僞之事自無從作亦不屑爲矣論者僉謂古代之民知識未啓故易馭而易治實則易馭易治正以其知識之已啓知識何由啓曰啓於普及教育而尤啓於實用教育也今者科舉停廢語言文字之弊已祛學校代興實用教育之芽方萌行見教育普及而民智以啟趨重實用而民生以裕詐僞之風懸爲厲禁永不復興則中國將一躍而爲郅治之邦中國之民將躋而爲世界最高之民族事固有未可知者在舉國教育家之抱定方針耳宋陸梭山先生所謂凡小學大學之教俱不在語言文字故民皆有實行而無詐僞實當今教育之唯一方針中國救亡之絕好良劑也

昭晰者無疑優遊者有餘文之純粹處似之

◉陸子靜先生設教象山悼時俗之通病啓人心之固有聞者咸惕然以懲躍然以興論

許國傑

匹夫而爲萬世師一言而爲天下法必其人之道德言論足以針砭時俗啓迪人心也夫人之道德言論足以針砭時俗啓迪人心斯何學也曰聖學也聖學者何學也曰心學也是學也堯以傳之舜舜以傳之禹湯文武周公周公傳之孔子孔子傳之孟子孟子歿而不得其傳焉異端興邪說勝斯學之不明也久矣有宋之世碩人宏儒風湧雲起獨陸象山先生奮袂草茅發明本心之論尋墜緒之茫茫昌絕學於旣墮所謂繼孟氏而紹周孔也夫本心者心學之淵源也聖學之眞傳也象山先生之能針砭時俗啓迪人心固有由矣蓋嘗論之天之生斯民也同斯形同斯理同斯心也有斯形卽有斯心有斯心卽有斯理卽理卽心卽心卽理是故人莫不性善也莫不有良知也所謂本心者此也然而有賢不肖者賢者存之不肖者去之耳孔子曰操則存舍則亡孟子曰君子存之庶民去之夫本心而至於汨滅者舍而去之而已舍而去之者無他物欲蔽之也孟子曰物交物則引之而已矣外誘於聲色財貨內縈於權利得喪欲本心不亡

不去不可得也是故物慾者時俗之通病也本心者人心之固有也聖賢之針砭無他去其本無還我固有而已陸子靜之設教象山此物此志而已夫本心者光明皎潔無纖毫塵垢一旦有物慾以蔽之而甚至於喪失儕於禽獸者譬如養癰以自亡其身是可痛也一朝得聖賢之教言而警覺有不惕然以懲者乎是故本心者人之至寶也得之則爲人失之則爲禽獸存之則爲人亡之則爲禽獸爲物慾所蔽而亡失之與失其至寶無異是可悼也一朝得聖賢之教言而復得其固有之至寶有不躍然以興者乎陸子設教象山其所以能針砭時俗啓迪人心者本心之學也本心之學明而通病自去故曰本心者心學之淵源聖學之眞傳也嗚呼心學之不明於世也久矣時俗通病之流行人心固有之喪失未有若今之甚者也可悼可痛孰甚於此安得有宏儒者出提倡象山本心之學使世人咸惕然以懲躍然以興乎

洞悉心學淵源了然於心脫然於口文亦昌明博大非讀書有得者不辦

●陸子靜先生設教象山悼時俗之通病啓人心之固有聞者咸惕然以懲躍然以興論

彭　昕

人心之惡在乎有所蔽蔽則壞積弊既盈感聞痛悼有不悔然思返者乎人心之善在

乎有所啓啓則通感應萬有一旦獲悟有不瞿然猛進者乎時俗之乖巧基於人心之胥溺若有賢者出提綱挈領抉其病通其源撥亂反治如風行草上罔不順從古今來締造時勢之英雄非有他技實具先知先覺之才有以警醒當世之昏惑奮斯民之志而已於戲若宋陸子靜先生可謂有先知先覺之才締造時勢之英雄者矣莊生曰哀莫大於心死心死者失其本心之謂也此心一去則人格亡綱維滅大道淪胥風俗墮壞可不哀乎誠或存之則內別人與禽獸外施義理於中天化雨仁風廣被四海不亦大哉時當宋世場屋既興士趨於競進在學則尙從俗之巧拙入仕則計官資之崇卑離道以求學曲學以阿世上下相蒙其壞極矣先生設教象山乃針對世俗之通病以立言觀其在白鹿洞講君子喻義一章辨義利之分明本心之失在於一念之差所念既差其志亦乖場屋如是於國必不能共其職勤其事心乎民由是所學無非賊世之學所行盡是殃民之政針砭世俗言有餘痛聞者莫不泣下於此可見當時斯民之惕懲於先生之言矣夫人之好善誰不如我無如蔽於物慾沉痾難起如迷路之人身陷大澤垂危矣有遇之者言以此地之窮荒峻險有不罣然大哭其猖披之窮步乎若遇者指導以平坦出險之途則彼迷者必鼓腹扶足前行矣是以先生初悼時俗之通病

知聞者之惕懲因以本心之學啟人心之固有以導之歸正正如迷者之得途出險躍然前行道之所至莫不向風偉哉先生之道也其道一以發明本心爲本嘗言道理皆在於心非外至也失之必有所蔽不通必無所啟是以言之若決江河莫之能禦斯道也孟子求放心之義餘姚致良知之理也尼山而下繼往開來之至道也

精心結撰語語破的足見平時績學功深良堪嘉尚

●陸子靜先生設教象山悼時俗之通病啟人心之固有聞者咸惕然以懲躍然以興論

徐承爌

聖人之學心學也故曰人心惟危道心惟危惟精惟一允執厥中天生人而賦之以智識此心同也聖賢之所以爲聖賢先覺之所以爲先覺者能守此心而不失與道一以貫之也是故千百世以上有聖賢出焉此心同此理同也千百以下有聖賢出焉此心同此理同也後世之人惑於外物迷於聲色遂蔽其本心久而失之矣故孟子曰學問之道無他求其放心而已矣夫心之於身猶木之有本水之有源塞其源而欲其流廣伐其本而欲其枝盛失其本心而欲其德修天下寧有是理耶是故無所謂聖賢無所謂智愚當其呱呱墮地之時其心一也染於外物遂爲之一變世人之通病在失其本

心而已善乎陸子靜之設教象山也悼時俗之通病啓人心之固有使聞者咸惕然以懲躍然以興夫良心義理之在人天之所與不可泯滅也時俗之人以受蔽於外物遂至陷溺其良心悖逆其義理然未始盡亡也其自絕於仁人君子之域者不思之不求之耳不爲也非不能也苟能靜而思之反而求之則隱然有動沛然而明忽然而悟是非取舍不待終日而決矣且夫人之所以離於聖域者往往因舍近求遠也故孟子曰道在邇而求諸遠事在易而求諸難此心即此理舍其本有之心而不求無怪其入於歧路也誠能知此心之清明此心之無始末此心之無所不通則沛然若江河之赴海孰得而禦之象山先生知時俗之通病在失其本心故啟人心之本有使人知道在我而不在人當求諸內而不當求諸外故聞者悔其以前之過惕然以懲而又知乎道之不遠也躍然以興嗚呼心學之不明久矣先生獨能障百川而東之挽狂瀾於既倒偉矣

見解超卓語得眞詮

◉陸子靜先生稱學問貴細密自修貴勇猛論

張範中

學問而不細密則誤解先聖之遺旨而附會異端之說者有之矣自修而不勇猛則遊

惰終日歲月已逝而學問無成者有之矣雖然學問之與自修固有以異乎其無以異也抑學問爲之主而自修爲之輔耳苟無學問焉用自修苟不自修所謂學問者何哉然則學問既貴細密苟自修而不細密焉能細密其學問自修既貴勇猛苟學問而不勇猛雖自修勇猛其何爲果若是也則學問固貴細密而未嘗不貴勇猛不過寓勇猛於細密耳自修固貴勇猛而未嘗不貴細密不過寓細密於勇猛耳能細密而不能勇猛則拘拘於一隅不能廣大不免爲一孔之小儒能勇猛而不能細密則狂誕怪異有損聖道未免爲狂夫雖然象山但云學問貴細密自修貴勇猛者何哉蓋見世之學問者有自負睿智奮勵前進而遺其細密者矣自修者有自求過苛悠悠歲月不能上進者矣先生蓋懲其急而置其緩有感而言也雖然言學問貴細密自修貴勇猛則學問之貴勇猛自修之貴細密自不言而喻矣吾望夫學者毋以辭害意得一而遺二也嗚呼說者多謂象山壁立萬仞出語驚人而欠蹈履實地之工夫觀此語亦可知其誣矣先生何嘗不蹈履實地哉不過流傳既久後學遷改意旨失眞耳彼囂囂小儒亦可以自警矣

精到句一語抵人千百具見用功可嘉也

陸子靜先生稱學問貴細密自修貴勇猛論

戴哲之

象山之學先立其大以本心爲主傳至弟子遂流於偏以爲爲學之道在求本心而別徹之學操持之功皆其餘事噫何失象山本旨也象山之學非謂求本心外別徹操持皆無用也由列徹操持之功而歸之於本心也觀其言曰學問貴細密自修貴勇猛可以知矣學問者何讀書以明理詢道以釋疑也學問貴細密細者於精微之處探其奧索其隱細細玩味以期於徹徹者徹則大者貫而無往不通矣密者於一言之中密密推敲以期無惑惑解理明而無往不達矣自修者何反躬自守之謂也自修貴勇猛勇者不畏艱阻不畏艱阻則無往而不振矣猛者奮力銳進奮力銳進則無往而不立矣既通既達既振既立本心之理猶未盡於此乎豈此外尚有所謂本心乎且本心者本心中之理而致於用耳萬物不貫何以自明操持不力何以致用後之學者於象山之學問貴細密自修貴勇猛二語宜深加之意勿謂別徹之學操持之功無所用也

語語沉着文有內心

魏鶴山先生稱孔門說仁處大概多有敬意論

陳輔屏

魏鶴山先生深得孔門說仁之本旨嘗稱孔門說仁處大概多有敬意後人誤解敬字

或疑乎其所言夫處大庭廣衆之間當盟會聘享之際紆謹拳曲舉止蹰躇容貌矯爲莊肅唯諾應對必愼偶一失檢則平居暇日暗室屋漏之所爲夙夜夢寐之所思無不發見若此等不正其心不愼其獨而務求外觀之儀末者豈得謂之敬哉後人以此爲敬而誤以爲仁之本焉得不惑乎魏先生之言原鶴山之意以爲顏子問仁而孔子語以非禮勿視勿聽勿言勿動仲弓問仁而孔子詔之出門如見大賓使民如承大祭其外諸弟子之問仁者孔子概告以敬爲本夫視聽言動必中乎禮者居家能孝弟暗室能愼獨仁之端也出門如見大賓非故矜飾平時主敬工夫足不期然而然也且大祭大禮也纖細必愼出之使民而如承大祭也則敬之極而仁溥矣周程本孔子之意釋敬爲主一無適蓋人心本明能盡其心保其精神則何道不可求然常人之患在不能使其心主一無適耳若凡事能主一事親則孝矣侍長則恭矣格物則物格窮理則理通惟能敬者爲能主一能盡心能盡心則能盡性能盡己之性則能盡人之性贊天地之化育與天地並立而爲參是仁之至也夫敬爲仁之始端仁爲敬之大果求仁之道必自敬始此孔門說仁所以多有敬意也此魏鶴山先生所以特述是旨而敎後人以爲仁之本也

精理爲文語不空滑

陳白沙先生稱名節道之藩籬論

彭 昕

聖人以人無以相處也制禮焉無以相孚也度義焉禮義者實生人之常道其行之著爲名其行之實爲節故由道而名節生焉名節者道之歸也其間主其用者惟心夫行事未有無基而有其歸者亦未有不由其基之歸而能得其歸者心之行道猶是焉耳今循道之歸以之事君而忠焉以之事父而孝焉以之處鄉黨朋友而敬焉舉止之間名節自立反而放馳其心欲敗度縱敗禮亦曰行吾道也乃行之顚倒黑白身敗名裂非其道故也由此觀之道之行不行由於心之放不放而名節者所以拘此心也故有名節一日以拘心則此心一日不放此心一日不放而道乃得一日之行不至成爲非道謂道以名節爲藩籬不誠可信也乎遠觀於漢一時崇尚名節以操之奸雄尚不敢身冒不韙近觀於明正學先生一死以倡之衆皆從風歸向有明一代道統賴以不墜蓋不敢冒不韙與道統不墜者以名節尚存於人心也名節尚存是道之藩籬未撤也道之藩籬未撤道之爲道固自若也嗚呼人如不顧名節放心以行幾何其不棄禮從俗敗壞名教也哉故欲守道之藩籬必自重名節始

氣盛言宜。後段尤勝。

●王陽明先生稱天下之不治由於士風之衰薄士風之衰薄由於學術之不明學術之不明由於無豪傑之士爲之倡論

陸鼎揆

天下之治亂奚自哉。政治之優劣歟。官方之振頹歟。財貨之貧富歟。人主之智愚賢不肖歟。然是皆天下治亂之具而非天下治亂之原也。天下之治亂非政治非官方非財貨非人主也。視乎一二人者之所趨向。之一二人者。必其道可以繼往哲。其學可以參先賢。言論係乎天下之是非。舉止係乎天下之仰望。之一二人者苟有所向。將使舉世之人士。莫不隨而歸焉。學術之明昧。風俗之盛衰。天下之治亂。胥賴乎之一二人。之一二人者。苟能明天下之正道。矯末俗之狂瀾。相與充實光輝於先賢往哲之旨。皎焉使舉世之學者有所向。煥焉使千百年之大道。嶄然復行於世。學術於是明。而士風於是振。而天下亦於是治。非特一世之關係也。其效且及乎數十百年之後。昔者東漢既衰。五百年而韓文公出。學術於是乎一振。繼起無人。遂孕五代之亂。及有宋程朱諸儒先後講學。南宋以後。亡閱二百年而陽明先生興。倡良知之學。風俗一變。陽明之學既衰。

倡爲無人而遂成今日之現象矣由是觀之天下之不治內憂不足患也外侮不足患也士風之衰薄可患學術之不明可患而無豪傑之士爲之倡爲尤可患學術之不明非自不明也無豪傑之倡爲之也士風之衰薄非自薄也學術之不明爲之也無豪傑之士爲之倡則學術之不明愈甚學術之不明愈甚斯士風之衰壞愈甚而天下遂不可救矣陽明之發爲此論誠有慨乎言之也嗚呼今日之士風衰極矣今日之學術又亂極矣鷄鳴風雨之秋安得有特立獨行者爲之倡耶則雖爲之執鞭所忻慕焉

理明詞暢氣足神完

●王陽明先生稱天下之不治由於士風之衰薄士風之衰薄由於學術之不明學術之不明由於無豪傑之士爲之倡論

彭昕

茫茫今古之天莽莽華夷之地或榛狉或平夷或噩噩渾渾或文明靈敏或忽而化日光天或忽而亂離昏暗其間異形殊態氣象萬千者何基乎基於時勢之遷移時勢曷爲而遷移英雄有以造之耳於戲文明進化之奧理治亂興亡之大數乃基諸一英雄渺渺之身斯不亦奇乎曰是固無足奇也夫事無巨細其始未嘗不微地平天成由於

氣質變化之一點故四時成歲始於刻刻不息之運行浩浩江海源於涓涓不絕之細流得其本所以成其末國家之變移本於英雄之一身卽此理也嘗試論之學術之明由於一二人爲之倡苟無爲之倡則人皆趨於逸樂之途不肯一竭其心思耳目之力而願與時俱盡則有代謝而無新陳而學術不明矣非徒學術不明已也因此而歷聖之典章名教不得其詳賢哲之嘉言懿行湮沒不彰無由表正人心而士風衰薄矣非徒士風衰薄已也由茲而在朝則計逐功名在野則競於刀錐私己害人靦然人面相習成風安於無恥而破家亡國亂天下亦由此矣陽明之發此言蓋深感於人之徒望治平而不思明學術振士風以爲治天下之本則治平終不可得也先生少年苦學身體力行悟得良知之理以提倡學術自任冀轉移天下之風氣故一任事而宸濠就擒思田來服個人學問之表露卽有轉移治亂之機所謂英雄造時勢者非耶昔我孔子作春秋慮學術之不明也而亂臣賊子懼此其尤大彰明較著者也

闡發精當絕無浮光掠影之談

●王陽明先生在南贛諭所屬各縣興立社學教童子歌詩習禮以孝弟忠信禮義廉恥爲要務論

許國傑

孟子曰。大人者。不失其赤子之心者也。曷言乎赤子之心。曰人生之初。性無不善。所謂赤子之心者。卽孟子之性善。陽明之良知也。人之生也。同是形。同是性。同是良知。初無所謂大人小人也。而及其終。賢不肖之相去。不可以道里計者。此無他。大人能擴充其性。致其良知。而小人則梏亡之耳。小人之所以梏亡之者。非性與良知之有異也。彼蓋於赤子時。不能培養而啟發之。及其長也。安能求其擴充而致之也哉。是故古之制曰校曰庠曰序。三代之王。莫不重學。莫不重小學。人生八齡。卽入學。教之以人倫之大本。誠以赤子爲人之端。赤子之心。爲人倫之端。而不可以忽之也。陽明承絕學於詞章訓詁之後。得孔孟之眞緒。爲有明一代之儒宗。而於正心導善之道。蓋深獲乎古聖賢之心也。當其在南贛時。諭所屬各縣。興立社學。教童子歌詩習禮。以孝弟忠信禮義廉恥爲要。夫社學者。小學也。孝弟忠信禮義廉恥者。人倫之大本也。先生創良知之學。以爲人之初。莫不有良知。莫不有孝弟忠信禮義廉恥之心。然欲致而行之。非培養之不可。所以使童子歌詩習禮者。卽培養之也。詩所以啟發是心。禮所以範圍是心。夫童子之時。能不使其沉浸於詩禮之間。能使其不失是心。能使其培養其良知。則暨其長也。致而行之。可必也。蓋嘗論人猶水與木也。水之盛在培漑其根。木之茂在濬疏其源。童子者人生之根源也孝弟忠信禮義廉恥者人倫之根源也欲爲大人必在乎赤子時之培養欲培養赤子必在乎孝弟忠信禮義廉恥之教導世之欲提倡社會教育者曷一取法乎陽明先生哉

學有本原發揮透澈

王陽明先生在南贛諭所屬各縣興立社學教童子歌詩習禮以孝弟忠信禮義廉恥爲要務論

孟琇璋

本正則末純源清則流潔任天下教育之責者不可不知乎此王陽明先生以興立社學教童子歌詩習禮以孝弟忠信禮義廉恥爲教育之旨此正本清源之法也夫天下之博生靈之衆欲使其皆知孝親敬長之義則非得其緒治其本不可自孟子性善之說明知世之有廢綱毀常之徒皆爲外欲所蔽非其本性然也蓋善性雖根於心而其始甚微如木之萌流之湧苟不加以灌溉之功牛羊以踐之泥沙以壅之則枯竭立見童子爲人類社會之本源若於此時施以良好之教育以培植其固有之良知良能則事半功倍孝弟忠信禮義廉恥爲良知之發展用爲教材則執柯伐柯其則不遠而人己之義盡矣詩禮爲聖人教子之方藉歌詩以灌輸道德則其入深藉習禮以習服道

德則其服慣要使其目染耳濡皆在道德之中善性日滋邪僞之念無由而入久而久之習與性成則其視聽言動稍涉非禮將如履荆棘蹈湯火而不能一朝居也其於仁義道德如饑之於食渴之於飲而不可須臾離也孔子之三十而立四十而不惑五十而知天命六十而耳順七十而從心所欲不踰矩卽善性日滋之徵也世風偸薄如今日可謂極矣大人而有鄉曲之行鄉曲而不能自保其行舉國趨於勢利所謂孝弟忠信禮義廉恥者幾乎絕矣生乎斯時者得不入勢利旋渦之中乎轉相仿效吾恐此風將無已時安得陽明其人出而正之庶幾孝弟忠信禮義廉恥不湮滅於天壤間也

筆情暢達語皆中的

◉王陽明先生自言少年上邊務八事時有許多抗厲氣此氣不除欲以身任天下其何能濟論

高占熒

古之聖賢豪傑治國家於危亡之秋而安如磐石出生民於水火之中而登之袵席若而入者非有養氣之功必不能運天下於掌上也蓋天下之事愈大則愈難愈難則愈多阻力苟不能從容就事日夕勤勉以收循序漸進之功而逞血氣之勇抗厲之氣未有能濟者也蓋有抗厲之氣者必無濟天下之才無任天下之才者必不能成天下大

事縱使出身自負勤勉於始而當中途阻撓之來必不能循序漸進蓋剛易折柔難裂凡物莫不如此而況抗厲之氣有剛強之形而無其實耶故有有其始而無其終者矣有始成而中敗者矣有將成而復失者矣甚至有事敗而身亡者矣證之古今世事何可勝數嘗言抗厲之氣其猶雷電乎一聲大振天下驚動幽幽溟溟莫知其源俄而雲散雨霽豁然開朗向之所謂霹靂之雷燦閃之電赫赫然可畏者蕩然無存矣故斯人也一遇阻險中道失敗向之抗厲之氣亦消失於無形之間矣夫氣也者有涵養之氣有暴厲之氣難用而易混者也而事之成敗卽以此爲定不觀陽明之言乎當其平定宸濠之後大功告成之際身歷其境道心有悟乃自言少年時有抗厲之氣不除是氣不足以任天下洵足爲有天下之志者之箴言貫萬世而不謬者也嗟夫世道日下人心不古世之所謂能任天下之事者往往輕視一切大言不慚若天下大事可置之於手掌之中能奏功於旦夕及至出身自任多不能行如其言觀其平日豪抗之氣若有伊尹武侯之才而欲求一二學士有涵養之功者渺然不可多得尙安得有陽明先生出而講學以挽回世道於萬一哉

文有內心語無泛設

蔡虛齋先生稱人心本是萬理之府惟虛則無障礙論

許國傑

天地有體乎日月星辰山水土木與天地爲體人心有體乎綱常倫理形質氣用與人心爲體舍萬象卽無天地舍萬事卽無人心天地涵萬物人心涵萬理故曰天地者萬物之府也人心者萬理之府也日月星辰山水土木萬物紛紜不知其幾何也然而天地容之綽乎其有餘山嶽之高河海之深土壤之細草木之微日月星辰之光芒天地莫不周而納之其故何也曰天地太虛無體是以能成其大人心亦然易曰君子以虛受人朱子曰虛靈不昧非虛何以涵萬理夫綱常倫理形質氣用萬理之輻輳更有甚於萬物之紛紜人心之所以能涵之而泰然者亦以其太虛無體耳是故聖賢之心曠曠然落落然祇是無物與天地參運化萬理之來莫不足以涵之是以能見理明而行之無所不當也吾嘗察庸人之心矣私念顚倒物慾縈擾彼之心固已爲慾念所壅蔽孟子所謂茅塞之矣安求其能涵萬理者哉蓋虛則無慾念無慾念則心無障礙無障礙則見理明而萬理莫不足以涵之譬之海茫洋灝蕩莫測其深也莫測其廣也雖受百川之匯而不見其盈也孔子曰水哉水哉其有深意乎是故劉兩峰先生曰耳目口

鼻皆以虛爲用況心爲統攝衆形之本主宰萬靈之根而可壅之以私乎其與蔡虛齋先生之說若合符節從此知聖道非高遠絕人攀躋者能在虛上作工夫涵養天君此固聖學之達道也而萬理皆備於我卽虛之用也吾儕小子可不勉哉

義精詞粹學有本原具見積學有得可嘉之至

●蔡虛齋先生稱人心本是萬理之府惟虛則無障礙論

薛平洋

天地之造化無窮事理之變遷罔極縱橫交錯萬象畢呈風雲雷雨則磅礴馳驅善惡是非則混淆充斥危乎險哉以藐藐之身處物競天演之界有不淪胥以溺者乎仁人志士審其然也挺百折不撓之軀奮百練剛強之氣天地無窮之造化以一心體之事理罔極之變遷以一心治之各有形胎各有原質各有性理統而歸之吾心以察之是心者萬理之府也心愈用而愈精機愈引而愈靈則其磅礴馳驅混淆充斥者末如之何也雖然有物焉足爲此心之障礙峻宇雕牆足以炫之金聲玉振足以動之鐘鳴鼎食足以擾之持之不堅侵之不止於是杯酒淋漓縱橫議論左顧右盼慷慨悲歌幾若伊呂不足伴衞霍不足匹趾高氣揚偉人自命欺人自欺恬不知恥噫若是者心塞矣

心塞必障礙入障礙入則化為狂妄狂妄之人違禽獸幾希矣源其始不知虛心之故耳史稱大禹治水烈風雷雨弗迷心虛也惟虛則烈風雷雨不足摧折吾心反足磨練吾心也傳曰知止而後能定定而後能靜靜而後能安安而後能慮慮而後能得子夏曰日知其所亡月無忘其所能是虛心之道也曾子省身顏子治心亦求虛心之道也至若子輿氏名教琦瑋諸葛孔明功業炳彪亦莫非動心忍性氣養浩然淡泊明志寧靜致遠之功而忍也養也明也致也非虛心不為功也雖然吾之虛心非佛氏寂滅之虛也非老莊無為之虛也乃浩然之虛也有為之虛也虛以去障礙虛以納智識虛以進學虛以儲能障礙去智識歸學業充才能具神龍而雲黃鵠既羽其後可以效實用天地無窮事理罔極吾心治之處之怡然障礙何有哉非虛之功歟吾讀蔡虛齋先生說不禁有味乎其言也

顧視清高氣息深穩

●蔡虛齋先生稱人心本是萬理之府惟虛則無障礙論

胡善恆

喜怒哀樂愛惡欲何自而發乎曰觸於外動於中而溢乎表也心之變遷視物理為轉

移而睟於面盎於背者依心之祈嚮心志於善則爲善志於惡則爲惡而後是非昭彰於外心亦靈怪矣哉善惡是非之事雜然日陳吾前故君子明是非定善惡去其非者惡者存其是者善者然後接於外交於物者無適而不當無往而不得其道孔子論心操存舍亡吾能正心則外物足亂吾性者亦無自而入如水之清如日之明以靜待動以逸待勞方寸間精瑩透澈粹乎無瑕遐邇照耀莫不光輝篤實而惡意之萌奚啻紅爐點雪則凡蔽吾之心滯吾之志者皆掃而淸之萬理之映於吾心莫不皆善喜怒哀樂愛惡欲之情無自濫發得其中矣善乎蔡虛齋先生之言曰人心本是萬理之府惟虛則無障礙虛者明也明於萬物萬物不交亂於吾心心得安矣障礙去矣由是而得其性命之正本其天理依其良知則立身行己取人接物無適而非其道矣夫然後好善惡惡故曰反身而誠樂莫大焉雖然老莊之道豈不虛哉彼之謂虛謂萬理爲無有知虛而不知化虛也吾之虛虛卽實也以心之虛應萬理萬理得其正故老莊之道煦煦孑孑之行吾之道本天之理也世知虛爲美德遂寂滅無爲入於浮圖而昧乎虛之去其障礙求其適用之方此周子所以言靜而罕言虛也歟

切實發揮動中肯綮

呂涇野先生說學者到怠惰放肆總是不仁仁則自是不息論

高占熒

中庸言教道之本必以戒懼愼獨爲先程子曰涵養須用敬然後知夫主敬立誠爲聖賢造道之基求仁之本也宋元名儒語錄所說雖各有淵源而未有能外乎此也夫天地日月陰陽之氣春生夏長生生不已普照萬物以養以育皆循環不息之功否則一時或息則天地失其所以爲天地世界消歸於何有人類安得而生存君子明乎此知天地泱然生物之心卽吾人藹然仁愛之心天地自強不息以成其生物之心吾人亦安能不力學不已以守其藹然仁愛之心哉孔子曰五十而知天命卽洞明天理之意也七十而從心所欲不踰矩卽天理純熟上下四方無往而不貫之謂也豈有時或息哉觀其發憤忘食樂以忘憂不知老之將至其自強不息爲何如也然君子何以能自強不息主敬立誠之所致也蓋敬誠則外物不入天理乃存非卽孔子所謂克己復禮爲仁乎非卽湛甘泉先生所謂體認天理卽聖賢之學乎是故居處恭執事敬卽求仁之始也孜孜不已自強不息卽守仁之本也聖賢之學豈遠乎哉亦守此而已矣殆夫世衰道微人情多習於怠惰之中天理日汨乎放肆之間所謂藹然仁心莫能明矣蓋

怠惰則燕辟燕辟則廢學未有廢學而能明聖賢之道者也未有不讀聖賢書而能達天理保仁心也故怠惰者不仁之因不仁者怠惰之果也君子不患乎人之不能學聖賢特患乎人之怠惰放肆蓋怠惰放肆進德造道之賊也呂涇野先生當陽明講學極盛之時然其及門之士多泛會良知漸入於虛空不振之弊先生言此有以使之力行不倦以造聖賢之域使道大昌而又慨夫當時人士多怠惰不振不忍大道頹敗而欲挽回一線故言此使世人知求仁之方而着力於主敬立誠自強不息之旨其有功於當世與後來之學子豈淺鮮哉吾人奉爲座右銘宜矣

義蘊宏深後段尤爲警闢

●呂涇野先生說學者到怠惰放肆總是不仁仁則自是不息論

王鍾

學者之患何在乎在乎不誠而已心不能誠者學亦不能成也蓋不誠則不敬不敬則無以致仁不仁則必流而爲怠惰放肆是故仁也者不第立身處世之大本亦學者求學之基礎也夫天理者心之主也人欲者心之賊也然心之爲物至微而人之嗜欲無限以至微之物而衆欲交攻日侵月蝕其不爲賊所蔽惑者幾希故必守之以誠誠斯

敬敬斯仁然後心有主宰而人欲不得而侵之矣學者之求學也蓋冀其有益於家族有利於社會有功於國家也學而底於成乃學者固有之職務能盡其職務者自愛其身者也至若怠惰放肆學未成而心已散功未立而志已沮若爾人者不能自愛其身者也涇野先生謂學者到怠惰放肆總是不仁善哉其言之也古聖賢建不世之功成非常之業莫不由能敬能仁乾乾不息積月累年而無間斷也是故孔子之發憤忘食董子之下帷攻讀亦不息之意也不息乃仁仁則不至怠惰放肆而學業始克臻於成也夫人之所患莫患於怠惰放肆蓋此心一生則心地淆惑不能澄澈所謂心迷則天理爲人欲心悟則人欲爲天理也以天理爲人欲則愈進愈上入聖之道也以人欲爲天理則彌趨彌下而流爲盜賊毫釐之差謬以千里推厥原因則仁與不仁故也世之學者或始勤終惰或中道而廢靡不有始鮮克有終則以不仁故也莊周謂哀莫大於心死不仁則息而心於是乎死矣人之所貴者固不在乎形體之有無而係乎精神之存亡是故怠惰放肆者其形體雖存其心固死也不亦重可哀乎噫世之學者讀呂涇野先生語其亦有所悟而奮起也乎

理精詞粹蘊釀功深

呂省吾先生稱懶散二字爲立身之賊論

聶傳儒

天下同知畏有形之賊而不知畏無形之賊有形之賊在外無形之賊在內盜賊之害身害也身雖害而其心自若焉懶散之害心害也身雖自若而其心固已斲喪無餘矣哀莫大於心死而身死次之此無形之賊之不可不防也古來聖賢豪傑之士成偉業立大功言爲時表行爲世法流芳百世者無不由勤謹而成焉今世之人因循畏縮醉死夢生老死牖下終無所成撥厥病根詎非懶散之害乎夫天之生人也付以性善之理良知良能有生具足固深有期於斯人矣人苟受此秉彝之德不求立身之本既懶且散不能立德立功立言則天何爲而生此人也歟萬物莫不有賊惟懶散獨爲人之賊田中之蟊賊苗者也蟊不去而苗不生人身之懶散賊人者也懶散不去是開門引賊將又何以立身哉故人之去懶散當如鷹鸇之逐鳥雀農夫之去蔓草鋤其根絕其跡勿使生而後已蓋古聖賢有過人之知學而不厭始能至聖賢之域常人之質不逮聖賢遠甚孜孜矻矻百折不回憂勤惕勵服膺弗失尙恐不能及聖賢之萬一況懶散爲賊日夕斲傷之哉彼懶散者之心蓋未嘗無逍遙自適之志以爲人之生也僅數十年如夢如醉曾不須臾一朝解脫雖至聖域賢關地位亦復何益故與其憂勤而無益

孰若優遊而自得殊不知聖賢雖死其精神未嘗與之俱死若懶散之人身雖不死而本心之良已蕩然無餘矣宜乎省吾先生稱其爲立身之賊也吁可不悲哉

使筆如劍倜儻不羣

△雜論類

●主不積務於兵者以其國予人也論

鮑啓元

鴻濛之民渾渾噩噩不知雌雄不辨黑白莫爭莫伐焉用戈矛遞嬗而後大道廢僞詐出爭巧奪利盜賊遍野立國神州罔尭尙武凫後見峽熊穴啓扃黃帝制邱井之法風后有握機之文三苗逆命咨禹徂征徐方驛騷王奮厥武三河六郡羽林期門漢家之制也府兵彍騎龍衞虎捷唐宋之度也南北相制內外相維握金鏡而亭毒八荒秉神機而虛牟六合我武維揚猗歟休哉蓋天生五材莫能去兵佳兵不祥玩兵者亡雖海波不興問摩訶無使者青雲千呂知中國有聖人然不有轡野之師三艘之伐則胡戎夷狄弄兵跳梁九縣飆回三精霧塞矣故我字從禾从戈武字从戈從止食兵爲人生要務干戈爲制敵之方昭昭然也是以秦銷兵器二世覆屋晉撤武備五胡亂華戢干戈於承平櫜弓矢而不用一孔之徒何知遠計目論之輩但貪近功一旦禍起蕭牆變

生肘腋雲集響應波流飈騰長轂雷動高鋒彗掃千乘兩至萬戟林行震天駭地破竹建瓴拔海蕩山拉朽摧冰風鶴盡敵草木皆兵視聃之矢漸逼騶虞之幅不靈揮麈不能代戈談元難以曉賊歎河山之不能再造慨日月之無以重新始知奠國難居孱王難奉是噬臍之悔也其何及乎易曰履霜堅冰傳曰有備無患是以不有十年之生聚敎養句踐不能沼吳不有漢文之休息民生武帝難張伐撻否則許男面縛啣璧鄭伯肉袒牽羊怖驚抱馬脫帽投誠窮蹙乘驢素服歸漢方賦采薇之章早成解瓦之勢人唱大風我歌垓下或畫地以處或玉石自焚良用慨已可勝歎哉嗚呼不敎民而戰是棄之也不度德量力是自禍也山木自寇也膏火自煎也族秦者秦也非天下也此管子之所謂以國予人也吁藉寇兵資盜糧寧非天下之大愚哉

才調翩翩

◉不貴難得之貨使民不爲盜論

劉其淑

有盜家有盜國有盜天下同一盜也何以異曰盜家者誅盜國者侯盜天下者王惟其貨有貴賤故盜有小大貴賤也小大也爲乘除爲比率者也故貨愈貴盜愈大而盜者益多天下之亂益甚人民互相盜官吏互相盜有身者思盜家有家者思盜國有國者

思盜天下而天下之亂遂無窮期矣有以名爲貴者其禍必至使天下皆盜名之人有以將相侯王爲貴者其禍必至使天下皆盜將相侯王之人有以天下爲貴者其禍必至使天下皆盜天下之人何以知其然也當黥布陳豨之反也漢高自將擊之曰卿何反耶曰欲爲帝也故以帝爲貴則人皆欲自帝矣惟其然也故舜視天下猶敝屣許由逃堯泰伯三讓後世此風斬矣唐虞揖讓降爲湯武征誅五伯假仁流爲七雄角逐於是乎人人以天下爲奇貨貨愈貴而難得而爭者益多於是乎有大盜出恃其孔武之力囊括席捲悉天下而盜之又懼乎人之已盜也於是乎具爲功令以羈之刑律以威之兵力以振之故曰功令也刑律也兵力也非所以爲治也盜術而已矣嗚乎使有國者必恃乎功令刑律兵力而得存則秦政之天下宜可傳之子孫萬世也故郅治之世無功令無刑律無兵備人人平等物物平等故民不爲盜故曰弭盜之術莫如不貴難得之貨

語語嶄截盤鬱有致是讀周秦諸子而得其神髓者

◉不貴難得之貨使民不爲盜論

薛次莘

夫民豈好爲盜哉必有所驅之焉必有所誘之焉連城之璧夜光之珠緘而藏之窺之

者有人矣欲攫而得之者有人矣是珠玉之驅人而誘人爲盜也輦金於權勢之門暮夜乞憐驕人白日是高官厚祿驅民而誘民爲盜也矯先王之道飾聖賢之行而心存險惡行若禽獸是仁義道德亦驅民而誘民爲盜矣碎瓦斷石棄於地而人勿顧蔓草荆棘遍於野而人勿取夫珠玉荆棘同地之所產奈何一則欲竊而攫之一則委棄之而勿惜曰我賤荆棘而貴珠玉也珠玉何爲而貴之荆棘何爲而賤之曰珠玉難得也然珠玉能充我之饑乎温我之體乎何爲以其難得而貴之耶視夜光如瓦石棄連城如荆棘則民又何爲竊之攫之而甘爲盜耶爲工爲農勞手足疲筋骨仰足以事父母俯足以畜妻子何爲喪廉寡恥甘效奴妾之行曰人賤農工而貴爵祿也然亡國敗家之禍多誤於秉鈞食肉之輩吾民胼手胝足猶得耕而食貨而衣爲國家盡賦稅之責負捍衛疆圉之職何爲對於難得之高爵厚祿而羨之慕之欲自驅而爲盜耶天生吾民授之以知覺秉之以廉恥若是則求仁義之行履道德之實乃吾之本分今不能行本分之實而竊其名以炫於人人亦以其難得而貴之是何異以盜誇人苟視仁義道德爲吾所應有之物寢食思之求所以爲道德之民則普天下而有仁義道德之民人又何以其難得而欲竊其名以自陷於盜耶由是觀之苟吾視珠玉如瓦石高官厚祿

如敝屣而仁義道德爲吾本分則又何以其難得而貴之難求而貴之而被驅被誘耶

使筆如劍英氣蓬勃

●不貴難得之貨使民不爲盜論

董憲

目羨金金羨土土羨氣兩眸炯炯秋毫無勿察未若金之光澤自天子至庶人以金多爲樂金多則酒池之酒不勝醉郿塢之珍不勝藏迷樓之粉黛國破不悟人爲金殉金之色則燦然如故然金殊自苦取自山不能安其居冶自鑪不能定其形珍重入時人之手迺稱貴一旦胠篋而去恍如西陵人杳瞑目而無聲士乃彈冠而前曰世不我盜而盜金金與人以可盜也衆有足不求刖人足也十人而九跛則善行者危衆有舌不求斷人舌也衆士皆啞則一士將自卷其舌吾貴金人亦無以異吾之貴金吾以爲人之所無人卽盜吾之所有益其所無求吾常有金莫如人盡有金求吾無失金莫如無金無金自無貴金始使金如土萬人履之而不知其厚稻粱菽麥梨橘文杏石榴荔支之屬皆產焉食焉而忘其惠人不我思斯人不我怨有時丘壑千重長松古藤孤鶴來翔雲迷其處斯云樂土世不我貴自寫其幽有時秋水接天湖光吞日蒹葭一色浮鷗來往斯亦樂土世不我貴自寫其曠將千載萬禩永留此不盜之土夫士言信誠猶未

自遺其形不幸鄭人爭田土之向以賤稱者有時貴而獲禍大氣磅礴塞乎天地其來無跡其合無間動而生風耳不留韻激而成電目不留朵其斯謂至神乎至神無功有功者奸人敗之至神無言有言者讒人毀之至神無形有形者矢石得而傷之人不一息舍氣氣無時無物之至易得莫如氣人無盜氣而相爭者嗟乎天下果何物哉其難得之物乎嚴光不貴九五之尊卒之世有獻帝禪位之文無奪富春釣竿者執玉璽而向人曰此貴物也其毋我盜也噫此三代後紛紛大人也日敎人盜盜安得不日多善乎老子曰不貴難得之貨使民不爲盜

奇氣瀆出非學古有得者不辦

◉王道廢而九家之說起論

王濟熾

道貴乎常而王道尤在乎正正者無所欲無所奇無所爲於紛華無所謀於炫燿徜徉乎至理之間涵蓋乎心性之域秉其彝而不謀其異順其性而不矜其巧是以王者無異政而天下治無異敎而天下化無異理而是非明無異法而萬方懾盛乎無爲之治恬然垂拱之樂初無亟亟爲治而天下自治何則正也常也正則不辟常則不乖百官正而庶職理黜陟正而干倖息庶民正而姦盜止學術正而炫鬻滅巧不害誠詐不犯

樸智謀不逞而仁義是務是故率天下而正之未有不卽於治者也逮周轍既東諸侯橫恣富強之說盛而仁義之道衰奇巧之言中而樸誠之謀廢千金市骨祗求復齊之士萬鎰爲賜盡歸唇舌之輩擔簦而卿相可攫摺脇而國親可謀於是世故紛紜彝倫大斁眞性云亡至正泊沒乃世之有道又激於天下之非而憤爲絕時之論矯爲慘覈之說皆有救世之心而惜不得正於聖人故終至於偏而爲詬也由是而九家之說起峨冠博帶躡迹聖門剖斗折衡恣爲誕說風雨晦暝故爲玄虛慘覈精較泥於深刻銖稱錙量囿於苛簡摩頂放踵譏於無父煊冬冽夏競騁雌簧剽竊鱗爪入於雜沓陳相齊屨履之價鄒衍談稷下之天其昧勢放謔亦云甚矣嗚呼是皆不幸而不生於三代之前不見正於堯舜禹湯文武周公孔子也是皆聰明智秀之士不逢明世而陶冶於光明正大之教放失其心而爲此也使聖王作之君作之師規之於正納之於物絕其炫異之心導以會歸之域佩教向風則九家卽九官也乃聖王不作處士橫議去道愈遠雜說愈熾陵夷至今又何可問也如之何則可吾敢曰守正而順常絕奇而廢誇未有不正於學而誕登道岸者也夫小說原於稗官其所紀錄足以資史證其所感慨足以資憤發然其事附會其文綺麗爭工刻畫斲傷本眞學者假途自顯遁迹於經史之

林置身於稗官之列則是滅千古立言之教而爲雕蟲之技未始非斯文之憂也此其所以黜於九家與

意境高渾筆力剛勁

禮者禁於將然之前法者禁於已然之後論

錢天驥

有是心而未見諸事者爲將然有是心且有是事者爲已然聖王在上將使民爲已然之罪人乎抑未然之罪人乎將懲民於已然之後乎抑勸民於將然之先乎懲民於已然之後者賴法令勸民於將然之先者賴禮教夫君親父子人皆知之而爲子弟者必拜跪侍側者何也彼其心必曰此我君父也故拜之此我長上也故敬之及其怒也回憶其昔日拜跪之情則有所不敢其不敢者禮爲之也此禁之於將然之先也昔夏禹遇罪而泣泣者悲其敎化之未達衆庶而必以刑也夫刑者能戕其身而不能感其心使人人而犯法將人人而誅之乎法者所以懲惡也彼惡者亦民也不以禮範之而以法隨之是不敎而誅也堯誅四凶而瞽叟肆於下孔子誅少正卯而南蒯逃其誅是濫法以陷良常人之所易持法以禁姦聖人之所難且天下之犯法者法得而加之天下之巧於避法者法不得而及之有貌爲恭敬而心險詐者有持吏短長而陽守矩例者

有心謀叛亂而未發者。是皆可以罪責之乎。秦始皇禁偶語。而項氏叔姪有取代之語。宋太祖深懲贓吏而趙普受人私獻。然則始皇所能禁者平民。而密謀如項氏固非始皇所可禁也。太祖所懲者貪污小吏。而親信如趙普固非太祖所忍懲也。法令至嚴固亦有時而窮乎。嗟乎。法以禁人而有所不可禁。禮以範人而無所不範者。何也。勸化於未然之先者易爲力。禁防於已然之後者難爲功

用意切當。詞亦穩練。

●禮失而采教失而僞論

徐植仁

太古之世。狉狉榛榛。茹毛飲血。穴居野處。厥後文化日進。智識漸長。先王乃制爲禮教。於是教化昌明。天下以治。禮儀有序。人民以安。唐虞三代之治。因禮教之興也。後世風俗澆薄。人心不古。在上者未嘗不以禮教勸民也。顧在下者若習聞之而無所動於中者。何哉。豈禮教之不能行於後世耶。蓋先王之爲禮教。在以禮教之眞意。啓發人心。禮云禮云。玉帛云乎哉。故禮非貴形式上之儀節。而貴知其精意。教化又須實行。非可託諸空言。後世失禮之眞義。惟形式上之繁文縟節。是尙眞義實也。本也。繁文縟節。文也。末也。不尙實而務文飾。去本而齊末。豈得爲守禮耶。先王設庠序之教。使民知仁義之

道得有用之學後世則惟以虛名爲榮取士不以實敎失而僞矣禮尙飾而敎以僞是禮敎亡矣禮敎亡而欲國治其可得耶

立論精當文亦簡貴能以少許勝人多許

●一死一生乃知交情一貧一富乃知交態一貴一賤交情乃見論

陸鼎揆

天下有平居所不易窺者逮事變之來一旦乃豁然盡露焉今夫草相望而綠者初弗知其孰爲勁弱也疾風喝然而來而或立或偃勁弱乃立辨朋友之交蓋有類乎是朋友之道何自乎朋友之重以信朋友之貴以義信義既立朋友始得捨信義而言朋友是失乎所以爲朋友之道者也世之所謂朋友其平居未嘗不以信義也方其盛時其翩然而來者人人固以患難交自負者也以貧賤交自詡者也固自以爲富貴不能移貧賤不能淫威武不能屈信義以相示魚水以相得手足莫以譬其交之深也肺腑莫以比其情之厚也蓋幾將舉世而皆爲荀巨伯爲范式矣若此者未嘗不可謂其交態之深且厚也然是又烏足以見眞交情者使一旦禍變或起權勢者或失其權勢貴顯者或失其貴顯富饒者或喪其富饒則將見昔時之翩然而來者今又將翩然而引去

或相視如途人或袖手而遠避甚者昔之惠以恩德者今更將以怨仇相待焉而貧賤交何在而患難交又何在富貴不能移者而竟移矣貧賤不能淫者而竟淫矣威武不能屈者而竟屈矣信義之交魚水之得而其終乃如此然而溯其初彼朋友之交情未嘗弗深且厚也乘車戴笠之辭言猶在耳一旦則判若兩人焉昔之以荀巨伯范式自負者今乃有使其朋友之妻子凍餒者矣然而無惑也彼其初固未嘗以信義交者也爲慕利祿而來爲羨權勢而來爲歆貴顯而來今也利祿去權勢失貴顯盡其翩然遠引宜矣而彼之能患難相扶持疾病相救助始終不失其信義之守者而其初未必有如何之深交厚情也蓋人情見利則趨見害則避見利而趨利其利而趨也見害而避惡其害而避也朋友之道反乎是世之交朋友者何如乎一旦變起而交絕庚癸之呼莫應將伯之助無人則又何足道哉故富貴之交不足恃也勢利之交不足恃也富貴勢利既失而交情亦隨之去矣惟能以信義交者則雖歷如何顚沛遇如何困苦處如何患難而終能不渝其信義之所守夫然後可謂眞交情可謂得朋友之道中庸言天下達道五而於朋友則重之曰朋友之交也在易比之六三象曰比之匪人不亦傷乎嗚呼聖人之意遠矣

精神團結氣象發皇斯題得此可無間然

●治亂民猶治亂繩不可急也惟緩之然後可治論　鮑啓元

龔遂有言治亂民猶治亂繩不可急也惟緩之然後可治余謂治亂民之術亦多矣不可一概論也遂之言謂爲渤海一隅而發則可謂爲千古不易之定論則不可夫渤海之亂本於歲饑衣食不足不知榮辱倉廩不充仁義不附渤海之民揭竿執木弄兵潢池謀衣食耳迫於飢寒耳固非陳勝吳廣之流敢與天子爭爲雄長者其情可原其迹可憫治之之術自不能無異富之教之則其術盡而民自安其職業樂其室家而無他矣龔遂明於治術故卒能使其民棄兵弩而持鉤鉏務耕植而事桑麻余故曰遂之言有爲言之若夫概言治亂固不可同日而語矣夫禍之作也不作於作之日有兆焉亂之起也不起於起之日有故焉詩曰相彼雨雪先集維霰易曰履霜堅冰至是豈一朝一夕故哉兆亂之原既不同治亂之術亦自異窮其源而探其本此大略也急則治標緩則治本此要道也或以干戈或以口舌或撫之以德或迫之以威此方瀘也殲厥渠魁脅從罔治則其要旨也皆是也要在適於義而已失之於猛者揚波而沸湯非計也失之於柔者養癰以成患亦不可也子產治鄭以嚴蕭何治漢以寬諸葛王猛皆主嚴

厲以收效此皆明於治術識時務者也治民之術如是治亂民之術亦罔不然子太叔之攻萑蒲盡殺其盜而亂乃止虞詡之治朝歌誅戮數百人而賊以平古來能吏之爲政未嘗不亟亟於平亂書史所載可見一斑其他明乎治亂往往爭須臾於一髮千鈞之際者更僕難數也蓋亂民之起其機倉卒其勢倉狂急治之或可幸而消滅使不幸而稍一失當適足以助長其威惡我竭彼盈取敗之道亂民一日不去良民一日不安終至都市邱墟民生凋敝始恨術之不工治之太晚養虎之爲非計其毋有噬臍之譏與是故治亂之術有不得不急不可不急者焉使泥於遂言不識權變則是見洪水猛獸之害而莫顧其結果不良孺子知之質之於遂遂其肯執其咎與傳曰惡之易也如火之燎於原不可嚮邇其猶可撲滅高洋治亂絲曰亂當斬也故吾願世之治亂者察其理而揣其本勿徒執陳言以爲口實也

洞明事理不規規於一人之言具見論史有識

◉法令者治之具而非制治淸濁之源也論

陸鼎煌

天下無無法之國不聞以法致郅治天下無無令之國不聞以令坐太平嗚呼此太史公作酷吏列傳所謂法令者治之具而非制治淸濁之源也豈不然哉夫法令之言曰

人之不善以法懼之使有人焉而不以法爲懼則不善者將不見日少法不及矣人之爲善以法賞之使有人焉而不以賞爲勸則善者將不見日多法不行矣至於上以爲利爲令以導之而民不知不以爲良上以爲害爲令以禁之而民不察不以爲不便且以孔子之聖當其爲政之初而又受謗一時何則令之而不行行之而不悅愚民不可與圖始而可與樂成然則雖有良法焉能悅之夫敎民不以義方不使不自爲不善而惟以法禁遏之則近於虐不使悅於爲善而惟以賞誘掖之則近於濫而況乎法令之賞罰必不足以勸勉人也人而爲善必不爲賞爲賞而爲善爲善不足賞矣人而犯法不懼法也懼法則不犯法矣而況乎今之所謂法者猶非法也今之所謂令者猶非令也法以勸善罰惡而今以顚倒黑白令以建政立方而今以裁縫彌補則毋怪乎求其安而適得其亂求其正而適得其反夫君子以德臨民民猶作奸犯科今以作奸犯科臨民民將如之何哉雖然法令者治之具也惟善用者能執之耳昔者商鞅作法國治兵強孔子作春秋亦以奉法不奉法爲褒貶向使無法天下之凶民將暴戾恣睢無所不爲雖有法之時不能盡使天下人不爲善而猶足以爲善民之護障而有餘而今並此無之則固不可也然則法者不可以及人心而可以及人行人心之善惡人莫得而

知之更莫從而誅之然而人之行皆從其心心善則行自善心惡則行自惡而法得以治之矣且世有教化所不及之民也舜放四凶殺三苗孰謂法令非治之具哉

推闡盡致局勢恢張

衆賢和於朝則萬物和於野論

彭昕

書曰一人有慶兆民賴之誠以君明臣良奉法順流耕鑿鼓腹黎庶艾安日麗風調天無饑饉之瘥歲豐政平野無金革之禍洋洋乎鼓樂之聲泱泱乎大風之盛美哉景象其和平之現象乎然和平之表現豈偶然哉昔軒轅氏採西山之竹相鸞鳳之鳴而八音咸奏神農氏嘗百種之藥配百種之性而草木奏靈唐虞之君咨四岳舉八元暨八愷而光被四表格於上下協和萬邦百姓咸寧是以樂不和八音弗能成奏藥不和百草罔克效靈政不和而昇平之象亦莫由獲覩萬物和平原基於政政之和平實始於當軸之相得蓋深有味乎劉向衆賢和於朝則萬物和於野之言也夫衆賢和於朝卽當軸相得之謂也萬物和於野卽天下太平之端倪也陰陽消長息息相通有始於極微而其極實大和之機至微也始於數人推於全國普及乎萬物週流乎天下無所不至郊藪遊麟岐山鳴鳳固爲禽獸出處之自然然其爲和瑞可斷言也若以爲諸賢之

和無關於萬物乎則請言其不和之效溯自政之不平而變亂興兵革從時而興師則或負或曳車甲載途地闊天長轉徙無度時而轉漕則倉庾無積杼軸皆空時而轉戰則肝腦塗中原膏血潤草野旅舍無煙巢禽失樹鳥獸散佚商賈摧顏寥寥兮山川莽莽兮原野弔祭之聲時聞河北音書長斷夫少壯死亡老弱塡壑商賈失業士夫奔走禽獸草木凋殘黃落凡此慘禍鬱結爲寃又益以水旱之災天地之生機絕矣安有萬物之和乎然此皆由於戰禍戰禍由於黨爭黨爭之起衆賢之不和於朝也由斯以譚賢不和於朝物不得和於野明矣誠得當軸者和衷於朝則政平而不爭民得安其業因而歲物豐成雞犬不驚生機盎然各相全焉而不相害各相安焉而不相爭不爭不害萬物和而天下平矣此豈非數人之和之賜乎則書所載一人有慶兆民賴之及簫韶九成而鳳凰來儀非無故矣非無故矣

和字寫得酣足精力彌滿氣體高渾允稱傑作

長人者好煩其令若甚憐焉而卒以禍論

曹麗順

宇宙間物各有天賦之性天性者萬物生存發達之大源也萬物之性各異其生存發達之道亦異異者不可同而欲以余之性度人之性強與余同則爲禍矣故南方之稻

不可以植於北。北人見南人而學沒。其不沉者鮮矣。夫人之性。蓋亦異矣。長人者自有長人之道。長人之職。能除民害。使安其業則已善矣。而小民自有天然之樂趣。田野之本性。春而雷鳴。則知從事於南畝。秋而葉落。則知收穫於西疇。欣欣然與人世相忘矣。若爲官者。儀容之尊嚴。皁吏之威武。伍從夾道。叫囂隳突。小民見而怖之。又棄其業以奔走供張焉。夫爲官者。爲民除害已足。若日來省視。使不得專心於其業。是勤民之事害不減於惰己之職也。況又日頒科條。任吏而不自親乎。是憐之適以禍之也。故康衢之歌曰。日出而作。日入而息。鑿井而飲。耕田而食。帝力何有於我。嗚呼。堯惟順民之性全民之天。所以爲聖。而幾郅治之隆。後世之牧民者。爲之憂慮。爲之代謀。若甚憐之。而實禍之。己既勞而民亦病矣。此皆宋人揠苗之類也。然豈特官之於民爲然哉。吾見婦人之於子也。撫摩之。擁抱之。問其饑寒。詢其疾苦。煦煦不休。是豈所以愛之哉。實則斲喪其自由快樂天然活潑之性也。而其兒童反多悒悒而早夭。而婦人尚以爲愛之之不周。譬之小鳥。擇樹而棲。覓食而食。其天性也。若憐其饑寒。而囚於樊籠之內。有不爲禍者乎。

本子厚天性之說。文機活潑。理解圓融。

惟不自用乃能用人論

鄒恩潤

余讀陸宣公上德宗疏有曰惟不自用乃能用人始而疑繼而思終而恍然大悟以謂匪特古之君人國者當然卽吾儕修學處世之道亦無不然也今有人焉爲秦二世說者曰吾用趙高吾不自用也爲漢後主說者曰吾用黃皓吾不自用也乃秦亡於高而蜀敗於皓曰不自用能用人矣而用人之效乃如是也吾以是疑繼而思乃知不自用者洵能用人而能用人者必其不自用者也二主之用高皓非用人也乃自用也高用而秦民塗炭皓用而蜀政棼亂天下重足側目恨之切齒莫不以爲僉壬也而二主乃冥頑不靈死滅不悟以高皓爲忠臣賢士天下之所非一人之所是固執其一人之所是而不察其所是者適爲非毅然用之是非能用人而自用也昭然可見矣堯舜垂裳而治爲其能用禹益也湯武一戎衣而平海內爲其能用伊呂也使禹益伊呂而處二世後主之朝不過如龍逢之於桀比干之於紂已耳是何也自用者常自以爲德逾孔孟才勝伊周無以復加矣他人之長安能容也不能容而猶能用雖五尺孺子知其無是理矣此吾所以終而恍然大悟也或曰君子進德修業欲兼善天下初非爲獨善其身計也今而曰不自用則君子乾乾胡爲者曰不然君子進德在乎敬以直內今夫自

用者先有自是之心豫存訑人之見訑訑之聲音笑貌已拒人於千里之外矣直於何有而猶望有君子者來自遠方而輔其德斷然無有也君子修業在乎義以方外今夫自用者目無餘子旁若無人指鹿爲馬而人不敢言非顛倒是非而人不敢私議驕矜之氣逼人也方於何有而猶望有賢人者接踵其門而輔其業斷然無有也吾故以古人治國之法爲吾儕修學處世之道宣公言此以當時方鎭方強欲德宗虛己謙下以收人心其意固別有所在雖然宣公豈僅爲德宗言哉

推勘入細名論不磨

●兵者聚天下不義之徒授之以不仁之器而教之以殺人之事論

鄒恩泳

天下之物用之則爲仁爲義不用則爲殘爲暴無過於兵者也吾國之兵以強梁悍勇爲能心之良惡不問焉於是假之以不仁之器驅之殺人志在殄滅敵人然而不稱爲殘暴而謂爲仁義者以所殺者不仁不義吾之滅之保存仁義耳是以不仁之物變爲保仁之物殺人之事變爲正人之事也雖然事爲仁義而兵之心固仍殘忍也以器殺不仁不義而兵之心固仍肆虐也又安知吾之器惟以之殺不仁不義則爲當以之殘

害善良爲不義也然則所以能獲仁義之名者非兵之本心所欲望非其凶器所能致非其嗜殺所能得在上者率之除暴驅虐因之得譽耳是故無論驅除暴虐殺害忠良兵之本心則一味殘忍惟知嗜殺況凶器在手適可資其恣睢苟平時亂性忽發亦豈可以理喻耶然則爲上者善處兵士之道又豈可疏忽歟蘇老泉以養兵不用爲可畏誠有以哉蓋兵既爲不義之徒則必無知無識而又有不仁之器則除殺人無他思想欲其安居不亂亦已難矣或以嚴法制之然亦止可弭亂一時不能保其永久如防川之決堤以阻之遂永無再決之時乎卽國內有千百之李光弼而天下又豈少張用濟之輩則是防之不勝其勞仍未可高枕而臥也然則何爲而可曰教育而已教育則可使其心明乎爲兵之責救國之道又何爲亂之有其心既仁其器亦仁其事亦莫不仁矣吾國之兵今仍多不義之徒當暫以嚴法節制之速謀教育善繼其後以保永康庶乎其可矣

精理爲文秀氣成采末段歸本教育尤爲有見

●有亂之萌無亂之形是謂將亂將亂難治論

葉舒藩

非治亂之難而治亂之機實難惜乎世之好事喜功者不知遏其機於先而徒熄其燄

於後也。蓋亂機之在天下。無事不可發生。無時不可發生。其發生也。視之而無見。聽之而無聞。惟在上者靜心以察之。徐起而定之。則其機自絕於冥冥之中。而莫之或覺。此非有非常之智。而抱非常之才者。不能也。夫亂機之萌於國中。猶草之生於田間。不可以草之始生。而日鋤其田。亦不可以草之細微。而聽其滋蔓。惟察其所自生而芟夷蘊崇之。絕其根本。勿使能植。則黍稷翼翼矣。此天下之良農夫。而治國者亦猶是也。乃世之治國者。方亂之未作。嘗圖其所難。而忽其所易。備其所可畏。而遺其所不疑。然而禍嘗發於所忽之中。而亂嘗起於不足疑之事。吾未見其能弭亂也。迨亂之既作。則又倉皇無措。遣將率兵。威迫良民。而反激成禍變。若是者比比皆然。吾亦未見其能弭亂也。此無他。不知治亂之機而已。惟有非常之智。而抱非常之才者。能察天下亂機之所從出。不剛不柔。從容以絕之。而毫無難色。如張方平之平蜀亂於將亂未亂之間。誠古今治國之所難能也。蘇子稱之。不亦宜乎。

細針密縷。折矩周規。正如初寫黃庭。恰到好處。

◉聖人治天下不恃智以防亂論

蔡灝

聖人之治天下也以仁。仁則人必感其誠而歸化。故治。庸人之治天下也以智。智則人必憤其詐而悖之。故亂。是故聖人治天下。不恃智以防亂。其所恃者無致亂之道耳。天下之亂。其道固多。然莫甚於不仁。夫仁義充塞。率獸食人。人將相食。其禍未有不甚於洪水。其終未有不致於敗亡者也。故施政以仁。則亂之道熄。而無事於防。施政以不仁。則亂之萌生。而亂隨以發。夫天下之有禍患。猶人身之有疾病。皆不及料之事也。下愚之人。常服藥以刦病。不圖偶一失當。則適足以啓他症之端。一失再失。病終不可刦。藥亦卒不肯止。藥愈多則病愈重。彼不自知也。以爲藥力未勝於病耳。則益加其藥。必至於死而後已。治天下而奮其私智。未有不出於危殆者也。蓋藥可以治疾之急。而不可以爲保生之劑。智足以治亂之極。而不可以爲治天下之法。疾之未急。則藥不服可也。亂之未極。則智不用可也。服藥而反病。用智而反亂。與不服藥而愈。不用智而治者。其賢愚之相去。奚啻天淵哉。況夫致亂之道既無。則發難之途自塞。又何待智以爲之防哉。則智之不足用。益可見矣。

引喻切當。筆亦整飭。

●古者無流品之分而賢不肖之辨嚴後世有流品之分而賢不肖之辨略論

翁思益

賢不肖之辨固不待有流品之分而自明者以至明之事而待有流品之分以明之則其所辨者必不明以不明之辨而辨至明之事則其所辨者必顚倒是非混淆黑白反不若無流品之分而易得其實也世之論人其說二賢與不肖而已夫賢之爲賢不肖之爲不肖非有所甚難辨者人亦未必不知而自後世辨之則未有不失之略者是流品之弊也古者人心敦厚崇尙樸實無物慾之好以蔽其明無成見之私以撓其直凡爲善而守先王之道行仁義而好忠信者謂之賢反是而爲者謂之不肖賢則曰賢不肖則曰不肖固無所謂流品也迨至後世人情涼薄牽於私利竦於勢力限於貴賤之別階級之異而流品之名於是興焉漢之賢良方正晉之九品中正唐之進士宋之科舉莫不百弊叢生於是上之所謂賢者未必下之所謂賢也下之所謂不肖者未必上之所謂不肖也而賢不肖之辨遂紛然矣而作僞者更貌飾賢者以求列入君子之林其眞賢者反沒世無聞焉豈非有流品之分而賢不肖之辨略歟是所謂以不明之辨而辨至明之事者也法愈張而實愈弛豈不然乎豈不然乎間嘗思之自有流品之分而賢不肖之混也久矣世之論人者曰某也賢某也不肖或因意見而偏之或因權勢而亂之或因恩仇而變之設有人焉行高於衆不與世俗同上下則毀之爲不肖而列

之於小人之中若有爵位權勢則譽之爲賢者而列之於君子之林然而世之人聞而大惑拘於流品之害有如此者於是賢不肖之辨不可明矣此陸象山所以有慨而言之也夫賢不肖之分在乎民德民德卑污則賢不肖之分未有不瞀亂者也然則以流品而辨賢愚其略而不明不亦宜乎此所謂以不明之辨而辨至明之事者也

字字拋磚落地不作浮光掠影之談是之謂清眞雅正

●研理於經可以正天下之是非徵事於史可以見古今之成敗論

王官宜

曠千古而不可磨滅者理也因勢而遷因時而異者事也故或者曰理有常而事有萬變嗚呼使理而不研之於經則此亦一理也彼亦一理也曷曾有常之可言使事而徵之於史矣則古今一成敗耳又烏覩所謂紛紜哉且天下之是非豈有定評衆口鑠金衆譽成城非金之可鑠而譽之可成城也以其衆也世俗之是非常人靡然而從君子卓然獨立不爲動非君子或異於常人所異者明理耳君子者守其道義行其忠信天下之是非萬變而吾之是非則一非君子固執其是非乃其以理爲可信而始然也雖然天下之理又曷嘗有定哉愚者持其說或爲智者所誹笑不善者能文其過惡其非

是者或無以移其說而斥其謬嗚呼經以載道明乎經斯達乎道達乎道而天下之是非不難定矣此聖人之言爲可法而研理於經即可以正天下是非之謂與若夫史以載事事之成敗千古不一然因桀紂之以苛法亡國讀史者不以嬴秦之始定天下而知其必亡少康以一旅復夏讀史者不以南宋之半壁江山而知其無中興之望蓋鑒諸往而知來古今成敗萬變而所以成敗之道亦一而已矣夫經以載道史以載事研理於經徵事於史以史之事證之於經以經之理判史之事理無不正而是非益明事無善惡而成敗自見仁義爲六經所常道曠觀史冊而仁義者罔不興奸詐爲聖人所深戒縱觀古今而奸詐之人莫不迷於奸詐之途而無以自救故經史實互爲表裏必研經習史小之方足以修身大之措天下之事業亦無操刃使割之虞矣

理明詞達愜適當行

●人無實行家無信譜天下無信史論　殷信篤

人類既生繇衍繁殖乃聚而爲族族之既衆又聚而爲國是國也者實一人一家之公府集合多數人民以成之者也然則欲治其國必先自齊家始欲齊其家必先自修身始一人之於一家一家之於一國其關係有如此者是故身不修則其家必敗家不齊

則其國必衰勢有必至理有固然閒嘗讀王陽明劉氏族譜跋而益證其言之非虛也先生之言曰人無實行家無信譜天下無信史此蓋與欲治其國必先齊其家欲齊其家必先修其身之義有暗合焉夫一家卽一國之雛形家之有譜猶國之有史也家之譜既不足信則國之史亦必無足觀此事例之至明者然而家之爲譜傳一家之人也此一家之人果皆實行之士則其爲譜也必不忍欺而亦不必欺蓋人人之行皆美無可間又奚以飾罔誣世爲追人心不古士行漸衰道德晦塞邪說橫流於是爲之譜者既無美德之足稱又難爲秉筆之直錄飾辭溢美諛頌成文其由來也久矣一人如是百人可知一家如是百家可知民間之私史如是則採集民間私史而成之國史更可知尙望其足以傳信千古昭示來茲也哉且今之爲史與譜者生値晚近多所徊忌於是不得不删其眞而飾其美無敢直書秉筆如董太史者反至稗官野史尙多可徵者在嗚呼其於譜與史之本義相背馳也久矣更何足信之有夫水之不流必濬其源木之不華必培其根國史家譜之不足信皆由其人之無實行然則吾人亦知所務矣夫以國史家譜而不足信則後世將無從考鏡以僞傳僞相循不已欲求其國之治家之齊抑亦難已昔顧氏有言天下興亡匹夫有責所謂有責者非他蓋扶持道德修己立

身之責也夫以一國之衆而人皆實行修己則何患其家譜國史之不足信哉吾願世人味陽明之語而有所進故爲推論之如此

議論縱橫筆情開展極行文之樂事

●用臨時投票之法徵求普通國民之政見以定憲法論

陳長源

自正式政府成立以來已月餘矣乃者憲法草案將告成而總統通帖代表出席相繼而起總統嫉起草會之不納也致通電全國徵求武人意見解散國會之說雖未見諸實行而國民黨因此解散以致兩院皆未足法定人數不能開議憲法制定不知何時是誠中華民國憲法史中之一大汚點也邇者政府諸公又有用臨時投票法徵求普通國民政見以定憲法之議其所行方法允當與否請略爲申之夫自正式國會成立以來國會與政府無日不在水火中雖由國會多暴徒而政府專橫不滿人意所在皆是是以起草會因人制法束縛政府總統者綦嚴是誠心理上之一大誤點不可爲法而總統通電則欲納締約和戰財政諸端入彼一人之手無論共和國無此辦法卽君主立憲國亦須與國會商議二者皆一偏之見非吾民之意也今國會既不能開會政

府欲尋第二機關以代定憲法擬由各省議會選出代表博采政見惟不識制定憲法將來仍由國會乎或參以代表乎或由國會制定得代表之同意或各省會之同意乎或由法制局制定得國會及省會之同意乎惟所言臨時投票漫無規定吾以爲二三兩法皆不適用憲法尊嚴不可久瀆若必得各省會同意辨論所在百年不休制定不知何時至共和國憲法皆國民自定萬無法制局提出之理故仍以第一法爲妥速將國會議員補齊由國會選出起草員數十人各省會各選出二三人共組織起草會草定提出國會議決公布庶得多數國民之贊同並不損國會之尊嚴而人民政府國家皆大有裨益若必欲加辱國會利用臨時投票之美名以各省代表或省會爲傀儡如前之利用武人犯立法之神聖激國民之大怒則大亂終無已時吾願政府諸公再三思之愼之也

識議明通詞氣安雅

蘇州觀西 **振新書社出版** 上海各省 **商務書館** 各大書局 **經售**

△王煙客集出版 家藏鈔本

煙客爲清代畫家四王之冠是編爲家藏秘鈔從未印過茲從後裔處覓印特色有五煙客得畫禪三昧詩稿六種中畫題不少末附畫史一卷畫家足資考鏡特色一詩筆頡頏雲林詩中有畫吳梅村稱其倣白香山陸渭南家派與尋常詩家有別特色二家訓一卷頗得顏之推筆意有宋儒語錄氣息特色三尺牘二卷吳梅村稱其得蘇黃神味與坊間編本不同特色四首列銅版四幀末附詩簡一卷珠聯璧合特色五有此特色畫家不可不賞鑑詩家不可不參究學生不可不備閱每部六冊定價八角連史一元二角

按煙客先生爲麓臺之祖石谷之師巋然爲江左文獻之宗一代人望也大清一統志稱其工詩文精隸書畫法並爲海內所珍董元宰稱畫兼宋元諸家之長蒼秀高華奪幟古人陳眉公稱其於尺牘師蘇子瞻黃山谷於詩倣白香山陸渭南吳梅村亦云然然則是編可爲好詩文者之宗匠嗜書畫者之禪宗研究尺牘者之導師也因題數語以誌顛末

△右台仙館筆記

是書爲最近大文豪家俞曲園先生所著先生著作等身經史子集莫不悉心訓詁自成一家若曲園雜纂俞樓雜纂等書有百數十種文章雋卓早已風行海內昔曾文正公曾以拚命著書四字贈先生先生遽許爲知己迨右台仙館落成先生年逾花甲勳業功名都置意外著作之事殆將輟筆不意身愈閑而技愈癢於是復有是書之著惟其身心都閑故著作亦愈見精湛本社覓得原稿精印出售詳加編目易於攷查首附先生遺像欲得先生老而彌工之著作盍速來購裝訂八冊定價洋一元二角

校長唐蔚芝先生鑒定

南洋公學國文成績二集

上海蘇新書社
蘇州振新書社
發行

上海　南洋公學國文成績二集卷五

△合論類

●伍員極諫被誅樂毅見幾免禍合論

殷信篤

詩曰既明且哲以保其身易曰知幾其神乎是故明哲而後可保身惟知幾爲能明哲也吾觀於伍員之極諫被誅樂毅之見幾免禍深有味乎聖人之言也嗟乎人臣之事君蓋難言之矣忠臣之職也忠而得謗人臣之不幸也因得謗而且見禍尤人臣之大不幸而千古爲之不平者也奈之何百代一轍而未有所止哉吾以爲忠臣之得禍由於不能見幾人主之信讒由於不能明察伍員樂毅之已事亦其例也當夫吹簫吳市落魄窮途父兄之受戮無辜骨肉之流離在道悲哀憤激其情有不忍言者矣而公子光待以國士卒相吳而覆楚鞭尸三百積恨稍紓其感恩知己爲何如而忍輕去其國令故君之血食於焉中斬乎此子胥所以極諫夫差雖戮身而不悔正所以報先王於地下不敢隱忍苟生坐視吳之爲沼而不爲之所也千古而下悲其遇而憫其心亦有不忍以深文責備者矣至若樂毅者因昭王之卑身厚幣欲復齊仇故爲之籌畫俾遂

其志詎大功垂成莒墨未下以先王之所昕夕企盼平生之所辛苦經營而豎子不察遽以人言而易之其憤慨爲何如且讒言易入新主之不足事既可知胥小紛乘一己之禍福未可定其恐懼又何如而謂能一日以居故國哉去爾去爾不能以渺渺之身爲衆矢之的以傷先君之明而害惠王之義且以貽天下後世之譏也且君臣義合不合則去以樂毅一世之俊傑而以事中材之主其格不相入也固宜然則毅之適趙揆之於義誰曰不宜吾益以是悲其遇而憫其心也抑吾重有感焉漢高祖用三傑而得天下天下既平蕭何繫廷韓彭葅醢留侯見幾辟穀從赤松子遊乃僅以身免功臣之於人國固若是其重也功臣之足以遭忌固若是其易也語有之威震人主者身危功蓋天下者不賞斯言諒哉嗚呼功臣可爲而不可爲庸臣不可爲而可爲吾不獨爲韓彭悲吾更不獨爲伍員樂毅悲吾欲爲千古之爲功臣者悲矣世有如子胥之忠而與國最切受先主之恩最大者雖以身殉社稷可也君子論之固不得謂之不智世有如樂毅之智而事權忽奪新主忌嫉與國之相切稍次者雖全身以避禍可也君子論之亦不得謂之不忠爲人君者亦知功臣之有益於人國勿輕疑之勿輕去之馭之以威而結之以恩愼毋自壞長城而有鳥盡弓藏之歎也嗚呼夫差惠王之時鳥未盡敵未

亡也而良弓謀臣皆韞櫝而藏諸幾何其不敗也哉此予之所以深嘆也而子胥之抉目吳門樂毅之終身隱遯忠義之氣浩然獨與天地相往來末路之悲亦足使讀者爲之迴腸盪氣低徊不置矣而謂可輕議也哉

心術之忠厚議論之平允筆陣之縱橫可稱三絕

●聶政荆卿合論

陸鼎揆

士不得志乎當世鬱鬱不能以自伸激而爲俠士爲劍客以寄其不平之氣一旦遇知己則奮身報之雖死而有所不辭焉嗚呼是亦壯矣吾讀史記荆聶傳觀其神情意氣又何其烈也聶政以軹道屠人一朝感仲子之德毅然仗劍刺俠累以報其知己身死韓市而不顧彼固未嘗有所仇於累也彼其人重乎死未嘗有異於人也然而以報人知己故則昔之重者而有所不惜焉其無仇於吾者殺之有所不顧焉荆卿受燕丹之託飄然挾五寸之刃登虎狼之秦庭把袖逐秦王殿上彼其初何仇於秦王哉夫亦報其知己而已雖擊而不中而其烈則同也二子者蓋志士而不得乎世者也抑鬱蹉跎不能一伸其氣則自放於俗流軹里屠狗之時燕市酒酣之日蓋深身世之慨者矣一旦遇仲子燕丹之徒屈公侯之尊而歡然以相就半生埋沒今日而忽來知己則其感

於心又何如者故奮然相報雖殺其身無悔焉觀其暴尸韓市喋血秦庭蓋已早決於相見之日矣二子者未嘗不知其行險僥倖也然而酬報之心則綦切故雖險而有所不暇擇荆卿之行彼固早自知其不成矣而急欲有以報太子則不得已而求僥倖於萬一風蕭蕭兮易水寒壯士一去兮不復還讀其詩未嘗不想見其爲人也二子者其行同其概同任俠之士也義烈之士也雖身喪於一旦而其壯志歷千百載不可滅也嗚呼此史公之所以傳之者歟

才調軒昂聲情激越

●龐涓孫臏同學兵法蘇秦張儀同學縱橫李斯韓非同學刑名始也朋而終也仇論

魏　如

君子之朋也以信小人之朋也以利以信交者其始也切磋琢磨匡翼輔直其終也堅如膠漆親如手足相成也而非以相御也以利交者其始也蔓延糾結鷙趨鳥集其終也瓦解冰渙雲散霧消相御也而非以相成也龐涓孫臏同學兵法蘇秦張儀同學縱橫李斯韓非同學刑名其始也學同師居同堂意氣相期未始無刎頸彈冠之志乃涓既仕魏自以爲能不如臏則召而刖之秦既相趙自以爲智不如儀則誘而辱之斯既

入秦自以爲才不如非則譖而殺之卒也馬陵亡身連雞功隳斯受極刑作法以自斃甚矣夫術之不可不愼也夫鬼谷子一縱橫家耳其術詭譎而不正荀子好高騖遠剛愎而不遜而數子者或事鬼谷或從蘭陵精造深詣盡得師傳擷才之偏而忘道之大則足以殺其朋而已矣孔子曰自古皆有死民無信不立夫信者所以維心志敦交誼聯感情而厚友生者也苟無信矣則見利而趨見害而避損人以利己買禍以自脫始也以相善而相馭繼也以相馭而相忌終也以相忌而相仇矣之六子者或言兵或言辨或言刑其所學者雖不同而要皆好克而務勝殘忍而多忌果於自信而薄於友情無疑也故其於朋也始則甘言以誘之將以御之也御之不可則忌矣忌之不已而慮其有以窺我而撓吾計也則相仇而或相殺矣嗚呼自信之不講也上蒙其下下欺其上朋友之間則爾詐而我虞烏有所謂眞朋哉鬼谷荀卿以是傳其弟子而其弟子卒受其學以戕其身世風之下而學者之不悟可慨也夫昔歐陽子謂小人無朋惟君子則有之而史遷論耳餘之交則曰豈非以利哉吾於六子亦云

精透絕倫

●龐涓孫臏同學兵法蘇秦張儀同學縱橫李斯韓非同學刑名始

也朋而終也仇論

吳頴達

治心爲上治術爲下知治術而不知治心則術縱至精有因其術而害及他人者此聖賢之所不取聖賢教人先德行而後文藝重治心不重治術也是以聖賢之門或有不能立功立名於世者而要亦無害於他人後世治心之道不講而專求治術得一藝之長則急欲表見於世患得患失天理無存殘及同儕有如龐涓孫臏同學兵法蘇秦張儀同學縱橫李斯韓非同學刑名始也朋而終也仇者嗚呼此治術而不治心之明效也夫龐之於孫蘇之於張李之於韓有同學之誼迨出而問世前此親愛之誼烏有此其中必有激之使然者爭立功立名於世是矣推龐孫蘇張李韓之心以謂兵法縱橫刑名之術我至精矣術至精而不能表見於世至可惜也然聖賢不之惜蓋聖賢祗求無愧於心反求諸已無愧於心世不我知不足惜也所可惜者有愧於心耳龐孫蘇張李韓以不能表見於世爲可惜獨不慮及殘害同儕汚及淸德有愧於心爲可惜乎徒令後世之人讀史至龐孫蘇張李韓列傳莫不稱其兵法縱橫刑名之精而歎其道德之薄此龐孫蘇張李韓之所以爲龐孫蘇張李韓後世自有公論其功名之表見於後世爲何如也孔孟大聖賢抱經綸之宏才未嘗急求表見於世而萬世下莫不尊崇之

旣備。故能動中肯綮。而所向常捷也。謂之徼倖。不亦左乎。

兩兩對勘。動中肯綮。

田單王蠋合論

殷信篤

嗚呼。匹夫之係於社稷者。其輕重爲何如哉。管仲亡而齊霸絕。諸葛亡而蜀勢微。家國興亡。往往係於匹夫之手。匹夫之重可知矣。樂毅破燕。其勢不可嚮邇。田單雖爲宗室。其無權與匹夫等。何以火牛之陣。竟以破燕師。反間之謀。竟以傷樂毅。保宗祊而復故國乎。蓋國以一人興。以一人亡。其關係有如此者。然則齊之興。豈非田單一人之功哉。吾以爲單之功雖大。而人易知。其有功大而人不及知者。尤不可不表而出之。發潛德之幽光。爲百世所取鑒。則王蠋是已。夫蠋以一老臣。爲燕將所逼。義不肯降。自縊而絕。在後世不過稱之曰一忠臣耳。與齊之興亡何與。而更何功之足云。不知人心者。立國之大本也。人心之離合向背。卽國家興衰存亡之大原也。齊以龐然大國。何以燕兵一至。遂下七十餘城。則以湣王失道。人心離叛。不願爲之效死故也。然則齊之取亡。以人心之離叛。欲齊之復興。舍人心之結合奚由哉。然人心者。易渙散而不易復聚者也。非有非常之舉。以鼓動激發之。未易收旦夕之功。此王蠋所以奮志捐軀。以爲當時倡也。

注：原刊缺第四页。

若田單之激燕伐墓及僞稱校卒爲神明皆所以結人心之具用意亦若是焉耳況王蠋當湣王無道曾有諫章湣王不聽果以無道致敗時人追思蠋言有不服其先見者乎且燕師入齊全境之蹂躪殆遍而王蠋所居三十里獨以完美則蠋之德操雖異國而猶知敬禮齊民之仰望豈遂後於燕人夫以退職閒居一時推重之老臣而乃不肯忘宗國之義背君父之恩殉之以死則凡有官位職守之羣臣有不納手捫心深自媿悔聞風而興起者哉是故田單之所以成功者以得臣民之助也臣民之前懦而後強者知宗國之大義也其所以知宗國之大義者因王蠋之殉國有以鼓動激發之也然則齊之興田單之功也單之功卽蠋之功也烏容軒輊於其間哉吾故曰蠋之功大而人不及知不得不表而出之也使齊無王蠋之殉國不足以結合已失之人心無田單之機謀雖有結合之人心亦無所用之兩者不相謀而適相成然則齊之興興於田單王蠋而已矣田單王蠋以一匹夫而能轉亡爲存其效若是則匹夫之係於社稷者其輕重果何如哉備論之以諗當國者以勵在野者而亦以質尙論者

專就二人關係大局立論目光如炬筆大於椽

◉秦始皇亞烈山大合論

吳長城

呼吒而風雲變色喑嗚而山岳動搖威力所加罔不披靡豈非雄主氣勢哉顧用得其當則文明日進民福益增不然暴君虐主流耳居常稽考古史矣其堪稱雄主者當我國周秦間東西有二人焉曰秦始皇曰亞烈山大始皇承祖先遺烈振策馭衆吞滅王侯安履尊位又復命將北征遣師南伐逐匈奴郡交趾通上代之不通服前王之未服功烈可稱空前矣若夫亞氏繼乃父之志首固國基次殲強敵親帥雄師長驅東下波斯不國印度瀕危歐亞交通以開其武績與始皇相埒也然始皇虐燄高張亞氏聲聞益著何哉將以始皇殘酷用刑過峻歟雄略之主王道固非所尚焉抑以建宮築城好色酗酒乎彼亞氏未嘗無偉大建築以娛心目且縱酒長飲緣是早夭然人心向背如是果何故哉亞氏開民智始皇愚民智也不觀夫始皇之殘暴乎挾淫威魔力舉列聖相傳典籍付之一炬於是經邦治平之道哲學格致之說無復映人腦際二千年民貧國弱誰之咎歟至若亞氏之東伐也攜彼種族植之遠東希臘文化以是東漸復採印度學說施之國人肇殖民之端助文化之進今白人雄長全球亞氏有力焉嗚乎方匈奴之遠遁也苟能以數十萬罪人挈家攜孥棋布塞外以築城之費爲移民之用彼荒煙大漠亦可綴以村落以成城之卒衛遷徙之民縱彼強胡可以文化柔之以我國粹

化彼天驕疆圉益廣國威益揚不亦盛乎雖然此烏足以冀始皇哉。人方慮民智之閉塞多方以啟之彼乃慮愚民之無術拔本以殉之同爲雄主彼則施福此則貽禍何我邦之不幸耶亞烈山大眞令主。始皇眞暴君哉。

文有俊偉氣後路尤發人所未發。

●項籍曹操合論

曹麗順

吾讀漢史。考其興亡之迹。高祖得天下之時與項籍互相對峙而卒滅之以取天下獻帝失天下之際有曹操討平僭亂而卒被篡以失天下嗚呼項籍曹操皆一世之雄也其志同而其心術手段則相反項籍慕得天下之名而不必有得天下之實曹操慕得天下之實而不必有得天下之名籍以暴以力而操以譎以智心術手段相反故成其相反之結果也方項籍之時豪傑蠭起相與並爭籍鼓其扛鼎之力叱咤喑啞之勢崛起吳中其後從范增之謀求懷王孫心立爲義帝以收天下之心於是章邯伐趙諸侯赴救莫不堅壁高壘懾伏不敢出籍奉義帝之命援趙乃殺卿子冠軍自爲上將渡河之後破釜沉舟示不生還遂與章邯戰於鉅鹿絕其甬道大破秦軍當此之時楚卒無不一以當十呼聲震動天地壁上觀者戰慄畏怖諸侯朝籍膝行而前莫敢仰視於是入關中殺子嬰火阿房收掠貨財還都彭城逐義帝而自立其後漢兵伐罪卒以乏糧中分天下界以鴻溝及高帝窮追兵盡食竭烏江之畔自刎其首曰復何面目以見江東父老乎觀其殺宋義戰鉅鹿斬降帝火阿房不能用謀臣聽善計則知籍者用力而不用智用暴而不用謀者也若入關不居還都彭城乃至中分天下於鴻溝則知其不必有得天下之實而惟慕得天下之名何者關中者帝王之都城也彭城者項籍之故鄉也項籍不必有得天下之實際而惟求得天下之虛名以還示故人照耀鄉里發衣錦夜行之歎驚四面楚歌之多慷慨傷懷泣數行下非其情耶故曰無面目見江東父老也曹操生於漢季上則董卓弄權下則黃巾橫行於是剿滅黃巾舉兵討卓及卓既滅則奉獻帝居於許都以田獵而佔人心收天下之謀臣勇士假天子之令東滅呂布北破袁紹南降劉表而後順江東下窮追豫州傳檄孫權及至火於赤壁狼狽回許乃加殊禮九錫弒皇后皇子以立威權其初之言願爲國家討賊立功後羣臣勸進曰吾其爲周文王乎當世人才歸之如雲而討平羣雄或令其自相爭奪或誘以來歸之利其施於事則假天子之名以號令諸侯其待官吏若甚謙抑其對庶民若甚仁厚則知操者用智而不用力用譎而不用暴者也其曰討賊立功者若孫劉順命海內混一雖

不必爲帝王而一切大權盡在掌握天下仰之若神聖後世贊之以中興雖謂爲光武第二可也此有得天下之實也不幸事不從心於是不得慕虛名而受實禍當其弒皇后皇子天子之命不知何時必其心之所甚不欲也然時勢既異謀威權之立得天下之實此不得不爲者也曰吾其爲周文王乎此知其甚不欲居得天下之名也是故項籍以暴以力慕得天下之名故名成而實失曹操以譎以智求得天下之實故實成而名敗以此知天下之事不可兩得也今有人焉既慕得天下之名又慕得天下之實既以暴力壓制其人民又以譎智籠絡夫人才然而其結果既無曹操之實復失項籍之名名實兩敗而身隨之嗚呼可以鑒矣

筆勢灝瀚能將兩人心事實實寫出回環呼應如雙龍戲珠收處結穴尤好

●太史公以韓信比周召太公以蕭何比閎夭散宜生論

范祖璧

嗚呼論人不拘成敗觀事當原其心旨哉斯言立論者不可不知也嘗讀太史公淮陰侯蕭相國傳贊以韓信蕭何比周召閎散乃歎史公之識見卓越千古誠非常人所及者矣蓋世之論者莫不謂韓信一功狗耳不如蕭何遠甚以信比閎夭散宜生而以何

比周召太公。於何實相稱。於信亦已過舉。奈何史公之倒置也。不知史公之所論。實爲千古不刊。史公有慨於淮陰侯之功大賞薄。偶有蜚言。且受誅戮。滿腔義憤。發爲大文。淮陰列傳。洋洋數千言。莫不敘述其戰功。有漢諸臣。莫與比者。故以周召太公比之。以周召太公比之者。比其功焉。周召太公之功。在夾輔周室。立周家八百年之基礎。淮陰之功。在攻城略地。統一漢高之天下。人品果有不同。而其爲功則一焉。彼蕭何之功。運漕轉粟而已。較之淮陰。相去不可以道里計。則比之以閎夭散宜生。誠爲允當。豈史公之有意軒輊於其間哉。嗟夫。史公之以信比周召太公。僅指功而言耳。惜其不能學道謙讓。以周召太公之功。忍受誅戮。而後世且從而非之。公論不彰。是非倒置。不特僥倖苟且之風。積漸以成。而利國利民之績。於以埋沒。淮陰侯一人不足惜。而天下萬世將實受其禍。其弊也。實史公之所不忍見也。大聲疾呼。爲淮陰侯吐氣於地下。影響所及。吾知食其賜者亦多矣。吁。史公之識見。豈非卓越千古哉。

闡發詳細。可稱龍門知己。

●太史公以韓信比周召太公以蕭何比閎夭散宜生論

陳長源

問嘗讀史竊嘆以淮陰之才不獲血食酇侯碌碌勳業燦然及讀太史公淮陰酇侯傳贊始恍然大悟而知信之敗喪何之成功者有由來也信以不世出之才建開國奇勳不克善終何刀筆庸才謹守管鑰血食數代此非特高帝憐之史公惜之卽城下漂母淮陰父老千載後讀史者亦莫不爲之惋嘆咨嗟者也天之生才也不數才之得用也亦不數以信之才而生於暴秦之末得佐高帝居將相之位負平治天下之責有可爲周召太公之才而不爲有可爲周召太公之時而不爲此史公之所以深惜於信隱恨於信者也夫才須學學須靜非學無以養才非靜無以成學周召太公宿興夜寐日無暇晷或以文治顯或以武功著而猶小心翼翼罔或敢縱若信者斬將搴旗貪狠驕縱王翦趙奢之徒耳豈學道之君子哉以貪功之故擊已下之齊不仁漢王被圍滎陽急時不救不忠自矜功伐累矯漢王令輕視同列不智以此不仁不忠不智之徒豈足與周召太公同年而語而史以之擬之益以見其不仁不忠不智而爲之痛恨也語曰君子學道愛人小人學道易使信無道不能保其身豈足以言治天下哉周召太公佐文武成康致太平興禮樂政教斐然信佐高祖承秦之弊無所建逮而惟功伐自矜卒殞其身史公評信歸本於學道謙讓正惜信之不學無術有可爲周召太公之才而不爲

有可爲周召太公之時而不爲非眞以周召太公比之也若夫鄭侯恂恂儒者謹守管鑰除民疾苦定漢世大法後莫之易誅滅豪强措國家於磐石之安勳垂後世史公稱之與閎夭散宜生爭烈宜矣

持論頗有卓識筆亦足以達之

●秦之亡由陳涉發難楚之弱以彭越反梁論

聶傳儒

功之成非成於成之日蓋必有所由起禍之作不作於作之日亦必有所由兆故秦之亡吾不曰霸上之降而曰漁陽之戍楚之弱吾不曰垓下之敗而曰敖倉之失陳涉發難山東大擾豪傑並起秦社以終彭越反梁積聚被焚楚兵饑疲項勢不成履霜堅冰由來者漸氾水之陽赤帝之興蓋基於此矣夫强秦失政仁義不興焚書阬儒暴虐是行百姓睊睊而欲作亂者固非朝夕徒以繁法嚴刑兵器銷毁難以鋌而走險勝爲屯長大雨失期法當坐斬當是時也爲一時計則不得不出九死一生之謀殺將尉而發難欲取信於天下則又不得不詐稱扶蘇涉謂壯士不死則已死則舉大名豈涉之本心乎不過以此壯徒屬之氣耳孰知二世昏憒而不之制使其勢燄日張而天下待時之英雄亦皆雲集而響應劉氏沛邑起兵項氏江東發難鉅鹿一戰秦之將士叛於外

君臣貳於內二世遇弒趙高族誅沛公得從容入關收子嬰之降涉勢雖不久長不得親與其功然以數百散亂之卒奮臂一呼爲天下倡首義之功亦大矣哉羽弒宋義破章邯威震天下諸侯歸之據成皋之險守敖倉之粟屢敗漢軍於廣武羽之才力非季所能比公亦嘗自認之然自彭越反梁焚楚之積聚昔楚軍恃以戰勝而制漢者今則漢據之而制楚矣君以民爲本民以食爲天此項氏不得不使曹咎守成皋而已東行以擊越也豈知越未擊而成皋已破糧道不繼楚兵饑疲而項勢日迫烏江自刎已始於此向使越不反梁楚食不絕羽必不肯東行成皋亦必不致於失廣武之間兩軍相持勢均力敵將來鹿死誰手不可知也故越之反梁所以絕楚之糧道而扼其吭也越之有功於漢亦大矣哉雖然陳涉之才不及六國之君讁戍之衆非抗九國之師秦不亡於六國而亡於陳涉彭越之才不及章邯而越之師又不及邯之軍項羽不敗於邯而敗於越何也諺曰得人者興失人者亡秦之所以亡於陳涉羽之所以弱於彭越其在斯乎其在斯乎

敘述詳明不豐不約

◉漢留侯爲圯上老人取履廷尉爲王生老人結襪論 王鍾

古之人立大功建大業者未有不出於忍者也是故臥薪嘗膽勾踐用以沼吳忍辱胯下淮陰卒成大將人之成名一若視其忍耐之性而爲標準也者然吾有疑焉夫留侯爲圯上老人取履復以失期之故而挫折之而留侯卒受書成名若張釋之當賓客會宴之時降身下志爲王生老人結襪而其成也與留侯則不可同日而語夫二人之忍同也其所爲者亦相類也一則名列三傑侯封萬戶一則以廷尉終其故何哉蓋二人之所爲者雖同至其所以爲之者則不同也二老人之辱人則同而其辱人之本旨固不同也當秦之末年留侯汲汲以復仇爲念博浪之役幸而未獲然留侯之不能忍於茲可見圯上老人殆當時名士苦秦之苛乃託隱者以遁世崇子房之志而惜其未能忍也乃以取履等事一再辱之蓋冀其能有所忍而後可以就大事也子房見老人之所爲不類常人奇其事而奇其人從其所命不敢少違此固子房之智然亦復仇之心蘊蓄於中有以致之耳故其成也亦甚大至於張釋之之與王生老人則異於是矣王生老人者黃老家也而釋之者則崇拜黃老學者也當其治獄時於竊宗廟器具等事不多加以罪夫宗廟者至尊之地也竊而至於宗廟則其罪尚可宥耶釋之之爲殆欲廢刑名於無形之中此黃老之派也故當賓客宴會之際爲王生老人結襪彼蓋心有

所慕耳豈眞出於忍哉彼王生老人者素以黃老名崇尙虛無無貴無賤此黃老之學說也以釋之廷尉之尊乃自卑其身爲之結襪固亦足以傲於人矣釋之之旨旣異於留侯而二老人之意亦復相反二人之成所以不同者其卽以此也與其卽以此也與

軒輊得宜允稱合作

●董仲舒公孫弘合論

王鍾

嗚呼自古乘時有爲之士懷才不能盡其用者何其衆也苦心孤詣汲汲於古聖賢之書以冀斯道之不泯及用於朝而被嫉媢未能大展其才以匡天下尤可憫焉蓋自秦皇焚書之後聖賢之道磨滅不彰異端之說充塞乎宇宙武帝繼文景富庶之後天下無事海內乂安得從容於聖賢之道六經之旨以敎導天下然董仲舒以王佐之才羣儒之首深悉天人之理治亂之迹而卒未能盡其用於漢武之朝者抑又何也公孫弘曲學阿世伈伈俔俔藉治經之名以阿諛其主其終也位至公卿爵封列侯賢聖逆曳方正倒植武帝之惑抑胡至斯也余始嘗疑焉後讀仲舒對策見其勸武帝以勉彊行道大有功然後知武帝之與仲舒道有不同也夫武帝好大喜功而不知彊勉學問正心誠意以從事乎形器之表溥博淵泉而後出之仲舒以淵源正大之理而易其膠膠

擾擾之心如枘鑿之不相合此武帝之所以終棄之於諸侯也不然以武帝之英明雄才大略傑視前古其天資之高立志之大於劉漢一代固不多覯痛六經之淪沒傷典樂之漂墮求賢方亟冀天下豪士之來歸彼公孫弘之讒又焉足以動其心哉彼武帝者固不足責余獨怪夫公孫弘以一代之儒而希世用事何其下也夫國之患在乎氣節衰頹而氣節之衰頹半由大臣之諂諛上以是求下以是應西漢之亡非以此乎後之論者以公孫弘終身顯貴疑仲舒不若吁惑矣夫仲舒表彰六經抑黜百家使聖賢之道復彰於後世厥功甚偉彼公孫弘者豈其倫哉

沈鬱頓挫響切光堅

●張禹孔光阿附王氏致前漢失國胡廣趙戒阿附梁冀致後漢亂亡論

吳長城

吾人稟造化精英備七尺偉軀挺生世間與天地參其亦惟事屈己從人如江面浮萍風中弱草而以爲人事盡於此乎夫事之合於理者固不宜挺然獨異也若夫人欲之私害羣之事而屈己以從苟全殘命尚何廉恥之足云哉顧或者以勢力不敵雖奮無益也或則以爲害尚小可以彌補也至若位尊權重力足以制且禍係全國竟漠然無

睹從而諛之以和爲美名以讓爲善行貽國家以分裂之患致蒼生以塗炭之痛若漢之張孔胡趙其人者復何言哉復何言哉予嘗考四人之歷史矣張孔哀成間之丞相也胡趙質帝時之三公也位不可爲不尊權不可謂不重然張孔阿王氏胡趙附梁冀明知王梁不德而自欺天良帖耳以從予知當時使王梁與四人以犬彘之食卑陋之役之四人者亦將欣然喜趨之如恐不及噫同爲人類豈若輩別具心腸乎亦以勢利之心過重畏禍之念過切耳孰知若輩生漢祚屋矣民生悴矣決東海之波不能洗矣使張禹當成帝詢問之際直言以告孔光當王莽亂政之時據情暴露安知不能屏之四夷扶持漢室乎卽不能成亦可告無罪於天下芳名流於後世矣使胡趙堅守本議桓帝安得立梁冀其能專橫乎則黨錮之禍何由興後漢何至遽亡耶不此之圖斤斤以利祿全身爲計致聲名掃地爲世詬訾致漢祚不永生靈浩劫可勝嘆哉然則士君子立身處世之道亦知所從事矣

議論剴切詞亦精警

●張禹孔光阿附王氏致前漢失國胡廣趙戒阿附梁冀致後漢亂亡論

杜光祖

論者每以古來亡家國覆社稷多由於人主之昏闇余以爲不然國家之亡不亡於庸主實亡於權奸不亡於權奸實亡於逢迎權奸之小人何也人主獨夫也其位雖尊其權雖重其惡終不能及四海其毒終不能遍天下若朝廷之上有一二剛節之臣奮身而爭直言以諫則其惡必不至於害人民而亦何至於亡國破家哉惟其有大權獨攬之權奸處其間逢君之惡助桀爲虐且離間君臣於是忠臣之諫不得聞人民之苦不得知以至日夜顚倒於荒嬉之中終年沉湎於酒色之間置國事於不問權奸則逞其戾氣展其威福屠戮忠良荼毒人民人民不堪其苦於是斬木爲兵揭竿爲旗蠭然而起而天下擾亂矣然權奸雖惡豈能以一身而荼毒生靈耶又豈敢膽大妄爲一至於此耶此逢迎權奸之小人之罪也無小人之逢迎權奸必不敢放肆至此蓋權奸雖日存篡逆之心必不敢輕於一發恐身敗名裂也迨小人之出贊其說助其威以應天順人之說惑其心以榮華富貴之利動其念彼本有此心今日日以言動之於是一發而不可復收否則亦必阿附之權奸所云無不唯唯聽命不敢稍忤其意權奸所爲亦不敢言不是日復一日遂致虐燄薰天而直至亡國破家而後已故阿附權奸之小人實爲造成權奸罪惡之主動而又實爲亡國之罪魁也張禹孔光胡廣趙戒之輩其明證

也夫當王莽惡跡未彰之時張禹孔光非不知其奸也惟爲富貴計爲生命計遂隱忍而不敢發阿附而不知恥而前漢卒因以失國當梁冀欲立桓帝之時胡廣趙戒非不欲從李固立清河王也非不知桓帝之德不及王也因憚梁冀戀功名遂從逆而不知悔逢迎而不爲辱而後漢卒因此亂亡嗟乎王莽梁冀豈足以亂漢哉張禹孔光胡廣趙戒釀成之耳故亡漢者非王莽梁冀也實孔光張禹胡廣趙戒也嗟乎爲人臣食人祿而不能尙氣節爲天下法又不能剛節自用諫爭於朝廷已屬可恥況阿附權奸荼毒生靈廉恥道喪一至於此尙得謂之人耶然而世之爲人臣而靦顏屈膝阿附奸賊者仍比比然也嗚呼

立論痛快下語警策通篇尤精神團結無懈可擊

●漢黨錮以節義唐朋黨以權利論

陸鼎揆

朋黨何自始乎君子與君子相與立乎朝以福國利民相勗勉則相提攜相扶持相戮力以求有爲於天下而於是羣目以朋君子既進則小人惟恐爲君子所不容則亦相與提攜而以固其權勢一旦或窺隙排斥君子而於是有小人之朋自有君子小人之朋而爭始矣雖然小人之朋未必盡小人君子之朋亦未嘗盡君子其於國也亦視上

之所行耳上以道義以氣節相激勵則無不盡道義氣節而小人亦可以爲君子若上以權利爲指歸則下者無不以權利爲爭奪而君子可以爲小人此治亂之所由分已漢末自竇武陳蕃李膺之徒相以氣節倡乎上數十年間士大夫莫不以此相砥勵故黨錮既起死亡相踵而曾不以少餒漢之羣賢得有如此者陳李諸子倡之也唐之季世牛李之徒相與爭朝政此起彼仆迨數十年不稍衰李德裕卒以竄死滇南而唐亦未幾亡矣夫二子者未嘗不求有所益於天下也其才足以輔其志而以權利之念未去使舉朝隨之而爭權利置國政於不問而惟以排斥異己爲事宦寺之執政依然藩鎭之權勢猶昔而二子之鬭已憊矣若此者何莫非權利之念爲之耶向使陳李之輩亦以權利爲事則士大夫亦將相率而效之且不待曹氏而漢已亡矣又使牛李當日去權利之念相與戮力輔唐可以復固唐業而何有黨爭哉惜其不出乎此而卒陷唐於不可救吾故表而出之以戒後之黨爭者

吐屬明雋允稱能手

●管寧陶潛合論

鄒恩潤

天下之惡莫甚於鮮廉寡恥天下之樂莫大於內省不疚故古君子有寧願顛連困苦

絕脰殊身甘之如飴不願去其羞惡之心以忍辱含垢忝其所生有寧願澹泊自守簞食不給晏如自得不願奔走形勢之途以囁嚅趦趄自取擾苦是君子之所志君子之所樂也管寧陶潛其知之矣管寧不事魏陶潛不事宋夫豈委身一夫而斷斷於主奴之見哉爲人之道信義而已今吾有友焉吾與之同心協力而共謀事有盜焉操刃殺吾友吾無能爲禦則亦已矣苟匿怨而事是盜甚且婢膝奴顏脅肩諂笑以求媚焉則雖婦孺聞之猶爲之髮指而眥裂也以其廉恥無存而身在心死也故死君之義君子雖不取而揆之信義若棄友事盜委蛇趨炎而不知稍愧焉則廉恥牿亡其去禽獸不遠矣故揚雄王祥之流君子非之非必繩以死君之義惟哀其廉恥無存負疚萬世也此管陶二子之高風所以百世之下聞之猶爲之興起也然二子當時亦豈有所容心於沒世之名哉亦不忍去其羞惡之心以求無所愧怍而已矣嗚呼當魏宋盜國之際不顧廉恥自欺其心以效吾之所謂事盜之行如華歆傅亮之徒榮耀一時者蓋有其人矣而今安在哉而後之讀史者乃獨仰慕歌泣二子之高風至扼腕感喟不能自已則夫世人何苦而爲小人之役役不樂爲君子之介介哉嗚呼吾論二子而悲感乃益不絕於余心以謂不第爲人之道宜效二子之高風立國之元氣亦在是矣今夫對本

國之內可泰然不顧愧怍行鮮廉寡恥之事惟富貴功名之是務猶妄竊愛國之名以自文則他日如有他族來侵則亦惟利是圖廉恥罔恤順民之旗高懸義師之迎必盛簞食壺漿若崩厥角則吾族吾國之淪亡乃眞陷於萬劫不復之地矣而其幾甚微乃伏於數人之心術焉則若而人者害己之罪猶小誤國之罪實大敗壞一時風俗之罪猶淺釀成種族淪亡之罪實深嗚呼吾安所得如管陶二子者爲砥柱中流挽浩劫於萬一哉

中幅沈鬱頓挫處意境絕高

管寧陶潛合論

陸鼎揆

處玄黃擾攘之時干戈蠭起奸雄奮興此跅弛之輩正樹勳建業之際也而有士焉飄然高舉自遁於幽谷者當一姓鼎革之秋新主當陽功臣佐命此功利之徒正獵取榮顯之會也而有士焉超然遠引獨立於世表者黃冠野服敝屣萬鍾伴孤鶴而隨白雲侶魚鰕而友麋鹿嘯傲山林寄情物外毀棄冠纓恥言富貴恬淡以無爲蕭然以自得白雪其潔泰山其高望之而不可卽也仰焉而不可攀也然而彼豈樂爲是哉豈好爲高哉君子學道將以利天下學道以自隱焉重於世然而奸慦踞於朝廷伏莽遍於郊

壘小人在朝君子在野天地閉賢人隱仁義隳毀紀綱淪滅雖抱異才徒嗟不辰勉焉求枉尋直尺則又亢然羞自伍於流俗北面以事竊國之徒悲憤鬱於其中而痛戚感於其外決然知事之不可爲則毅然自遁於世守明哲之訓獨善以終其身賫恨以歿不得已而出於此者若漢管寧晉陶潛是已東漢之季羣雄並起曹操有天下三分之二華歆之徒趨之若鶩挾天子以令九州篡僭之志昭然若揭落落管寧當茲亂世傷社稷之將喪痛亂臣之柄國彼其心蓋有不勝其悲者矣西望劉備彈丸巴蜀又不足舉以抗魏空負異才生處濁世一腔熱血欲灑何從知時之終不可爲而羞伍於華歆之儕故決然自棄於物外遁跡北海之濱隱居以求其志非好爲高也自傷其不辰不得已而出於隱也易曰括囊無咎無譽管子之謂也淵明當晉末葉桓玄劉裕相繼代興夷狄紛乎外權臣踞於內莽莽神州擾攘未息芸芸醉世誰可爲儕故潔然引其身以自退欲自比於葛天無懷之民非好爲高也知世之終不可治而羞伍於俗流不得已而出於隱也易曰不易乎世不成乎名遯世無悶不見是而無悶樂則行之憂則違之確乎其不可拔陶潛之謂也二子者同其志同其行同其遭際隱逸之士也而抱濟世之志者也皭然與日月爭光皎然與白雪同潔而非好爲矯俗之行也生之不辰不

得其志而爲之者也然而後之人且爭以隱逸重之則豈知二子之心者哉

才氣掞張聲情激越文至此可謂躊躇滿志矣

●管寧陶潛合論

王官宜

夫立天下之大節者固必有非常之器然舉措行動微末小節亦不容稍忽故匹夫匹婦簞食豆羹現於色而望其棄天下如遺者安可得哉嘗讀史至漢管寧晉陶潛二傳而有所悟焉原夫炎漢祚衰天下擾亂展轉蹂躪漢室邱墟寧是時僻居遼東依公孫度約三十年方返北海其始也蓋深慨乎天下洶洶漢祚將盡士之生際此時進既不能匡君救國挽大廈於將頹退亦當潔身自隱而未可和光同塵同流合汚見遼東地獨安寧必公孫度治理有方迺翩然往依迨乎魏既篡漢雖故宮禾黍難免興悲而梓里之邦父母邱壠又焉可忽視方復旋郡然終不仕魏以終其志此管公當漢代衰亡之際節概凜然有足以照耀千古者若淵明先生身爲晉臣終不仕宋與管公亦無稍異故史書曰晉徵士陶潛卒不視之爲宋臣與書管寧卒於魏者同一筆法其事同其情同無待論矣然吾尚有說焉史曰管寧少與華歆共讀門外有顯者過歆輟讀往觀又與歆同耕鋤地得金寧揮鋤不顧歆拾棄之寧遂與歆割席陶潛之棄彭澤令也曰

不能爲五斗米爲鄉里小兒折腰其淡於榮利胸襟宏大蓋不侔而合豈賢人哲士舉措行動固常相類耶否則何後先相輝映有如是也嗟乎豈其然哉自來氣節之士造端蓋在乎幾微之間幾微既謹當震驚危難之時乃堅貞自持愈不可奪寧之割席潛之棄官蓋亦如是當其塊然獨處卽以理制欲以義行事礪節砥行未敢稍怠故一不仕魏一不仕宋有如是也匪特此也寧當漢末天下固亂極矣亂邦不居其遷遼東固亦應爾然吾以爲寧是時蓋已瞭然漢之必亡曹操以奸雄之資網羅才智終必得志苟不幸而失身於操其何以自處故亟亟然而去蓋非僅避亂已也若淵明丁安帝之時晉室危如累卵劉氏之篡勢已成淵明知其然也故棄彭澤宰以故示清潔不然身膺朝廷之命其視督郵亦有名分之可言何能以鄉里小兒目之此常人所不爲而謂淵明賢者爲之乎是二公之處心積慮以忠故君又有同焉者矣嗟乎士生於世不幸值干戈之會興亡之秋對禾黍以興悲望銅駝而垂淚懷才抱德而以氣節自見可悲孰甚於是此靖節種菊聊以遺悲所南畫蘭愈徵孤憤者歟

亦周帀亦深細犁然有當於人心

●漢唐用兵於寬仁之後故勝而僅存秦隋用兵於殘暴之餘故勝

而遂滅論　許國傑

嗚呼驅百萬生靈肉搏沙場青燐慘淡白骨嶙峋孤人之子寡人之婦離其兄弟散其親友傷心慘目孰有甚於此者乎夫含煦萬物天之道也好治惡亂人之情也違人情逆天道其敗必也所謂敗國非一好兵必亡者此也間嘗讀史每遇雄才大略之主必懷好大喜功之心以是闢疆拓土窮兵黷武靡國帑而無惜置民命於不顧洎夫偉功雖成而禍起倉卒變伏肘腋卒至衰敗其甚者則未收尺寸之效而國已敗亡有若秦漢隋唐者蓋未嘗不掩卷流涕而歎息曰奈何人主之終不悟也而哀哀我民何不幸之甚耶雖然秦始漢武唐宗隋煬之四君者皆所謂雄才大略之主也其闢疆拓土同其窮兵黷武同其勝敵威夷亦無不同而一則猶能僅存一則不旋踵而亡此其故何哉夫國家之所恃以存者元氣而已元氣者非旦夕之功也聖君賢臣積功累德以成之者也其休養者久其澤民者深蓋有由矣漢武承文景之治太宗繼貞觀之後後之稱治者文景貞觀比美成康蓋其宣布德化休養民力固有足多焉是故國有餘財民有餘力而猶不至於敗亡也然戾太子之禍天倫搆難京師流血武氏之亂唐室陵遲不絕如線則其能存者亦僅矣蓋窮兵黷武違天道逆人情雖勝而禍已伏於未形也

秦始凶暴隋煬荒淫是皆無深德澤於民國之元氣未固也況大興土木暴政苛斂民財民力固已竭矣又從而下石焉所謂如水益深如火益熱能不速亡也哉是則其勝也同而一則僅存一則遂亡蓋一則用兵於寬仁之後而一則於殘暴之餘也雖然漢唐雖存亦僅而已後之治國者其亦知所尙也哉

清詞霏玉好語穿珠發揮寬仁殘暴四字尤有精意

●漢唐用兵於寬仁之後故勝而僅存秦隋用兵於殘暴之餘故勝而遂滅論

張有楨

兵之設也所以鋤奸去暴懲不庭而衞黎庶也故可百年不用不可一日不備不用者非時不動衆也若乃窮兵黷武而無已時是玩兵也玩兵則偃武修文師不必用是棄兵也棄兵則國亂是以弗戢自焚州吁之所以亡身也州郡撤備五胡之所以亂晉也不解設兵之意又昧用兵之時更昧用兵之意欲國之不亡何可得也是以先王耀德不觀兵蓋嘗寓德惠於用兵之際非舍兵而專言德也故干羽舞而有苗可格玁狁不庭而山甫奏捷師出以時不得已而用也不然亦昧設兵之意也蘇子代張方平諫用兵書之言曰漢唐用兵於寬仁之後故勝而僅存秦隋用兵於殘暴之餘故勝而遂滅

蓋指以時用兵不得已而動衆否則非亡即亂也夫兵爲五材之一民並用之雖聖王亦不得而廢也又爲危邦亂國之原民畏忌之雖聖王亦不得而貿然輕舉也夫以聖王不得而廢亦不得而妄動則其出之也以時用之於不得已之際明矣且也得國者兵也衞國者兵也強國者亦兵也以得國衞國強國之兵而致有亂國擾民害民者失時而興師違時而黷武也秦隋漢唐四主用兵之致勝也則一其存亡之數相反若是其用兵之道明與昧判之也使漢武唐太不承文景貞觀之治軍興十萬日事遠征非惟民怨沸騰國家有空匱之厄是速漢祚唐宗之危亡也秦皇隋煬雖承殘暴之餘然能稍戢兵禍則秦隋之亡不至若是速也故漢武唐太失時不用兵則蠻夷猾夏漠南之王庭不空民命凋殘國家之妖氛不靖非所以張國威也而秦皇隋煬因之以殘暴繼之以兵災蚩蚩者氓一困於虐政再疲於兵燹千古用兵之罪魁歸之二帝不爲苛也文景貞觀而後天下歸心人歌昇平元氣不凋外禍侵入故不得已而興師雖其後巫蠱流血武氏難作而國家之元氣猶可以支故不至於即亡秦隋以殘暴之政民既不支矣其何能再遭此兵役故戰雖勝而國家之元氣已凋敝矣元氣凋敝國何以立此四主存亡之所以異也故世之用兵者當不得已而不用國必亂當休養生息之際

而妄動國必亡惟解設兵之意明用兵之時更明用兵之意則庶乎其得之矣一戰之勝負不足以判存亡也

於用兵之利害說得極有分寸庶窮兵黷武者知所儆惕而廢弛武備者亦不得藉口足當精當二字

●漢唐用兵於寬仁之後故勝而僅存秦隋用兵於殘暴之餘故勝而遂滅論

曹良材

兵者天下之凶器也非可徒快一時者必也澄觀於天下之變熟慮夫兵事之要蓄之深而後發會其通而後動若其意氣是逞干戈可已而不已民情須慮而不慮而驟與之言行軍未有不潰敗決裂者也其或恃一時兵力得奏凱歌然元氣斲喪府庫空虛亦不過殘喘僅存耳漢文景之寬仁唐太宗之平治民和俗順家給人足國家等磐石之安政令若三代之治然一經武帝之窮兵太宗之黷武雖得地千里版圖以廣不知人財俱喪元氣殆盡國運於以頹靡民氣因之不振得以立國者不絕如線耳七國之爭五胡之亂百姓之凋敝至於斯極哀哀長號欲逃死而不能茫茫前途苦謀生而無術干戈後之景象其慘如是而秦始隋煬重加之以大兵雖逞一時之勇得獲勝利然

一轉瞬間社稷以墟矣由是觀之用兵不難用之於時爲難耳用之於時雖敗無妨用之於非時雖勝難恃是故賢者之用兵須顧前慮後無意外之變其用之也要非得已也夫漢唐寬仁於前而殘暴於後以寬仁補殘暴故得僅存秦隋殘暴於前復殘暴於後以殘暴遇殘暴故遂滅亡使漢唐無文景太宗之寬仁其結果不如秦隋者我不信也秦隋無始皇煬帝之殘暴亦不至遂亡也蓋大兵之後須休養生息俾復其元故兵也者用之於不得已而非用之於得已者也用之於不得已謂之除害用之於得已謂之殘暴處乎寬仁之世而定欲行殘暴之事吾爲武帝太宗不取也處乎殘暴之餘而更欲作殘暴之事者吾爲秦始隋煬愚也或者曰兵不可用於寬仁之後更不可用於殘暴之餘然則何時而可曰其惟澄觀天下之變熟慮兵事之要蓄之深而後發會其通而後動明乎此可以用兵矣

章法完密詞氣充沛後半筆尤精警大有短兵相交再接再厲之勢

●魏武好法術而天下貴刑名魏文慕通達而天下賤守節論

彭　昕

禍之作不作於作之日蓋必有所由基兆端既見禍亂斯萌人君一好尚在當時若無

所輕重而貽將來以無窮實禍者禍機胎於是也是故曹魏骨肉仇讎其機非啟於偪奪之日實啟於魏武好法術之時西晉清談悞國其因非始於橫議之日實始於魏文慕通達之時也晉皇甫陶曰魏武好法術而天下貴刑名魏文慕通達而天下賤守節推言其然而兆端見矣夫武帝身踐戎馬掃滅羣雄猛將謀臣輻輳雲集無至誠意氣以相結惟權謀智術以相馭上以之馭下下以之事上將以之馭兵兵以之奉將彼此相馭若可相安然誠意日去智術日興此天下所以相率以求刑名也刑名之學其流慘酷寡恩恩既無有則君父可弒臣子可誅何惜於兄弟乎故骨肉之禍基於魏武之好法術也若魏文則天才放逸情思獨優有曠世寡儔之概無繩墨尺寸之拘一時摛文掞藻之流推波助瀾侈談玄理以文雅爲可貴名節爲可輕而端介自守之士不可見矣及其繼也顧視益高言論愈幻而西晉清談由此始矣嗚呼二君者一好法術一慕通達固未知其流弊之至於斯也竊嘗論之好法術而貴刑名而慘酷少恩禍僅及家庭其弊害猶小若慕通達而賤守節而清談浮說其貽害國家有不忍言者夫天賦人以智力使之有所作爲也家國之長治久安世界之昇平康樂人之識力實力致之也而彼乃專談空理不務實行排棄世務欲無爲而治豈可得乎彼何晏王弼王衍以

爲清淨自高於世無損豈知後進慕效矜高浮誕相率成風卒亡晉祚乎夫以亡國之禍而導源於一人之希慕通達禍端之兆其機微哉是以古先聖王制禮作樂立功立言必愼審周詳無或偏頗知民之效上如響斯應如影隨形造端不愼其弊立見唐虞郅治黎民鼓腹昇平三代風俗淳美而民尚忠尚質尚文一隨其上秦俗一變民俗猖獗下至戰國以降民風浮奢雜出矣由是觀之一人授政天下以風子曰用其中於民又曰湯執中蓋知一人好尙關係非輕故其爲政平易近人無非常可喜之論高遠難行之舉遠禍於未萌避危於無形行之一世而爲法垂諸百代而爲經無或有弊而後世昏庸之主或好大喜功或清淨自好不顧民俗之變貽禍之深孤行己意不思補救武文二主其殷鑒也世之在上者其亦愼其所尙哉

機局動宕氣足神完

●魏武好法術而天下貴刑名魏文慕通達而天下賤守節論

王　鎭

書曰一人元良萬邦以貞詩曰有覺德行四國順之是以古聖王之治世也以禮義爲政教以道德爲文章其言皆切於日用人倫而無好高騖遠之弊其行皆合於三綱五

常而無苛刻縱狂之虞故發爲雅頌著爲典謨足以示天下垂萬世後世之主往往徇一己之私昧爲治之本恃法術以範圍天下慕通達以收拾人心其始也固一人之好惡一人之向慕也而繼也未有不成千百人之好惡千百人之向慕者蓋上有所好下必有甚焉者矣嘗觀晉魏史未嘗不歎當時刑法之重節義之衰人心風俗之敗壞而不可救也又未嘗不痛恨魏武魏文之好法術慕通達而致天下若是其亂也自東漢以來禮教日衰文德日蔽賤仁義之士貴法術之吏而知謀能文之士類皆沈湎麴糵放浪形骸廢棄職業敗壞綱常推其故豈非魏武魏文之放意肆志而使之然也蓋法術尚則民約嚴民約嚴則刑名貴矣通達甚則縱狂生縱狂生則節義賤矣魏武之世羣談者誅腹議者戮朝野上下無不恐恐焉惴惴焉伏匿於嚴刑峻法之下是以死人之血流播於市被刑之徒比肩而立網羅周密民困極矣夫上有自專之主則下有不讓之人上有苛暴之佐則下有傷害之心魏武帝崇法術天下貴刑名矣厥後曹丕踐祚力圖郅治親文學近知謀之士開通達之途遂使徐陳應劉之輩相與優遊乎蘭閣之下討論政事互研文學固郅治之良法也然通達之途開縱狂之風熾矣於是措詞虛誕者謂之元妙居官苟且者謂之簡雅奉身放蕩者謂之曠達顛倒紛紜視天地萬

物胥歸於無有雖裴頠作崇有論以救之終莫能開其錮蔽是以廟堂之上不聞宏謨遠略共濟艱難但知縱酒狂談自放禮法之外而不以世事攖心卒至國破族滅中州衣冠人物果足用乎厥後竹林猖狂開晉室清談之風豈非魏文之好慕通達爲之厲階哉後之從政者宗堯舜仁德之治黜黃老無爲之學立經世有用之方著切實不刊之論庶可上奠邦基下厚民德慎毋蹈名流結習苛法嚴刑輕世肆志而貽誤蒼生斯善矣

精力彌滿還題處字字確實

劉裕慕容超兵機得失論

鄒恩潤

行兵之道莫要於據險莫先於神速而尤莫大乎知彼知己知彼知己而後可以藉險要之勢以制敵知彼知己而後可以用神速之道以勝敵故兵機無得失惟其用之何若而後得失判焉不然則雖據險而徒以資敵雖神速而適以墮計龐涓兼程而死孫臏之手劉禪據險而招鄧艾之逼險要神速固可恃乎哉雖然險要神速可恃而不可恃者也惟其用之何若而可恃與否判焉可恃則得反是則失兵機之得失非可泥也一言以蔽之曰知彼知己而已矣龐涓以神速敗者豈神速敗之哉毋亦不知彼己也

劉禪據險而亦敗者。豈險要敗之哉。毋亦不知彼己也。不知彼己。而神速險要不足恃。固宜。夫劉裕慕容超兵機之得失。亦得一言以蔽之曰。裕知彼知己。超則不知彼己而已矣。裕以孤軍深入。使公孫五樓之計得行。賀賴盧之諫得納。則超重兵守關。實有險阻之可恃。裕陷阱投淵。更何神速之可言。惟其知超貪婪。知超吝惜。知超必不塞大峴之險。知超必不堅壁清野。軍過大峴。燕兵不出。舉手指天。喜形於色。喜已兵機之不失也。且知士有必死之心。人無匱乏之患。故胸有成竹。行所無事。從容指顧。得奏厥功。超則不問兵士之強弱。而恃歲星之居齊。不知己矣。不防人據險。而以遠來輕之。不知彼矣。無龐涓神速之心。而具劉禪負險之事。更加以不知彼己。欲兵機之得而戰之不敗。是猶緣木而求魚也。安可得哉。兵法曰。知彼知己。百戰百勝。良有以夫。

以知彼知己四字立論。頗爲切當。遒勁處尤覺精彩奪目。

◉劉裕慕容超兵機得失論

蔡灝

劉裕伐南燕之役。衆多非之。以爲必無功也。然卒克之何哉。由其慮之熟。思之深。謀之周計之精。故策無不全。料無不中。兵無不奇。戰無不勝也。裕之伐燕。豫存必克之心。故有終始不貳之志。其有始終不貳之志。由其氣識之定。氣識定則羣議不能搖。或欲以利害之說難之則曰吾慮之熟矣觀於此言則裕之識見必有大過人者在竊聞爲將必先有料敵之智然後有對敵之法有對敵之法然後可以言戰料敵之識愈深則用兵之術愈妙用兵之術愈妙則制敵愈速故裕知鮮卑貪婪不識遠慮而後興兵知燕主必不能據大峴而後進兵則得敵人之險要矣由是而乘勝進取南燕爲墟矣南燕主慕容超誠裕所謂不知遠慮之徒也其料晉兵之不敢深入燕地故不爲備及晉兵過大峴而後出敵則已晚矣余謂晉兵之所以克燕者在得大峴也燕之所以敗者在不知守大峴也不知守大峴者其智不及也晉之得大峴與燕之失之者皆兵機之要也燕人自棄險要而不守延敵入腹此失計之尤者也至若劉裕則智機出於衆人用兵神速抑尤非超所可同日語矣

持論中肯筆亦簡當不支

劉裕慕容超兵機得失論

薛平洋

將兵之道貴能審己之機料敵之情失已機暗敵情不納嘉猷一敗塗地者愚也通己機明敵情胸有成竹卒致勝利者智也惟善將者乃能施其智巧料敵情決勝算非偶然也由是觀之劉裕慕容超兵機之得失可得而知之矣裕之伐超也論者謂裕未見

敵而先喜乃一成之勢非奇算不足謂知己知彼者也不知裕之此舉正所謂知己知彼耳大軍初出卽逆料鮮卑之貪婪利虜獲惜禾苗不過進據臨朐退守廣固此非所謂善料敵情者乎及後兵過大峴卽喜形於色以爲兵已過險士有必死之志餘糧棲畝人無匱乏之憂此非所謂善審己機者乎至其出奇勝敵撫納降附采拔賢俊儲糧運漕在在皆爲將之要猶其餘事耳若超則不然屏嘉猷棄險固延敵入腹坐待攻圍乃謂歲星居齊以天道推之不戰自克何其愚之甚耶卒至退保小城乞憐羌寇噫鐵騎萬羣麥禾遍野而今安在哉不待建康之送亦知超之將身首異處矣毫釐之差千里之謬一愚一智判若天淵兵機得失其在斯乎或曰裕不能料南燕之必無公孫五樓而能料慕容超之不知遠計究非萬全之策也應之曰唯唯否否不然此正裕萬全之策耳韓信之於井陘也曹操之於官渡也鄧艾之於陰平也是所謂善料敵者也左車之謀沮授之諫伯約之智意中事也其所以毅然出之而不顧者逆知陳餘袁紹劉禪之不能用也劉裕之於南燕也亦然公孫五樓之謀裕籌之熟矣奮然深入不以爲懼者決慕容超之必不能用也是所謂萬全之策也是故善論將者因其審己料敵其智愚能否可得而定焉不明敵情而斷送己機與人者固不足道其能料敵之有謀不

能料敵之必不能用其謀。而遂懦於行者。才小而非善將者也。非所以論劉裕也。

思筆充暢。無格格不吐之談。徵引史事。尤見切合。

●宋明道先生德性寬宏規模闊廣以光風霽月爲懷伊川先生氣質剛方文理密察以峭壁孤峯爲體論

胡鴻勛

夫性有寬狹。氣有剛柔。性之寬者。其神和融。其容怡悅。如光風霽月之可資仰慕。性之狹者。其神僻隘。其容孤陋。如曲徑小道之不可以容身。故寬性爲美德。而狹性爲不德。氣之剛者。其志高潔。其行正直。如峭壁孤峯之可以畏敬。氣之柔者。其志委靡。其行緩滯。如濃桃豔李之足以眩目。故剛氣爲美德。而柔氣爲不德。性寬似近於氣柔。而實則不同。性狹似類乎氣剛。而實亦大異。何言之。性寬者規模闊廣。其德足以化頑梗。其行可以爲師法。如光風霽月之可仰瞻。卽之溫然而無害。氣柔者靡疲不振。近之則惑。親之則溺。如濃桃豔李之足以眩目。接之者多眞性汨沒其中而不可拔。世之好爲德性寬宏者。多不知性寬之眞詮。而蹈柔靡不振之習。非徒不足以感人。而適足以害羣良。可哀也。性狹者其行孤僻。其氣傲慢。如曲徑小道之不能容物。氣剛者淸潔孤高。抗節不屈。如峭壁孤峯之可敬畏。世之言氣節者。每以高傲孤僻。不與衆同。爲善持其氣節。

而傲物不謙人不之近已亦無益卒失之孤陋爲世所戒亦良可哀也然則果何如而得寬狹剛柔之眞詮而善用之者耶歷數古人僅得明道伊川二先生而已明道德性寬宏規模廣闊德足以化人行可爲世法人接之如坐光風如望霽月雖頑梗亦感而化伊川氣質剛方文理密察其氣足以立廉懦其節可以格人心人仰之如瞻峭壁如睋孤峯可敬而不可犯明道得性寬之眞詮而善持之故不失於柔靡伊川識氣剛之要理而善用之故不流於孤僻各得其長各盡其能故二人者非徒爲有宋一代儒學之先流實爲天下後世衞道之功臣其有補於世道人心豈淺鮮哉然則如之何而能及此也曰養之於仁義之途涵之乎詩書之域出之以道行之以義躬行實踐敦篤不苟然後循其所守而充其所之則庶幾乎及於孟子之所謂善保其本善之性而善養其至大至剛之氣者矣

掃盡膚詞獨標精蘊具見涵養功深

▲辨類

●洪範言無黨論語言不黨辨　陳長源

客有問於予曰甚哉黨禍之爲烈也慨自聖王不作門戶紛爭大之禍國喪家小之身

敗名裂漢之朋黨唐之牛李宋之洛蜀明之東林或君子與君子爭或小人與君子鬭冰炭水火各不相容終乃同歸於盡而國亦隨之以殞意者黨派殆不可復興於中國乎予曰否不然世知英雄造時勢而不知時勢造英雄世知國家鑄黨派而不知黨派鑄國家有國家奚爲而可無黨派哉且吾國漢唐以來黨禍所以如此之烈者由專制政體使然耳小人之欲害君子安在不可指爲罪名君子卽無黨小人亦可中傷君子今子欲跡漢唐宋明之故事而以論共和之政體謬矣客曰如子言中國殆必須有政黨乎予曰然國會者國家之命脈而政黨者尤國會之命脈有政黨則國會之命脈固國家之命脈亦固無政黨則國會之命脈促國家之命脈亦促故吾以爲中國之興必自有政黨始客曰、然則箕子之言無黨奈何曰箕子陳洪範爲武王言之也武王詢箕子以治天下之道而箕子告之以無黨誠以爲天子固不可以有黨也猶今日之大總統亦不可以有黨也天子而有黨則失其爲天子之道總統而有黨亦失其爲總統之道古今之世變雖不同國體雖殊異然其爲道則一也惟總統無黨而後政客乃得貢其黨見以備總統之採擇易之乾卦所謂見羣龍元首吉是也客曰箕子之說既聞之矣然孔子亦言不黨其義果若何予曰孔子言君子羣而不黨此君子、指在位者、言言位至執政決不可以有黨其在今日則爲內閣總理內閣總理爲閣員領袖之人亦不可以有黨內閣總理而有黨此大亂之道也近今之弊正坐閣員與議員界線之不分議員可進爲閣員則當其爲議員之時卽有希望閣員之思想由是植黨營私適成其爲私黨與政黨背道而馳是故政黨內閣非所望於今日也內閣總理持不黨主義閣員亦抱此主義遵行之專以黨務讓之於議員讓之於國會國會議員有黨政府無黨乃能調劑各黨之所長以副政見之不逮易之坤卦所謂東北喪朋乃終有慶是也客曰子言誠辯然其如今日議員程度之卑下何曰此不可因噎而廢食也歐洲各國之政黨亦非一蹴而底於純粹要在以漸進行之耳平心而論第一次國會開會時黨爭之激烈未始非促進今日之進步則今日黨爭之激烈又安知非促進異日之進步子曷拭目以觀其後乎客乃唯唯而退

微言證古讜論切今一切囂張膚廓之談絕不繞其筆端

●孟子言性善荀子言性惡辨

高占熒

孔子之道賴孟荀而傳而二子之言性則大相反何也觀其所著言論反復引證均各近是非深思遠慮烏能定其是非哉揚子曰性有善有惡韓文公言孟荀之論性各有

所偏於是分性爲三品及至有明王陽明又曰性無善無惡然則性果善乎果惡乎予謂性之善惡定於所學之後而不能決於始生之時也孟子曰學所以成其天性也荀子曰師法禮義所以正治其惡性而使之善使各是其說則性善何必待學而成性惡亦豈學所能矯哉故禮義法度順之而性善詐謀悖亂習之而性惡三代之時德化政刑合於治理人民崇尚仁義揖讓不爭名之曰性善可也戰國之時道德淪亡文化日下人民貪殘險詐名之曰性惡亦可荀子深恨當時之貪暴而末由治之乃發憤而曰性惡以懲戒世人豈不宜乎然則孟子之時獨非爭奪悖亂之世乎孟子何以曰性善不知孟荀所言雖異而其治世之心則一也其言性善循循然使人有向善之心汲汲求學不使失其天性而曰聖人可學而至也與荀子以性惡戒人使非求學不足以去其惡而爲聖賢豈有異哉且夫性善性惡之不可定韓文公反復辨證已論之詳矣特二子治世之法各有深見故意同而法不同耳不然、所言既殊而所學必異何以孟子闡於先而荀子振於後聖人之道一、線相傳而竟賴以不墜耶雖然二子之說性關於後世之治亂亦大矣哉彼求聖人之學者固不因性善性惡之說而易其行也中人以下得毋受其影響而爲之轉移也夫夫有悖亂之行者非不知悖亂之爲惡也但爲外物蒙蔽而汩其天性使告之以性善之說則彼或反復思之一息忽悟而曰吾亦人也舜亦人也吾何爲而不可學聖賢哉奈何自棄若是是故自新者有之設或有告之者曰性本惡也則彼將淡然無慮而曰吾之爲亂惡者天性使然也天性豈可改乎於是放縱無忌有爲大亂者矣蓋性善之說明達之人聞之則求學益力而益善卽不能亦不失爲常人故有益而無弊性惡之說聞之者能懲戒而求學則善而不能者適足以堅其爲惡之心耳故弊多而益少是以後世之君子雖未嘗判其是非而性善之說常深信不疑蓋以此也然孟子意在誘人爲善荀子意在強人去惡二者均待禮義之道師法之化以成之然則世人其務學乎哉卽不善者可化爲善而況天性本善也乎

理達詞適亹亹稱心

書者古人之糟粕辨

陸承謀

神虛也形實也耳之所聞目之所見手足口鼻之所接觸無一非形卽無一非實形之外有神焉耳所不能聞目所不能見手足口鼻所不能接觸形之所存神輒附之目迷於色耳困於聲者下愚也察其形而悟其神者上哲也莊子天道篇曰書者古人之糟粕聞斯言而知讀書之旨矣夫書形也意神也意可悟而不可必悟讀其書不悟其意

是猶舍精華而嘗糟粕愚孰甚焉古人修詩書定禮樂創制度凡修齊治平之道莫不筆之於書著之於册古人死而古人之書不亡古人之書不亡則古人之道不滅道託於書書以道傳道不以書立而以書顯有道而後著書非著書而特設道書滅而道不顯然道不與之俱滅也糟粕其書者非糟粕其書也糟粕其形也糟粕其形者非糟粕其形也形之外有要於形萬倍者卽形外之神書中之道是也以精華視道不得不以糟粕視書此莊子之旨也且糟粕非敝屣之謂也不有糟粕何得佳醸不有書詩安顯大道第取舍之間愚者昧焉糟粕其所當糟粕古人之道所以傳也糟粕其精華而精華其糟粕使古人之道存其形失其神悲夫

跌宕縱橫使筆如劍文之有內心者

◉史記世家首吳太伯列傳首伯夷辨　錢德新

郅治之原爲道不一緣之以臻大同之盛者讓而已矣肇亂之因爲數綦衆挾之以興殘賊之禍者爭而已矣綜觀今古橫覽中外莫不同然是故有堯舜之讓開唐虞三代之盛軌有秦漢之爭貽後世無窮之實禍此讀史者所以景仰稽古同天之治又深痛夫後世專制之毒極於祖龍一往而不可遏也此豈獨我中國爲然哉有華盛頓讓德

不居拂衣歸里肇合衆國無疆之庥有日之藩幕之爭法之內外之爭使其國無寧日民無安時而日與法亦一時幾蹶而不可復振蓋天下之亂不亂於亂之日必有所由亂爭故亂也天下之治不治於治之日必有所由治讓故治也讓以讓而終吉訟以爭而終凶易之示人無微不至顧世之好爭者常爭其所不必爭卽有一二能讓者亦不自知其讓所不當讓此又重可悲夫是故爭讓之辨不可不立界說於其間爭其所宜讓爭固不可讓其所宜爭讓亦不足貴爭其所當爭史記陳涉所以列世家項羽所以列本紀也讓其所當讓史記世家所以首吳太伯列傳所以首伯夷也此則太史公之深意微旨也夫天下何自而爭爭之始由於專制之國君以壓力制黔首於是國民抵抗之力生焉故有能覆專制之國君者卽足以消弭天下之爭端陳涉項羽亡秦之功勝於漢高數倍烏可以成敗論哉此所謂爭其所當爭也若夫太伯之至德伯夷之求仁得仁其砥礪廉隅卓然高志處不必讓之地而亦決然舍去者豈第爲一時計哉千百年下受其賜矣然非孔子表彰於先太史公發揮於後後之學者又孰從而知之夫太伯知商道中衰其父有翦商之志競爭之禍不能免也讓國不嗣逃之荆蠻其能讓也如此伯夷則讓其家國往歸西伯及武王東征叩馬而諫不食周粟餓死首陽讀其

以暴易暴不知其非之歌乃知伯夷之心非特不以武王之征誅爲然亦並不以成湯之放弑爲是誠以獨夫可殺而天下不應私爲己有後世開創之君多藉湯武以爲口實者嗚呼是皆太伯伯夷之罪人也太史公取以居世家之冠列傳之首者其義豈僅欲昭著太伯伯夷能讓之德哉亦將使天下後世知讓德之可貴於以息種種導亂肇禍之競爭臻世界於大同之治其志猶孔子之志也夫春秋始於隱公尚書首稱堯舜聖人垂典萬世首以讓德爲重竊謂自尼山而後知先聖大義微旨如司馬遷之爲人有足稱者嗚呼堯舜尚已自禹之殁益讓而啓不讓遂開家天下之始實爲後世專制之始循斯而降上者爲湯武之君其次爲漢高又其次爲秦政質言之皆專制之國君也而天下由是爭且亂者數千年上之太伯伯夷之盛德不可得也次之許由巢父之淸風不可見也又其次陳涉項羽之義烈泯然無聞也其貌爲讓德者則爲王莽曹操司馬懿之徒耳嗚呼此三代而下亂臣賊子所以接跡於後世歟

文境如天半白雲自爲舒卷非深得史公神髓不辨

◉太史公不爲墨翟立傳辨

彭昕

予讀卒史記孟子荀卿列傳之篇不禁慨然興曰聖賢衞道救世之心無微不至也儒

墨並稱於世久矣。而史公傳七十不及之者。此則史公微旨所存。後人所當深省者焉。夫吾道之不窮。在傳之有其徒。堯以是傳之舜。舜以是傳之禹湯文武周公孔子。孔子傳之孟軻。軻生當亂世。承絕學於一線之餘。値異端蠭起之際。天下之言。不歸楊則歸墨。大道不明久矣。乃悲天憫人。出其義正詞嚴之辯。以拒詖行。放淫辭。不禁大聲疾呼曰。能言拒楊墨者。聖人之徒也。聲教所迄。四海向風。而道乃巋然獨尊。史公生軻之後。同軻之時。奮筆作史。上比春秋。慨然以聖人之徒自任。崇正學。闢邪說。乃師門之大經大法。不容或妄。此史公衞道之心。故不爲墨翟立傳也。難者曰。墨非邪說。可比韓吏部非聖人之徒歟。亦曰孔墨道相爲用。而史公以孟子拒之而拒之。毋乃未聞道乎。應之曰。此韓子權宜之言也。當時人皆自私自利。毫末必爭。舉世皆楊氏之學。非以絕對兼愛之說救之不爲功。故韓子云然。不知學非正學。未有無弊者。始以其似而不正之其害。將不可勝言。故史公於孟荀列傳篇末。以善守禦爲節用六字。斷定墨子。利弊俱在。純疵自彰。烏在其未聞道也。且當是時。黃老盛行。異端曲學。連翩而起。亦大道陵夷時也。史公秉筆當世。仗義立言。砥柱中流。天職所在。此史公不立墨傳。又其救世之心也。難者又曰。然則傳老莊胡爲者。曰。嗟乎。此良史之苦心。惟後人所當共諒者也。當時上下皆惑於黃老文帝優容武帝迷惑是其徵也倘直言之必不能見容反足以賈禍故史公述老子詳其姓字里居職守後裔并其學之大旨一則曰隱君子再則曰隱君子以明老子亦人耳非乘雲御龍者比也一以解上下之惑一以明宗旨之偏不傳者固拒之傳之者亦未嘗不隱斥之其傳序異端之心即其闢異端之心也傳不傳者時勢爲之耳要其救世之心一也歎吾道之大光而作孔子世家羨三戶之亡秦而立項羽本紀游俠作傳歎王道不明人之多悖行也平準成書痛民生困苦言利析秋毫也孟荀列傳一篇之中於孟子凡四致意焉承道統也於戲史公以如炬之眼如椽之筆因時立言遺教後人誡後人不能及者故其本紀項羽世家孔子序游俠書平準列傳孟荀黃老皆與不立墨傳同法也皆其衛道救世之心也

正寫處議論正大不失之平旁證老子立傳之故可謂驪珠獨得

●無赦之國其刑必平重歛之國其財必削辨

許國傑

人主欲以三代之治治其民莫貴乎其誠也誠則民服民服則國強此不易之論也然後之人主見不及此何哉曰三代之治爲民後之治不爲民爲民故能誠不爲民故終不能誠不能誠此後之所以不能爲三代也蓋嘗論治國之要曰刑罰曰財賦三代簡

省之刑什一之賦而後則嚴刑峻法橫征暴斂然而三代之刑常平財常裕後之刑常不平財常絀此其故何也夫刑罰者所以罪奸邪也財賦者所以足國用也而要皆所以爲民也是故三代之世刑雖簡而罪者必罰無所用其赦也不赦則奸邪者無倖冀之心刑罰無苟且之處刑罰明刑斯平矣此三代之所以奸邪匿迹而刑罰反無以用也後之世刑雖嚴而常赦夫罪者罰刑之常舉而赦之則無以警奸邪於是效尤者踵起而罪者有罰有不罰者矣則刑罰不明不明斯不平矣三代之世寄財於民故民常足國用常裕所謂民足國無不足也後之世聚財於君故民常不足國用常絀所謂民不足君孰與足也是又三代之所以財裕而後世之所以財絀也要之三代以誠治民故視刑罰不過爲助教化之不逮視財賦可與民共之是以治民以教化而不以刑罰惠民以仁政而不以赦足國用不以聚斂而以養民後世以不誠治民故視刑罰爲強國之柄財賦爲富國之基是以治民不以教化而以刑罰惠民不以仁政而以赦足國用不以養民而以聚斂而要其終則赦民者反自壞其刑重斂者反自絀其財而莫之知也王通際隋煬之初當時正多赦重斂之秋也故不覺慨乎其言之也

筆意清矯得手處尤能將題義實實寫出合作也

※

終

蘇州觀西 振新書社發行局刻家藏善本書目

唐蔚芝編論語新讀本 實洋 三角
唐蔚芝編孟子新讀本 實洋 八角
唐蔚芝編孝經新讀本 實洋 一角半
靈鶼閣叢書 八元
兪蔭甫叢書 二十元
昭代叢書 六十元
古逸叢書 連史 竹紙 實洋 廿二元 十七元
海山仙館叢書 三十六元
八史經籍志 連史 竹紙 六元 四元
清御纂七經 實洋 十二元五角
影宋本唐人小集 八元
蘇詩編注集成 實洋 三元七角
唐宋詩醇 實洋 二元二角
唐宋文醇 實洋 二元
李氏駢體文鈔 一元二角
藏書紀事詩 五元
江刻書目三種 二元
碑傳集 連史 賽連 實洋 十二元 八元六
姚刻三韻（集韻・類編・禮部韻略） 十二元
續復古編 四元
古泉叢話 六角
語石 三元二角
繆篆分韻 二元五角
漢隸字源 四元

鄭板橋四書眞蹟 二元
段氏說文 五元
絕妙好詞 六角
左傳事緯讀本 一元
史論一編 四角
校邠廬抗議 二角
朱氏經義考 實洋 八元二角
西湖志 實洋 四元
浙江通志 實洋 十八元五角
續資治通鑑長編 實洋 十七元二角
續資治通鑑長編拾補 實洋 二元七角
大學衍義 實洋 一元一角
前塵夢影錄 三角
箸花圖詠 二角
西疆雜述詩 六角
改良游戲益智圖 一元二角
韡園醫書六種 一元六角
世補齋醫書前後集 亖元六角
傷寒類方 五角
醫學金針 六角
外科全生集 二角
理瀹駢文摘要 二角
衞生要術 一角半
閱微草堂筆記 三元

分售處 上海徐家匯 蘇州觀前街 蘇新書社 國民圖書館

校長唐蔚芝先生鑒定

南洋公學國文成蹟二集

上海蘇新書社
蘇州振新書社
發行

上海

南洋公學國文成績二集卷六

△說類

●士朝而受業晝而講貫夕而習服夜而計過無憾而後卽安說

鮑國寶

學者所以學爲人也故受之於師質之於友反之於身存養之體察之然後能書我無間而獲益於身心也不然書自書我自我何貴於讀書乎聖人之道載於六籍非學無以知其體非講無以通其微非躬踐無以見其用非省察無以致其精未有不明體用不見精微而能行其道於天下施其德於萬民者則受業講貫習服計過之爲要也亦審矣今之爲士者吾惑焉耳之所聞則遽以爲道體目之所見則遽以爲學問不辨其精粗不知其是否茫然而不明其旨昏然而不通其用又或專務議論泛濫空言反覆乎諸家之說審愼乎經史之間立言必務博說理必及微然而知與行違聞與用乖吾未見其能善身而善天下也吾之所謂學者則不然學必窮其理知必致其用朝受於師者晝必講而貫之以窮其知之微日行於身者夕必察而改之以致其用之精言必

己行行必己知雖一言之細必體之於躬雖一事之小必衡之以理是學也爲己之學也斯吾之所謂學也非向之所謂耳目之學也詩曰如切如磋如琢如磨窮理之謂也曾子曰吾日三省吾身精察之謂也陽明之知行合一致之於身也白沙之隨處體驗察之於事也嗚呼聞之而以爲有得而無憾知之而以爲已足而卽安此後世之所以博而寡通多空言而寡實事也哉

意境不差搏捖有力

●君子能勞後世有繼說

馮寶仁

天之生斯民也賦之耳目手足所以使之勞也聽者耳之勞也然多聞而耳聰視者目之勞也然多見而目明手足多勞而愈不見困乏故傳曰民生在勤勤則不匱古者一夫不耕或受之饑一女不織或受之寒匹夫匹婦又無不勞也而況在位之君子乎君子者高居廟堂坐而論道博帶峨冠食美粱肉將必謂自耕而食自織而衣方得謂之勞乎不知君子勞心小人勞力小人勞力以奉君子君子勞心以治小人食而怠其事必有天殃夫人主之子骨肉之親徒恃無功之尊無勞之奉三世之後鮮有繼者況於人臣乎周之卜世三十卜年七百賴周公以無逸戒成王也楚之得霸南方與晉爭雄

者賴若敖蚡冒篳路藍縷以啓山林也非君子能勞後世有繼固如是耶憂勞可以興國逸豫可以亡身是則不勞而逸所謂我躬不閱遑恤我後者也歐陽子之言其與敬姜之言相發明乎

文筆清朗竟體無疵

守禮莫若敬守敬莫若靜說

張孝友

禮者心之表也敬者心之容也靜者心之性也講禮而略心是謂不知本心有所未明雖揖讓不中也心有所未寧雖章甫不和也目動而色驚言流而神冥者不誠知止而后有定止於誠也定而后能靜定於正也靜而后能安安於敬也安而后能慮慮於禮也慮而后得心之體反性之天用則安百姓堯舜之事也曲禮曰毋不敬明乎敬爲禮之本也聖人懼乎敬之混又明其致力之方曰儼若思安定辭而以安民爲執禮致敬安定之效嗚呼使管氏而果知禮雖王可也猶幸而管氏少知禮不然並伯亦不可也何以知之於守禮莫若敬守敬莫若靜二語知之中庸謂未發謂之中發而皆中節謂之和和者禮之用也未發之中其心純然不動於聲色不動於財利不動於好惡哀樂不動於古今往來恬然浸淫於理海之中故能明察也發而中節即敬也喪而哀祭如

在出門如見大賓，使民如承大祭，何處而恂恂便便，何處而誾誾侃侃，何以克孝，何以克忠，舉凡周旋動作之禮，胥發於中誠，而無絲毫虛僞雜揉其間，是之謂和。能致中和，而天地位，萬物育矣。後儒講學，敬靜分門，主敬者闢靜爲禪，而不免於拘；主靜者又闢敬爲陋，而不免於虛。二說相離，適成其弊。蓋禮不可以苟簡成，心不可以躁浮定也。良知之致，其亦猶中和之致乎。觀敬靜之言，管氏亦嘗窺乎禮矣。

以中庸證管子，芟盡膚詞，獨標精理。

目不兩視而明耳不兩聽而聰說

趙以馨

夫壹其志而後能誠其意，正其心而後能致其業。駑馬而致千里，非力之加也，其心一也；蜒蝸而登岑樓，非行之捷也，其志專也。是故羊以多歧而亡，紛其心也；流以多枝而竭，徹其積也。君子之於學也亦然。聲色貨利足以蕩我之心，苟不壹其志，則放其心於聲色貨利矣；富貴功名足以誘我之心，苟不壹其志，則放其心於富貴功名矣。夫以有盡之歲月，忽焉而放其心於聲色，忽焉而放其心於貨利，忽焉而放其心於富貴，忽焉而放其心於功名，陷溺其心，紛棼其志，而欲望其力致於學也，不亦難乎？故荀子有言：目不兩視而明，耳不兩聽而聰。蓋業貴專也。離婁之明，非其目之有異乎人也，惟壹其志而專於業斯神乎目矣師曠之聰非其耳之有異乎人也惟壹其心而誠其意斯神乎耳矣壹其志則人皆可爲離婁矣正其心則人皆可爲師曠矣孟子四十不動心孔子四十而不惑夫必壹其志而後能不動其心必正其心而後能不惑其志養之者深守之者固故外物之紛紜無所動其心也世事之得失無所用其心也其深造以漸非一朝夕之功焉是故堯尚兢兢天下之大不足以移其志舜尚汲汲四海之富不足以躊躇其志壹其志正其心此聖人之所以神哲人之所以賢紛其志溺其心此匹夫之所以愚鄙夫之所以陋故學無津涯壹則可得其微善無畫量誠則可致其極涓涓之滴一其流以成江海塵塵之細一其積可爲九仞曾參雖魯所以終得一貫之傳也嗚呼吾心惟一而外物之擾我神明者不一不能一其志則不能誠其意不能誠其意則不能正其心不能正其心則不能致其學喪行失恥而不惜矣讀荀子之言學者其亦知專其所業乎

局度渾成吐屬名雋足徵績學功深

●目不兩視而明耳不兩聽而聰說

顧懋勳

人體之至明者目也事物陳於前小大畢察也人體之至聰者耳也聲音發於左右高

下咸聞也專其視則毫釐精粗無不察可謂察察其明矣然以之兩視則秋毫車薪亦失其小大專其聽則清越闇啞無不辨可謂昭昭其聽矣然以之兩聽則五音六律亦失其高下荀子曰目不兩視而明耳不兩聽而聽吾讀勸學篇而後知心貴專一矣夫目兩視而不明耳兩聽而不聽非視力聽力之有限明與聽之有不足也明與聽未嘗有損益在乎心之用無二而已夫目之能察非特目也心察之也耳之能辨非特耳也心辨之也故目能視而所以視者在心耳能聽而所以聽者在心目視之心察之而後能見耳聽之心辨之而後能聞是故目之明非目之明也心之明也耳之聽非耳之聽也心之聽也目能兩視耳能兩聽而心不能兩用故方目之視二物而聽二音也彼心者必且歧其用以察斯二者於同時也是心必將失其明也失其聽也心失其聽與明而責目之明耳之聽其安能乎是故目兩視不明耳兩聽不聽由於心之不能兩用也傳曰心不在焉視而不見聽而不聞蓋方心之欲審此二物而辨此二音也是心已淆亂也此所由不見不聞也故曰兩視不明兩聽不聽此其旨歟

細膩熨貼題蘊畢宣

●目不兩視而明耳不兩聽而聰說

陳邦亮

孟子曰學問之道無他求其放心而已矣所謂求放心者一其心也其心一其志純矣其志純其用專矣無憒憒之志者無昭昭之明無縣縣之事者無赫赫之功此荀子所以有目不兩視而明耳不兩聽而聰之說也夫目者心之浮也耳者心之指也以目觀物而有兩視以耳聞音而有兩聽則其心不能一矣心不能一志必蕩矣志蕩而心不一則視猶不視聽猶不聽安在其能明與聰也是故君子爲學必先專一其心霤能穿石梗可斷幹螾無爪牙筋骨之強利上食晞土下飲黃泉用心一也蟹有二螯八足寄於蛇蛆之穴用心躁也孟子稱奕秋誨二人奕一人以爲鴻鵠將至思援弓而射之卒無所成可謂不專心者戒矣故能專一則大儒可成不專一則雖學奕者亦不得也夫不能專一之弊在無定力無常心聞人之說隨其誕而改所守昔人以出見紛華而悅爲患爲此故也方今學科紛繁其足以奪吾人之心志悅吾人之耳目者豈特兩視兩聽哉吾輩學子宜何以愼之不然無事一之心志徒效他人之所爲而自遷則所學雖多毫無所得有何益乎

前半精快絕倫獨得題旨餘亦穩愜

●與人善言煖於布帛傷人之言深於矛戟說

薛紹清

自古善感人者必感人之心而不務感人之身何則身感止於當時而心感則無窮也余讀荀子榮辱篇見與人善言煖於布帛傷人之言深於矛戟數語不禁歎其識力之高學問之精矣竊嘗聞之好言自口莠言自口言固足以造福而亦足以召禍與人善言人感之傷人以言人嫉之此理之常無足怪者然則奚解於善言煖於布帛惡言深於矛戟之謂乎曰此無他言及其心而物及其身也蓋布帛雖煖煖於一時故其感也亦一時布帛敝斯不煖感人之意亦隨以去矣至若感人以言導人以善愚者明之黠者化之使貧乏者得以自立窮困者不流於惡夫是而人感之以心感於心者其感深感深斯終身勿忘矣是故善言之感人與布帛之煖人其相去直不可以道里計也然則與人善言煖於布帛彰彰明甚矛戟之於人亦何獨不然其創人也暫故人之仇之也暫創去而人忘之矣至若傷人以言則不創其身而創其心身被創可得而復也心創不可復也創不可復而人之憾之也亦無窮矣是則傷人之言創巨痛深固非矛戟所能比也吾嘗觀於今之世矣是非混淆曲直不分不問人之善惡務以毀其名譽爲快處士橫議天下騷然不知人之不善宜勸之而不宜毀之勸之則開其自新之路毀之不啻絕之絕之則人之怨深矣是故愈詆謗而人之爲惡也愈衆愈彈劾而人之不

法也愈多紛紛擾擾迄無寧日此則不與善言而務傷人以言之效果也當世之人其亦三復斯言乎

力矯膚庸使筆如劍

有師法者人之大寶也無師法者人之大殃也說

杜光祖

當人之生也無智無識渾然同乎萬物迨夫養育有方訓教有道始得自別於禽獸而爲萬物之靈是故人之所以異於禽獸者以其有智識也雖然鸚鵡亦能言頑象亦能舞飛鳥作巢於千仞之上走獸藏身於巖穴之中以避刀矢以保厥身是則禽獸亦未嘗無智識也是則人之所以異於禽獸又不僅智識也已必有道焉其道維何曰良知而已矣曰道義而已矣雖然學問道義非生而知也欲知必學學必有師師必有法師者所以導人於惑也法者所以範學於正也有師法則耳以聽目以明禮義以行良知以充聖人之大道了然於胸中明察燭物勇毅任事爲君則天下治爲吏則閭里安爲士則著書傳道爲農則服田力穡爲卒則效命疆場工商不欺淫巧不作無盜賊之患無凍餒之憂若是則有師法者豈非人之大寶也哉反是則雖有知勇察辯止足以爲盜爲賊爲奸爲惡以其不知用知勇察辯之道也爲奸惡者必非愚庸愚庸無其才智

也爲大盜者必非懦夫懦夫無其勇略也惟其有才勇而不知大道不明禮義遂至身喪名裂家破國辱而曾不一悔是乃不學之過也是故無師法者豈非人之大殃也乎雖然人之宜有師法固矣然而其人之可師與否其道之可法與否又不可不察也師聖人之徒法先王之道則無往而不利是可寶也若以奸惡小人爲師亂世之道爲法則其害有不可勝言者矣又豈特喪身敗名而已哉世之青年尚其愼諸

掃盡膚詞獨標精蘊後段駁進一層尤具卓見

有師法者人之大寶也無師法者人之大殃也說

胡鴻勛

車必有軌水必有道猶學必有的道必有宗也車軌納車於道而導車以達其所止水道範水於途而引水以至其所歸猶師法之授人以求學修道之方而規納學者於正軌以達其的而傳其宗也車無軌則覆水無道則溢人而無師法則杳迷而茫無所之矣是故爲學修道不可無師法當人之初學也漠然不知何所從敎之以禮義誡之以以道德則循循然爲善矣使惑之以邪說誘之以異端則孶孶然爲不善矣爲善者惟國福是求民利是謀以致治天下爲不善者廢公德以圖私利毀衆議以逞己意以圖亂天下是則師法之有無天下之治亂人民之禍福繫之爲學修道者其可忽乎哉苟

子曰有師法者人之大寶也無師法者人之大殃也其爲此言也蓋有鑒夫周末異端横行邪說並起羣儒相率以歸於邪棄師法而不講也三代伊呂周召諸人仁義爲懷公正是崇救民除暴治國安衆所謂有師法者人之大寶也厥後政教不行禮法壞斁迨及周末釋老流行百家並興羣儒惑之相率以歸賴孔孟著書立說以斥之師法得不絶如綫荀子亦惟恐學者之流於邪也作儒效篇以明師法之奧旨誠不啻示迷者以途也然而當周之季楊墨交作申韓並起其他無師法者均競起以殃民故周末大亂歷數百載而稍治賴孔子孟荀之輩師法猶得以流傳後世故余以爲孟荀志同道合當並稱於後世衆人闢之不亦惑乎嗟乎後世之無師法本邪說以殃民者多矣安得有如荀卿其人者作說以誡之哉

詮題有法動中肯綮

天有常度地有常形君子有常行說

范祖壁

天下有一道焉奉之則生舍之則亡趨之則存背之則滅小至昆蟲之蠕動大至神龍之變化莫不賴是道以得生是果何道也豈非常道乎若網在綱有條不紊如輻在軌進行有序是謂之常道凡物以常道爲生存之本而最顯其效者莫如天地蓋天以十

二宮分爲三百六十度衆星拱北辰分晝夜而成四序此非天之常道乎地以江河湖海之位置參伍錯綜歷千萬年而不變山脈岡嶺之蜿蜒羅布地上經幾百世而如舊者此非地之常道乎夫天地有常度常形此天地之所以不滅也萬物各有其常道此萬物之所以不滅也豈君子而可無常行以保持其不滅乎夫所謂常行者謂無論處亂與治皆當以道義自持而不失其進退之宜耳世固有自命爲君子者幸亂世之無訛謗利祿當前忽然改其常行彼自以爲甚巧而不知甚鈍彼自以爲甚智而不知甚愚蓋人能保其常行則流芳百世而其名萬代不滅而非然者貪一時之利滅永久之名計一時之功忽將來之譽則如蟪蛄之不終朝而滅耳亦可哀已嗟夫君子之有常行豈特爲一時一事而已哉日月經天江河行地孔子之道至今而人皆贊嘆然則所謂常行者果綿綿延延歷千萬世而不滅者也常行不滅而人類生存之道亦不滅彼贊嘆常行渴慕常行者雖不能盡爲爲常行者之所爲然有此心存此意常行之必不滅於天地可斷然矣不然并此贊嘆渴慕之人而無之則世界無是非而大亂起人心無善惡而良知泯非至於禽獸食人人亦相食而盡滅人類不止也彼爲常行者之君子固不敢持此心理卽其知之而以救世之誠意發爲特立之常行當時之反抗既所

不顧後世之廢棄亦不願計心惟知此常道之能促進社會保持文明有一刻不能舍之之勢故勃然而起以身作則世濁而我清人醉而我醒立廉恥育仁義爲萬世標不滅之道爲人羣謀進化之由一身持之而不變者人人可效之以不變者也卽萬世之人可效之以不變者也惟人人可效之以不變萬世之人可效之以不變故君子常行之道無人不可行之而得利卽無人不可行之以利衆救社會之腐敗恃此道也挽世風之日下亦恃此道也吁君子常行之道其眞天地間惟一之道與天有常度地有常形之道並垂不朽矣可不貴哉可不貴哉

闡發盡致語重心長殊有側身天地蒿目時艱之感

●倏忽爲混沌鑿七竅而混沌死說

談鐵肩

芸芸以生噩噩以居天下相安而無事者幾萬歲矣自聖人揭仁智以招天下於是仁者戕其性以爲仁不仁者飾其仁以欺世智者殘其德以爲巧愚者殘其德以善其巧是以大亂聖人不知亂之所由在乎仁智且以爲仁智足以治天下也故聖人愈多而天下愈亂嗚呼此莊周所以有七篇之作也始乎逍遙以遊物外其心虛虛故可以齊死生是非得失吉凶而又以爲人所貴乎生者道得則生弗得則死故次以養生主養

生之道得乃可以入世然又恐人之入而不反往而不來故當明乎出世法而次之以德充符人能出入乎人世則外死生而安天命故次之以大宗師然終未能忘乎世者也故終之以應帝王夫帝王之所以爲治者非仁義之謂也順其自然而已若強開耳目食息以爲巧者是儵忽之過也知者任其知不知者任其不知此混沌所以生也朴而削之而使其受於天者與之俱盡則混沌之死又何怪焉嗟夫三代以下莫不傷伐其性矣欲以明民適以愚民欲以貪生適以喪身去性愈遠而生愈窮後世之帝王皆欲鑿其七竅以長有天下天下所以終古而無治嗚呼不得逍遙而傷生者皆知巧之過也此莊周以之結七篇之意與

陳義甚高詞亦研練

●儵忽爲混沌鑿七竅而混沌死說

陸學機

天地者一大造化之場也造化者萬物自然之階級也纖微之莖長大而爲百尺之木一顆之卵生成而爲千尺之鵬玄玄也妙妙也各得其眞性而生各歸其自然而化詎智力之所能及哉鶴之脛鵝之頸不可以長而短之也雀之細鵬之巨不可以大小而均之也馬之逍遙於野山之間踐霜雪禦風寒齕草飲水翹足而陸義臺路寢無所用

也鳥之飛翔於森林之中棲於枝宿於巢迎風而鳴日入而歸金牀豐饌非所願也世之治馬鳥者編之以皁棧幽之以竹籠則馬鳥之眞性已失而望其保天年難矣吾讀莊子應帝王篇至儵忽爲混沌鑿七竅而混沌死一段益悟天地自然之道智巧之足以傷生失性者矣夫物無無因而生亦無生而無性有生故有性有性故有生皆得之於造化之玄妙天地之自然故玄妙卽爲生物之眞性自然卽爲萬事之眞理物不能離眞性而久生事不能離自然而久治故曰遊心於淡合氣於漠順物自然而無容私焉則天下治矣嗚呼摶摶大地浩浩宇宙知謀一用機巧日多眞性喪失自然失序故人不滿百年而卽夭世無百年而久治知巧之喪失生性擾亂自然可不畏哉

筆致敏妙動合自然

●魚相忘於江湖人相忘於道術說

凌鴻勛

天地生物無心成化山川泙湃河海交運孰主張是孰維綱是衆生芸芸各守太玄安土樂俗莫知其門故曰太古之民渾渾爾無智巧也上古之民樸樸爾無形累也無爲而治道順而理夫是之謂大同之世道漸下衰競巧鬬智聖人者出乃生仁義民生不樂其常而思漸歸於利道又下衰姦宄竊起盜攘仁義而罔知所屆智巧日增邪佞充

斥而神州潰騰，天下不治。故曰仁義之興，其始於大同之後乎；盜賊之起，其又始於仁義之衰乎。莊生曰：魚相忘於江湖，人相忘於道術。江湖之大，不見水端，兩涘渚崖之間不辨牛馬，儵魚出游，從容各安其安，而未始有事也。其所以相呴以溼、相濡以沫者，吾知其必處泉涸赬尾之時矣。大同之世，民生純樸，相安以居，而不相爭以奪，道德不廢，安取仁義？仁義不衰，安有盜賊？羊肉羶而蟻慕，智巧多而民苦。肉不羶，蟻不得而慕也；蟻不慕肉，雖羶無害也。不爭智巧，不爲物累矣；純樸不殘，智巧不生矣。狙便給而攫，殛金踴躍而不祥。我不有之，彼惡知之；我不賣之，彼惡鬻之。此莊生所以悲人之自喪，而又悲世之悲人之所悲者也。彼夫知士思慮，辯士騁談，策士樂變，徇物慕名，而未始以爲恥者，去古益遠，性囿於物，而自苦其生者也。然則一治一亂，一勞一逸，一樂一憂，有由來矣。使魚不呴濡於陸，而游於廣漠之澤、濠上之淵，與類相忘，渺滄海而不辨，此魚之至樂也。人去其蹩躠之仁、踶跂之義，無我無物，孰知孰能，乘日之車而游於襄城之野，不以域進，不以域退，守吾太玄，忘於道術，此亦天下之至樂也。

左宜右有，書味盎然。

◉心之精神謂之聖說

王濟熾

析於無間之謂精化於無形之謂神凡事物莫不具表裏精粗之觀應奇翼變之化不察焉則惑察而不精則罔故欲察物之精必先培我之精欲窮物之化必先培我之神而精神之用皆寓於心故以心御物則萬物莫不小以心入物則萬物莫不大御物則析理辨義莫不由於正持經度權莫不歸於道入物則充塞妨礙不能自通眩惑混殽不能自明故聖者通明而已通無不達明無不燭此精神之析於無間化於無形之用也然則何以養心之精神曰靜曰敬靜主敬敬主一夫天下事若是其錯綜糅雜也若是其杳矯變幻也忽於幾微卽差以道里故顏子有如愚之美衛武有屋漏之箴聖人持靜以察物主敬以觀化故精神之用周而不敝上以察治亂興亡之迹下以明風尙因革之數高之則參乎造化深之則消息於幾微道出一貫無枘鑿齟齬之病蓋其竭精會神者至也故曰心之精神謂之聖

相題精細動中肯綮

心之精神謂之聖說

顧懋勛

不觀夫火焰之罩乎其始本燦爛光明也待夫焰光熾起煙氣噴薄而暈暗曖昧矣然其本體之明未滅也偶或擦而磨之則光照猶昔矣時擦而時磨之不使一纖之垢汚

染之則其光明且日出而不窮也貴在去其垢而已矣夫心者亦若此也其始本虛明不昧昭昭靈靈不待外力以明之也及夫思欲橫興者好陡起而此心之靈汩以滅矣有以義理克制之剷削薙獮淨盡則天君常靈乎方寸間也貴在制私扶理而已是故此心之靈否視乎制私扶理之力之有亡常人汩於私欲天理蕩然故厥心昏昧失此毅力也反此而陶冶其天理保存其良知芟夷其私意蘊崇其人欲造次必於此顛沛必於此則聖賢可致也具此毅力而已雖然毅力云者亦豈外來之力哉乃此心之妙用耳夫此心者乃義理私欲之大戰場也私欲勝則義理不能幸存義理勝則私欲必歸失敗惟強毅神明之心乃具扶理擢私之力故天理常勝弱耎庸俗之心則無故義理與私欲常戰於中而私欲常勝何則私便己欲適情也故曰心之精神謂之聖精神者乃扶理擢私之力所團結也

樹義必堅摛詞無懦

●心之精神謂之聖說

封廣達

人之生也天同賦以仁義禮智之性初無所軒輊無所謂聖愚也及其長也智竇漸生所習不同所染各異爲善爲惡判若天壤性本相近習相遠耳心體也四肢用也精神

本也意思末也心之所之發之於四肢而行爲見焉而善惡判焉心者四肢之主宰也精神者心之良知人所共有者也意思者爲人類求遂其境遇達其目的之作用也境遇不同目的不同而人之思想卽各異思想善者由精神衍出者也其惡者境遇目的有以使之然也淸晨捫心未嘗不自知其非此卽所謂良知所謂心之精神也自知其非而不能悔者精神不足以勝物欲也聖之爲聖行不越乎良知造次顚沛不違於精神此塗之人可爲堯舜之證也卽彼窮凶大惡心爲利驚棄精神於不顧而其良心之精神爲人所固有不因其棄而喪失欲求仁斯仁至矣人之將死其言也善是其精神之不泯滅處也小人間居爲不善見君子而后掩然揜其不善而著其善爲不善於間居者思想之發動見君子而掩者精神之行爲也故人無不有心之精神卽無不可爲聖人然人之不能盡爲聖人者非不能也不爲也聖人者保持而遵守心之精神而已此心之精神之所以謂之聖也

文有內心獨得眞詮

●聖人生於疾學疾學在於尊師說

張孝友

君子曰生不可以苟矣民吾胞物吾與其用在仁其致在學其本在誠其施在敬故聖

人無不敬也尊其性也知性之不可以無學而敬其學知學之不可以無師而敬其師敬師所以尊道也尊道所以自尊也聖人固旡時而或自非也旡事而或自棄也一誠而已矣唯誠故能明善而復初學博而道不倍師之尊也其極於此乎夫吾生有涯而道無涯吾師有限而學無窮殆矣聞道而不敬見師而不尊將終於殆而已矣此所謂自苟其生者也自苟其生者不可以爲人師其道倍也敬道者人恆敬之愛道者人恆愛之惟尊師者足以當之矣孔子萬世之師表也焉所不學而無常師其所以求之者温良恭儉讓以得之夫子之求師也其諸異乎後人之求師歟求之不以其道雖有良師弗肯敎也其肯屈身以就者皆卑鄙無學之人非趨利則騖勢也以趨利騖勢者爲師其離於道遠矣嗚呼此風俗之所以日頹豈唯關乎學術已哉聖人者轉移乎風俗而不爲風俗所轉移其心誠於求道故崇師範以端趨向人盡尊師也則聖人亦同此尊師人盡不尊師也則有毀其盡禮爲諂者而聖人亦猶是尊師尊師以衞道雖有誹謗不顧也吾懼世之諂於時諂於勢利者之多口也因讀呂覽聖人生於疾學疾學在於尊師之言而申其說

精細名言絡繹奔赴望而知爲能自樹立之士

聖人生於疾學疾學在於尊師說

童維善

嗚呼。自世道衰微。古道蕩然。好學之士。罕覯。敬師之誼。況。如後之作者。雖有上智。以聖人之心為心。又孰從而勸之。嗚呼。無學無教。國之存者幸也。世方泄泄沓沓。吾請以呂氏勸學篇之言進。呂氏言聖人生於疾學。此好學之說也。又言疾學在於尊師。又敬師之義也。時有古今。輿分東西。人種別以色。惟此好學敬師二大義。準諸五洲圓顱方趾之類而不變。世界無盡。此大義亦炳焉不滅。顧鑠之者又何多也。然鑠者自鑠。而終不可謂學不必疾。師不必敬也。嗚呼。國非游牧。人非腥膻。世非毛茹血飲。亦既知學之不可以已矣。蓋保國生民。長世罔不知胥學是賴。雖然學而不疾。不學等耳。何有於學。彼聖人無他。亦生於疾學而已。苟人人能疾學。人人皆聖人可也。嗚呼。呂氏之言。何其婉切而動聽耶。顧聖愚同此人耳。乃聖人獨疾於學。何歟。無他。得尊師之道而已。人之尊師。非僅以德報德也。師有可尊之道。而我尊之。亦兩間不磨之道也。吾嘗驗之。凡好學者必尊其師。而尊師者亦必其能好學者也。二者相需而相全。呂氏之言。豈不深可味耶。抑吾更有進者。疾學尊師。聖人既以之而生。而人類之行。當無過於聖人。然則挽狂瀾於已倒。救漂搖之中國。所望於濟濟莘莘者。在此疾學。在此尊師而已。迺自西說東來自由平等之義舍其精而取其華惟自由則且縱學矣遑論乎疾惟平等則且輕師矣遑論乎尊此固我先聖往哲之所深歎抑亦彼西方賢者將聞而痛心者也嗚呼滄海橫流靡知所屆讀呂氏之言又爽然自失矣

戛戛獨造刪盡膚詞

◉事之難易不在大小務在知時說

林若履

易曰知幾其神乎君子處世伏而修德德未修不可以用世靜而待時時未至不可以有爲夫辦天下之大事立天下之大節其事非不難也而智者處之裕如治一鄉之善事行一鄉之善教其事非不易也而昧者處之惑如夫所謂智者何也修德而待時者也時未至則機不我用民不我從阻力橫生反足敗事欲濟大事必不能矣昧者不知此理幾未至時未熟謬然行之故其敗可立而待蓋天下之事至動也唯動者不可以逃靜天下之事動而不易止也唯靜者可以制動相彼雨雪先集維霰幾也亦時也雖有鎡基不如待時時也卽幾也靜以待動動以應靜可謂知時矣時之來也無定則知之者不可有先後本乎天理之常合乎人情之宜則事無難而不易無大而非小矣不觀夫微物乎羣蟻赴羶而被陷羣雁齊飛而被弋在蟻與雁誠意外矣而智者早知其

禍之至。又不觀夫大塊乎。天有疾風迅雷。地有山崩川竭。常人以爲災異矣。而智者未嘗不可望氣而知。推數而得。是故事之難且大者。莫如放弒其君。而湯武行之。順乎天而應乎人。無他。以桀紂之暴虐。爲古今所未有。故湯武解民之倒懸。而民戴之如父母。誠遇其時也。若時之未至而妄生覬覦之心。如楚之問鼎。晉之請隧。則君子以爲不知時矣。是故天下大勢。一幾而已矣。惟審幾者能知時。吾願天下俊傑之士。三復呂氏春秋之言。勿躁切以圖近功也。

返虛入渾。文氣深厚。

◉天地爲鑪造化爲工陰陽爲炭萬物爲銅說

董憲

賈生王者之佐。才調無倫。顧賢如漢文。不任伊尹以阿衡。而放屈平於長沙。豈運命使然。有非人所能主耶。誦天地爲鑪。造化爲工。陰陽爲炭。萬物爲銅之語。愀然以思。豁然以悟。請申其說。俾質世之具同心者。夫吾之生。未嘗慕爲銅也。而無如天地一巨鑪。造化一神工。欲弗爲銅。弗可得也。蓋銅嘗思矣。魚或化龍。是有時而釋藪澤之困。鳩當至趙。則不期而逃樊籠之囚。吾何爲而常伴斯鑪。曷勿遷乎。於是登垂雲之鵬。駕吞舟之鯨。遨遊乎數萬里外。自以爲與鑪永訣。不爲炭逼。迴眸乍顧。恍然若失。彼可畏之神工。

固赫赫在側彼神工之指揮何如乎使堯不敢不讓賢則先鍊丹朱爲不肖之銅使禹不能不傳子則先處伯益爲莫顧之銅孔子弟子七十二是神工又以杏壇爲模範之工場霸王子弟八千人是神工又以阿房爲試驗之鑪火神工而不欲銅之熱則置諸炭少之區故令人盛暑而披裘神工而不允銅之逸則投諸炭熾之所故令人百舍而重繭文章其銅之色乎六國之銅其色斑斕不純而多奇兩漢之銅其色沈著渾厚而可玩六代之銅其色豔娛目有餘而爲用不足兩宋之銅其色澹論質較淨而動人絕少政事其銅之聲乎堯舜之銅其聲宏遠使人聞而羨敬之心生幽厲之銅其聲獰惡使人聞而畏惡之念起有時而銅遇物阻則發撞擊之聲次公之醒狂灌夫之罵座是也有時而銅受物障則傳沈鬱之聲正平之撾鼓常山之割舌是也治世之聲明銅始鍊也亂世之聲衰銅已朽也嗟乎接乎耳而觸乎目者莫非銅也銅之幸者有之商彝夏鼎皆銅類也而見好於媚古之士翠鈿金簪皆銅類也而見珍於美人之手雖遇合之不同要才具之皆顯若夫荊棘中之駝亦銅也而徒資垂淚通天臺之人亦銅也而渺無遺跡世之誇大喜功者銅必嗤之抑塞無聊者銅必哀之夫銅之成必火候之適宜與鍛鍊之有方有德之士必資翼助始無德孤之慮有才之士必資鼓勵始無才窮

之歎彼賈生者梁王之墮自傷非師返躬自責德至厚也其如孤何治安之策事決機先識過儕輩才至高也其如窮何嗚呼苟神工之不護雖佳銅而莫用茫茫乾坤莽莽風塵孰爲有用之銅邪

波譎雲詭左宜右有措詞極詼說理極碻江郎夢中之物不意竟入君手

●天地爲爐造化爲工陰陽爲炭萬物爲銅說

汪禧成

悠悠者天地邪冥冥者造化邪消長變化者陰陽邪芸芸擾擾者萬物邪不有天地何以有陰陽陰陽者天地之無形者也不有造化何以有萬物萬物者造化之所成者也天地悠悠陰陽以流造化冥冥萬物以生賈生有言曰天地爲鑪兮造化爲工陰陽爲炭兮萬物爲銅夫萬物生乎天地之間不能逃乎天地之外猶鎔金於鑪調味於釜而不能外於釜與鑪也萬物受造化之陶甄則生舍造化之鼓鑄則死猶之木受直於繩金受範於模而繩之模之者必有匠焉以爲之主舍匠則木與金胥不成器矣禾植田中桑種原壤麻績而堅絲繅而潔而植之種之績之繅之者必有農焉以爲之主舍農則桑禾麻絲不成材矣農與匠之與金木桑禾麻絲猶造化之於萬物亦猶工之於銅也若其所用之器則爐與炭也春夏秋冬陰陽消長之節猶之冷熱升降之度也不有

春夏萬物莫由生長不有秋冬萬物莫由肅殺生長者猶銅之熱則漲而流也。肅殺者猶銅之冷則縮而凝也。不流則不能冶不凝則不能鑄。猶之生長肅殺之不能無也。推而言之則人道之否泰亦猶陰陽之有消長艱難玉汝於成歲寒不改其操所陶甄鎔鑄我者如天地之悠悠如造化之冥冥其象雖莫之見而無異於鑪與炭也。操縱之者。無異於工也。蠢然不知者。無異於銅也。疾風折勁草烈焰炙眞銅千將莫邪千鍊百錘始成寶器世事多故其天地造物之陶鑄我儕乎

揮明練之筆狀難顯之情理析毫芒詞霏珠玉非胸有經緯筆具錘鑪者不辦

●聖人不以位爲樂也說

羅熾安

生民之初人之害無窮也必相資藉焉相貿遷焉而後可得而立於是羣而君其尤者是人也凡民之所以生所以安所以蕃息之道莫不於君是賴書曰惟天生民有欲無主乃亂惟天生聰明時乂又曰惟皇上帝降衷於下民若有恆性克綏厥猷惟后是故君人者四海之廣兆民之衆正其德利其用厚其生皆其任也聖人之居之也夙夜戰戰慄慄惟恐上獲戾於天下獲咎於民誠黃梨洲所謂此其人之勤勞必千萬於天下之人者也蓋一日二日萬幾之來皆民生所急者一或不行天下將有被其害者矣觀

尙書所載聖君賢相之謨誥孰不以祇敬相勉哉然則聖人之視君位卹乎危矣未有以爲樂者也以爲樂者暴君也雖然作后者天之命民之意有不可得而逃焉苟能居其位而兆民允殖則中心又足以能盡任自慰也後之人以爲爲君富有四海貴爲天子峻宇雕牆聲色貨利莫非其有也萬邦之民莫不惟命是從何其尊崇也而不察是特所以爲害也以四海之衆奉一人以其能安四海也不能安四海而苦之則非其任矣故非聖人之所樂也

文有體格滌盡浮囂

◉變所欲爲易於反掌安於泰山說

盛椿

易曰差以毫釐謬以千里竊嘗嘆吳王濞不忍貪欲之心而卒陷於戮沒也夫以毫釐之差致千里之謬招戮沒之災其禍酷烈前車可鑒而世之當局者往往惑而不悟雖有忠臣義士痛諫而直陳動之以利害導之以禍福置若罔聞沉溺於一二親昵趨迎承奉之詞至事敗名毀爲天下唾駡可不浩嘆哉雖然予謂猶無傷也於此之時苟能充勇敢之心昭改過之誠力變所爲則往者雖不諫來者猶可追洗心滌慮以建宏猷亦反掌之易耳蓋民無不愛其上在上者既有可諒矣更誰爲之吹毛以求疵哉今又

不然貪戀不捨盤桓不決雖至勢窮力竭而貪慾之念未肯忘也似悔而未悔似悟而未悟延展歲月流連忘返於是犯衆怒啓亂源反戈相向爲衆矢之的倉皇焦灼憂憤以死猶其幸也生爲貪夫死爲愚鬼誅於簡册譏於萬世要皆貪慾之故耳推而論之治國家者至公無私救民衞國無偏志無貳心則聖賢之歸而堯舜之儕也不能無過過而能改失之東隅收之桑榆誠毅果斷以矯前失正直公平以收後效雖不能上儕聖賢猶不失爲商太甲之流也至若怙惡不悛遂過不改以貪慾之私行悖謬之事罔顧公理不恤人言則今世所謂野心家天下共誅之矣悲夫故吾以爲人孰無過過而能改猶不失爲完人枚乘曰變所欲爲易於反掌安於泰山此之謂也

意有注射文氣甚凝

●嬰兒常病傷於飽也貴臣常禍傷於寵也說

章彬

求飽人之常也嬰兒爲甚欲貴人之常也小人爲甚飽非所以爲病也飽而益之以食斯病矣貴非所以爲禍也貴而益之以寵斯禍矣彼求益者人之常也傷於益者亦人之常也然人非嬰兒寡以飽病人非貴者不以寵傷夫此二者自取之也爲父母者知所以愛其子而已與之食所以愛之也而病焉病非爲父母者之始願也爲人君者知

所以寵其臣而已利之所以寵之也而禍焉禍非爲君者之始願也是則其所以傷者自取之也然不益之食病何由生不益之利禍何由起故傷於飽者父母之過也禍於寵者君之罪也且貴臣之與嬰兒知所以求食而徼富厚耳庸詎知以此而自傷也又庸詎知有所謂自足者耶固亦將謂利於己耳與之以食能勿取乎加之以寵能勿德乎是其所以傷者爲人上者之過也愛之適足以禍之也

削膚存液言明且淸

嬰兒常病傷於飽也貴臣常禍傷於寵也說

金耀銓

天下之患常伏於至庸而禍常起於所忽當其未形也處其境者輕之忽之設種種方法以優容之曰是吾之良友也是吾所恃以爲泰山者也微斯人吾身安託也微斯人吾心焉安也忠言不能動其心民怨不足損其信凡遇大事非此莫與商量寵倖日以增聰明日以蔽凡事叢脞民怨沸騰邪念萌於幽隱而禍機遂伏於冥冥之間矣今夫爲父母者孰不欲其子女之康健而終於多病者非他父母過於愛之之過也衞生家有言曰食欲常少今乃以愛之之故多方以食之三餐不已益以四餐五餐飲之不及全泄食之不能全消其食愈多而身體乃益以弱矣是故處置得當則可變弱而爲強

消禍而召福不然者愛之適以害之寵之適以殺之且夫寵而不驕驕而不專專而不萌異志者鮮矣叛逆既彰乃從而討殺之其始也縱之爲惡其終也戮之以爲天下戒非他是寵之之過也叔段之見殺於莊公非莊公殺之莊姜寵之之過也諸呂之見滅於平勃非平勃滅之實高后有以致之也王莽專權之際卽昆陽見滅之時也忠賢恃寵之日卽投繯道路之秋也夫小人之於世也其始亦未嘗敢於爲惡惟以寵之之故有恃無恐其邪念乃一發而不復遏寵之愈甚其爲惡也愈大而其受禍也愈酷歷觀史乘此例不勝枚舉由斯言之寵必驕驕必叛叛必亡此必然之勢也爲人上者可不察哉

持論精警中後尤勝

●治亂運也窮達命也貴賤時也說

康時振

命其果有也耶吾不得而知也命其果無也耶吾不得而知也然則孰爲近有命爲近孰徵之徵之往事自堯舜禹湯文武降及今世僅四千餘年其間無數十年而無小變百年二百年而不亂至於大亂者亂後亦無不有一治以繼之者其亂也雖大聖人不足以安之其治也雖大奸慝不足以擾之由是觀之命耶非耶虞舜瞽叟之子也而尊

爲天子。孔子聖人也。而道不行於當世。傅說版築之役也。而相於殷。夷齊聖之淸也。而餓死首陽。比干忠也而戮。管仲囚也而霸。柳下惠直也而黜。孔明農也而相。窮也達也。謂非命也。是耶非耶。故曰順天者存。逆天者亡。夫天者命也。蓋天下之有治亂。家國之有盛衰。人身之有窮達。猶一歲之有寒暑也。一日之有晝夜也。日月之有盈昃也。陵谷之有變遷也。是皆命也。不可強也。凡爲命者有二焉。有有定之命。有無定之命。天地以陰陽之氣。化生萬物。凡氣有消必有長。有生必有息。消長生息。互爲乘除。而萬物隨之以爲消長也。是故天下之所遭。家國之所逢。人之所値。有盛必有衰。有衰必有盛也。當其盛也。不能遽使之衰。當其衰也。不能遽使之盛也。此有定之命也。天之生物也。旣稟是氣。又具其理。氣有消長。理無消長。氣有生息。理無生息。是故氣無定也。不可得而守也。理有定也。可得而存也。是故聖人之處達也。不敢不存是理。處窮也。不敢一亡是理也。此無定之命也。是故天下之治也。文武以致治。其衰也。孔孟莫能救之。國之盛也。桓文以霸。其衰也。儀柳不能止也。家之興也。父作而子述。其衰也反是。身之達也。貴爲將相。其賤也。困於陋巷。此四者命之有定者也。君子俟之。是曰知命。秦并六國。天下盛矣。而仁義不施。則二世而亡。周轍東遷。天下衰矣。而累世積德。則數過其歷。吳越之國盛矣而務詐力不行仁政則旋滅齊魯秉先人之遺訓雖衰久存羈旅之臣五世其昌家雖衰可以盛也欒郤之族降爲皁隸家雖盛不難衰也其在身也亦然衞斯之貴也身爲將相而多行不義則車裂於市孟軻道雖不行於當時而後世尊之不衰此四者命之無定者也君子立之是曰立命是故君子於有定之命則居易以俟之所以去怨懟也於無定之命則修身以立之所以扶人極也此古聖人處窮達之道也今之人則異於古人之爲遇窮困則憤懣以終値貧賤則憂恨以死然此猶上焉者不可多覯也其或知命之有定而不能困於窮以俟命又不能修德以立命則卑其身屈其志窮其智巧竭其詐力以迎合人意惟恐其不歡也則又推度人隱創爲辭說以求媚於人以遂其私利其於天下之利害不顧也此宜禽獸夷狄所不忍爲而其人方自視以爲得計聞運命之說亦可以少止矣

六通四闢左宜右有非胸羅卷軸筆具錘鑪者不辦

◉馬也不可使守閭說

殷信篤

泰山之木楝樑之材也伐之而爲薪亦拉雜摧燒而已矣崑山之玉希世之珍也碎之而爲石亦埋沒塵土而已矣夫天之生材欲以爲世用也然不能自致於世自求於人

如不材者之所爲則必待當世善鑒者爬剔而物色之而後始出無疑也今若不知所以求之用之之道而翻謝曰無才謂之不誣可乎否也夫十室之邑必有忠信天下之大何地無才惜乎在上者不得聞在下者無由達則亦有老死山林已耳太公八十始遇當其一竿垂釣時自分將老於江湖使壽不至此則文王雖知求賢將不可得侯生白髮尚屈於夷門毛遂作客三年始得脫穎而出歷稽往史類此者更僕難數材之難自見於世有如是夫吾謂若此者猶其大幸者耳之數子者已得一展其懷抱留姓名於人間世雖謂之已遇焉可也世之材者豈僅此數而止耶太山之木雖高過者皆盲而不見崑山之玉雖美取者皆熟視無覩嗚呼豈眞無材耶抑其不知材也世之有太公侯生毛遂之材者何限卽過乎太公侯生毛遂之材者又何限而俱皆聽其老死於煙簑雨笠之中賤役稠人之內天下之不治果誰之責也夫天下之材既不可得矣下而有一技之長皆可爲用然而世之高冠韋帶坐乎廟堂之上者又率多肉食之流爲漁翁爲夷門爲庸客者又無在而非太公侯生毛遂之徒也嗟乎嗟乎人固未可知知人亦豈易言伯樂一過冀北而羣馬皆空非無馬也無良馬也良馬固不易得而伯樂尤曠世而難逢是故千里之材不飽其食以儕於駑駘者夥矣韓子曰馬也不可使守

閽夫守閽搖尾而求食之犬所事耳而奈何以命馬馬而能勝其職也則不過一犬之材馬而不勝其職也則其材曾一犬之弗如於是而馬始無千里之望矣嗚呼天之生是馬也未嘗賦以守閽之材也而世之以千里材而守閽者竟比比也以馬守閽則無物以任重而致遠乃不得不以命犬嗚呼天之生是犬也未嘗賦以千里之材也而世之以守閽而致千里者竟比比也犬豈眞足以致千里耶殆未有不半途而蹶者矣待其既蹶乃從而尤之曰無才無才謂之不誣又可乎否也夫犬之不能致千里犬之本能也非其罪也其罪在用之者由是觀之世之求棟樑之材者吾願其勿以泰山之木爲薪矣世之求宮殿之飾者吾願其勿以卞和之玉爲磚矣是故欲天下治必自用賢始用賢必自求賢始必自用其所長始世豈眞有以馬守閽而必待韓子之嘵嘵者然而自古幸臣有以鹿爲馬者矣又安知其不以犬爲馬也韓公懼馬之未能盡材也故有是言予憫當世犬之太多也故爲是文

牢騷鬱勃喜笑怒駡爲世之抱才不遇者同聲一哭

說

楊蔭溥

●天地大果蓏也元氣大癰痔也陰陽大草木也烏能賞功而罰禍

客有造余而請者曰上玄下黃是謂天地渾渾處中是謂元氣寒暑晦明是謂陰陽天地也元氣也陰陽也果何自而成者歟昔柳子天說以天地爲果蓏以元氣爲癰痔以陰陽爲草木不能賞功不能罰禍僕竊有疑請爲申之余應之曰宇宙浩渺之間有一物焉聽之不可以得而聞視之不可以得而見大之則周流於天地元氣陰陽之外浩浩蕩蕩而不可端倪小之則卷藏於方寸之間是何物耶是理也天地是理也元氣是理也陰陽是理也卽彼果蓏癰痔草木莫不同具是理者也天地具是理以爲天地元氣具是理以爲元氣陰陽具是理以爲陰陽是故天地也元氣也陰陽也分疆畫界各不相謀天地自天地元氣自元氣陰陽自陰陽天地無涉於元氣陰陽元氣陰陽無涉於天地是亦猶果蓏癰痔草木之各不相涉也是天地一物也果蓏亦一物也元氣一物也癰痔亦一物也陰陽一物也草木亦一物也天地也果蓏也元氣也癰痔也陰陽也草木也大小雖殊然同得此理同是一物不相爲謀者也天地雖大實不異於果蓏元氣陰陽雖博實不異於癰痔草木果蓏一小天地也天地一大果蓏也癰痔草木一小元氣陰陽也元氣陰陽一大癰痔草木也今夫賊果蓏癰痔草木者果蓏癰痔草木不可得而罰之則賊天地元氣陰陽者天地元氣陰陽得以罰之歟彼益果蓏癰痔草

木者果蓏癰痔草木不可得而賞之則益天地元氣陰陽者天地元氣陰陽得以賞之歟此理甚明子胡見疑曰然則主賞功而罰禍者果誰歟曰亦此理也背此理則不罰而自罰順此理則不賞而自賞於人亦然聖人順此理者也小人背此理者也總之一理而已彼以天地元氣陰陽足以賞功罰禍者皆道流愚人之言安足道哉安足道哉

一清如水揮灑自如

●天地大果蓏也元氣大癰痔也陰陽大草木也烏能賞功而罰禍說

陳祖同

充乎宇宙之間者曰萬物天命之鍾於物者曰性順其恆性之謂理無順無逆而有生殺榮枯之變之謂數萬彙雖至繁物性雖至異大而天地元氣陰陽小而果蓏癰痔草木林林也總總也具此理與數焉未嘗或異故沛然塞乎天地萬物間者理與數而已矣柳子厚之說天曰天地大果蓏也元氣大癰痔也陰陽大草木也烏能賞功而罰禍是言也殆激於數而言而未嘗察夫理也何言之果蓏也癰痔也草木也惛惛然無賞功罰禍之良知無賞功罰禍之良能雖蜂蟻攻其實蟲蛔潰其肉蝎螢穴其根不能逐而去之驅而殺之信也然而老農伺其旁焚之斃之良醫從其後割之決之莫之爲而

爲若深知其不能爲而代爲之者其中殆有理焉今有人焉操刀殺人吏捕而刑之是人也雖刑於法吾知其實受罰於所殺之人也惟天地元氣陰陽亦然蒼蒼焉渺渺焉若無所知然積善之家必有餘慶積不善之家必有餘殃仁者必有後善戰者必亡昊昊昊昊未爲無知水火刀兵疾疫骨積血流殺人至於十百萬未始非天地元氣陰陽惡斯世之濁惡特借此以罰之然則水火刀兵疾疫者非天之罰人之具耶天不能罰人而假手於水火刀兵疾疫以罰之其中殆有至理也故九年之洪水天實爲之七年之大旱天實爲之黃巢李闖之酷殺天實爲之近而歐戰殺人至數百萬非其能自相殘殺也亦天實爲之而謂天地元氣陰陽不能賞功罰禍又烏乎可哉雖然果蓏有時而爛癰痔有時而潰草木有時而枯惡人有時而得福善人有時而受禍疾首呼天若無所聞誠有如子厚言者此殆有出乎理之外所謂數者非耶蓋理雖沛然至大有時未嘗不屈於數焉數雖有時未必全悖乎理而有時則可以奪理焉故曰天之賞功罰禍天之常也理也天有時而不能賞功罰禍天之變也數也子厚復生其以吾言爲然乎

理、正、詞、純、議、論、警、闢。

◉天地大果蓏也元氣大癰痔也陰陽大草木也烏能賞功而罰禍說

陳壽彝

天地其無終乎元氣其不竭乎陰陽其不滅乎小子不敏不悉其始奚究其終不覩其生奚測其窮雖然願得而言之夫蒼然而穹坱然而碩吾人以如蟻之身處於其間則天地之自視也亦若果蓏則已矣而元氣陰陽乘之萬物又從而賊之則二者之於天地亦癰痔朽木腐草之類也吾人方肆其爪牙以咀嚙元氣陰陽所枯朽之餘安知夫果蓏之涯際而果蓏復何與於螻蟻之微生邪且吾聞之賈生曰天地爲鑪造化爲工陰陽爲炭萬物爲銅銅固藉鑪而後能冶而取資於炭然鑪自爲鑪於銅之質又何計乎易窮理之書也上始於乾坤而終於坎離下始於咸恆而以既濟未濟終焉乾坤者天地之道也坎離者水火陰陽之象也咸恆者夫婦之道也既濟未濟者水火之交也故人倫之濟否由於陰陽元氣之所憑天地有悠久不息之功孰肯斁斁焉以生殺爲事哉西儒達爾文有言曰洪荒之世地凝而生草木草木演而爲禽獸禽獸演而爲人人類復自鄙野而進文明是人者得元氣陰陽之精英而生者也輓近且採電霆以爲用駕太空而翱翔其賊元氣陰陽也日滋甚而物競天擇優勝劣敗之說亦日滋甚豈

天地之能賞功罰禍歟亦循自然而已自然者何人道之所趨也人與人相處不利於爭不能以少數害多數當謀同類之福利能守此者謂之功不能守此者謂之禍功則人道尊之禍則人道排之其有賞禍罰功者人道一時之變天道無如之何也元氣陰陽尤無如之何也逮夫功不必賞而禍不必罰徼倖之徒不惜行險以一試道德愈趨而愈墮智巧愈趨而愈詭而元氣陰陽乃愈壞然則世道隆汚之故可得而知矣愚哉楚之屈平也既憤流俗之溫蠖乃號呼於天以問之不知賞罰之施天何心哉柳子復從而對之蓋悲其志而哀其遇云爾則果蓏癰痔草木之說非柳子其孰能明之根柢盤深枝葉峻茂

●得其道者窮居於野非所謂屈冠冕而相天下非所謂伸說

陳壽彝

君子窮則獨善其身達則兼濟天下窮達勢也獨善之與兼濟道也勢因時而殊道則一而已君子抱道不以須臾離未嘗見其屈亦未嘗見其伸譬如日月星辰照臨下土豈有所謂屈伸者哉其明晦之度亦時使之然耳夫君子知存亡之道明得失之故時乘六龍以御天或潛或見或隱或躍或飛或亢悉因時而制宜其屈也安知非伸其伸

也安知非屈迷離怳惚孰得而名之昔仲尼周歷不遇歸魯删經千百世後奉爲至聖五常六藝賴之以彰豈所謂屈歟堯舜垂裳拱手天下歸仁而載籍散佚虛渺難稽徵言大義反多湮沒豈所謂伸歟然使時君有用仲尼者冠冕章甫以終其身則七十子何由而成名六經何由而删述於道何補又使舜躬耕畎畝化及國人雖不爲天子於道何害是故草野廟堂皆足行道人旣不能時爲君子時爲小人卽道之不能或屈或伸也然則易所謂君子道消小人道長者何也曰道之素質不同相較以見消長若君子之道相較而生消長者吾未聞之文言曰遯世無悶不見是而無悶樂則行之憂則違之蓋以道之不加屈也中庸有言素富貴行乎富貴蓋以道之不加伸也是故君子惟守道窮達非所計也草野之與廟堂奚擇哉善乎李翺之言曰得其道者窮居於野非所謂屈冠冕而相天下非所謂伸爲君子而發也吾請更其說曰失其道者窮居於野非所謂屈冠冕而相天下非所謂伸則爲小人而發也天下滔滔其寧爲君子之窮居邪抑將爲小人之顯達邪

理境洞明筆端更有經籍之氣

●鄉曲而有大人之行者榮大人而有鄉曲之行者辱說

高占熒

古之賢臣良相出生民於水火之中置國家如磐石之安必其人有任天下之才與氣足以運量一世而不肯隨世委靡者爲能然運籌帷帳之中風行四海之外事之利民利國者雖千萬人非之而不稍屈也事之爲民害者雖權貴力主之終不肯阿意曲從而必死爭之也若而人者以國家之安危爲重以一身之祿位爲輕豈非所謂大人也哉特自庸臣貪位者起出入諷議唯唯諾諾恐觸要人之怒以失其功名富貴於是假謹厚退讓之名以欺天下峩冠長紳委蛇朝列而曰此謹厚之行也國家大事一言不出以人之是非爲是非己不敢加絲毫意議於其間而曰此退讓之風也徒欲保其目前之祿位不復計及天下之安危充其極必至國家爲之敗亡如漢之孔光張禹此其彰明較著者也嗚呼謹厚退讓古人傳爲美德何其害獨至於如此之深耶不知謹厚者不妄行妄爲以蹈非禮非鉗口撟舌當國家大事而不敢言也退讓者不妄相爭以致召禍非依阿淟涊退居人後之謂也彼世之人居廊廟之尊列公卿之位忝竊崇班坐糜廩粟奸臣之擅權跋扈也不能去善政之利國福民也不能興貪戀祿位懼爲人惡於是借謹厚退讓之名以便其私圖而掩人耳目然則世以謹厚退讓爲誤國者實

非謹厚退讓之誤國乃阿附取容之誤國也不然草野之士操行謙謹不失爲鄉黨自好方將爲民表率挽回世俗而謂其能誤國也有是理耶然則謹厚退讓者鄉曲之行也而非在位大人所得假其名以保祿位者也安社稷定國家乃大人之行而非鄉曲之行也以鄉曲而憂天下有剛毅大節深謀遠慮可嘉也而居大人之位爲鄉曲之行者乃貪臣也可恥也哉

議論精當氣度雍容足徵伏案功深

讀書之道博學詳說經世之才徧采廣詢說

楊蔭溥

人生讀書經世不外廣博二字而已孔子曰博學於文約之以禮孟子曰博學而詳說之是謂讀書之廣博卽讀書之祕訣周禮之詢羣臣詢萬民孔子之與民同好惡孟子之可用可殺悉聽之輿論是謂經世之廣博卽經世之要道曾文正爲有清卓然人物深得此意觀其復賀耦庚之書曰讀書之道博學詳說經世之才徧采廣詢此文正之所以爲一代大文家一代大名臣也今夫讀書豈易言哉自太古以迄於今連簡累牘充棟汗牛詩之溫柔敦厚書之疏通知遠樂之廣博易良易之絜靜精微禮之恭儉莊敬春秋之屬辭比事下迨諸子百家之雜說苟不博學之則何以盡其教苟不詳說之

則何以窮其理此讀書之必廣且博也君子出而經世必抱用天下之才具拯斯民之術亦豈易言哉手運宇宙臂使兆民政事之紛繁人才之黜陟法度之制裁受國家之命膺萬姓之託豈一人之智力所能勝一人之見聞所能及是故非偏采無以達下情而知天下之人心風俗非廣詢無以通輿論而知政事之得失機宜此經世之必廣且博也昔鄭康成廣通典籍不愧經神晉杜預博覽遺編堪稱武庫韓文公之茹古涵今歐陽修之明經修行其博學詳說深得讀書之道至如采風有輶軒之車議政禁鄉校之毀敢諫之鼓陳於庭誹謗之木樹於邑其偏采廣詢堪稱經世之才今者大地文明共和政治學校林立無非博其學而說其詳報界紛傳無非偏於采而廣於詢吾國其庶有豸乎

意精詞湛妙緒環生

●君子有高世之志而不予人以易闚有藐萬乘卻三軍之氣而未嘗輕於一發說

馮　振

老子曰知者不言言者不知又曰知其雄守其雌爲天下谿知其白守其黑爲天下式此言君子貴深藏勿露也人而不能深藏則輕於自露自露則內無以立拔俗出羣之

志養浩然充天地涵萬物之氣而外亡以杜疾才之口衡離之禍故以舉事則事敗以保身則身亡古今所謂英雄豪傑懷材特出之士其始未嘗不具有大志而卒以遭際不辰或厄於患難或爲人所戮辱遂不忍小忿而從匹夫匹婦之爲諒忘其身以及其親者非以不能深自晦藏也邪蘇子瞻曰有報人之志而不能下人者是匹夫之剛也昔者子胥有覆楚之志故乞食吳市而不以爲苦子房有報秦之心故進履圯上而不以爲辱忍小忿而就大謀畜諸中而應諸外既不輕於一發又豈予人以易闚哉夫不予人以易闚所以能謀大事故楚君不能怒而秦王不能驚也不輕於一發所以留而爲大發故一發而楚覆秦亡也昔者蘧伯玉邦無道可卷而懷之豈非有高世之志而不予人以易闚哉武王一怒而安天下之民豈非有藐萬乘卻三軍之氣而未嘗輕於一發哉今世之人亡而爲有虛而爲盈鹵莽滅裂盛氣而相爭去君子之道遠矣

含緜邈於尺素吐滂沛乎寸心士衡名句可以移贈

山川有賢豪遺跡爲名勝說

陳壽彝

首陽山下夷齊致其堅貞汨羅江中靈均表其忠節歷山耕稼虞舜以之而彰箕潁牧牛巢由以之而隱至今耳聞其名身臨其地莫不悠然興憑弔之思而溯念數千年前

之往迹一若目前之事者其故何哉蓋記憶之於人心也大矣古人既不可得而見陳跡又杳如烟雲乃取其山川草木之遺聊爲標誌示後世以不忘存諸不朽故地因人以稱勝人因地以留名無有遐邇古今皆心焉嚮往矣所謂山川有賢豪遺跡爲名勝者此也不然天下之山川多矣豈獨首陽汨羅歷山箕穎爲幽秀古今之聖賢多矣豈獨夷齊靈均虞舜巢由爲不朽而卒所以致此者無他仍人心憶念之爲用也是故賢豪之偉業雖盛其遺跡於山川者則甚稀山川之雅湉雖繁其傳賢豪之遺跡則甚僅後人則愛其人而及其屋之烏欲不爲名勝可得邪昔者詩詠甘棠騷詠崑崙以驗人民惓念之殷莊子寄興於濠梁史遷遨遊於齊魯足徵古君子嚮往之切餘若子瞻悼英雄於沒後昌黎祭壯士於海嵎東山之屐齒猶存南陽之草廬尚在商山芝草較昔爲榮淝水江流於今不絕綿岡隱士寒食招魂龍山參軍重陽落帽八陣圖失呑吳之恨五丈原虛滅魏之心之數者豈非彌留名勝動後人之憑弔者乎

超以象外得其環中

●說雲

鄒恩泳

爰有大物厥名爲雲其初作也隱然現於天涯其勃發也懸然奔騰空中噫孰主張是

孰綱維是意者其將大造下民乎抑降怒以禍民乎其或以勸善乎抑以懲惡乎不然胡時而黑幕蔽天令人驚慴時而幽闃暘烏令人愁悶耶雲之爲物亦奇矣然而三代之時何以天朗風清雲霧不生卽有時微滓太清亦旋歸烏有耳至戰國時其勢力始澎漲是後每不百數十年必一見而今也乃大狂奔於歐洲之野而遠東亦幾爲其歸岫是必不無故而動也其匿也莫知其所往其現也莫知其由來其小如魚之鱗其大如鵬之翼或以祥稱或以愁名亦非無故而然也雖然陸無蒸氣天必無雲古無亂事史必無雲文明極步歐必無雲雲之來去現匿於雲何有哉然則驚慴愁悶吾自招之耳安得唯雲是尤亦見其惑也已夫人之欲念雲之原也良知之虛靈天之日也欲念微動雲亦冉冉而起天日隱耀其良知不冥冥欲息也幾希是以人唯不能克其欲人之雲生國不能平其欲國之雲生人之雲生也人被其害國之雲生也國蒙其災歐洲各國各欲達其所欲而各國之雲亦勃然生於是其雲厚而密幾遍全歐連年不開人命慘死賤如草芥悲夫然而西方風雲東方固天光明媚也西方雷駭東方固靜影沉璧也正可鑒彼之擾擾速自籌謀寧未雨而綢繆毋觀雲而徒倚不宜樂彼之亂幸吾之安因循優游袖手交臂以爲禍不我及也嗚呼雲果何時可無耶自古至今無日無

雲亂之大者其雲大亂之小者其雲小大可小小可無雲其必有一日而無歟曰轉移是在人心

抉滓穢於太淸狀風雲之變色恍兮惚兮筆端繞有靈氣往來

●說山

鮑國寶

山懷寶藏產深林財貨生焉人畜資焉其爲用亦大矣哉然山之用雖大山不能自用於人也必待人之探採而後山之用見矣嗚呼懷寶之山亦多矣其見用於世者幾山哉或以其處之幽或以其地之險而人之不及見者多矣卽幸爲人所見而財寶深藏隱而不見孰知其爲有用之山哉又或取其芥芒採其木石遺其寶玉棄其金錫是山雖見用而山之用固未盡也嗚呼天生山爲人用也生而不用可勝歎哉嘗試論之世之賢而不能用者亦衆矣舜不遇堯則亦耕稼而已矣傅說不遇武丁則亦版築而已矣寧戚不遇齊桓則終身牛口之下諸葛不遇昭烈則老死隴畝之間其他如舜傅說寧戚諸葛而不能遇堯武丁齊桓昭烈其人至功不施於世名不留於策者豈少也哉遇與不遇命也又豈足爲山悲乎然山雖不遇懷材自守亦不求用於人歷千百世而不變其操以待人之或用孔子曰用之則行舍之則藏得行其道則兼善天下不得行

其道則獨善其身用與不用於山無所損益也然懷才不用固天下之所同慨也故吾悲山之多不遇也吾悲世之不遇者之多於山也吾悲世人之不能用山也吾悲世人之不能用賢且殘害之也吾悲山雖不能用而能自守賢不能用而鮮能自守也吾悲山雖不獲用於一時而終不夷滅終有一日見用賢不能用於一時遂至抑鬱而終不復見用也作說山

雙管並下感喟無窮

曲折盤旋能含無窮之意山中有寶此乃文中之寶也 蔚芝加評

說水

楊蔭溥

有客造余而問曰今天下有一物焉浩蕩汪洋茫無際涯奔騰流動無休無息萬物無之則不存人類乏之則必滅流之於地降之自天大之則蛟龍生焉魚鼈藏焉小之則一勺注焉一杯滿焉列之於五行之內著之於六經之編占全球四分之三者此何物耶請得而說之余應之曰此豈浩淼深測千古不竭者乎此豈滚滚東流一去不還者乎此豈懷山襄陵橫流泛濫大禹九年而始成功者歟此非嘘吐百川迷漫淜湃驚濤駭浪匯爲洋海者歟此非一瀉千里奔馳直下枝幹分派流爲江河者歟此非碧波一

色。注爲湖沼者歟。此非清冽一潭。發爲泉源者歟。此非朝盈夕涸。成爲溝澮者歟。非水也耶。今夫水性至動也。忽溝澮焉。忽泉源焉。忽湖沼焉。忽江河海洋焉。質至變也。忽清焉。忽濁焉。忽污焉。忽潔焉。曰同一水也。海洋江河湖沼泉源之水。卽溝澮之水也。然而溝澮之水。朝盈而夕涸。海洋江河湖沼泉源之水。則終古而不竭。何也。曰容大也。自古聖賢豪傑。其學問經濟。包含宏深者。亦卓然千古。如海洋江河湖沼泉源之水之未嘗竭也。曰清焉潔焉之水。卽濁焉污焉之水也。然而涇渭果有分者何歟。曰水本清也。濁物雜之則濁。水本潔也。污物混之則污。其清其潔。水之本質也。其濁其污。非水之本質也。外物亂之也。人之性亦然。其始清焉潔焉。外物誘之。則本性失而濁污漸生。猶水之混雜質也。客應曰然。

前半彷荀子賦篇體。筆意清勁。後段滴滴歸源。文境如一泓清水。明淨可鑑。

△議類

●以荀卿配享孔廟議

張駿良

維民國三年夏。有議以荀卿配享孔廟者。余聞之。曰荀子羽翼六經。垂功名教。言性論道。風厲世俗。司馬遷以之配孟氏。韓愈稱與揚雄並列。久宜配享孔廟也。已千載下至今始有人議及焉。不已遲耶。蓋荀子之所以爲世詬病者。其故大都有二。一曰。荀子言性爲惡。謂桀紂性也。堯舜僞也。與孟氏所謂堯舜性之也。適相反。言過激烈。世人不察。厥由遂尊孟而抑荀。二曰。荀子之門人有李斯。相秦得天下。後助始皇焚書坑儒。爲後儒之一大劫。世人怨斯。而遂及其師。之二者皆足以罪荀卿而有餘。爲荀子者。亦不自知出此。遂使己身受後人之激刺。荀卿知創其說。而不知爲後人罪。後人罪荀之行。而不知荀之心。荀卿之心固無罪也。荀卿之行。亦不自知爲後人罪也。後人罪之。荀卿之大不幸耳。荀卿當戰國擾攘之際。覩士人之奔走於國君者。以巧辯爲能事。以詭詐爲善行。人心險薄。如水益深。如火益烈。於是創言性爲惡。其善者僞也。蓋慨夫戰國之惡風。士人之險行。而厲人之惡者。貴乎爲善耳。夫孟子之言性善者。亦貴乎有爲而已矣。孟子言性善。戒人無爲惡。荀子言性惡。厲人於爲善。孟子曰。人皆可以爲堯舜。又曰。誦堯之言。行堯之行。是堯而已矣。誦桀之言。行桀之行。是桀而已矣。故荀孟言性之善惡均貴乎有爲。孟則存善去惡。荀則去惡爲善。其辭不同。其於欲人之爲善去惡。挽風俗之頹敗。無不同。其流而合其源。世人不察。謂爲荀不善者。誤也。若爲李斯助始皇焚書坑儒。歸罪荀子。則尤誤。荀子非有主於焚書坑儒之說也。夫爲父者。且不保其子之不爲奸宄而謂師能保其門人之不爲後世禍也哉荀卿知以仁義學問教李斯而未嘗以焚書坑儒教李斯也李斯之罪安可加諸其師哉余懼於世人之不曉荀子謹爲兹議以明之

論斷處中正平允辯駁處犀利精純允稱合作

整頓吏治議

聶傳儒

天下之治始於縣一縣之治本於令以中國之大非政府十數公卿所能治也於是分其地爲二十二省一省之大亦非封疆一二大吏所能治也於是分其地爲數十縣縣不過方百里耳縣有令而縣不治是爲有吏而無吏治一縣無吏治則一縣之民病數十縣無吏治則一省之民病此省如是彼省倘亦如是則中國之民胥病矣天下安得而治故曰天下之治始於縣一縣之治本於令也然而今日之吏治異於昔日一縣之治與不治不能獨責諸縣令一人昔人所傳爲吏治者曰興學校首教育也課農桑厚生計也清訟獄免株連也慎刑罰重民命也稽賦稅重國課也編保甲靖盜賊也禮紳耆廣視聽也馭吏胥防擾害也紀其事者有成書申其義者有論說一一行作吏成規具在舉而措之循良之續也而清之末造吏治所以窳壞者有治法無治人也民國成立

百度維新以爲執古方者不可以治今病於是廣開小學普設警察減輕刑律改良監獄斥逐胥吏裁汰冗員訴訟有審判辯護有律師於吏治已更張而整頓之矣而吏治之窳壞如故或有尤甚於前者則又何也毋亦縣之知事及與知事相助爲理者未得其人乎一縣之官吏未得其人不物色賢才以備驅使雖日言整頓無益也夫所謂賢才者豈必旁求山林巖穴之士遽授以刑名錢穀之任哉計通省所有人員其中闒茸者固多而懷抱利器足以理繁治劇者不可謂竟無其人也有其人而吏治不修其故可得而言矣爲人擇地不爲地擇人仕途積習已非一日今者民國鼎興因循不改以內援之有無分地方之肥瘠彼特立獨行之士終無由表見矣是宜一秉至公量才以課其功效民國成立甫四年而各縣知事及警察審判替代者不知凡幾迄於今而此弊未改涖事者坐席未煖瓜代者已棒檄首途卽伊周之才亦不及展布也是宜明定年限久任以專其責成今之爲仕者有一名詞曰運動運動者夤緣之代名詞也古人以夤緣爲恥今人以運動爲能其出人頭地者人且稱之曰運動家夫已以運動得官其臨民也亦必受人之運動以求償其欲其弊可勝言乎是宜抑奔競以崇廉恥從前官吏出入必有儀仗今則一切裁去輕車減從等於平民所以屏虛文行實政也而行

止不檢之徒或因是徵逐酒色沾染狎邪此豈地方官吏整躬率物之道乎是宜正紀綱以肅官方夫吏治者治天下之本也吏治之張弛係乎地方有司之賢否地方有司之賢否視夫封疆大吏之用舍用舍公而明雖闒茸可勉爲循良用舍闇而私卽賢俊亦習爲苟且方今國勢阽危民生凋敝所爲維持而振作之者吾不能不仰望於大吏也

條列四項而歸結於上之用人正本清源詞無泛設

●整頓吏治議

錢天驥

吏者親民之官也君雖賢民之疾苦或有未知知之者惟吏政雖善習尚不同或有不便便之者惟吏雖然親民者易撫撫民者亦易虐嗚呼吏治重矣吏治尤賴整頓整頓之法有二一曰整頓於始二曰整頓於旣整頓於旣者賞罰是已良吏固當賞者也賞而薄則不榮不榮不足以勸所賞而爲人所易得則不貴不貴亦不足以勸贓吏固當罰者也錮禁之褫降之伸其討矣然吏之貪也固知錮禁褫職之必不免而深信錮禁褫職之後猶得長享安樂也如是則貪吏何以懲而民困何以蘇乎必欲獎之則如漢宣帝之於良二千石可已必欲罰之則如宋太祖之於贓吏可已所謂整頓於始者在

乎。察核。今之。所謂。察核者。徒知。以文學。定其賢否。夫博聞者。未必賢。而椎魯者。未必否。也。世固有深通文學。一旦強以吏事。非罔然無措。卽爲人之所不忍爲者。必也。察其才德已乎。設一事。試之以觀其才。舉大利。歆之以觀其德。擇其才德兼全者。而任之。如是必無所爲虐民之事矣。夫虐而後懲。民已苦矣。何如愼擇於先之爲愈乎

識議明達、筆亦跳脫異常、

●規復臺諫議

陳長源

粵昔聖王治天下。理萬民。懼耳目之不聰也。奸邪之惑蔽也。置諫鼓。立謗木。卿大夫諫。士傳言。庶人謗於道、臺諫之制。由來遠矣。故司寇佐政。首正官邪。歷代賢主。特設御史。上以革君非。下以糾百官。所以正奸邪。淸吏治。獎廉恥。除賄賂。却私去蔽。萬世莫之能易者也。西國政治。首重公開。民德民智。皆甚秀美。庶民議政。故不設言官。而與議會。以彈劾糾察之權。在國之失政者。有國會爲彈劾。在鄉之失政者。有地方議會爲之糾舉。而公諸行政。裁判。審斷。而賞罰之。其意與中國臺諫之制。正同。大凡民智民德甚高之國。宜以彈劾權。公諸人民。使其代表機關。出而行之。得收集思廣益。融通之效。民智民德低者。不若以屬於特立之機關。而以正直穩重者。持之。不致四民囂囂。官吏腐敗。故

世界君主立憲國多與彈劾權於國會而共和國反有以之屬於特立機關蓋行政本爲複雜之物非無智無德者所能知在民智未進民德未備之國議會之所彈劾不過捕風捉影實未得其眞相且官吏狡譎常以他法連絡議會以蔽其姦同惡相濟國是愈不堪問縱議會發其隱私而彼多方掩護議會勢必與之力爭動危國本昔歐儒評論無知之國會謂其惡時則與官吏朋比爲姦善時則衆口囂張動危國本其信然歟且也三權鼎立各守其職各有所長立法議員多不識行政組系其所舉劾多不得當自屬無疑而立法部有失又誰得而舉之乎近儒有倡五權分立之說者卽於行政司法立法三部之外另立教育監察二部而以國之正直者老富於學識與政治經驗者組織監察院非僅以糾舉行政官吏之得失且以正立法司法二部之失當如是則舉國得人萬民稱慶去議會之短取臺諫之長於人情於時局皆甚符合吾願今之議規復臺諫者曷致意於斯也

富於學識持論當行

●擬通告全國學校廣設國學傳習會議　殷信篤

聞之木之不華必培其根水之不流必清其源國之不振必保其粹世未有根不培而

木華。源不清而水流者。然則國粹之不保。亦豈非治國者之大憂哉。夫人之所以能養者。以其有精神而已。國之所以能立者。亦以其有精神而已。人無精神則必將疾病而死亡。國無精神。則必將覆國而滅種。所謂立國之精神者何。卽文字語言風俗是也。三者以文字爲尤要。而語言風俗次之。蓋語言風俗。欲驟變之或未能。幾觀於東漢之名節。經百十賢哲之士。數代聖明之君。至末季而風俗始醇。印度猶太亡國久矣。而其民尙能爲故國之言。獨文字則不然。彼滅人國者。必先滅其文字。觀於古今中外。莫不皆然。是則可爲寒心者也。且語言根於文字。而風俗又爲語言文字所造成。然則文字之於人國。顧不重要乎哉。凡一國之強弱。實係於人民之賢愚。人民之賢愚。實係於讀書之士之多寡。書者。牖民智之具也。古之人旣死。而其言不死者。有文字以爲之麗也。後人讀之。資考鏡焉。有所見而亦爲文字以傳之。如此以遞於無窮。由是觀之。不有文字。其何由知夫文以載道。文亡而道何存。字以達言。字滅而言亦滅。數千年來中國之民。不至夷爲禽獸者。以有孔子之道也。孔子之道烏乎存。曰存乎經。烏乎成。曰成於文。然則無文字卽無經。無經卽無孔子之道。無孔子之道卽無仁義禮智。無仁義禮智卽無異於禽獸矣。以禽獸之民而立國而不亡者。未之有也。夫文字爲一國之精神。無文字必不能立國。此義雖累萬言不能盡。要其所當置意則吾輩讀書之士之責也。難者曰。處今日之時勢學必求實用爲先徒文奚益。不知由文而始可知學。始可知實用之學。然則西文亦載學者也。曷若捨我而從之。不知我先王先聖之述作。名言精理。足以勵末俗而挽頹風者。胥載諸經史。以彼之長補吾之短則可。捨我固有而從之則大不可。觀諸今日中國之學校則何如者。夫以今日西學盛昌之時。一旦欲使之返本必不可。得無已則稍圖補救之道乎。補救之道維何曰自廣設國學傳習會始國學傳習會者。爲學者課外研究國學之所也。今者自中學以上國文外凡科學之書無非用西文者。卽普通之集會友朋之交際。明明中國人也而必英語以達之。朝夕濡染於不覺流弊所極何可勝窮。必至胥中國而變爲英美之人焉不止。苟使有國學傳習會者常鞭策以隨其後。提撕而警覺之。使國粹不卽於淪亡。此敎者職也。亦學者責也。然而除本校外各校蓋鮮有行之者。此則治國者之大憂也。今之負敎育之責者其見未嘗不及此。顧未有行之者何也。以爲積重難返乎。則正賴諸君之補救。以爲煩難而力不足乎則誠非熱心敎育者之所宜出。此用特就管見所及而爲諸君一陳焉。苟不棄芻蕘者將見中國之學校無在而不有國學傳習會。中國之學者無在而非積學通達之士。則豈特一時之利而已也。國家人民實利賴之。謹議。

曲折奧衍。可繼韓文公原道而起。

●擬通告全國學校廣設國學傳習會議

彭　昕

溯自古聖伏羲。仰觀俯察。象物變化。畫爲八卦。文字以生。經聖哲賢王。遞相推演。至素王出而大備。美哉我國魂。煥乎其文。淵乎其音。巍巍乎功及天下。蕩蕩乎民無能名。泱泱乎大國之雄風也。用之於政。和悅順從。用之於民。孝悌忠信。記述則聲華奐發。教人則約禮博文。至於遷客騷人之哀吟短歎。孤臣孽子之危涕呑聲。莫不畢見。上以是治下。下以是事上。齊民用之於相交相處。團結不解。其致人之思。入人之深。悍暴不能移。夷狄不能亡。大浸滔天而不溺。大旱金石流而不爍。綿綿延延。亘數千年。靈光巋然。獨存於今日。於戲。非吾華之文學乎。吾民足以之自豪矣。厥自有清末葉以來。不知爲政之本。不務致治之源。盲舉妄施。綱維滅裂。聖道凌遲。邦如纍卵。憂時者倡爲變法之說。亦救世救民之苦衷。乃稍不慎審。舍本逐末。淺嘗小子。遂謂舍西學無以治我國。以國學爲詬病。舉國靡然從風。愈趨愈下。其不至於盡棄其學而學焉不止也。嗚呼。清政之不綱。操之不得其法耳。非國學之罪也。自學術之不明。天下之人用其私智。相倣相效。

日求其所以富強之說攻伐之計於是乎有實業之學而用之以爲富有軍事之學而習之以爲強有玄哲之學而侈之以爲博乃偏瑣之見存狡僞之術興理財建造之法明適以長其貪也進退坐作之方精適以助其惡也玄學邏輯之理博適以辨其僞也外假爲公爲義之名而內行其自私自利之實比比然也其禍比之洪水猛獸尤有烈者嗚呼以如斯之現象如斯之心術又復蔑棄國學循此以行文獻淪亡種族澌滅亦其勢之所必至矣不亦大可哀乎難者曰吾國積弱非法歐化無以促進文明以齒列強乃殷殷以國學爲念何耶曰國學者國之魂也國無魂何由立吾國今日亟須歐化固矣然國學不待歐化而傳歐化必待國學而宣何則國學者歐化之體也歐化者國學之用也用不能離體體實而用彰國學亡歐化無所寄國學與歐化返得奏其功是提倡國學不特無阻於歐化實卽促進補助之也一舉而兩得安可非乎夫聖道光明學自有在天下從之不爲多一人倡之不爲足斯同人等倡設國學傳習會之旨也今誠得豪傑之士相爲輔助於各學校先設斯會漸推之全國使全國之人皆知學相安相養不亦美乎否極轉泰之風自此始矣戚音空谷德必有鄰邦人君子亦有聞吾言而惻然悲足然痛憤然起者乎予企望之

文頗有古奧淳樸之氣。其不貶斥歐化。尤見着眼之高。

上海南洋公學國文成績二集卷六終

校長唐蔚芝先生鑒定

南洋公學國文成績二集

上海蘇新書社
蘇州振新書社 發行

中小學校必讀

諸子百家精華

中國文學經史而外莫不曰諸子百家第諸子百家浩如煙海非提要鈎元不足供中小學校之用茲編從百子全書及周秦漢魏下至唐宋各家專集中芟除糟粕采擷精華編輯工夫已歷四載僅得脫稿並請鄒登瀛先生詳加評點用標精意誠研究文學之寶筏也目錄標下凡中小學各校可作教科之函海可作參考之金針也現已出書定價二元如各校蘐購在十部以上者價可克己

總發行所 蘇州觀前街 振新書社 上海徐家匯 蘇新書社

上海 各省 商務書館各大書局均有經售

古三墳 楚辭 子牙子 竹書紀年
夏小正 素書 子華子 穆天子傳
歸藏 新序 關尹子 孔子家語
握奇經 說苑 尹文子 孔三朝記
陰符經 釋名 鬼谷子 孟子外書
逸尚書 心書 孫武子 孔氏書序
逸禮經 路史 鶡冠子 子夏詩序
逸論語 詩品 韓非子 端木詩傳
大戴禮 書品 尉繚子 尚書大傳
論語讖 老子 孔叢子 韓詩外傳
踐祚記 鬻子 黃石子 春秋繁露
山海經 墨子 淮南子 論語古注
神異經 莊子 抱朴子 汲冢周書
白虎通 管子 文中子 吳越春秋
風俗通 晏子 周子 呂氏春秋
高士傳 列子 張子 賈子新書
羣輔錄 荀子 邵子 楊子法言
博物志 文子 七經緯 西京雜記
拾遺記 吳子 五孝傳 世說新語
歲時記 劉子 古今注 說文繫傳

上海

南洋公學國文成績二集卷七

△書後類

◉書莊子駢拇篇後

沈文瀛

太一之謂道。無爲之謂德。虛靜恬淡。茫乎芴乎。無常法。無成形。不與物爭。先而爲萬物主。是故聖人不巧。時變是守。敝竭形神。而與色性爭。道何可哉。何可哉。悲夫世人不幸不見天地之大體。道術之眞。醇醉生夢死。惘然而不一悟也。自三代以來。世運泯紛。變更亦多故矣。權輿元黃初判。天生蒸民。有物有則。作君作師。爲民父母。有聖王出。倡仁義之說。偃然風靡。一世降及末流。諸侯放恣。處士橫議。不肖耳食之流。陽以行仁義而陰以濟私。肥同乎流俗。合乎汚世。闇然媚於一世。而世竟莫之覺。則是盜跖可爲聖人。而田成子可得而君。悲夫。仁義乃同乎滛僻之行。率天下之人。禍仁義。於是而仁義大壞。夫仁義豈眞禍天下哉。古聖王己立立人。己達達人。栖栖遑遑。席不暇煖。欲以仁義挽一時之弊。故曰知其不可而爲之。豈好爲之哉。不得已也。觀其悲天憫人之志。衷亦良苦矣。何意世衰道微。邪行橫作。竟有假仁義以施其鬼蜮之行。爲如彼田成子之流。

乃日出而靡已也耶是則仁義之說爲拘虛囿習所假借是其所非非其所是衒惑簧鼓淆亂一世於是仁義之眞失而假仁義之徒遂披靡一世矣是豈古聖王之所及料哉嗟乎時際戰國仁義之道旣不明則天下益以多故賢人多得一察焉以自好陰陽家也農家也墨家也兵家也名法家也雜家也磅礴一世盧牟六合蔚哉足爲鉅觀也然以言乎道則道其所道非吾所謂道也德其所德非吾所謂德也皆竊於一方未覩其大體也皆駢拇枝指之類也孰能俞俞無爲虛靜自守任天以遊而與造物爲終始哉余讀莊子駢拇篇觀其旨趣與儒家殊途而同歸也乃作爲是篇以發明之

用筆如鷹隼盤空有倜儻權奇之概非熟讀南華文未易臻此境地

●書莊子馬蹄篇後

李毓庠

老子曰至治之世鄰國相望雞狗之聲相聞民各甘其食美其服安其俗樂其業至老死不相往來至後世塗民耳目則幾無行矣孔子曰道之以政齊之以刑民免而無恥道之以德齊之以禮有恥且格大哉言乎可謂得治天下之要道也孔子之言猶夫老子之言皆主無爲以出治者也治民者不因民之本性守其自然之理而加之以政刑是擾民而已政刑出自聖人猶且未可而況臨亂之君乎夫民性無不善也太古之世

渾渾沌沌不識不知順帝之則能順民自然之性則盡天下皆善人矣盡天下皆善人則道不拾遺山無盜賊勇者無所用其力賢者無所用其能智者無所用其謀巧者無所用其詐歸眞反樸是謂大同垂拱而天下治矣古者包犧氏之王天下也仰觀俯察以通神明之德以類萬物之情當是時也何有乎仁義何有乎政令法度何有公私爾我樂人之樂人亦樂其樂天下尙有犯法作亂之事乎自神農氏作耒耜之利而蚩尤作亂自舜作五教五刑而三苗猾夏自穆王作呂刑以詰四方而周室中衰原政令法度之作豈不曰以利天下乎然政令愈繁而民愈苦法度愈密而民愈詐民知苦而心始離民知詐而心始偷離且偷而風俗乃不可問奸雄竊之以行其奸盜跖得之以行其盜利少而害多是立法之過也故曰治民以治不若以不治爲治防民以防不若以不防爲防以仁義爲仁義不若以道德爲仁義川竭而谷虛丘夷而淵塞聖人死而大盜止此非過言也有激而爲之言也然則聖人不足法歟曰非也戰國之世諸侯放恣眞聖人不出而僞聖人充塞於兩間遊說之士各竊聖人之說以淆亂當世之人心所謂仁義云者皆爲利之所歸不揭其蔽是率天下相趨於僞也彼亦曰仁義此亦曰仁義彼亦一聖人此亦一聖人雖有眞聖人作果孰從而辨之莊子目擊而心傷惡[illegible]

仁義者不得不並仁義而惡之欲排似聖非聖者流不得不舉聖人而排之此之所由作也不然捨仁義豈可以言道德而仁義又何嘗足以亂天下乎

安帖排奡一結尤得題旨

書臧洪報陳琳書後

鄒恩潤

壯哉臧洪之義也君子讀其報陳琳書悲憤淋漓追惟故主未嘗不想見其爲人當是時外無蚍蜉蟻子之援內無堅甲利兵之恃以一孤城而敵袁紹之衆其無能爲禦洪豈不自知哉而猶毅忍堅持寧以身殉而一瞑不視者毋以痛故主之酷遭慘亡憤袁紹之坐視不救遂乃忍悲揮戈收淚告絕乎古人之舍生取義何以加茲雖然吾亮其心哀其志而尤惜其報主之未得其術也夫圍困張超者曹操耳非袁紹也慘戮張超者曹操耳非袁紹也袁紹非無可咎也然可咎者坐視不救而已不若曹操圍困慘戮之甚也紹坐視不救猶非其主之仇操圍困慘戮則其主之仇也吾知張超死而有知其銜紹必不若操之切洪而不忘故主有志復仇則當法伍員因吳敝楚效張良輔漢傾秦日夜籌斃操之策使故主含笑九京奈何以一時義憤忘其首惡而遷怒其次也而況是時袁曹交好紹與洪亦猶是賓主之義耳則洪亦安得以欲全己之義而望紹

之絕操乎則紹之不救義有可原苟洪仍曲與周旋乘機待時而圖操成敗利鈍雖未可逆覩不其愈死於紹手而令故主之仇終無日復乎昔張良狙擊始皇君子幸其不中蓋以始皇早死則仁慈之胡蘇嗣位志在傾秦而反延其國祚也今超遭慘戮靡有孑遺所恃以復仇者惟有洪耳而乃未及沈毅遠謀挺身不顧於紹曾無所損而令操聞之喜莫余毒吁可惜矣然則得陳琳書洪當屈身降紹乎則亦非也為洪計者莫若不遽絕紹徐謀所圖斯為得耳既已接刃而復俯首降敵豈義士之所為哉故洪不為琳生死成敗之論所動使後世貪生忘恥之徒有所愧怍是正其所以成其為義也而吾獨深惜之者則以其義勇有餘而痛其報主之未得其術也

筆用中鋒持論允當

書臧洪報陳琳書後

陸鼎揆

數千年士風之美東漢臻其盛矣自光武優重名節二百年間士大夫爭相砥勵漢德既衰陳仲舉李元禮郭林宗范孟博諸子出而相與為倡天下化其俗義烈之士遍於朝野黨錮之禍起盡陷羅網然而奮起者猶不乏其人焉吾讀東漢書獨怪當時義士何其多也臧洪以不獲赴主之難義憤填膺毅然自絕於袁紹揮戈登陣以相抗告

源之行葺猶有黨錮諸君子之風焉洪之報琳曰受任之初志同大事掃清寇逆共王室豈悟本州被侵郡將遭戹請師見拒辭行被拘使洪故君淪滅區區微節無所獲申豈得復全交友之道重虧忠孝之名乎蓋洪之所以始託於紹其初志將廓淸宇內重造漢室東郡之守亦豈爲紹事於漢而已張超之亡紹坐視而不捄洪之毅然絕之者亦豈僅爲故君蓋超與本初同爲漢臣廣陵之守天子命吏然而紹則以私情而坐視焉則紹之無心於漢可知是則洪又何爲而與之同哉故洪之絕紹爲故友之義也而亦爲漢也況乎本初猜忌之徒沮授受縶田豐見戮洪之去蓋亦知紹之終不可久與處焉使洪當日卽安心事紹亦安見其必可全耶孟子有言生我所欲義我所欲二者不可得兼捨生而取義可也嗚呼子源有之矣

發端甚遠幷能揭出洪之本志文之極有經營者

●書禰衡鸚鵡賦後

梁振民

世皆稱禰生狂予竊不然之及讀其鸚鵡賦激揚哀悽自傷身世益感喟曰正平不狂也夫名駿失主俛首皁棧與駑駘並駕則不勝奔踶驚曼睥睨蹈騰雖有纓之飾之膏秣之者而於厮養奴隸憎惡嘶嚙然而駿固不狂也脫逢伯樂則吐氣長號聲動天地

馳如驥德矣正平抱瑰瑋之才負欽奇之氣亦嘗欲得一知音共事華夏至於刺字泯滅猶無所遇嗚呼正平豈自棄哉曹操以刑餘之後竊位漢相居尊處優臨天下之士一孔之儒惕其威勢奔走門下如赴利鋆正平佳人甯甘俯首帖耳側身與文若輩同列耶至於黃祖劉表死公木禺不過爲厮養之料烏足以陵駕我正平嗚呼舉世混濁衆人皆醉正平亦傷之甚矣屈躬下志僅遇一黃射委軀託命便有求全之思何意天涯淪落又逢鸚鵡慧業前生夙根同具假酒他人澆我塊壘是故悱惻芬芳類於楚騷哀頑纏綿似乎鵩賦古今名士所當同聲慟哭者也結習難除終至於死傷矣

議論超曠爲才人剖白奇作也亦正作也

書李康運命論後

董憲

不與桃李爭一時之芬芳菊始獨傲千秋不與川瀆論一時之清濁海始獨匯羣流不與黎庶齊一時之寒暑天始獨馭萬物士之獨立者必不與庸俗較一時之運命函谷雲停而不前非阿房宮邪漳河浪擁而不移非銅雀臺邪曾幾何時而焦土橫陳哀增才子分香慘訣淚到英雄此居室之運命也而我樂之乎餘香不歇鴛鴦過而動心非華清池邪柔音如縷鶯燕聞而結舌非後庭花邪曾幾何時而夜雨聽淋鈴之曲陽[illegible]

故宮羅衾驚孤客之寒夢繞枯井此綺羅之運命也而我好之乎吾不知有六朝但知採菊東籬之陶令吾不知有五代但知監軍李氏之宦官吾不知尊莽四十二萬人之姓氏但知披裘垂釣之嚴先生渡易水而蕭蕭風起髣髴白衣壓岸正送悲歌之壯士也探八陣圖則髣髴江流石轉如應羽扇之指揮也臨五國城則髣髴淚影怨聲如訴金牌之召返也嗟乎功蹟一身名播千載衡彼蜉蝣孰賤孰貴夫天欲呈松柏之操霜雪不嫌其嚴地欲形騏驥之能關山不厭其複錯節盤根俾就利器險阻艱難克建遠猷蓋將肩鉅負必忍重困謀樹盛德先謝浮榮秦檜不相不成三字之獄燕王不篡不動十族之刑宋不亡不傳正氣之歌明不覆不留斷腸之書處原憲於金谷定失其吟嘯之樂貢黃憲於玉堂或泯其汪洋之度由是觀之運命之窮適以造人而非能戹人也抑運命發乎外品學根諸內任命信運固原瀟灑之胸襟而砥品礪學莫負崢嶸之頭角螢不以光微而廢明蟬不以翼薄而廢聲人不以運命未至而廢勤一匡偉業早決於囚車入境之先三分大勢熟籌於艸廬抱膝之日苟借運命爲飾詞救焚而待其自熸亡羊而待其自歸則是勾踐高枕而吳自成沼嬴政閉關而秦自成帝因循喪志尙可問乎李康身處危邦心期古哲運命之論洒然自喜惟展讀之餘覺尙有未盡者

爰爲續貂之舉。敢辭畫虎之羞。嗟乎滄海潮生。鼙鼓正喧異域。終南雲暗。干戈還擾中州。不少英才。合扶危厦。豈忍江河日下。並砥砫而俱遷。風塵不辨。走馬牛而皆是。彼月冷隆中。水清汶上。占肥遯之卦。服養生之篇者。非深明夫運命者歟。何爲其不出邪。

才思横溢。哀豔動人。史液騷心。俱供驅遣。非伏案功深者不辦。

書李康運命論後

何榮曾

論語之卒章曰。不知命無以爲君子也。士有特立獨行之志。烏可不以聖賢立命之學爲急哉。昔者文王九七而終。武王遵養時晦。蓄見於易範之圖矣。孔子當春秋之際。國君不俛眉。大夫不迎士。七十國而不遇。命之窮也。子思子夏不及孔子。然當七雄虓闞之際。人皆以得士爲榮。諸侯造門。猶有不得賓焉者。命之通也。故曰國之盛衰運也。人之顯晦命也。世亂則聖哲馳騖而不足。世治則庸夫高枕而有餘。在易乾之初九曰。潛龍勿用。非攄首尾。奮翼鱗之時也。九五曰。飛龍在天。利見大人。正薄日月。伏光景之時也。故君子居易以俟命。時異而事異也。不然則爲姤之初六。羸豕孚蹢躅。履之六三。武人爲於大君矣。故小人者。不恥不仁。不畏不義。既行險以僥倖。復貪得而無厭。謂蘭芷其不芳。各興心而妬嫉。雖一時得志。未久而身敗名裂矣。若小懲大戒。此小人之福也。

夫炎炎未嘗不盈也隆隆未嘗不實也而天收之地藏之盈實曷足恃乎小人日日營營於富貴不知富貴有時不可求也小人日日營營於爵祿不知爵祿有時不可干也君子可不務修身乎哉特立獨行之士可不務聖賢立命之學乎哉何謂聖賢立命之學易學也何以見見於孔子五十學易與知天命二言某讀李蕭遠運命論遂書其後如右

粹然儒者之論湛然經籍之光

書權德輿兩漢辨亡論後

許國傑

嗚呼善觀事變者不在於顯而著而在於微而隱微者難曉顯者易知此通例也是故禍患之由敗亡之基不在於顯而在於微原於微者甚於原於顯蓋顯者昭昭然彰彰然不待智者而後見也微者則繩墨之士庸俗之人恆有所不及知知之而不敢斷然出其言以正告於天下是故酖毒殺人盡人而知也而宴安殺人則非智者不知也洪水溺人盡人而知也而利祿溺人則非智者不知也猛獸害人盡人而知也而微菌害人則非智者不知也嗚呼豈非以顯者易知而微者難曉耶然而世之死於酖毒洪水猛獸者千萬人而一人耳死於宴安利祿微菌者天下皆是也斯理也以之言一身也

如是以之言一家也亦如是以之言一國言天下也何爲不如是哉原兩漢之亡也夫人而知之矣莫不曰王莽董卓乃權子德輿曰亡西漢者張禹亡東漢者胡廣夫權子豈好爲此驚世駭人之論以取快一時者哉彼蓋知其顯而察其微世人者知其顯而遺其微也張禹胡廣皆致位公輔名馳通國舉足可輕重天下辭氣所發安危係之乃模稜鼠首保持祿位一則啗時君以滋厲階一則附宄沴以結禍胎蕩覆篡奪之兆皆其所致召所謂雖年祀相遠猶手授頤指之然也其爲禍也若宴安利祿黴菌之殺人於不知中也夫宴安利祿黴菌之殺人固有甚於酖毒洪水猛獸者則明春秋首罪之誅禹廣之賊害豈直莽卓之比乎嗚呼世人徒知酖毒洪水猛獸之殺人而不知宴安利祿黴菌之更足以殺人是可痛也世人徒知罪酖毒洪水猛獸而不知罪宴安利祿黴菌是尤可痛也知其顯而忽其微而豈知微者之中毒於天下更有甚於顯者乎莽之篡西漢也卓之覆東漢也殺戮漢宗室顚亡漢社稷其罪所謂若酖毒洪水猛獸之不可掩也禹廣者堯言舜服孔步孟趨不知者方目之以爲一代之儒宗安有以厲階加之者哉而容知其罪惡更有重於莽卓者乎然一則貽萬世之譏一則逃靑史之誅揆之物理豈可謂平此權子之所以不能已於辨也噫察顯知微若權子者可謂善覩

事變者矣雖然吾誦權子之言讀其文不禁重有感焉上下千古縱橫五洲若禹廣之禍人國家者不知幾什伯也而世人察顯昧微不特不深罪而痛斥之反目之爲一代之完人君安得一一而辨之抉其微申其罪若權子之於禹廣者以警後世以告來茲則若禹廣者庶幾知所惕而絕跡於宇宙間乎故書其說於後如此

推闡盡致機王神流能使閱者暢然意滿

●書李遐叔弔古戰場文後

陸鼎揆

嗚呼中國之士氣至晚清而弱極矣三軍之士遇敵而退赳赳健兒聞戎而怯數千年來上自士大夫下至小夫孀孺莫不視戰陣爲畏途等從戎爲下賤懦弱之風牢入於人心而不可拔欲求如定遠之投筆從戎終軍之請纓闕下蓋不可得焉而所以種其因者文章亦其大原歟三代以上化民以樂故盛世之音宏以威而民有發揚蹈厲之氣亡國之樂哀以思而民有不樂其生之心逮樂經既亡其足以關係化風者厥惟文章故讀荆軻傳入秦而氣壯讀文信國正氣歌而思義讀李牧之椎牛釃酒及班孟堅之燕然山銘莫不神爲之馳心爲之奮文之關係於風化大矣漢唐之際一二帝王窮民力以逞大欲沙場戰血萬里朱殷而於是一二文人以哀怨之筆寫戰鬬之情淒涼

宛轉幾可動風雨而泣神鬼而欲求如不斬樓蘭誓不生還之句蓋百不得一焉若遐叔弔古戰場文其間寫士卒之流離家室之悽戚其文則麗其聲則哀其旨蓋欲以警後世之殫民以逞設心固未始不善也然而後之人讀之者其有不黯然而神傷者乎卽使有定遠終軍之壯志其有不爲之消阻者乎然而遐叔輩固未料有若是之害也然而中國之士氣爲之盡矣嗚呼吾讀江漢六月諸篇而後知聖人之心遠矣

詞氣英邁陳義甚高。

書李遐叔弔古戰場文後

陳德恒

嗟乎嗟乎上下千年歷代數十外族之侵我地殺我君笞我民奪我財而我族之受之者未聞有攘臂奮呼一雪國恥爲我漢族吐氣揚眉也而世俗且以好鐵不打釘好男不當兵以挫奪其忠義之氣故受外人之鞭笞而不知恥爲外人所奴隸而不知辱若有一二有志之士暴骨沙礫與日月爭光反受世俗之譏議不爲鐵獅銅像之紀念而作悽風苦雨之悲吟是以高祖受困於白登愍懷見虜於胡族而漢族之酣夢如故也竊於此不得不痛恨一二迂儒摧殘壯志有以釀成之也余讀李遐叔弔古戰場文不禁嘆遐叔雖有人道之心然國家受其害人民被其毒已非一言可盡也是以徽欽豪

塵不知北伐胡元入關俯首帖耳雖非遐叔一人之罪然遐叔安可辭其咎耶觀其文墮指裂膚之寒骨暴沙礫之慘父母兄弟之念令人不忍卒讀其消耗吾勇氣挫奪吾雄心爲何如耶使我數千年來相傳忠義之血性一掃而盡於是外人之侵我者不敢與之抗寧屈節而苟生不願攘臂而一戰是此一紙之文使忠義之氣消耗於冥冥中者不知幾何也是實遐叔之罪也雖其文感慨淋漓爲專制時代之開邊者戒然其功必不足以補其罪也余聞泰西以慷慨之軍歌鼓勵國人之勇氣我則以悱惻之文章挫奪國人之雄心雅典棱倫有唐遐叔中西人自有異歟抑國家強弱之理不係於此歟吾於是乎有感

雄氣邁倫金鐵爲鳴不作秋蟲之咽月而爲雕虎之嘯風

●書柳宗元瓶賦後

王鍾

炎炎者滅隆隆者絕位極者宗危自守者身全夫鴟夷諂誘吉士喜悅依隨嘗爲國器託於屬車名達乎公卿而下及於婦孺炎炎隆隆固足以自豪也然親之者罔不有禍而無福甚至國亡身殞家敗名隳劉伶之誕畢卓之辱微鴟夷固不至是也至於瓶其居也不外乎井眉其行也一出之淡泊處高臨深動常近危一旦身破則骨肉爲泥甚

矣。窮達泰否。何相去之甚也。謂鴟夷智耶。然顛倒妍媸。淆亂黑白。敗衆亡國。害羣亂俗。固不類智者之所爲。謂瓶愚耶。然淸白可鑒。不善媚私。功成身遂。歸根反初。殆聖賢之所爲。寧得謂之愚哉。然則鴟夷自售。雖榮幸有加。實希世用事。損人利己者之流。非智也。瓶雖甘居井眉。然潔身處世。淡泊是師。聖賢之道也。比之鴟夷。不啻鸞鳳之與鴟鴞。龜龍之與蝘蜓也。又烏可同日而語哉。嗚呼、漢唐而降。氣節不講。聖賢云沒。道德沉淪。士大夫伈伈俔俔。習於巧曲逢迎之途。以徼倖於一時。復自伐其能。矜其智。溷濁不淸。炫飾邀名。竊孔孟之言。以行其儀秦之志。履夷齊之行。以濟其桀跖之惡。趾高氣揚。跋扈囂張。方自詡其智以爲天下人莫之與京也。而一瞬間身敗國亡。爲天下詬。爲後世譏。向之富貴榮名。適足益其罪而增其辱。而山林之士。守道修德。淡泊自持。人皆昭昭。我獨昏昏。人皆察察。我獨悶悶。澹兮其若海。飂兮若無止。與世不爭。與人無忤。一旦身歿。歸眞反璞。此其人非無補於世。視巧曲逢迎之徒。專希世用事。罔知氣節者。固超然獨異矣。余讀子厚瓶賦。有慨夫世風之日下。而鴟夷者流。所在皆是。欲求一二淡泊之士。則渺不可得。悲夫。

風度端凝。詞旨名貴。

◉書蘇老泉六國論後

劉蕙疇

契丹於宋世仇也嘗三入中原所過殘破踞燕雲且二百載索金繒幾數千萬凡爲宋之君臣皆宜張撻伐之師雪敷天之恨然坐北宋無人師徒衰朽遂受其憑陵視爲故常此固有識者之所悲憫士君子之所嗟痛也老泉身當其時目擊其艱故有六國之論夫六國之亡不盡由於賂秦蓋秦有關隘之險而六國無團結之心且東諸侯固嘗以十倍之衆五倍之地叩關而攻秦秦人開關延敵無亡矢遺鏃之費東諸侯固已困矣何者地勢使然也又秦之所與諸侯爭天下者在韓魏之郊蓋韓魏爲六國之咽喉故秦欲攻東諸侯必先攻韓魏六國欲抵強秦必先保韓魏未有韓魏亡而四國獨能久存者也六國昧於當時之大勢自相攻伐迨韓魏爲秦所滅而六國之事不可爲已何則無團結之心也積此二因遂爲六國致亡之根原吾故曰非盡由於賂秦也雖然老泉之六國論豈盡爲六國論哉亦以論六國者論宋也豈盡爲六國惜哉亦以惜六國者惜宋也老泉之旨蓋謂土地之賂與金繒之賂無以異也六國爲強秦之威所刼日削月割以趨於亡宋蹈其轍而不悟也然六國與秦皆諸侯其勢弱於秦故其亡猶不足勝怪而宋以天下之大亦竟從六國之故事爲可深怪耳秦與六國皆華夏用夏

變夏。猶不足深悲。而有宋文物之邦。變爲氈廬罽幕之俗。用夷變夏。爲可深悲耳。且夫契丹之於宋。固累世之仇也。高粱河之敗。歷久未雪。與言結好。已足深恥。加以歲輸金繒。此非可恥之尤者乎。此老泉之所深悲也。雖然。吾讀是論。吾不暇爲有宋悲。而爲現時之中國悲矣。

用筆爽利。寄慨亦深。

●書蘇子瞻論河北京東盜賊疏後

陳壽彝

吾國地形。黃河以北。素爲險阻之地。大江以南。夙稱財賦之區。故幷江南則富。據河北則強。歷朝陳跡。不乏明徵。而強力與富庶相較。則強者輒伸。而富者輒絀。故河北尤爲重要。斯言東坡已先某而言之。彼謂天下存亡之權在河北。無疑。更繁徵博引以證其不誣。某竊請得而申之。夫遼金之毒燄滔天。蒙古之車騎逼宋。燕棣之攘奪大寶。自成之篡亂中原。非皆奄有河北者邪。明太祖雖興自江南。要不能不進窺河北。以馭天下。清世祖入關。而明社遂墟。雖以史可法之忠。亦無補於宗國。吳三桂之雄。而卒歸於夷。滅洪秀全。正位金陵。卒爲有清所克。不獲河北之故也。即如邇者項城鎮幽燕。而南疆賓服。白狼黨秦晉。而勢燄難平。由是言之。河北之重要。豈虛語哉。形勢之利害。古今如是初無關乎器械之良窳財賦之盈絀也又東坡所言盜賊情形多與今類旱歉之患饑饉之災遍於城邑人民鋌而走險以謀衣食有司且嚴刑峻法以繩之虐稅苛捐以苦之所謂貧民生計毫不顧問某恨其未嘗稍讀東坡之疏也至於極目遙瞻齊魯正有鵲巢鳩居之歎滿蒙且有故宮禾黍之悲秉國鈞者若不知其重要某讀子瞻之疏不覺懍然而心怖矣

論地勢處目光如炬引證碻鑿餘亦饒有感慨

●書朱子白鹿洞學規後

鄧邦傑

孔子曰古之學者爲己今之學者爲人非過論也蓋古先王立學之意廢缺久矣爲學者祇爲祿利之私而於修身行己之道處世接物之要則茫乎不知著一書述一說不先有利以爲之導鮮有能克成其功其去於商賈負販之徒幾何哉間有進者則例主一家之說怪誕荒謬至不規於大道疑世惑俗而不知非轉詡詡然自喜爲得計此又禮義之大逆名教之罪人也究其因是由未明乎道之故也蓋聖賢教人之法俱存乎經苟能於經傳之道博學審問愼思明辨而篤行之則於處己接物之道庶克有濟故朱子主敎於白鹿洞乃首重讀經而又輔之以五敎之義爲學之序與夫修身處事接

物之要此眞深知立學之大本矣又其言曰古聖賢敎人爲學之意莫非使之講明義理以修其身然後推以及人非徒欲其務記覽爲詞章以釣聲譽取利祿而已其於戒勉警勸之道美且備矣溯三代而還爲學之勤且勞如朱子者幾人能舍棄利祿淡泊自處一意於道如朱子者更幾人如朱子之學可謂體用兼備迺今之論者反多非之謂其疏闊而不涉於實用然則必反乎是者方可謂之當耶此又湛心利祿者之言也嗚呼士風凋敝一至於此有敎育之責者可以興矣

持論平允後段尤勝

書王陽明答毛古庵書後

張有彬

東漢學術尚氣節及其季世政出宦者小人竊國賴有陳蕃李膺之徒不屈權奸不畏威勢思以清議維持朝政志雖不終然天下聞風嚮義者莫不激昂感奮步其後塵亦足以寒奸雄之膽而杜覬覦之心漢之得以稍延國祚而不至遽亡者蓋其力也有宋一代有程朱諸儒爲之倡敎廉恥尚禮義及其亡也死國事圖恢復者接踵而至李闖亡明城破之日殉難者蓋數百人至有闔門盡節而死者及滿淸入關其間擁立宗藩以圖恢復者前仆後起雖知事不可爲非至肝腦塗地不止蓋有王陽明以其良知之

學為天下倡故也。陽明目睹士風之隳墮，民德之墜落，惻然引以為己憂，故本其所學，發明其良知，以轉移習俗，改正士風之責為己任。始則上疏言事，觸怒權閹，繼則不屈於思州太守，非矯情作偽，故為高舉以沽名釣譽也。蓋欲使天下知以忠信禮義之存否為禍福，而廉恥為士君子立身之本也。夫殺身成仁，舍生取義，古聖人之所尚。自古聖賢豪傑，未有既抱拯民之心，又顧一己之禍福利害，而可以成其志者。昔夫子論士曰、行己有恥。孟子曰人不可以無恥，又曰恥之於人大矣。若徒一己之禍福利害是慮，則必降志辱身，寡廉鮮恥，枉道以求媚，屈己以苟免，卑鄙齷齪，悖禮犯義，大節已虧，人不之信，士不之齒，烏足以風世而勸人。陽明倡良知與知行合一之說，則能實踐其言，以身作則，為天下倡，以養成士習，而其效果乃至如此。夫國家之興衰，由於風俗之厚薄；風俗之厚薄，由於士君子之所倡導。所倡導者為義禮，則風俗日趨於純厚；所倡導者為邪利，則風俗日趨於澆薄。然則欲興國者，其亦先自明學術以敦士君子之品焉，斯可耳。

高瞻遠矚，卓犖不羣。

●書王陽明答毛古庵書後

胡鴻勳

忠信禮義。人之大節也。苟忠信禮義之所在。則毅然為之。雖粉身碎骨不辭也。苟忠信禮義之不在。則飄然引去。雖高爵厚祿不顧也。伯夷叔齊。義不食周粟。竟餓死於首陽山者。忠信禮義之不在也。文文山謝疊山。義不臣事夷虜。卒盡節而死者。忠信禮義之所在也。故士君子處事。必揆之以忠信。度之以禮義。合則為之。不合則引去。各適其宜可也。陽明侍職龍場。心中惟有忠信禮義耳。權勢非所知也。橫逆之來。吾守忠信禮義以待之。身可碎。頭可斷。此道不可屈也。彼太府者。御下不嚴。縱差咆哮。不自責而恃威妄怒。欲以勢燄抑正道。豈不謬哉。古庵不以御下不嚴之罪責太府。而以禍福利害動陽明。亦勢利之徒耳。失忠信禮義之節。就諂佞鄙劣之途。稍知道義者所不為。而顧欲使陽明為之耶。厥後明末氣節之士。不屈不撓。再接再厲。皆陽明之鯁介拔俗。有以砥礪人心也。其正直之氣。可薄風雲而泣鬼神矣。古庵太府讀陽明之書。而心怦然動。卒悟己非而敬陽明。忠正之能感格人心。豈不大哉。

沈着痛快。閱之能使心目一爽。

▲問類

◉問周禮人君以八柄馭其臣民今日民主國元首能適用此制否

陸鼎揆

傳曰國家之敗。由官邪也。官之失德。寵賂彰也。何則治亂之原。雖係人君。而致君澤民。實在百官。是故官舉其職。人盡其事。而天下治。反是而亂。方敗政。則國亂矣。聖人知之。故治天下首重官方。成周之世。天官冢宰職司羣寮。漢魏而下。則有御史殿中丞校尉諸官。以糾察羣臣。佐天子之不及。唐宋則有九卿六科。明則有給事中直指使。名雖不同。用意則一。惟職雖在於諸官。而權實總於天子。周禮天官冢宰以貴祿予置生奪廢誅八柄詔王馭羣臣。三代而後。斯制雖廢。而馭下之道。蓋亦不外乎是。顧或者謂八柄之制。僅適用於古昔君主時代。惟君主爲神聖不可侵犯之物。握無上大權。有此八柄始威尊而下畏。若今日民主國之元首。既非往昔君主之比。體制權限。尤逕庭而異歧。國會有彈劾行政官之權。載在盟府。若使以總統而行八柄之制。是越權也。是違法也。烏乎可。而況元首雖位居無尊而職實行政官長。以視羣司。莫非同寮。惡可與昔君主同語。若使授以八柄。是驟增權限。既於共和原旨背道而馳。而況一有不測。將釀元首牧逆之禍。危且及於國體。是尤所可慮者也。不特此也。司法獨立。共和國之通制。以元首而預生殺之柄。是又以行政長而侵司法之獨立也。又烏乎可。斯說也。固不謂無經然以防元首之越權違憲而遂盡奪置予之權使坐視綱常之壞而不可救是何異因噎以廢食竊謂八柄雖不可獨操於元首而整飭綱紀之權則必不可少若懼其侵職越法則無寧以貴祿予置生之權授之元首而國會爲之監督若夫廢奪誅之職則以歸之司法如是則國家之吏治澄清而元首之權限如故而司法之獨立可得而全矣

持論確當行文亦按部序班

●問大學在親民朱子集注從程子說云親當作新王陽明先生則謂當從古本作親二說若何試詳論之

吳洪與

大學在親民朱子集注從程子說云親當作新王陽明則謂當從古本作親余謂王陽明先生之言是也竊不敏試從句義事實以證之

(甲)句義　夫新民者爲民而革新也行政者之責任也親民者曰親其民而察其風俗習慣也學者之責任也今曰大學之道則是學者之道而非行政者之道也明矣而謂求學之時能行行政者之責乎卽謂求新民之道亦必當與民相親而後能新其民若不與民親察其風俗習慣試問新民之道又從何而得將來執行政事之時又何從而新其民則親字之當從古本明矣其說一

(乙)事實　爲官所以治民也故爲官必先知民事聖王知其然也先之以大學然後授之以政事所以使之明悉民事也則大學之設爲親民而設也入大學所以求親民之道也今解謂在新民將入大學者不求其親民之道異日出而治民不知民情風俗矣官與民相去益遠而民之苦情益不得達國與民於是交受其害矣且提綱挈領貴治其本不求其本而求其末天下事其可爲乎則親字之當從古本又明矣其說二

嗚呼自世儒讀親作新世人不復知有親民之道雖王陽明先生崛起五百年前思所以改正之而人或不信其說致上不知下下不悉上日求其所以新民之道而不得國病而民亦病世乃以儒爲詬病蒙故伸陽明之說而願世人以親民爲急務焉

選詞按部考義就班文之有內心者

◉問大學言愼獨本於致知中庸言愼獨本於修道二書意旨可相印證否試闡明之

張駿良

凡人之於學問之道在正其心而已矣心不正而欲求學問之成者是猶卻走而求及前人也孟子曰先立乎大者心者綱領也綱領正而萬事無不立以之致知則知致以之修道則道修以之齊家治國平天下而其家無不齊國無不治天下無不平苟假求

學之名計利祿之心修天爵以要人爵僞君子而眞小人吾未見其能得學問之眞也大學云所謂誠其意者毋自欺也又曰小人閒居爲不善無所不至見君子而后揜然此求學務在正心之義也求學而不正其心者自欺之道也猶小人見君子揜其不善而著其善者也負求學之名失學問之眞詡詡然謂吾學成矣而今而後可以享宮室之美妻妾之奉者矣此自欺也其求學之心非出於心之正也此大學致知所以貴乎愼獨也中庸云君子戒愼乎其所不睹恐懼乎其所不聞莫見乎隱莫顯乎微夫小惡乃大惡之原小善乃大善之本毋謂其小惡而爲之毋謂其小善而不爲小惡爲之大惡亦無不可爲小善不爲大善亦未有爲之隱見則陽亦見微顯則大亦顯所不睹者不愼而所睹者亦無所愼所不聞者不懼而其所聞者亦無所懼故心一不正則外物陷溺之卒至深中於方寸而不可一日去如是而欲冀其道之修其可得耶易曰履霜堅冰至言其由來也漸君子必愼獨於隱微之先也此中庸修道所以貴乎愼獨者也大學致知貴乎愼獨中庸修道貴乎愼獨而愼獨之要則均在能正其心而已矣譬諸江河之源不一而其歸於海則同枝葉之參差不齊而其附於木則同人之求學不同而其要在於正心正心者謂愼於獨而無一不出於正也是故大學言愼獨非本於致

知也謂欲致其知必愼其獨中庸言愼獨非本於修道也謂欲修其道必愼其獨愼獨則外物不可移求學志於一雖欲其知之不致道之不修不可得也二書意旨確相符合而毋有一毫之不合焉

氣充詞沛筆無滯機

問政與教孰急

張世雄

自古無無政之國天下無失敎之邦無政則國不理失敎則民不立故二者不可以偏廢然以敎而導政不如以政而御敎也夫政者所以統治萬民驅策羣黎使之同納於善軌而勿及於邪也入其國而不聞民之有咨嗟怨歎於其上者耕者樂其田商者營於市百工各安其業四境無盜賊之擾人民無饑寒之憂如斯者其政必舉入其國而民不安其業老弱有失養之虞壯者有分爭之禍終日惶惶一若有大難之將至者則其國政之不舉可知且夫政者正也使爲上者正其身則民必相率而從政政者齊也使百事齊於官則衆庶齊於下此所謂平政以齊民也是故國家政舉則理政失則亂不可一日舍此而言治也明矣至若敎者所以黽勉其爲善敎促其從良用以副政之所不及有敎之邦入其境長幼有序男女有別民多雍容平且之氣而無強橫不化之

行非然者是無教之邦也不亦殆哉然國家無教之不足以言治要不若無政之爲甚也綜上以觀一國之賴乎政猶築室之於棟樑楹柱其於教也特室內之陳飾品物耳故政成而後可行其教也國政既舉則百姓咸知所趨然後施之以教誠易易事若國無善政而欲鞭策民以教是猶毀其棟樑而修其陳飾也荀卿曰庶人駭政則君子不安位是知政不舉則國必危國危則奚事教爲愚故曰以教而導政不如以政而御教也

深醇雅飭氣息絕佳

●問孟子言良知良能王陽明何以僅言致良知試闡明之

魏如

孔子之道大矣哉如天之不可階而升也如日月之無得而踰也宜後世小儒望洋而歎茫無涯涘矣自孟子出而首言入道之路曰堯舜之道孝弟而已矣又曰孩提之童無不知愛其親也及其長也無不敬其兄也於是儒者始知求道之不難而日用事物之間有道存焉此程朱派之所持以爲鵠者也或以爲道之存也惟在此天君方寸之間而無事外求此陸王派之所標以爲學者也然陽明學派惟言致良知而孟子則兼

言良能。似不無同異。此又不可以不辨。孟子曰。人之所不學而知者。其良知也。所不學而能者。其良能也。然則心本有知而蔽障於前則爲之遷。心本有能而習染其中則爲之變。故孩提之童無不知愛其親。而中年方剛則有不孝之行。其長也無不知敬其兄。而娶妻有子則同室鬩牆。是何也。去惡實難。而習染則易。心兮本虛。苟無以啟迪而覆翼之。其不爲惡者鮮矣。故陽明之說。以爲入道之要。惟在致知。蓋知者人之所本有而無事旁求者也。然而欲致良知。豈易事哉。惡之生也。如蔓草瀰望。非有勇決之心。堅忍之志者。勢必中道而廢。畏難而退。是故無良能者。不可以致良知。卽致之亦未有不垂成而敗者也。文中子曰。自勝爲雄。夫人而能自勝。去習染之惡。而一洗其心。則天下萬事安見其難。此陽明致良知之學。所以卽爲致良能也。蓋人未有無良能而能致良知者。亦未有能致良知而失良能者。孟子曰。學問之道無他。求其放心而已矣。夫孟子之所謂求放心者。固與陽明之致良知同一見解。而求之與致。又隱示良能之意。此二人之見所以似異而實同也。卽大學身脩而後家齊。家齊而後國治之義。亦不外此矣。蓋能脩其身者。必其有良能者也。有良能而後能立志去惡。而能希聖希賢。齊家治國之道。在於是矣。苟無良能。則不能脩其身。不能脩身。安能齊家而治國。是故良能者。人人

之所同具者也良知者亦人人之所同具者也以人所同具之良能致人所同具之良知而曰不能者吾未之信也觀於孟子愛敬之喻可以恍然矣

思力精銳迥不猶人

●問蘇子瞻謂秦之失道由於威信太過然國無威信其害若何試略言之

殷信篤

御下之道在恩威恩過者易養奸威過者易激亂得乎恩威之中而兼濟其用庶乎其能治天下者也秦之失道有自來矣豈獨始皇之罪要其弊在威信太過此義東坡已先我言之然而治國者懲秦之失乃遂流於姑息則其弊亦不可勝窮是不可以不辨夫以萬千之衆聽命於一君而共戴之而無離叛之虞此必非儀秦之辨所能說之使離賁育之勇所能移之使合者矣蓋必有物焉以維繫於其間永久而弗墮者先王知其然也故爲之禮義以束其身心爲之刑法以防其暴桀是故禮義刑法者所以通上下之情嚴君臣之防立萬民之則示天下以大公而維繫於不墮者也太古之民渾渾噩噩不治可服後世之民機詐日生禮義之用有窮時不得不以刑法濟之是故刑法者所以濟禮義之窮先王之所不得已而存焉者也然則爲人君者徒知治民以刑法

而不知導民以禮義其弊固失之太嚴若徒知教民以禮義而不知以刑法濟之其弊亦失之太寬二者無一可者也然吾以爲威信太過尚可收效於一時其遺患必在後世若上無威信政尚調停令行而不服言出而不聽必至舉國上下奄奄無生氣甚乃尾大不掉大亂且隨之以起其爲禍之烈或較前者爲尤甚治國者不可不察也且夫寬與嚴豈有定格哉亦視用之之何如耳當世之弊在於威信不立則吾以威信濟之當世之弊在於威信太過則吾以仁義閑之郭子儀治兵寬而兵用命李光弼治兵嚴而兵亦用命同一兵也而寬嚴俱治何哉寬而不流於姑息嚴而不流於暴虐而已諸葛武侯既定西蜀而治術一出於嚴然而蜀中卒以大治未蹈暴秦之故轍者則又何也正以承劉璋極敝之餘民視禁令若弁髦不得不立威信使民知所聽從耳由是言之寬嚴亦豈有定格哉因地制宜神而明之存乎其人知乎今而不泥於古其於治國之道也庶矣漢唐末季宦官藩鎭專政驕横遂以致亂黃巾黃巢之賊蠭擁而起當時人君果孰若始皇之暴桀者當時人臣果孰若商鞅之尚刑法者然而天下卒以大亂不能保其社稷者抑又何也弊在於威信之不立而患在於姑息以養奸正不得以往事之已然而例後世之必然也然則蘇子之論非歟曰蘇子之論鑑往知來所以戒後

世人君之如始皇者予之論救蘇子之言之弊所以戒後世人君之如桓靈僖昭者兩者並行而不悖也至於以庸懦之才臨萬民之衆日以姑容息爭爲得計而曰我懲秦之弊也則蘇子亦必不許也

胸中雪亮腕下風生具此卓識可以論史可以從政豈僅以文字見長

●問漢高祖觀秦皇帝曰大丈夫當如是也項羽見秦皇帝曰彼可取而代也詞氣態度有無異同

張　普

英雄有英雄之氣英雄有英雄之志英雄有英雄之言斷非常人可及燕雀焉知鴻鵠志田夫不能解其意切於心而發於言欲之所存志之所在也蓋古來英雄莫不有奇言偉辭載於史故吾人欲判其英雄與否莫不以一言爲定欲知英雄之成敗莫不以詞氣態度而判焉漢高祖觀秦皇曰大丈夫當如是項羽見秦皇曰彼可取而代英雄之氣同英雄之志同英雄之言亦同也然詞氣態度有異焉漢高之言慷慨而穩健者也項羽之言猛鷙激烈失於和而蹈於危者也穩健足以成功蹈危易以取敗故劉項優劣之點已別於言語之際劉項成敗之機早已伏於詞氣態度之間矣夫漢高之言不足爲當時忌項羽之言若爲人所聞則族矣且夫漢高萃天下之豪傑收四海之民

心以與羽敵非惟漢高之言穩健漢高之行亦穩健此漢高之所以成功也項羽被堅執銳東擊西馳徒恃其勇而不尙智謂霸王之業可以力爭其行之粗暴蹈危適類其言此項羽之所以自取敗亡也吾故曰欲判英雄與否以一言爲定欲知英雄之成敗以詞氣態度而判者也嗚呼力拔山兮氣蓋世時不利兮騅不逝英雄之失敗其詞氣之頹喪如此大風起兮雲飛揚威加海內兮歸故鄉英雄之得志其言之發揚又如此故曰英雄之氣同英雄之志同英雄之言同英雄之詞氣態度又不可以不辨也

筆意英爽氣象發皇

●問蕭何始稱韓信國士無雙請漢王用之後則紿信入賀使呂后殺之其故何歟

殷信篤

國之興在得人漢之興韓信之功也國之危在養患信之亡又漢室之幸也然則漢之興亡係乎信之向背信誠國士也哉惟其爲國士也故能佐高帝以定天下惟其爲國士也故不能一日見容於高帝信之爲國士始之爲漢室之幸而終之乃信之大不幸也然吾以爲高帝雄猜之主其不能容信無足怪猶不解蕭何之薦信於前而又紿之入賀於後使其受戮於長樂鍾室其用心果何居也謂前之薦爲非耶則何解於後日

之給謂後之給爲非耶則何解於前日之薦是非矛盾至於如是其故果安在也吾以爲蕭何前日薦之之用心卽後日給之之用心也惟其能薦也故不得不給惟其知給之之要故亦復有薦之之明二者皆事勢當然有所不容已者不得不致憾於天也祖龍死胡亥立四方豪傑爭起以亡秦項王以萬夫之勇崛起以冠諸侯其鋒銳利莫可當沛公力弱勢微止蕭曹輩相依患難厥後益僻處西蜀毋能東向出關中一步以與項王相角逐爭雄長也此固由積勢使然而亦無奇材異能之士爲之效命故也蕭何知漢之不振由於不能得奇士當今奇士惟韓信信用楚則楚強留漢則漢興今幸而來歸寧非漢室之幸而肯令其逃亡以去哉追而薦之正其所以忠於漢王者深也亦事勢之不容已者也雖然信用矣關中得而齊趙下矣項王一世之雄而竟戮於垓下矣漢王竟以用信而得天下矣英雄之髀肉復生伏櫪之老驥思脫而況功名者所以籠制豪傑之具也雲夢之遊所謂尊榮者何在恩禮者所以懷感豪傑之具也列侯以居所謂酬功者又何在以信之才獨不能開府千里乎以信之功獨不能食祿萬鍾乎而奈何疑忌之屈沒之一至於此生乃與噲等爲伍其鬱鬱無聊也亦人情所恆有然而功在社稷之韓信將兵多多益善之韓信高祖在且猜忌之甚制馭維艱一旦山陵

崩攘臂一呼天下孰敢不應而漢之為漢固未可知卽何等之忠於漢室者五載之辛勤皆歸諸泡影其於初心不相刺謬哉卽幸而不至此亦鞅鞅非少主臣也計無如去之去之而後漢室始安是故給之入賀而不疑此正何之忠於漢室者深也亦事勢之不容已者也然則蕭何薦之之心豈非卽給之之心也哉不特此也何與高祖習之旣久其雄猜實所洞知觀世家所載高祖所以試之者三均以用客計乃免其後終繫於廷尉以何之忠謹且不足置信則惡信之甚豈可更一日以留向使何逆呂后旨不給信入則帝必疑何信之狠狽表裏矧信固何所薦益以增其忌將不免為信之續矣是何為國計固不可不給信卽為自全計亦不可不給信也於是乎信竟以終不免矣悲夫悲夫人情之不可測也如是夫事勢之可畏也如是夫信死而無知則已信死而有知吾知其歷千秋萬歲而不能瞑目也然則漢之興韓信之功也信之亡又寧非漢室之幸哉抑猶有進焉者何旣知高祖之雄猜狠忌可與共患難不可與共安樂則薦信之時當為國謀尤當為信謀及天下旣定信遭忌嫉當為國謀亦當為信謀知其不合而強合之及其不合而強賊之終無善術以處此其所為不得謂之智而尤失之於太忍也而得諉之為天命哉春秋責備賢者吾於何固不能無憾

謂相國心存嫉妒固失之周內謂相國竟無可議亦覺於心未安此作持論平允褒貶處銖兩悉稱可爲相國對於淮陰千古定評至其筆陣縱橫詞氣充沛猶其餘事

●問苻堅伐晉聲勢甚盛而卒至大敗者其故何歟

鄒恩潤

甚矣天下事之難成也出之以驕則氣盈氣盈則昏昏必敗所謂舉趾高心不固矣心不固矣焉得不昏出之以怯則氣餒氣餒則亂亂亦敗所謂氣一則動志氣爲所奪而餒矣焉得不亂驕與怯勢若相反而敗事則一孫子之破龐涓減竈以驕其心而盈其氣是乘其昏而破之也虞詡之敗羌戎增竈以怯其心而餒其氣是乘其亂而敗之也故任天下事在乎勿爲外物所乘成天下事在乎我無致乘之道而昏與亂致乘之道也而推厥源則驕與怯階之厲苻堅淝水之敗一蹶不起身死人手爲天下笑者驕怯俱備而昏亂交乘也夫堅以百萬之衆水陸並進旗鼓相望前後千里有孟德橫江賦詩之概焉何其盛也然而謂投鞭足以斷流志滿意得滅此而後朝食期於必勝驕矜已甚而氣盈氣盈而昏故不顧王猛遺言於前不從苻融苦諫於後而惟萇垂之是聽以堅之才夫豈不知猛智融忠而萇垂乃其仇讎哉惟其昏也知進而不知退知存而不知亡知得而不知喪乃至忠智仇讎之不能辨而大敗之禍基於此矣烈矣哉驕之

爲害也不寧惟是堅既昏於前猶且亂於後梁成之敗奪其銳氣晉兵嚴整使其驚心不然堅雖愚何至以草木爲精兵惟其怯而氣餒氣餒而志亂一至於此以驕悍不可服制之苻堅既亂矣百萬無主之師復何能爲是以朱序一呼而益驚心動魄甚至聞風聲鶴唳以爲晉兵其怯爲已甚矣不然以百萬之衆一退難以復止堅非未嘗帥師臨陣者豈不知之而怯亂至此罔知所措大敗之禍成於此矣烈矣哉怯之爲害也且夫驕者惟驕而已矣怯者惟怯而已矣堅乃始驕而終怯故其怯也愈深而其敗也愈甚吾敢一言以斷之曰堅之一蹶不起身死人手爲天下笑者驕怯俱備而昏亂交乘也

抉出驕怯之弊病精心結撰不落凡庸

●問苻堅伐晉聲勢甚盛而卒至於大敗其故何歟

陸鼎揆

用兵之道以寡勝難以衆勝愈難以謀勝難以勢勝愈難以寡勝者可以勵士而使之致死者也以謀勝者可以奇正相生以淆敵者也若夫以衆以勢者則固難於是何也士衆則勢渙勢渙則敵易乘矣聲盛則衆驕衆驕而莫有鬭心矣犯斯二者固未有弗敗者也吾請證之彭城之戰項羽以三萬人破漢兵三十餘萬沉之睢水漢之潰則士

衆而勢渙也昆陽之戰莽兵帶甲百萬而光武以敢死士三千潰之勢盛而衆驕則莽之所以敗也淝水之戰秦王苻堅以傾國之師風馳南下貔貅百萬氣吞吳越宜若可以必勝者矣晉以彈丸黑子偷安江左殘喘幸存又烏足當萬鈞之一擊者而終也元戎授首片甲不還公胄懸於鄴門乘輿委於敵國赫赫雄君亦僅以身免其故何哉以言力歟一則奮擊百萬盡是河北之健兒晉僅八萬衆耳以十鬬一猶有餘力者矣以言謀歟劉牢之一驍將耳謝玄且望而却者也猶惡足當慕容輩者執是而論苻堅固亦有不解者矣曰堅之敗非敗於力而以力自敗者也非敗於衆而以衆自敗者也夫以高祖之才猶僅可將十萬惟淮陰始多多益善以苻堅自比高祖才何如者苻融尤不足以望淮陰而欲興百萬兵戎以逞大欲無其才而強試之其不蹈兵家大忌者幾希矣士驕而勢渙又所必不免一敗塗地事之所必至者也若夫晉則大敵臨邊存亡旦夕人人挾致敵之志上下有一心之德兩軍相對懼者斯勝此晉之所以克奏膚功也而況景略既卒帷幄之運籌無人鮮羌未除腹心之爲患正大違衆意而用兵上下之心未洽望草木而動色致敵之果先亡降人而不爲之備敵諜且任其漏師卒至喪師覆國身以滅亡不亦宜哉吾故曰堅之敗自敗者也

樹義必堅。摛詞無懦。非識力兼到者不辦。

問苻堅伐晉聲勢甚盛而卒至於大敗者其故何歟

張範中

昔苻堅起百萬之衆以伐晉。卒至大敗。未嘗不爲之惋惜焉。夫兵不貴多而貴和。多而不和非以求勝。適以致敗。蓋不和則亂。亂則號令不行。其勢必至於敗也。堅豈未之知歟。且夫姚萇慕容垂鮮卑羌虜也。無日不思立北燕後秦以逞其志也。良家子弟不閑軍旅。徒造言以媚上也。朱序宋之降臣也。無日不思叛亂以洩其憤也。而堅均信之而無所疑慮焉。陽平公堅之親弟也。朝臣其股肱也。而堅均不從其言焉。嗚呼此堅之所以致敗歟。雖然竊嘗疑之。以爲堅崛起庶孽。能用王猛以翦滅羣雄。而強秦國。亦長於知人者。於軍旅者。何至起百萬不久練之兵耶。何至信仇讎諂媚之輩。而背股肱之親耶。更何至棄大軍而親臨前敵耶。夫以不勝待敵。則常勝。以必勝待敵。則常敗。自然之理也。蓋不勝則懼。懼則慮深。勝其勢也。必勝則驕。驕則慮淺。敗亦其勢也。苻堅方滅羣雄而強國。其意已滿。而王猛已亡。無以爲之制。其詔曰。其以司馬昌明爲尚書左僕射。謝安爲吏部尚書。桓沖爲侍中。執還不遠。可先爲起第。其氣豈不吞蓋一世哉。然驕亦已甚矣夫驕甚則思張其勢故起兵百萬而不擇其勇怯也驕甚則不深慮故從讒棄親而不辨其眞僞也驕甚則欲速故輕身赴敵而不察其可否也然則其近因雖若多端而求其遠因則一也驕之遠因旣中雖無近因固亦敗也嗚呼堅亦唐莊宗之流耳書曰滿招損堅之謂矣

議論切當猶如批郤導窾用筆亦有伸縮頓宕之勢

●問宋太祖値武人專橫之後以道消息論者謂致弱之原亦在於此至終宋之世不能復幽薊夏綏等地其說然否　劉蕙疇

昔宋太祖懲唐藩鎭之弊與五代武人專橫之事乃奪其兵馬財政民治三大權以文士知州吏置轉運使以掌財賦郡國之兵悉隸於中央政府藩鎭之弊雖革而兵遂趨於衰弱論者謂其致弱之原亦在於此故終宋之世不能復幽薊夏綏等地斯言也誠確論也蓋古來地淪於夷狄恢復之機以有宋爲最易君臣宵旰勵精圖治以有宋爲最盛然而不能恢復幽薊夏綏等地者非其君之因循也其臣之謀國不忠也兵弱故也兵之弱誰弱之太祖弱之也其所以弱無藩鎭故也然則藩鎭者對內雖有跋扈之患對外則有保衞之功人君誠能去其跋扈之心收其保衞之效則藩鎭又曷可少哉

驪山之難。諸侯有勤王之師。苞茅不貢。齊桓興討伐之衆。宋太祖不知此義。削藩鎭。置文吏。蓋有藩鎭則藩鎭相競而其兵益強。無藩鎭則無競爭之心。天下溺於晏安而兵無一可用。有國者安可無勍旅以備不虞哉。黃巢之亂。有李克用之藩鎭。安史之亂。有李郭之節度使。而唐賴以不亡。吾觀有宋之初。太祖太宗有恢復幽薊之志。然曹彬有歧溝之敗。眞宗神宗有恢復夏綏之地。然韓范有好水川之役。夫契丹西夏非強於突厥吐蕃也。太祖太宗眞宗神宗之英武。非不若唐之太宗肅宗也。曹彬韓范等行軍用謀之道。非不若李靖李郭也。然一則恢唐業。一則弱宋室者。蓋宋之兵力不若唐也。且澶淵也。洮州也。熙河也。使有唐之兵力。終不難恢復故土也。卽遼人破二京之役。使有勍卒以抗之。徽欽不致蒙塵。兩宮未致淪陷也。嗚呼。北宋助金滅遼。南宋圖金助元。可見宋之君臣皆有恢復之心。復仇之念。惜無兵力以爲之後勍耳。故宋之弱。吾謂太祖之失策。而深以論者之說爲然也。

了了於心。故言之鑿鑿。行文亦倜儻有致。

●問宋太祖值武人專橫之後以道消息論者謂致弱之原亦在於此至終宋之世不能復幽薊夏綏等地其說然否　王本代

當天下滔滔之日。乃將帥擁兵自衞之際。然豈生心好亂哉。上之駕馭失其道。下之庶民失其業。民無所歸。工商廢業。士子失學。於是赳赳武夫。橫行天下。而兵禍以作。天下以亂。武臣操權。大之則有放弑之行。小之則肆其跋扈之爲。爲之君者。不亦危乎。宋太祖眞英主哉。何其善於弭禍。而使赳赳者。俯首聽命。莫我敢違。其果何道而致此乎。夫陳橋之變。黃袍之加。奪天下於孤兒寡婦之手。先自不道。安足服人。且又出於武人之推戴。權移於下。是所謂倒持太阿者也。處其間者。亦惟唯唯。拱手聽命。於下而豈有所謂存紀綱保尊嚴者邪。顧乃談笑之間。杯酒之頃。帥臣解柄。武夫釋甲。措天下於磐石之安。消兵禍於數紀之後。固由人心之厭亂。豈非太祖之恩威。足以感人乎。況乃盡禮於故君。以道致公卿。曉天下以君臣之義。安頑民起反側之思。致禮於前朝之臣。卽所以勵其臣下。有不歡然曰。吾君不負故君。舊臣安有失恩禮於吾儕者乎。殺戮功臣之疑念不起。安有淮陰黥布之事邪。而加封於韓通。推崇氣節。後世稱之。以是知有宋之四百載基業。豈偶然哉。顧後世論者。以爲拔諸將兵柄。消平內禍。是矣。亦卽致外患之由。是豈篤論哉。蓋宋之受外禍。乃人主失道。以寇準之奇才。澶淵盟後。棄而不用。以武穆之精忠報國。乃以莫須有死之。國之不振。不亦宜乎。且宋世用兵於外。雖有盜賊之起而兵變之禍未之聞也武臣跋扈未之見也不觀乎武穆十二金牌之事乎岳公豈不知將在外君命有所不受蓋恐後之起而效尤以成跋扈之風耳嗚呼使寇準早得竟其才於眞宗之世則契丹不至若是之強南渡而後雖國勢難振若能專任宗岳信用趙李則痛飲黃龍又豈無日哉悲夫

熟於宋事持論獨佳

●問宋太祖値武人專橫之後以道消息論者謂致弱之原亦在於此至終宋之世不能復幽薊夏綏等地其說然否　吳繼三

興國家者武人也亡國家者亦武人也人主苟能善遇而駕馭之則可以稱強致霸威稱天下不能羈縻而徒事姑息放縱養癰遺患大之足以亡國破家小之足以擾害閭閻荼毒生靈然則武人有益於人主亦有害於人主在人主善而用之未有不轉敗而爲成因禍而爲福也惜宋太祖之不知此也太祖鑒於五代之弊徒知糾糾武夫專橫之可畏設計於宴酒之間立中書省於各州直轄京師欲消其兵柄計則善矣其如國勢之不振何宋承五代之後北有契丹西有猾夏未若承平之世可以掩旗息鼓也一旦大敵猝至干城之選其將誰屬他日敗折於遼夏啓金元入關之勢以宋之大人才

之衆而不能復一幽薊夏綏之地豈非太祖削武人之兵權有以致之豈不痛哉豈不痛哉爲太祖者以誠爲心才如石守信王審琦等安敢覬覦天位闇干神器蠻若遼夏見宋勢之盛亦有所畏懼而不敢內犯也亦安致有靖康之禍哉

大勢明瞭語能扼要

●問蘇東坡謂天下存亡之權在河北以今日時勢按之其說信否

彭昕

孟子嘗言地利不如人和是國之存亡若不關地利而在人和矣然古先聖王治國必首在建都且有設險守國之言觀於太王遷岐而興周衛文公徙楚丘而寧社稷地利之效昭然若揭是知人和多在治國上而言而地利之繫於國之存亡未嘗不鉅也昔蘇東坡謂天下存亡之權在於河北斯言誠切中於當時之言守國者然自蘇氏至今既數百年勢遷時移險夷互易故論者有謂中原大勢昔在西北今在東南惟予以蘇氏之說觀之今日其說誠信而有徵未嘗或變也其前之效蘇氏言之詳矣吾請言其後者夫河北地本高亢左環海右據山背負長城前臨平野扼黃河而俯視江淮故欲收江南必先據大江欲據大江必先據長淮欲據長淮舍河北之地爲根據其誰屬哉

女眞禍宋二帝蒙塵使中國臣民日徙於南不能北進尺寸地者以有河北之地也元清入主控制華夏使半壁河山不能偏安江左者以有河北之地也三藩幷起南疆聲勢甚大不旋踵而火散灰飛曾不得擾動京畿者非無河北之地乎洪楊之興旌旗滿東南雄踞大江分天下之半相持十餘年卒喪其垂成之功非無河北之地乎或曰子所言者皆對國內至今日五洲交通海重於陸蘇氏之說自不能無變曰唯唯否否俟吾畢其說當蘇氏時無海防可言故不言及今而言海防河北實乃海防之要衝山東遼東兩半島犬牙交錯大海位其內以言興軍天然軍港也以言保守控制東海屏蔽中原有事而鐵艦一出旦夕可以援應南疆縱橫東北可無受擊之虞此今日言海之險要也至於陸則鞭笞四陲勢同高屋且今日五族共和幅員遼闊北據獨石張家諸口以控制滿蒙西扼潼關秦隴受制可以直轄西藏南馳京漢之軌則朝飲馬於長江暮垂鞭於南徼其據一隅而足以駕馭五方者舍河北之地又其誰屬哉民國成立定都燕京者以此故也子又何疑於蘇氏之言與予不變之說乎

古今地勢瞭如指掌具此識力可與道古可與論今

●問蘇東坡謂天下存亡之權在河北以今日時勢按之其說信否

許國傑

曰天時。曰地利。曰人和。是謂三要。三要也者。國之所由立也。天時不如地利。地利不如人和。固也。而地利之係於國家。要亦非淺鮮者。中華泱泱大國。立國之久。幾數千年。而其地勢自秦漢而下。每北重於南。豈不異哉。秦收三晉而一天下。漢殺陳餘走田橫而滅項氏。魏武并冀北而諸侯莫敵。宋武以不得河北。不能呑中原。隋文以得河北。而遂滅陳。唐以河北三鎭之專橫。幾亡其祚。又若北宋之受制於遼金。南宋之敗亡於蒙古。皆其明證也。是故東坡之言曰。天下存亡之權在河北。然自東坡而下。若明燕王之據幽冀而篡建文。洪楊以未搗燕京而卒敗亡。則中華之地勢。猶偏於北也。雖然按之今日之時勢。則東坡之說固可信耶。曰。自秦漢迄於今。地勢之北重於南。猶如是也。今且更有較切於昔者。當夫武昌發難。首倡義舉。東南響應者十有餘省。然而武漢相持。卒不得要領。若非我北方諸將士深明大義。贊助共和。力主和議。推倒滿清。其能告厥成功若是之速也耶。愚恐戰禍猶蔓延於今日。而成敗之數。未可必也。且今日日窺於東。俄迫於北。東三省危如纍卵。外蒙古脫離共和。彼強隣方施其狡計。逞其雄心。以冀一朝之得志。非我首都據於此。總統鎭於此。我不知我中華之疆土之若何蹙也。蓋河北據建瓴之勢既可節制東南復可箝東藩土更足以禦強鄰而弭彼野心也嗚呼其不更重於昔耶或曰海運交通海防更勝於陸防子更足以完其說乎曰可夫遼東登萊之環抱於其外大沽之扼持於其衝非天險耶砲臺之毀滅旅順威海等之被租乃人謀之不臧非地利之罪也然而黃海渤海間一二良港猶在若奉天之葫蘆灣山東之榮成灣等國人果能奮發自強振興海軍則他日恢復主權亦意中事而海上之形勢不更完耶且夫東南各省海防雖皆重要燕京要可以節制之也蓋變其小節而其大體卒不可易也則北重於南之勢固猶如是也往者民國告成曾以定都之說相爭金陵也武昌也汴梁也鄴都也要皆偏於一己之見而暗於大局並昧於地利者也然終乃奠定燕京豈當局者亦有見於此耶則東坡之說謂之曰今日猶如是可也然我聞之古人之言曰地勢之運會每隨時代而遷移乃中華垂數千年而不變豈不異哉豈不異哉

觀察形勢目光如炬故發爲議論動中肯綮絕無迷離惝怳之談

●問謝上蔡別程伊川先生一年伊川問其所進答云但去得一矜字試言矜心之爲害何如　陸鼎揆

治心之道其惟虛乎爲學之術其惟謙乎天地之大也語小夫婦之愚可以與知之語大雖聖人亦有所不知焉學者無涯者也而人之生則有涯以有涯待無涯惟能虛其心始可以日進而無已蓋心猶器也學猶物也惟能自虛其器故能受物之益若使固我塞之於中意必充之乎內一斑之見自爲得其玄焉一蠡之窺自詡得其極焉坐井底以窺天日株守於寸尺而遂龐然自滿以爲得則亦自封而已自畫而已譬之先自滿其器以求受物之益則亦有見其終身而不能有所得者也若是者則矜爲之也矜有以蔽其心故雖有所學而卒無所益孔子曰如有周公之才之美使驕且吝其餘不足觀也已夫才如周公亦可以謂至矣然而一入於矜則才雖美而無益矜心之爲害有如是者矣昔上蔡別伊川先生一年伊川問其所進答云但去得一矜字大哉上蔡之言蓋深有得於心者哉蓋凡人之求有所益則必先去其所蔽矜者意必固我之發於外者也心之蔽也學之害也矜一日不去心之蔽一日不脫心之蔽一日不脫則縱旦暮言學未見有所得者矣故爲學之道去矜其先已然而吾有所疑焉以上蔡之賢得伊川之導奮勇登進於歲月之間宜若可以大有得於心而僅曰去得一矜字其上蔡先生之自謙也歟然而返溯之古今學者彼旦暮之孳孳於道者宜若可以免乎矜

矣而觀其所學非偏於此則或失於彼賢者過之不肖者不及焉智者過之愚者不及焉若是者非矜爲之乎蓋矜者不待自驕自滿而後謂矜也毫末之我據乎胸中亦矜而已矣然而彼未嘗不自刻以求去之也而有終其身不能去之者矣上蔡以歲月而遂能去其矜心苟非奮勇登進之爲功則又何以至是吾於是而知爲學之道吾於是而知聖賢之爲學

胸中雪亮腕底風生非學有心得者不辦

●問謝上蔡別程伊川先生一年伊川問其所進答云但去得一矜字試言矜心之爲害何如

李中道

萬物至夥也古今至亘也詩書百家之學源流至廣也古聖先王之道至深且奧也學者以渺渺之躬處乎其間殫一人之智竭一人之力不足以盡其毫末也然學者偶有所得輒自矜其能詡詡然自謂學而至於此其止矣乎嗚呼是無異登邱墟之上而不知天下之有泰嶽臨谿流之畔而不知天下之有江海抑何不思之甚也雖然數千年來士人矜驕之氣幾成爲吾國之通病政客矜其策名士矜其才儒者矜其學下至鄉曲之士亦莫不自炫其長夫矜者萬事之賊而進取之敵也進取難圖而矜驕易生思

欲以進取之毅力制矜驕之虛氣是非堅忍不拔之士不足以任之職是之故進取與矜驕不容兩立者也二者交戰於胸中進取勝則爲聖賢爲豪傑無往而不可其人古今不多覯也矜驕勝則所學止於此矣古今學者之通病也嗚呼數千年來吾華之文化遲滯而不進者皆學者矜驕之罪也善乎謝良佐之對程子之言曰但去得一矜字何其言之大哉推良佐之心則爲聖賢爲豪傑無往而不可良佐自信之心愚猶恐後世未必深信之也然而良佐雖未及乎聖賢豪傑之域要亦不失爲吾儒之範程子稱其善學切問而近思亦可以槪見其言之不謬矣

詞達理舉出色當行

●問楊龜山先生謂學校以分數多少校士人文章使之胸中日夕只在利害上如此作人要何用今各校甄別學生程度全以攷試分數爲標準其弊如何試詳舉之

杜光祖

天付人以六尺之軀昂藏之幹再授之以至淸至潔之一心當是時固無利害縈其中爵祿繞其右也迨夫有貴賤之分貧富之別於是貧者羡富卑者羡尊富既得矣又患失之位既高矣又患不保於是一日之中一心之內日之所爲夜之所夢莫非患得患

失之念計利計害之事欲天君之泰然不可得矣有分數之多寡校士人之文章於是士子之心不求文章之佳但望分數之多既多而恐少既少而羨多於是握筆而惟恐分數之少交卷而又望分數之多瞬息之間而中心冲冲焉惶惶焉無時或寧而平日讀書之時亦不究其理不窮其道心之所思念之所至無非分數之多寡也至於聖賢之道則棄之如敝屣以爲是不足增我之分數也嗟乎如此爲人直市儈耳何裨於世哉旨哉龜山先生之言曰學校以分數校士人文章使之胸中日夕只在利害上如此作人要何用夫人之所以昧天良喪道義蹈刑犯法而不顧者利誘之也學校既以分數校文章士人焉得不昧良以干利祿乎哉此分數害之也奈何後世不之察仍以分數考試甄別學生程度而不顧其弊也今試言其弊學生見有分數然後得升班也於是夾帶也搶替也作弊之法不一而足及榜發則作弊者反高列前茅而勤學者反退居人後作弊者固樂然何以處勤學者哉以分數而甄別學生之程度吾未見其能分善別惡也其弊一且學生於教師平時難免不生感情則教師給分數之時能至公無私耶其弊二試或一生平日勤學不怠一旦考試不幸而不能答一則荒嬉學業考試之時幸而能答教師不察反罰勤而奬惰此不平之甚者也其弊三學生每屆考試日

夜勤讀以冀分數之多得考試之及格以此而傷身害人者亦不知其幾千萬也其弊四且學生之入學校固爲求學也今誘之以分數迫之以考試於是求學之處一變而爲爭名奪利之場而學問不顧也嗟乎誰爲之階厲耶非考試分數也耶其弊五有此數弊於是驅高尙之學生淸白之身心入於利祿旋渦之中而不能自拔此中國多數人民之所以歎息痛恨於學校也雖然分數猶量衡也不能因奸商之借量衡以欺人遂掊斗折衡亦不得以分數害人遂廢分數也爲今之計當先講道德使人心目中不存奸詐之心又於平日嚴察各生之勤惰則考試之時作弊之事自息利害之念自消且可使人人知求實學而不務虛僞則考試分數亦不足爲人崇也是故考試不必廢分數不必除若能昌明聖學與諸生共相琢磨則其他富貴利祿且不足動其心志況區區之小利害哉

顧視淸高氣息深穩

●問楊龜山先生謂學校以分數多少校士人文章使之胸中日夕只在利害上如此作人要何用今各校甄別學生程度全以攷試分數爲標準其弊如何試詳舉之

薛紹淸

昔楊龜山先生有言。謂學校以分數多少校士人文章。使之日夕只在利害上。如此作人要何用。誠哉是言也。蓋人之所以讀書者。爲欲明禮義識綱常博覽史册使知古人之善惡而取捨之。俾以爲一生立身之具。非徒置身太學。博取分數。爭一日之名而已也。且所謂名者。當世之名。不足爲名也。沒世有名。斯可謂有名矣。然則十年讀書一日爭名。雖能炫燿於一時。終至不稱於後世。讀書之眞義無存。分數之害人匪淺。學校之設果何爲乎。且學校以分數校士。使士人惟以利害爲懷。得失是計。彼蓋以爲吾之讀書爲分數也。吾之作文爲分數也。於博取分數之外。其他勿計也。立身之道勿計也。治國之道勿問也。一旦文章得意。名列前茅。則欣欣然以爲吾能讀書矣。昂昂然以爲吾能爲文矣。以爲讀書之眞義盡在是矣。於是舉天下之士人。盡籠而出於此途。平居既以利害相勸勉。則他日出爲社會爲國家。居官治民。靡不以利害爲作事之方。舉天下之臨民者。盡入於利害之途。而國始不可問矣。先生有鑒於此。故知分數校士實爲非計。厥後宋室南遷。官箴掃地。貪婪罔上之徒不可以悉數。未始非昔日分數校士有以貽之也。今之學校。亦何獨不然。學生之求學。求分數也。學校之招生。考分數也。父母以分數責兒童。兒童以分數欺父母。於是讀書求學之精義。始蕩然無存。佳兒令子。分數之佳也學校之設分數之產也然其弊非止此也平日既無考試營營擾擾於學問大都閣置迨大考將屆則始展卷翻頁勉爲温習以數日之時間温半年所讀書晨攻暮習刻晷勿暇以博得大考之分數迨考期已過則又早置書入簏矣叩以半年所讀何書所得何物則未有不茫茫然國文也科學也非日日爲之決不能有所心得而況欲於數日間之考試望其有所記憶乎是則半年之求學不過爲得分數而其實未有所得也蓋學校既以分數甄別學生學生惟在求分數有其因必有其果天演公例固不能強避也然則以分數校士弊多若斯而世界各國幾無不如此何哉蓋使學校無考試不以分數甄別學生則賢者智者自不慮其自棄而愚者不肖者則將放蕩潰決而至不可收拾是故環球各國雖知其多弊而亦不能驟廢也然則救之之法奈何曰嚴平日之功課毋使學生有所怠惰年終則視其平日之高下而優劣之使其無所徼倖庶幾學生不以利害爲懷得失爲念出而任事自無貪弊之行矣今之講求教育者當勿河漢斯言

議論警闢見地獨高

●問楊龜山先生謂學校以分數多少校士人文章使之胸中日夕

只在利害上如此作人要何用今各校甄別學生程度全以攷試分數爲標準其弊如何試詳舉之

張有彬

董子曰正其誼不謀其利明其道不計其功此古人求學爲己之本旨也若以分數較文章以文章之優劣而取士生士人競勝之心導之以利祿之念勝心生則機巧變詐無所不至而良心喪矣懷利祿則患得患失而寡廉鮮恥矣國家取士於學校學校教育如此人才欲政事之理風俗之美其可得乎龜山先生故發爲此嘆而以此種人才爲無用也今者國家效法歐美振興學校以爲人才出於學校而學校定學生之優劣乃以數日間考試之分數爲標準考試之弊甚於往昔人心機詐倍蓰有宋學校人才果足堪爲國用與否未可必也夫學校考試之利弊論者聚訟紛紜其以爲弊者厥有數端焉生好名心好名則求學爲人而不爲己慕虛榮而不務實學生僥倖心學校以數日之考試分優劣則學生亦專致力於此數日以期倖成功如此則所學必不固無涵蓄泳養之功生機詐心學校以考試而分等級學生程度不及而思躐等以進則巧僞百出欺師誤己以求升級生揣摩心學校重考試學生平日所學亦專注意於考試揣摩教師之意旨預爲之備應求之學應研之義不顧也考試既過則所學已赴諸東

流若叩以所學而致用則茫然不知使出而問世亦將揣摩上意脅肩諂笑以保其利祿生忌妬心考試所以使學生有競爭心競爭而不出之於正軌則必嫉他人之長而毀壞之害人害己安可勝言此考試之弊也考試之利亦有二端一以定班級使學生無躐等之患循序漸進二以鼓勵學生之勤奮進取學生平日勤奮者見有進步效驗則必欣然自喜愈致力焉學生平日疏懶者見人勤奮之益而己之不勤見黜亦必生其進取之心而加勤奮焉考試之利弊如此若能折中之平日觀學生之勤惰察其用心之所在考其行誼之如何再加以考試以二者分數平均之而分其優劣或可也雖然此猶其末也若平日教以求學爲己正誼不謀利明道不計功則人之優劣人自知之其未能者自不敢欺人問世其自信者則本其畏天憫人之心自必以其抱負治平天下而國家人才亦得之矣

剖晰分明筆亦廉悍

●問宋儒如謝疊山文文山氣節文章照耀千古其師友學問淵源如何試詳考之

薛紹清

余嘗綜觀史册見夫有宋之末忠臣義士呼號奮發思恢復舊山河者項背相望不幸

而兵敗身囚，則從容就義，視死如歸，余甚惑焉。及讀宋儒學案，於是知疊山、文山二人之氣節文章有所自也。夫疊山師徑畈，文山師巽齋，徑畈遠紹象山，巽齋私淑晦翁。疊山之學，徑畈之學也，亦象山之學也；文山之學，巽齋之學也，亦晦翁之學也。疊山、文山平日既浸漬於禮義之中，優游乎道德之塗，一旦身臨國難，烏有不攘臂奮起以身殉國者哉。是則成疊山者徑畈也，即象山也；成文山者巽齋也，即晦翁也。無象山則無徑畈，無徑畈則無疊山；無晦翁則無巽齋，無巽齋則無文山。使有宋而無象山、晦翁，則當國家多難之秋，行見有朝野無人之歎矣。蓋士人有學問而後有廉恥，士人有廉恥而後天下有風俗。士人不學，斯無恥；無恥，斯俗靡矣，元清兩代之末季是也。士人砥學問，則重廉恥；廉恥重，則風俗純矣，宋明兩代之末季是也。明以陽明興而史氏效忠，宋以朱陸盛而文謝齊名，學之於國，其相需固若是其亟哉。然則象山、晦翁之講學，固大有造於宋矣。嗚呼，吾嘗見世之學者，觀其言，則出入乎性命道德之奧，儼然忠信人也；而考其行，則狗彘不若。口仁義而行盜跖，外孔孟而內鞅斯，炎炎其言，空空其中，卒之天下蒙其大害，士人喪廉寡恥，是則僞學之害也已。安得朱陸復生，而一一爲之警醒也。

精心結撰，闡發無遺。

●問宋儒如謝疊山文文山氣節文章照耀千古其師友學問淵源如何試詳考之

鍾震

嗚呼學問之於世風豈不大哉人之忠孝大節雖由天賦然不假學問以濟之未有能臻於善者也霍子孟奉遺命輔少主廢暴立明功在漢室史臣譏其不學蓋可知矣是故古之君子少而入學長而擇師師之所存學之所存也謝疊山先生枋得文文山先生天祥皆爲宋末名臣其氣節文章照澈千古雖由二先生之天性過人乎然皆學有本源行出師訓故能爲一代之儒宗也文山受業於歐陽巽齋之門巽齋則晦翁私淑之弟子也疊山爲徐徑畈弟子徑畈則宗於象山者也朱陸二公爲南宋儒學之宗其徒亦最廣孔孟之道不絕於天下者二公與有力焉朱公道問學陸公尊德性淺人不知學問之端以謂二公分歧而進互有是非幾演入主出奴之事夫道問學者窮理之謂也尊德性者盡性之謂也二者各有所當所謂同歸而殊途者非邪文山本其浩然之氣故堅毅辛苦有進無退雖大厦將傾之際明知事無可爲猶必盡力謀之及其敗也不以爲敗卒至千辛萬苦輾轉流離不惜焦毛髮而救之繼之以死者此非有堅忍之志者不能也至於疊山則剛正自持以風骨相尚其貞潔之操雖死不能奪觀其却

聘一與書足文山正氣之歌後先輝映吾知其於德性之間寖泳深矣古之君子爲人之臣當國祚危難之時則盡其力以挽之挽救之不得則繼之以死非特爲人謀忠且所以盡吾性二公以文弱之姿以赴國難先天下之勇嗚呼學問之於世風豈不大哉彼世之朝秦暮楚苟且偸生不惜以身事數姓者非其人之不學無術卽其學問源流之濁穢也

文有內心語無泛設

●問于忠肅之獄薛敬軒先生時在內閣何以不力爭時石亨專權先生何不卽去位試據當日情事論之

鄒恩潤

勇者不懼智者不惑不懼以成其勇勇而後能行義不惑以全其智智而後能知幾見義不爲無勇也行義固勇者之事哉知幾其神乎知幾固智者之事哉雖然義者宜也苟不宜於事而奮勇爲之於事何濟幾者機也苟機猶可爲而獨善其身於世何補無濟於事而妄爲之謂之曰勇可歟不可也無補於世而妄退焉謂之曰智可歟不可也于忠肅之獄薛敬軒先生時在內閣論者咎其不力爭石亨專權不卽去位皆有遺議焉噫此未審夫當時之情勢而妄爲謗訕者也夫先生之誤者在未能開悟英宗之心

於未然耳至于忠肅之將刑雖力爭何濟焉英宗復辟忠肅必無生理卽忠肅亦自知之矣英宗之恨忠肅欲滅其身而後快者其禍機早伏於蒙塵之時而景帝登位之日矣豈先生能爲之轉移哉瓦拉之圍京師也勢張如金源其虜英宗蓋以中原無主朝野驚惶欲挾以有求也幸賴鋮王監國忠肅闔忠而後敵氣怯英宗還天下事固有經有權向使當時泥於行經則英宗在虜朝廷求之愈堅而敵人挾之愈甚其貽害於英宗也當何如其貽害於社稷也更當何如幸行權而使敵人所挾絕望無所施其奸黠之計是忠肅匪特社稷之功臣抑亦英宗之功臣也苟無忠肅則英宗必將如宋徽欽之身死異域不復重見天日不察乎此迺以怨報德以仇報義其不明也甚矣先生苟以此開悟英宗之心俾豁然自悟其非明忠肅之丹心不至含憤九幽此上策也自來闇主之爲非非佞臣所能主使爲佞臣者亦惟迎合闇主之意而行其私耳使英宗既明此理石亨雖奸夫何能爲苟不然者英宗之意既決石亨助虐得間雖有十先生之力爭亦狂瀾之莫挽矣或曰往者不可諫來者猶可追獄定事遷石亨益橫先生何不卽去位乎曰否亨小人也小人見君子而後厭然揜其不善朝廷之上奸佞專權苟無一二砥柱中流志不可奪之君子以鎭懾之則國事愈不堪問矣君子之愛國也甚於

愛身則救國也急於保身苟人主稍存納諫之懷國事尚未至於大去則君子猶欲拯難於萬一不忍漠然以置之也先生之不卽去位也殆以此歟及人主禮衰而禍機已成則大事已去無復可爲而先生亦致仕矣說者不諒先生之心而疑先生之有違於勇智之道試思忠肅將刑之時先生不畏石亨之殘奮然曰此事人所共知各有子孫嗚呼先生奮激不平之概可以見矣豈戀戀於富貴而欲全身保祿者哉

雷霆走精銳冰雪淨聰明可以移贈斯文

●問于忠肅之獄薛敬軒先生時在內閣何以不力爭時石亨專權先生何不卽去位試據當日情事論之

陸鼎揆

易曰知幾其神乎曷言乎幾也幾之爲道也隱而微其係於物也費而廣大而邦國之盛衰小而一事之得失蓋莫不以是判焉得此則智失此則愚此所以神也當英宗之復辟也于忠肅被戮石亨恃功專權士多責薛先生職司寇而不能救處羣小之朝而不能退若深有憾於先生吾於斯事也不責先生之隨俗浮沉而責先生之不知幾先生之失不在不能諫君而在不能奉身而早退當忠肅之被戮也先生豈忍坐視而不力救哉顧事雖倡於石亨而意實主自英宗先生縱捨身爭之而卒不可挽故與其徒

勞而無成不如留身以報國先生之心固未嘗左也復辟而後羣小亂政石亨恣乎外曹欽祥等肆乎內是傳所謂天地閉賢人隱之時也然先生猶遲遲吾行者何哉先生之心夫亦以國事日壞故不惜虛與委蛇以思挽狂瀾於萬一逮至諫不行言不聽始知卒不可救翻然去位先生之心亦良苦矣然吾有責焉昔晉殺賈犢孔子臨河而反履霜堅冰君子防漸忠肅有大勳勞於明社孰不知之一旦東市朝衣則英宗之昏闇已甚豈尚足與之有爲乎況乎君子小人勢不並立處羣小之朝而思以一木支大廈其能有所建白耶必至禮貌既衰而始引退是則先生知幾之未審也然則先生當以何時去曰先生之去當在忠肅被戮時也何則以忠肅之賢而又不免非特國事不可爲且小人之勢益張在先生固無容足地也嗚呼此吾所爲先生深惜者也

筆情敏銳詞旨明通是文入妙來之候

●問明湛甘泉先生與王陽明先生分主教事陽明宗旨致良知甘泉宗旨隨處體驗天理二說有無同異試辨析之　彭　昕

陽明先生學主致良知甘泉先生學主體驗天理論者謂二先生之學理無二致殊途同歸蓋致者體驗之謂而良知卽天理也竊以爲良知之與天理誠爲一體然訓致爲

體驗則有所未安二先生道德文章皆彪炳海內本無軒輊然論其學則有間矣何謂良知孩提之童無不知愛其親此良知之本原見孺子將入井而惻隱心生此良知之表見也心之本體虛靈不昧無一毫欲物挾雜其間故能與天地同其大與日月合其明與鬼神合其吉凶隨機而遇如魚之躍如鳶之飛塞乎天地至大至剛消息周流無聲無臭至矣與天理誠無二致矣蓋天理者渾然天道也肫肫其仁淵淵其淵浩浩其天無處而非天理也詩曰上帝臨汝又曰尙不愧於屋漏孔子曰知我其天此皆言天理也良知天理二者孟子謂之平旦之氣二而一一而二名異而實同也若夫致與體驗之分則不在知不知之間而在行不行之頃知而行之之謂致知之而不能行不得謂之致也體驗有學而知之之義體察考驗尋繹其原而行不行猶在其後也譬如良知照我曰爲子當孝爲弟當敬爲朋友當信天理照我亦如是我從而思維體驗之孝敬信何在如何爲孝爲敬爲信此爲知良知體驗天理也而不可謂之致由其取得之理喩身體而力行之斯之謂致故體驗者事之始致者事之終體驗者因也致者果也始終因果時有先後莫得而混之也陽明之學以實用爲主甘泉則得之白沙爲多其學以理論爲主二者雖各有其弊然因時而行弊亦爲利嗚呼處滔滔莫挽之秋其得

而救之者端在王學乎

剖析詳明動中肯綮後段尤有心得

●問明湛甘泉先生與王陽明先生分主教事陽明宗旨致良知甘泉宗旨隨處體驗天理二說有無同異試辨析之

許國傑

湛王二先生爲有明一代之儒宗皆源流於陳白沙先生當時分主教事昌明聖道無可軒輊顧其宗旨則微有不同者在焉陽明先生之旨曰致良知甘泉先生之旨曰隨處體驗天理曷謂良知良知者有生卽具有此性也故人生而卽有惻隱之心辭讓之心羞惡之心是非之心是皆所謂良知者也曷謂天理天理者理之流行於天地間斯理也何理也仁義禮智是也孟子曰惻隱之心仁之端也羞惡之心義之端也辭讓之心禮之端也是非之心智之端也是則天理卽良知良知卽天理也不過一則就狹義以言之一則就廣義以言之要可一言以蔽之曰卽孟子所謂性善而已故二者名異實同也然後之論二家之說者以天理良知之名異實同也遂謂二家之說亦無不同是不可以不辨夫天理與良知之同也審矣而致與隨處體驗則不同何謂致致者行也曰致良知者謂知良知矣更必以所知者行之也何謂隨處體驗體驗者知也謂不

時省察天理以知我身之得失今有人焉於平旦之時省察其一身之善惡此謂之體驗天理則可卽謂之曰體驗良知亦無不可然不得稱之爲致良知蓋彼知其惡未必能去其惡知其善未必能勉其善若夫能知之矣而又能去惡勉善然後可謂致良知也是以良知之義雖狹於天理而致良知之學說則較隨處體驗天理之學說更進一層焉且致良知之說脚踏實地而體驗天理之說易流於虛無蓋一則知行合一一則遺行而僅言知也此湛王二先生之小不同而實大異故爲之辨析如此

思精筆銳深入理窟望而知爲好修之士

●問東林講學有無流弊試詳言之

錢天驥

東林非無益於朝野也上之所爲上或不知其合於道否也知合於道而或不知其便於民否也靜斷是非而深悉民情者斷恃在野之君子且政有不便於民而便於朝者亦有便於民而不便於朝者高顧二公久列於朝今退息林下其立論也決不強朝廷以所難而亦必有益於民朝廷苟能採取則上足以興朝政下足以興民德是非以定德義以明東林講學豈有弊哉雖曰君子道消小人道長輕議朝政適罹黨禍然惟其道消之時也而講學愈不可緩是非固不可明於朝而必明於野明是非於野亦卽爲

他日明是非於朝之基雖然天下事能免當時之弊而難逃末流之弊者多矣東林之招時忌也非一朝一夕矣有二公之公正其清議始不涉於謗毀後輩或無二公之學而訾議過之是使小人得藉口曰是干攬朝政也是朋黨也投人君之所忌而適以益小人之惡且論政當擇其大者遠者而力議之小人自不敢輕違民意舉一切纖微之政而盡摘其失人君必厭棄其繁而并其大者遠者亦不從矣嗚呼東林黨人所以卒致摧殘歟

詮題有識能見其大

●問曾滌生謂用兵之道豈有可泥之法不敝之制試申其說

楊蔭溥

自來治天下者其立法其制度代有變遷未聞有萬世不易之法制誠以宜於古者失於今利於前者弊於後未可不合時勢而徒泥古法也治天下如此用兵亦何獨不然曾滌生爲有清一代卓然人物爲名儒爲名臣兼爲名將當其時髮逆倡亂揭竿並起江南一帶望風盡奔豺狼奮爪牙之威生人陷塗炭之慘於是文正起而治師旌旗所至寇亂悉平旗鼓所臨靡堅不破如烈火之遇鴻毛如秋風之捲落葉威望丕振奇勳

昭彰苟非其用兵之勝人曷克臻此其言曰用兵之道豈有可泥之法不敵之制旨哉斯言此卽文正之奇勳所由建也請得而申其說夫用兵之道貴在新奇變化不測按時度勢知己知彼在主將一人之神化運籌於帷幄決勝於疆場非有成法可以擬之可以泥之者也蓋法必有敵勢必有差彼此之勢有差卽彼此之法有異必按敵情之強弱地勢之險夷天時之變遷而立一法焉定一制焉使敵人望之不得其端倪思之不得其究竟於是敵可破也兵可勝也是之謂新是之謂奇是之謂不泥古若夫徒讀父書固泥成法未有不敗者也是故同一法也昔勝而今敗非法之不善而前人之倖勝也乃宜於彼而不宜於此合於昔而不合於今也前人之新法前人之奇計吾仿效而神明之而變化之卽可以制勝苟仿傚而固執之泥守之其能倖勝乎徒見其誤於成法而已矣昔韓信背水而陣敵人笑之而卒以破敵趙雲開門以待敵人疑之而卒以却敵新也奇也豈有成法可拘古制可尋乎他如孫子之殺龐涓鄧艾之襲蜀漢周瑜之破阿瞞呂蒙之奪荆州其新策其奇計豈爲法制所束縛乎蓋皆神於變化耳故

文正此言爲用兵之要道爲勝敵之常規卽謂之不敵之制不易之法亦無不可

堂堂之陣正正之旗持滿而發無不中的是之謂制勝之師

卷七終

校長唐蔚芝先生鑒定

南洋公學國文成績二集

上海蘇新書社
蘇州振新書社
發行

蘇州振新書社發行書籍

中華民國法學全書	二十册定價三元	特價壹元五角
中華民國法政全書	二十四册定價三元六角	特價壹元八角
法政入門	二册定價一元	半價五角
中華民國新刑律	一册	三角
新刑律詳解	一册	一元六角
新刑律集解	六册	一元二角
現行刑律	十八册	三元
現行法令輯要	一册	二元四角
民國袖珍現行法令	一册	八角
各級審判廳試辦章程	一册	一角五分
縣知事訴訟章程	一册	一角五分
檢察制度	一册	一元
獄務要書	一册	三角五分
法院編制法	一册	二角
京師法律學堂筆記	廿二册	十二元

唐慎坊編 大理院判列解釋菁華 民事	一册	六角
唐慎坊編 大理院判列解釋菁華 刑事	一册	六角
唐慎坊編 判狀隨錄 附贈民法要覽	二册	實洋五角
漢譯 民法要覽	一册	五角
漢譯 刑法要覽	一册	五角
民法問題義解	一册	五角
親屬繼承編	三册	三角
國際私法圖解	二册	一元
國際條約大全	六册	五角
國債輯要	一册	一元五角
國會叢報	一册	二角半
省議會法	一册	一角
中華民國新公文式	一册	三角
行軍必讀	一册	一角半
步兵新教科	一册	四角半

開設蘇州觀前大街門牌一九一號

上海 南洋公學國文成績二集卷八

△擬類

●擬莊子則陽篇蠻觸兩國交戰記

徐世大

蝸角之左有國焉其名曰蠻蠻之大不知其億恆河沙也聚族而居又不知其幾千萬也有君之者其名曰蛾蠻之右有國焉曰觸土地人民不下於蠻君其國者曰蠹蠻與觸相處有年未嘗有違言也蝸角之尖有沃土曰蟉州蝸不能有蠻與觸交欲得之蠻謂觸曰吾先祖之所經營也闢草萊開荊棘辛苦以遺其子孫是應爲吾有觸亦謂蠻曰吾人民之居於此者衆矣操耒耜闢土地故其地乃得如斯肥美子不得據爲已有也蠻觸於是乎交惡蠻之君令於國中曰觸爲無道攘奪我土地蔑辱我先祖朕惟國民付託之重朝夕惕厲思有以報之我國不乏智勇之士其各盡所欲言佐朕不逮令下下議院議員蟲蟟上書曰臣聞君父之仇不戴天今我與觸不共戴天之仇也夫有仇而不報非勇也有士而不得非智也有兵而不用非計也國家賴陛下神武宰臣協和人民悉知公義陛下誠忿暴觸之無道思圖報復臣知百姓必且枕戈藉矢以待血

戰臣以爲不戰則已戰則必勝蠻君下其議御史大夫螵蛸曰聶蟟可斬也夫驕兵必敗今蟟之言有驕矜之心致敗之道也臣請先斬聶蟟而後議事相國蠌是螵蛸大司馬蟙是聶蟟議不決於是人民多伏闕上書請與觸戰太學生蠁年十九亦上書論其事請執干戈以爲前驅繫觸君之頸致之闕下蛾乃謂相國曰師可用矣朕意已決必一戰以雪國恥乃下令凡丁壯年二十以上四十五歲以下人發槍一彈藥衣履各備其爲騎兵者人發馬一人民有畜馬者悉歸之官而以其値償之凡得男子二百五十萬人以爲後備其婦女有願從軍者皆慰而遣之或置軍中以慰護傷兵復命大司馬蟙爲副元帥率禁衛軍四十萬人爲前軍皇帝自統大軍六十萬人爲中軍少司馬率郡國兵四十萬人爲後軍凡三軍一百四十萬人大司馬蟙請以蠑爲前軍左將軍蝓爲右將軍聶蟟爲參軍蠁爲先鋒統領皇帝亦各命左右將軍及參軍而令御史大夫螵蛸相國蠌輔太子居守既定皇帝復大閱於郊外三軍之士莫不奮勇百倍呼聲雷動皇帝大悅遂致書與觸請以蝸尖之地歸蠻限一日答覆不覆即發兵觸得書大震然已有備亦不懼遂不覆於是觸陸軍凡一百二十萬人水軍八十萬人飛空之軍二十萬人凡二百二十萬人其爲後備者稱此明日兩軍先鋒相遇於蝸山觸軍先登山

攻蠻軍礮石俱下蠻軍死者無數觸軍乘勝逐北追至七十里據蠻二郡是役也蠻軍死傷者十二萬人觸軍半之又五日蠻大軍繼至攻觸軍觸軍死守不爲動旣而援軍亦至遂復戰自朝至暮未止礮聲隆隆震撼天地所過之處村落爲墟觸前將軍力竭中矢死未死時猶指揮兵士力戰士氣大振無不以一當百後軍繼至觸軍大捷俘敵兵二十餘萬人器械糧食積如邱山蠻軍死亡略盡副元帥蟣僅以身免左將軍蝶右將軍蝓參軍蠃蜋皆死焉報聞蠻主大震親率大軍行抵前敵羣臣皆諫不聽旣至則觸軍已駐蝸山蠻主率師進逼之觸主命將士不與戰曰是不能爲也輕用其鋒其力竭矣蠻主不得戰大怒益進兵壓其國都忽得警報云觸軍已於別道截其歸路蠻主大懼泣謂左右曰朕悔不聽御史大夫之言然朕已至此必決一死以謝宗廟社稷於是率親兵二千人馳赴觸觸軍爲之辟易蝸乃出而爲之勸和觸主曰夫困獸猶鬬況國乎遂與蠻成盟於蝸山其辭曰惟蟲飛千百年月日蠻觸失和遂以興戎伏尸百萬流血成渠兩國之主甚閔痛之願自今以後敦修舊好違棄前惡毋爭細故致成巨隙其蝸尖之地作爲兩國公地不得再相侵奪有渝此盟明神殛之於是兩國復歸於好是役也蠻國死亡百餘萬人財業損耗逾億兆觸國次之然聞兩國戰事方烈時蝸君

出而觀戰爲流矢所中盲其一目疾退入國都而城外之蜻島一隅近在兩國戰線內焚燬一空蝸君素愚而懦亦不敢向兩國開議請其賠償損失云

筆陣縱橫無堅不破具此筆力足以橫掃千人

●擬莊子則陽篇蠻觸兩國交戰記

陸以漢

蠻觸之間有甌脫之地焉曰牛首土肥美歲大有五穀繁熟穰穰滿溝蠻之君聞而羨焉欲收其利以爲己有使烏氏率千五百人往觸之臣曰玄者聞之言於王曰牛首之利可圖也使爲蠻氏有要地去國危矣觸君於是率師五萬疾行據之設伏險隘搤蠻師而殲焉蠻君聞而大怒檄於四方曰觸爲不道潛師襲我乘人不備致我撓敗芟夷我士卒虔劉我邦畿寡人不忍不武之譏敢以甲士十萬擊世之背法者遂伐觸遇觸前鋒五百迫之谷中射以毒矢盡殪觸王亦傳檄四方曰牛首爲兩國閒地素不相犯蠻恃強肆佔寡人閔元元之受虐使使詰之蠻人不省兆此戎禍咎實蠻作非我之由乃蠻人猶不悛改重師侵我戮殺降卒慘酷實甚寡人雖懦安敢坐視強敵之凴陵哉用敢督師誓死殺敵凡爾觸人及爾牛首黎庶有能得蠻首一級者賞百金國王千金觸相知氏言於王曰師之相持曠日久遠勝負不決國財相殫蠻以富稱或可勉應我

貧於敵其何以堪臣請出毘利國境以潛師襲之蠻恃毘中立必不設備疾行一日可至得其都蠻必就範不大戰而屈人計無有善於此者矣觸王從之與萬人假道出毘境士卒騷擾焚燒廬舍毘人無如之何遂抵蠻都未備攻之一日而克俘蠻王妻子及王族當是時蠻師方與觸相持牛首聞警士卒懈急退觸師追之蠻師潰死者數萬及荒谷忽一軍衣甲盡蠻馳至蠻人以爲本國之援軍也鼓勇反戰觸師前後受攻師徒大敗觸王及大臣皆就縛蠻師甫止爲食此援軍復攻之蠻人出不意潰散蠻王亦囚見此軍主將乃毘利國王里虛也二王既囚蠻觸委國以和毘利王乃使觸兵出蠻都歸二王誅知氏以其侵犯中立也而立牛首爲自由市布告天下曰蠻觸忘其細小傾國以爭黷利傷生已蔽其罪今復牛首爲自由市觸之臣知氏私知自用侵犯中立其師虐視中立國民罪大惡極今騈戮之以爲天下之侵犯中立者戒

論曰蠻觸蕞爾小國乃善戰爭尙武之風可欽也而師出否臧終至兩傷毘利中立與人無尤而被侵犯使非能制勝者將坐受彊國之禍而不克救也聞二國戰時蝸方熟睡及戰罷蝸猶未醒云

如火如荼惟妙惟肖胸有盲史乃能爲此五光十色之文

擬莊子則陽篇蠻觸兩國交戰記

陳輔屏

蝸之北有二國焉左角曰觸氏右角曰蠻氏比鄰也蠻觸之民罔有定居每所至必積土爲牆垣城而居之土質黏韌敵不能入惟蠻觸之民知其製法時用以自炫於他國他國亦莫如之何也某歲蝸國內亂棄東北數千里之地而無守地鄰蠻觸蠻觸之王聞之咸躍然而起曰是余之利也夫是余之利也夫既而蠻王語其國相大夫士庶人曰吾國較邇於此其至也較觸爲速亟發兵趨而城之毋使觸先我也蠻遂發卒後觸雖出健卒疾趨之則蠻已城二城矣觸王怒將移卒以伐蠻以問國相士大夫皆無異詞有下卒聞而起曰公若不忍小忿轉而攻之則公與蠻其皆殆乎而吾二國之術將不能復見於世也夫必不可王大怒曰寡人之志決矣國相無異言下卒安敢議乎令曳出斬之遂檄蠻與戰責蠻之發師略地不以告觸而以欺他國之術欺觸也蠻人怒僉曰觸無禮夫見利必趨天下皆是何告之有蠻王曰觸亦何異於他國他國可欺觸獨不可欺乎吾必欺之遂亦草檄畀觸許與之戰觸與蠻國雖褊小皆強國也時爲蝸患是時蝸內訌稍靖國力不振不敢與之較觸與蠻遂戰於蟲原之野各盡所能雖伏尸百萬流血千里觸不能得勝於蠻而蠻亦不能得勝於觸也觸王大忿曰戰開於余

余亦當有以畢之耳乃悉出其國之所有以與蠻戰蠻人敗逐之旬有五日觸師乃返是役也蠻人大敗所耗不貲觸雖獲勝然壯者盡死庫財罄而國憊矣夫而後觸王深信下卒之言之不謬也蠻師敗蠻王不能再舉以報觸乃延蠅蛾諸國而求成於觸觸王許之蠻觸遂以蝸地之半酬蠅蛾自分其他半而城守之厥後蠻觸國勢大衰所得蝸地之半復爲蠅蛾所據今其國且危然無以自存也

撫時增慨託寓遙深佳兵不祥結詞危悚

擬侯公說項王令歸漢王父母妻子書

余紹抃

項王麾下邇聞漢使陸賈以歸赦太公及漢王妻子爲請而大王勿許此不啻張敵之氣堅敵之心也臣下愚不知忌諱苟有所知敢不竭其愚忠爲大王陳其利害哉夫切膚之痛刺骨之傷人情所不能忍況有甚於切膚刺骨者乎今大王拘其父母囚其妻子既辱其親又奪其愛其爲痛傷奚啻切膚刺骨哉是漢王卽無圖天下之大志亦必激於父母之仇抵死以與大王相抗也兵凶戰危直壯曲老大王縱有天賦之神威又安能冀其必勝苟或不利則是以匹夫匹婦之故而失天下之雄圖也竊爲大王所不取況今漢勢方張兵強食足大王東走數千里士卒疲勞軍食乏竭海春侯又新敗於

汜創夷未復苟漢王踰鴻溝而東韓信彭越乘之則大王之危有如纍卵矣今漢王不此之圖而以歸赦父母爲請足見其急於兒女之情而忽於天下之大計斯眞天借大王以修養之機也爲大王計急宜於此時機要與爲約而中分天下彼以愛親情切必能就吾所請則庶乎兵力可以重振軍食可以有繼也兵力既強軍食既裕然後徐而圖之則彼漢王者方慶其得償所願而生懈心固不難一鼓而破之此眞千載一時之機也大王其熟計之

筆意簡當娓娓動聽

◉擬李陵於匈奴中致司馬遷書

許國傑

子長足下朔風凜冽胡笳悲涼愴懷故國魂飛魄動引領南望能不涕流陵自失身異域日坐愁苦衆毀所歸不寒而慄耿耿此心終無自明自謂當見絕於君子長含寃以沒世矣何圖足下哀其愚忱披誠竭諫冀回主聽以白陵寃乃明主不察卒與禍會嗟嗟陵以不祥之身貽羞祖邦禍延骨肉豈意又以不測之災累及足下乎陵雖萬死罪何可逭南望京國無淚可揮嗟乎子長尚何言哉念陵與足下俱居門下趣舍異規未嘗接盃酒之歡自陵負罪僚屬奔散親戚詘笑媒利之臣羣孽陵短陵之一身百詬叢

集區區之心卒不見諒乃足下獨不顧利害高標義風陵身羈絕域感激涕零不知所自自謂苟主上一旦聽從未滅吏議則陵可得當報漢左提單于之約契右握侵地之圖籍稽漢戶釋虜獲入高廟告成功則足下於陵豈特管仲之於鮑叔馮唐之於魏尙哉不意足下即以此遭極刑也嗟乎子長陵何人斯復得人憐累我故知能不痛心然古人有言艱難險阻天之所以礪斯人也仲尼道阨而作春秋屈子放逐乃賦離騷足下懷抱奇才沉浸書詩當自知所以表白於後世愼勿以抑鬱無聊滅幽光以益增陵罪也嗟乎子長知所從矣生不能邀一顧之知死誰爲買千金之骨陵生爲華冑死作夷鬼椎心泣血夫復何言相去萬里人絕路殊將與足下生死辭矣努力自愛勿以爲念李陵頓首

歷敘事實極合口脗

●擬管幼安自遼東致華子魚書

許國傑

闕山阻隔時切中原少小共硯而趨舍異規其爲愴恨何可勝言曩者釁舍割席僕雖一時憤慨然竊以子之才苟能納心正軌何終不可羽儀王國哉故欲以此激勵冀自改悔耳乃者道路紛紛都說足下已侍從權臣貴登顯秩數載睽違利欲移人不特不

能粗識私心勉爲君子反背道義甘附權要中懷耿耿所以絕而復有言者蓋以此耳曹氏贅閹遺醜本乏懿德擁兵自肆跋扈專行割剝元黎殘賢害良卑侮王室敗法亂紀爵賞由心刑戮在口又復縱兵殃民所過殘殺身處三公之位而行桀虜之事汙國虐民毒施人鬼此所謂朝野流涕士民傷懷者也足下不於斯時戮力皇室共伸討賊之義乃比附逆臣甘貽助紂之譏語云良禽擇木賢臣擇主足下其辨之乎即或勢不能討賊力不能輔漢則亦當高舉遐蹈退避邱陵亦不失爲草莽之完人首陽薇蕨吳門市卒僕雖不敢自擬古人然區區此心以爲名教不可墮氣節不可壞也況復曹氏豺狼野心潛包禍謀摧橈棟梁孤弱漢室篡謀已形叛態已現足下不於此時明去就之分則一旦事變後世當以足下爲何如人哉揚子雲才氣豪邁而辱身新莽終爲點瑕足下當鑒之也天末搔首皇都黯淡草莽野人自知無補於興廢所不已於言者爲天壤間身可死國可滅而此名教氣節不可墮也足下其亦知所自重矣年月日管寧白

詞意寬博紆徐爲妍

●擬陶潛招謝靈運偕隱書

馮振

僕性愛邱山與俗乖異少年學仕至今十有餘年自以終非所願遂以某杖策歸來在斜川之南野因林起棟卽石爲基結吾廬焉茅屋數間聊可避風霜榆柳兩行遶屋而生羣鳥咿啞朝夕鳴其上室中左右琴書怡然有以自樂所處雖亦人境而心遠地偏故不覺其喧囂也每當孟夏草木蔓發之際枝幹扶疏樹葉交錯餘蔭影於堂前好風南來微雨東至於時覽周王傳觀山海圖開卷有得便欣然忘食見樹木交蔭時鳥變聲亦復懽然有喜常言五六月中北窗下臥遇涼風漸至自謂是羲皇上人又有良田數頃戮力耕桑晨興而往帶月而歸及秋夜已長偶有名酒無夕不飲顧影獨盡忽焉復醉既醉之後輒題詩數句自娛其詩曰秋菊有佳色裛露掇其英汎此忘憂物遠我達世情一觴雖獨進杯盡壺自傾日入羣動息歸鳥趨林鳴嘯傲東軒下聊復得此生斯已足矣何必外求哉而吾子見才大匠就剖良工進有金張之遊退慕原嘗之舉大則佐主以濟民小亦因時而立業茲自美耳吾無取焉且吾聞之山木自寇也膏火自煎也桂可食故伐之漆可用故割之是以箕子佯狂接輿避世許由肆志於箕山沮溺樂耕於隴畝彼豈惡富貴而樂貧賤哉蓋欲葆眞全身耳今吾子位極人臣名聞當世大雅明哲以保身易傳知退而無悔若能解塵纓捐華簪從吾於此則激瀾爲池可免

鑿沼之勞披草行山更無伐木之苦農事已畢然後盡心力於詩書秫田若熟便可縱情志於杯酒斯亦樂矣豈必紆青拖紫乎陶潛白

沖澹夷猶絕似靖節口吻

擬陶潛招謝靈運偕隱書

鮑啟元

月日潛再拜康樂縣公足下竊聞覆巢破卵鳳皇不至刳胎焚夭麒麟不往竭澤漉魚神龍不下天地閉革賢人遁藏是以詩言明哲易稱知幾長公杜門范蠡辭國惟仿佯而逍遙故高枕以自適潛自返栗里掩柴門室有萊婦鄰多二仲班荊道舊欣顧盼之有儔立懦廉頑冀貞風之凌俗古稱蓬累而行豈無故哉惟是知人未易相知實難足下東山之儗素有遐思寧固窮以濟志不委曲而求全潛雖下愚能不欽心倘惠然肯來共享山林之樂則鍾期既遇不慮知音無人矣并奉詩數首聊寫鄙懷書不十一潛頓首頓首

衰榮無定在有酒斟酌之知白守其黑知雄守其雌登高且舒嘯對酒遣愁詩憂道不憂貧聖訓不吾欺(其一)

積善云有報君子賴固窮夷齊首陽隱跖死東陵中蝘蜓自蝘蜓神龍自神龍鴟鴞學

鳳凰鳳凰棲梧桐（其二）

福兮禍所伏禍兮福所倚吉凶與消長迭相成泰否人生如幻化萬事東流水解脫塵網中吾生亦幸矣（其三）

嘯傲田園裏相命肆農耕與世無所求與人無所爭富貴非吾願比之猶浮雲貧賤得素交重之若千鈞（其四）

夷猶滄宕神與古會

●擬李翺答韓退之先生書

張德良

月日奉讀惠書忻悚兼至誠哉仁義之人其言藹如也生敢不躬行之以蘄無負於先生之期望乎未審秋來眠食何似伏維萬福來書教以求學之道先之以無望其速成無誘於勢利爲求學之基繼之以先生二十餘年之經驗爲求學之法何其詳且明也昔者顏淵言於孔子曰夫子步亦步夫子趨亦趨夫子馳亦馳夫子超逸絕塵而回瞠乎若後今以生之愚求先生之道得無類是耶生始者亦頗知貴乎學然無師友以相助好讀書而不知邪正好爲文而不知其純雜合於時則喜違於時則憂忽忽乎十餘年矣而不自知其卑下也及得先生書而後知夫爲學之道蓋在乎久而不在乎速在

乎道而不在乎利。誠不特爲生之藥石。且可爲後世之法也。嗟乎。士生於世。稍知立志者。誰不欲爲聖賢哉。而卒不可至乎聖賢者。物有以奪之也。方今之士。慕古人之名。無古人之實。徒欲邀譽於一時。而取當世之利祿。是以世道日趨而日下也。雖然。天地正氣不可絕於世。賢聖之士。亦必不絕於世。昔者春秋戰國之際。斯道幾乎墜矣。乃有孔子孟軻起而興之。秦漢之際。斯道又幾乎碌矣。又有董子揚雄起而振之。而斯道得賴以存。以至於今。今雖將墜。復有先生者繼而明之。豈非斯道之幸也耶。翊再拜

文亦頗類昌黎

●擬柳公綽答退之書

殷信篤

公綽再拜謹致書於退之丈閣下。前者辱賜書。獎飾逾量。何以克當。今讀來教。眞氣流溢行間。益進而教之。既感且慚。而益以知丈之所以愛我者。正以愛國之深也。夫天下之事。無久治。亦無久亂。今淮右餘孽尙守巢窟。環寇之師。殆且十萬。未聞有陳師鞠旅。誓滅此而朝食者。此致亂之大原也。然而當時宿將。多意外置之。以爲癬疥之患。其何能爲。而不知涓涓不塞。必爲江河。兩葉不去。必用斧柯。今其勢豈特涓涓之水。兩葉之枝而已哉。顧未有計及之者。是以僕深恥之。不自量其力之不逮。而奮然以討賊自任。

成敗未可知此心耿耿亦聊欲補時艱於萬一不能默爾而自息也僕以一書生未嘗軍旅孤軍千里轉徙爲艱自維荏弱不足以有爲未嘗不爲當時之所笑而閣下乃獎飾如是夫何素望敢以及此然得閣下一言鄙懷因以增壯閣下之厚我者多矣至謂武夫之不循法度助寇爲聲勢竊爵位自尊大此誠當今一大患國之所以愈棼亂而不可治寇之所以日滋長而不可平者皆此輩爲之梗也然其所以如是者亦正自有故兵者所以衛國也而此輩竟以之衛身兵者所以平亂也而此輩竟以之釀亂若是者何哉蓋朝廷以寬大爲懷而若輩遂得寸進尺藐國家之無人養叛寇以爲患朝廷有所顧忌而不敢動此輩權位遂得以長保且彼輩若起而討賊勝則去朝廷之偪而益孤己勢敗則俱傷而兵權亦失彼輩視國家如秦人視越人之肥瘠而謂其肯汲汲然以大義自任哉猶有進者淮右之叛其著者耳方今之勢無在而非淮右也然則欲以燕伐燕者其亦必不可得之數矣僕之所以不計萬世之功罪不顧一時之毀譽而毅然以討賊自任者誠以淮右不去接踵而起者正未有艾淮右平而其他或相望而不敢發天下庶可以少安此則區區之苦心也僕自束髮受書卽嘗引天下事爲己任以爲立乎廟堂之上馳於疆場之中所以佐聖明而安衆庶者皆我輩責也亦我輩事

也。豈彼不學無術。糾糾桓桓者。所可同日語哉。居恆竊不自揣量。以此自負。今之所爲。亦猶快平生之志而已。成敗利鈍。非所計也。至召募士人豪勇與賊相熟者以爲用。則勝於徵兵者萬萬。斯義也。可謂實獲我心矣。自入軍以來。卽覺客軍遠徵。良非善策。然而召募士人。以輔本軍所不及則可。舍本軍而盡用士人則不可。士人之豪勇者。必不易馴而柔之。其能馴而柔之者。又決非指顧間事也。其素性不羈者。其勢易散。不若中州之兵。久訓而懷恩也。明見以爲然否。近軍事粗得手。大效尙未可必。倘能時錫箴言。匡其不逮。俾得有所遵循。其爲感激。寧有涯涘。行間匆促。剌剌滿紙。未暇修飾。愛我者當能諒之。謹佈腹心。依依不盡。公綽再拜。

借古道今。沈着痛快。有手揮五絃。目送飛鴻之妙。

●擬通飭各處合祀關岳文

葉聲

蓋聞莫爲之先。雖美而不彰。莫爲之後。雖盛而不傳。故古貴有立德之英俊。而亦貴有繼述之君子。歷代尊聖教。而孺子村夫。莫不知有孔子。彼蓋其言之日充於吾人之耳。其道之日範乎吾人之身。漸積而漸漬之使然也。今者民國値飄零之日。神州當板蕩之秋。國歎無才。人悲心死。武功久廢。恐遭池魚之累。強鄰日逼。懼爲亡國之奴。於此羣情洶湧之日狂瀾欲倒之時而欲謀挽救之扶持之則崇奉一二人以爲模範以勵國人其亦安可以已乎崇奉之人維何則關岳是也崇奉曷必以關岳也以與民國之現情最切也夫鼎足勢成三雄並峙金人南下漢族爲奴而民國門戶洞開外邦雜處其時同也漢威不振羣雄割據禹域爲虜僻處江隅而民國險地盡爲人有其勢同也漢既不國道義幾爲盡喪而民國禮敎已爲掃地宋江山既半奸臣猶阻於下昏主猶在於上而民國何免焉其遇其地又無不同也乃亭侯扶漢室救生靈扶千古之大義武穆逐北虜拯漢民成驚天動地之奇勳而吾人處茲民國其時同其遇同其勢同也聞有爲國立功爲民生利如關岳者乎無有也何以古人之成功也如彼吾人之委靡也若此故合而祀之亦以知夫事者待人而就功者擇人而成激人心勵末俗使頑廉懦立責任所在亦盡力而爲之祠也祀也固亦有所用意云爾且夫忠義者人之道也尚武者國之道也忠義而能成尙武而不懈人未有不自立國未有不強盛今祠而祀之則他日者處社會僉曰忠義宜勵也辦國事僉曰國家宜愛也人人知關岳而人人爲關岳則未始非此合祀功爾

文筆軒爽題扁獨闢

●擬通告歐洲各國勸息戰講和書

李衷

歐戰之第二年十月三日支那李衷憫歐民之困苦諸國之勞敝復鑒於兵戰凶危勝敗皆疾而同類相殘有違天道乃以書遺諸國曰嗟爾戰國俯首試思兵興以來抑有何利兆民亡死寸地未有雖曰有之難期長久嗟爾戰國其孰念哉爾師之出將何所欲而欲問罪罪已伏矣而欲扶弱既無及矣而欲自衞衞豈在茲而欲侵人人亦如斯兵連禍結何時可已我實咨爾利不可常盡將所有因以自享樂天安命自詡徜徉嗟爾戰國曷一回瞻嚴冬未至兒既號寒秋收方作飢者斷腸滿野悲鴻我心亦酸步出郊門白骨遍野問諸行人非孤則寡無善無惡皆爲塵化爾之雄心其亦滋愴勿恃強兵人莫我當一經大戰兩敗俱傷盡其自愛鑒於鷸蚌我實告爾東方雖遠離西歐未親見戰陳之苦而其人於古來歷史之戰知之蓋多卽吾先人亦嘗南征蠻北征狄黃河南北戰蹟不可勝紀吾漢族自西北遷來經千戰萬戰始有此中土我黃種蓋嘗爲戰勝之族也諸戰國當無不知之然我等雖勝族之民實嘗以戰爲懼故雖霸萬邦收萬國之後文人學士嘗哀古戰場而弔之父老兄弟嘗隨從軍之子牽衣頓足而送之是蓋吾等之常情天民之常事雖勇武之君子亦歌之泣之不以爲異非示怯也實以

戰非祥事苟萬一可免必將免之以杜互相殘殺之惡風還諸上天生民之本意唯爾戰國雖奉教異殊生民異俗而爾天帝亦嘗以救人爲本自滅爲戒西方聖經所載言之不厭爾戰國其尊崇爾教者盍亦三思其言爾戰國將知爾教主當日之生嘗以愛衆生爲念其創教卽基於此故當時傳教者垂用兵之戒自羅馬君士但丁帝因教士之助此法始變後人奉教者遂不顧此科致教綱一改爾戰國盍一自反其本而思之哉何號稱文明進步而所進者僅在於藝術而於道理德行反落人後耶今之世非古之世可比古者之戰蓋以滅蠻族而自伸其教道也此等之戰蓋古先聖王之所不獲已故雖危而且凶猶有可言諸戰國若不之信也請一徵諸爾先人故事爾法人十字軍之征猶太非欲伸爾教道歟回師西指滅吐魯斯非欲正爾教綱歟爾英人與北方搆釁非欲化北人以教歟德人之與斯拉夫人戰非因教歟今與俄國亦既號稱文明爾德法英意早既奉同一之宗教爾諸戰國皆文明之邦今日之戰究因何意欲以文德化他國卽其文其德皆不相讓可化人而不可化於人者也爾戰國當無不知之將出於嫉妒務屈人伸己則背天地之道也此心當誅今實告爾德國爾爲同盟之長爾苟爲自衛宜速講和乘今之時因今之勢勿致傾蹶失時使三協約國無再欲講和之

一日爾苟欲爲天下霸主則今鑒於古今之事亞歷山大一世而亡查理密尼三分其國拿破崙身死戹巇爲世所譏將欲求此三人之名乎則身後虛名何爲舍萬民而易此豈萬乘之尊曾不能小覷此哉欲爲實乎則亞歷山大之國於今安在查理密尼子孫亦爲人所滅地則分裂久矣拿破崙志不得遂身死異地則無實可收且有身危之患爾德國其亦念哉咨爾奧國連年疫癘幸賴同盟始有今日爾宜聽爾同盟言和勿謂爾仇猶未盡復勿因小忿遺大患勿因大志而自喪咨爾法國爾敵既退矣大難免矣勿有他念思爾前帝拿破崙之故轍咨爾英國爾與法爲友與德爲敵大陸之地難爲爾有故事既然勿有他志咨爾俄國爾兵久無功難由爾成須有所悔且波蘭之地本非爾土爾宜靜聽爾友國之言息爾兵戎養爾百姓咨爾意國爾半載興戎尙無功業取人之難爾或知之今爾宜息兵爾敵亦不爾逐爾宜安爾半島之民咨爾門塞諸國爾知虎尾難履宜待爾友之命咨爾土耳其爾教雖不與諸戰國同而爾祖亦嘗以爲善戒爾爾處形勝之地握歐亞之口他人瞻此自不禁思得而用之爾知內事不修難免外患爾其勿以他人爲仇此鐘此鼓保之在爾宜善用之勿徒恃慓悍而務戰也唯爾諸國敬聽吾言今者文明之世宜偃兵言道與鄉日不同苟相戰不已必非爾民

之福爾須知勝敗在兵者多則十載少則朞月之間終歸烏有得人咫尺之地於地圖增色不過一彈丸以生死計算既不知其數財空食盡費盡腦血爰有此土又不知後日之將誰屬也爾苟尙德以道義爲交偃鼓息兵以寧天下舊仇不必報舊惡不必復使爲仇爲惡者自怍舌愧死然後天下之人熙熙然融融然兄弟妻子皆可以相安相養使生者得其樂死者得其所士農工商皆靜操其業凍餓者不可見爲惡者不得行由是天下之人皆得享天人之樂則我黃白二種咸與天地爲鄰而衷與諸國之民亦與天地同樂矣其孰念哉其孰念哉毋忘上天生人之至意

秉賈生草疏之筆寫魯連排難之心洋洋灑灑筆陣縱橫想見得意疾書之樂

雜文類

陶淵明先生贊

許國傑

先生諱潛字元亮號淵明柴桑人也際晉恭帝時不事劉宋史載其事先生丰神瀟灑落拓不羈以爲濁世不可以富貴也故薄游以取位吏職不堪其桎梏也故躬耕以明志遊方物外寄傲詩酒凜凜乎全眞士也暨夫天柱折地維缺寄奴專政晉室沉淪先生乃高飛遐舉屢徵不就杜門謝客縱酒佯狂高曠之懷忠憤之志一寓之詩不知者

謂先生玩世傲物而容知首陽薇蕨汨羅清流先生之苦心孤詣爲不可及也潔其道而韜其迹清其質而傲其文出不休顯賤不憂戚逸志邁倫高氣蓋世先生可謂拔乎其萃遊方之外者已吾嘗讀先生之遺著若五柳先生傳歸去來辭高懷曠達瀟灑出塵若在明月梅花間也又若桃源記荊卿歌悲憤慷慨忠義磅礴又若在松柏金石間也又嘗絕江抵潯覩先生之縣邑想先生之高風徘徊路寢見先生之遺像逍遙城郭謁先生之祠宇詩有之高山仰止景行行止雖不能至然心鄉往之慨然有懷乃作頌焉其辭曰

矯矯先生松柏全貞退不惡賤進亦避榮塵世濯足萬古振纓人醉獨醒人濁獨清瀟然雲煙酒中之仙高飛遐舉南窗閒眠東籬種菊寄情詩篇冰清玉潔形眞神全晉道悠悠遠蹈獨游粵自魏後世風日偸先生凜凜獨不事仇振頹聾聵貞節長留發爲詩辭孤忠憂思河山故國麥秀黍離首陽之巔汨羅之湄先生之節復又奚疑穆穆墓陵先生是憑言涖茲邑來謁精靈鬱鬱茂草我心是縈邈矣遐蹤悠悠我情

語有脫胎而詞意高潔神韻亦合

●雷將軍贊

楊蔭溥

將軍諱萬春。唐張中丞巡之部將也。將軍之功績雖不多見。然雍邱睢陽。實賴將軍之力。而人莫道之。余讀史至面中六矢事。驚爲天神。與同時南將軍霽雲。乞師嚙指。事可稱雙絕。景仰之下。爰爲之贊曰。

將軍神武。忠貞其懷。義概凜凜。神鋒巍巍。慷慨死節。鼎鑊不辭。千秋血食。萬古名垂。漁陽鼙鼓。動地驚雷。潼關失守。京畿垂危。聖主幸蜀。馬嵬低徊。中原回顧。鐵騎縱馳。長驅直下。欲迫江淮。望風迎馬。所過殘糜。勢如劈竹。封豕長蛇。雍邱張巡。振旅舉旗。彈丸一邑。拒彼銳師。夜縋萬卒。計譎策奇。四十餘日。堅守莫移。維時將軍。聞義立懽。公命將軍。與賊通問。孑身登城。岸然不懼。一言未畢。弩如雨紛。面中六矢。兀立靜鎮。吾身可及。吾命必傳。吾頭可斷。吾言不亂。見此威嚴。賊將悚震。彼豈木石。受創不瞬。使諜偵之。私相驚歎。令狐敗逃。將軍功半。後隨許張。固守睢陽。掘鼠羅雀。殺馬爲糧。丁酉十月。城陷被創。坦然就戮。千古留芳。

序既簡括。贊亦明鬯。是切雷將軍。非漫頌張睢陽也。

●韓文公贊

鄒恩泳

世之崇韓文公者。莫不慕其文。噫。此不知公之大也。公以天下危岌。人心渙漫。大道將淪。急起直追。奮臂疾呼。觝排異端。遠紹聖緒。此公之素志。而文以貫道。遂因燦爛而生色。其道既行。文乃其末事耳。若翰墨書生。專事辭章。則萎靡浮華。染晉魏之習氣。毫無脩德之實。又安能臨三軍之前。麾而責之。使之恇汗伏地乎。斯固非養之有素。得乎浩然之氣者。不能也。

贊曰。天眷下民。既我韓公。紹述聖道。幟立文宗。華不變夷。伊誰之功。孔孟以來。無與比隆。慨自周末。禮樂失維。而秦而漢。日肆以詭。天良汨沒。人心死灰。晉繼以起。胡夷內窺。亂我華冑。四維殘摧。君子道消。異端張威。林林總總。莫辨是非。迨至有唐。先生始臨。孟軻復生。木鐸重鳴。朱翟辟易。佛老受驚。晦盲正道。遂以開明。天降大禹。拯我於水。天降后稷。生我於餒。天降文公。出我於崇。飢溺猶可。無道不生。既闡大道。又樹文聲。文以載道。文始不朽。道寓於文。道以悠久。道文相輔。養氣之功。衡山雲開。潮州鱷遁。方圓齟齬。時運不辰。功名流傳。千古不冥。江水共長。宇宙同齡。

推崇得當。能見其大。語意亦見凝重。

●韓文公贊

許國傑

天地闢。聖人出。大道立。堯以傳舜。舜傳禹。禹傳湯。湯傳文武周公。文武周公傳孔子。孔子傳孟子。孟子歿而不得其傳焉。秦之殘暴也。漢之黃老也。三國之擾攘也。魏晉之淸談也。皆無以崇斯道。嗚呼。斯道之不明也久矣。其間雖有一二賢君良臣思昌明而闡發之。然類皆擇焉不精。語焉不詳。不可以爲繼。迨及六朝。風俗頹靡。異端竝起。道喪文弊。歷唐貞觀開元之治。而不能救。危矣乎。斯道之將墜絕也。乃者天生文公。拯此沉溺。抉經之心。執聖之權。刮垢磨光。跋邪觝異。鉤元提要。含英咀華。狂瀾砥柱。聖教干城。學障百川。吐淸言之娓娓。文吟六藝。尋墜緒之茫茫。可謂文起八代之衰。道繼孔孟之後者也。嗚呼。甚矣。意者其天之不欲喪斯文耶。是故公之生也。非爲唐也。非唐一代之幸也。所以昌聖道繼絕學。天下之幸。抑亦萬世之幸也。嗚呼。孟子而後。公可謂得其眞傳者矣。夫公之勳業文章。昭著於史册。深入於人心。亦無容復贅。所不已於言者。高山景行之意耳。是作贊辭曰。

聖德崇崇。大道以隆。粤自秦漢。漸墮厥宗。肇及魏晉。世盡朦朧。赫赫唐代。爰降我公。墜緒悠悠。我公是修。閎中肆外。遠紹旁搜。天根月窟。抉邃攄幽。神遊西鎬。道溯東周。結思賢哲。優入聖域。仁熟義精。根茂膏溢。手挽頹風。獨掃粃屑。巍巍我公。昭如星日。

贊語肅括。序亦明暢。

●周茂叔先生贊

鮑啟元

周茂叔先生宋大儒也。瓌瑋博達。思周變通。邃精大易。祖述孔孟。道學之名。自宋始。道學之說。自先生始。箸太極之圖說。明天地之根源。明道得之以說性。伊川得之以言誠。橫渠宗易。文靖從程。元晦發祕蘊於先聖。象山作註脚於六經。仁山踐履篤實。公茂資質含洪。白雲義利分明。夢吉見識超遠。敬軒專聖賢之性理。月川破佛老之空虛。陽明本良知以化迂腐。虛齋論眞脈而先力行。其他如涇野香新。皆以斯道爲任。若水楓山。悉與吾道有功。然探原窮本。則闡發心性義理之精微。端賴元公之破暗也。彼以折獄小能爲先生稱者。坐井觀天。管中窺豹。毋乃太小乎。此宋史道學傳所以首之與。小子南徐圖人也。才識妃豨。學辨甄岙。讀先生之書。竊景仰想慕之不置焉。爰爲贊曰

易奇而法。大道在焉。神本於誠。誠在精專。乾乾不息。知幾事天。偉哉通書。精微備陳。古先通眞。大哉茂叔。端倪畢宣。狂瀾追挽。聖道仔肩。上宗孔孟。後覺千年。吟風弄月。濂溪大賢。雪椀冰甌。方斯瑩潔。

●周茂叔先生贊

薛紹清

慨自三代以還。周文既沒。世道衰微。以孔子之聖。而不得其位。以行其政教。孔子沒而

曾氏出。曾氏傳之孟氏。孟氏之沒。而其傳泯焉。厥後火於秦。支離於漢。幽沉於魏晉。上焉者既不由乎其道。下焉者亦汎濫狂決而無所底止。於是政教陵夷。百官廢弛。仁義充塞。異端並起。棼棼泯泯者。千有餘載。至宋而春陵周氏出。繼聖賢之絕學。明道德之本原。舉前此學者支離絕滅之說。一旦而空之。又復著書以惠後學。作太極圖示人以天理之根源。萬物之終始。著通書以發明太極之精蘊。言約而道大。文質而義精。於是程張輩出。聖道大明。治隆俗美。炳焉與三代同風。使向無先生。則皆崇佛老而言虛無矣。嗚呼。先生之功。雖孟氏何以遠過哉。余既觀先生之行事。又得其通書而讀之。心嚮往焉。乃爲之贊曰。

惟我先生。營道春陵。少孤力學。業業兢兢。分寧決獄。以此有稱。邑人駭怪。頗驚其能。使者爲言。司理南安。王逵慮囚。持法惟殘。先生力爭。披瀝心肝。逵也感悟。畀囚以寬。受知李守。方令桂陽。讀書如何。爲言惟詳。政聲甚著。旋移南昌。黠吏惴惴。恥爲披猖。趙抃惑譖。於公咻咻。先生超然。乃知虔州。熟視所爲。抃乃自尤。執手謝曰。幾失良儔。抃乃薦之。轉運粵東。提點刑獄。正直至公。洗冤澤物。慰厥素衷。不辭勞苦。遠近從風。巍巍先生。此非我之所大惟繼聖絕學天下以泰太極易通包羅無外世風丕變先生是賴惟先生先覺聖道以明孳孳不倦啟發羣氓救世之溺功莫與京嘉惠後學奕奕羣英先生降世丁茲晦盲矯然獨出奮厲雷鳴韓起八代歐黜新聲天下滔滔卒歸於正嗚呼先生學繼素王光風霽月德澤洋洋民沐其澤士被其光嗚呼先生萬歲流芳彌久而愈長用垂無疆

筆力挺健贊詞敘述簡淨質而能文

●中華民國成立頌 體仿元結大唐中興頌

王濟熾

自清季政敝民氣抑鬱一二有爲之士憤慨於專制之毒瞻慕於共和之風每乘清隙義旗數舉輒以乏應颯然風聲所播如雷驚蟄民氣遂振辛亥三月廣州之役烈士之塗肝碎腦以殉者不可勝數延至七月川民首振民權抗衡清吏其死於此者又不可勝數於是鄂州一呼聲動九有義旗展揚萬方歸命卒使清廷授宇共和告成飄五色之旗侔光日月與黃帝之業爭榮全球夫古以獨夫之政於創業伊始猶歌頌大業藉示宏謨甚且託天瑞以行封禪鐫石鏤金贊揚不已況民國萬民所共胚胎於上古步武於泰西而成輕生向義之烈士其以鐵血爲筋民氣爲骨乃孕此燿燦之政體雖法美先進然追蹤往古無庸多讓煌煌駿圖又焉可以無頌頌曰

於鑠黃胄。獅興亞洲。聿建厥猷。辛亥稱兵。獨夫是膺。帝業以傾。瞻彼粵嶠。英烈炳煌。實肇我邦。鄂州振聲。萬方翕應。膚功克成。恢恢大同。載涵載泓。法則美風。憶昔我民。威脅燎熏。纊屬綿緡。民氣是伸。民權是新。民瘼是拯。遠稽於唐。垂拱平章。於今重光。於敬緝熙。多士濟濟。國徽靡替。爰告同胞。毋誕毋嚚。維法是效。爰告同胞。勿以功驕。義勇堅牢。爰告元首。於諮於諏。毋狃已謀。維羣乃立。維和乃翕。詵詵戢戢。五族同心。幸福薦進。起弱裕貧。浩浩者天。往逝者年。是齊是延。振振我民。式舞式欣。鐫石頌勳。

頌詞淵懿、序亦古雅、

中華民國五年雙十節舉行國慶典禮頌

張會昌

惟我民國。五載於茲。創深痛鉅。厦瀕於危。譬彼弱齡。呱呱稚子。重劑輕投。其安能支。大盜竊國。四海噤聲。憚於禍福。刼於死生。赫赫義師。西南霹靂。氣懾凶頑。鋒摧強敵。積霾爲開。同聲斯應。江山半壁。旦夕歸命。天佑吾華。南北一家。獨夫隕命。人莫咨嗟。奕奕黎公。奮袂而興。乃肩大任。夙夜戰兢。政復其始。百象更新。士民歡躍。上下彌親。及今佳節。共慶雙十。農舞而歌。士賀而集。明堂宏開。鄰使畢來。莊嚴舉禮。嗚呼休哉。問胡能然。惟彼先烈。搴上風雲。疆場碧血。凡此陳迹。萬世芬芳。蓋棺定論。民胡能忘。革故既終。鼎新

方始百爾君子亦既念此謹致蕪詞用備樂章惟我民國萬歲無疆

詞氣渾雅可與道古

●足球頌

彭昕

有圓處公子者不知何許人以形自號焉性戇直好馳逐不平則動無足而善走蓋史記游俠傳中人朱家郭解之流也其先誕自西土邃古希臘娥林比亞大會公子曾與之而現其名後遂周遊橫大漠絕大洋東渡扶桑之島復越黃海而至乎赤縣神州大自英倫柏林之都遠至炎荒菲律濱羣島公子無不至焉其足迹殆遍天下矣所至之地士農工賈皆友之而於學校最爲常駐之地本校與公子相友善久矣常偕其鄉人與本校同學爲馳逐之戲相見於廣場兩方止許十一人入場各守其關各攻其關以偕公子破關者爲勝公子中立場中以笛聲舉足爲令公子應足而飛縱橫馳騁時而翱翔空際時而伏地蛇行或爲淮陰侯之出跨下其行如風其直如矢猱猿莫喻其矯捷守者稍疏即乘隙叩之矣惟公子引足以爲知己有所命雖赴火滔湯而不辭有時亦聽命於首獨惡手之善攫物而不肯釋也視若仇讐除守關者得抱公子外餘人偶觸之以手輒得咎此其所以似朱郭之流歟且好與常動者游而不喜靜者見請雖時

往輒規避不聽命投以所好則如響斯應如影隨形亦其特性也前六大學會獵於申江本校以公子往奪得錦標去年復奏捷於漢陽大有所獲捆載而歸聲名藉甚傳播江東後值東方娥林比亞會開幕時公子忽離本校遠就南來之客今年冬復來歸推敗強敵歡聲雷動不亦休乎書曰惟天無親惟德之親易曰滿招損謙受益蓋惡盈益謙天之道也由今觀之公子之去就信非誣矣今公子以德而親況去而復來者哉頌聲之作不可闕也頌曰

破觚為圓噓氣於天文身禿髮其色孔玄隱厥四體弗笑弗言跨海走陸遍歷大千酷暑煩寃裹足杜門秋高馬健復出於田士為知己不敢有身破壁惟命辟易泥丸無偏無陂惟善是親望之團團即之便便其種伊何皮革縫綖其象伊何圭角善藏中心休休頌聲洋洋其始自今奕世無疆

序恢奇有致頌亦古奧充此識力便當前無古人勉之

●足球頌

陳文松

游藝之學聖門所稱蹴球之道尤振精神原其為物形圓體輕宛如夸父逐日之輪在昔漢世嫖姚最喜軍戎之暇輒自奮起唐宋以來視為游閒王孫公子徵逐其間洎於

近代研究益專攻守之法傳自歐田分隊練習氣涌如山一鼓作氣志在翹關勢均力敵氣足神嫻再接再厲威武不撓星馳電掣高入雲霄敗者志奮勝者色驕規矩準繩井井有條揖讓而升於禮獨饒既威既武亦雅亦莊視昔矍相觀者洋洋

規模既具尤多合拍之句

●蒼梧水漲賦 並序

陳柱

乙卯之夏將赴申江道過蒼梧西江水漲城壞屋沒死者相望嘗爲賦以弔之徒以鄙陋不能形容其萬一故不欲以示人抵申之後友人凌君竹銘著疏治西江芻議以告國人其論治之法詳矣恐國人尚漠然視之故出此賦示世亦欲世之讀吾賦者起其惻隱之念而實行凌君之議也

歲在旃蒙月在蕤賓陳子自邑將嫁於申出門四顧淼兮無垠乃循楙而直下至虖蒼梧之濱於時雲將出師風伯整旅雷公施令雷母赫怒狂雨如彈急水如注虢無三版家無餘址炊者縣釜食者易子舟如天上身如萍寄浪滾滾兮沸天水漫漫兮滿地回憶昔日之繁華嗟奈何兮逝水至如富商巨賈財侔萬戶東海奇貨西歐珍貯明月火齊珊瑚碧樹異香絕味紅羅白紵指猗頓以心期望陶朱而氣吐一旦蕩盡漂流何處

亦有羈客旅士離鄉去里或爲異域之遊或起魏闕之思別父母而不顧棄妻子其如屣蹔折五斗之腰欲遂萬鍾之志耦過茲江萬事都已又有北燕洒徒南楚騷客气貫長虹筆搖華岳采芙蓉以相贈對匕首而共酌壯志高懷同歸水國更有吳楚美姬燕趙麗人蕙心蘭氣皓齒朱脣青樓金屋翠袖紅裙顧鶯鶯而爭媚笑姑女之不親風號雨嘯並嫁波臣若乃任家寡婦趙氏孤兒煢煢無侶呱呱何依惻惻魂斷滔滔弗歸死不能兮同穴祀既斷兮誰知悲夫哀哉無男無女無老無童無貧無富無窮無通或橫於道或浮於江（音工）別淚成波積屍成峯茫茫大地慘澹誰同天乎命邪曷離斯凶豈聖人之不仁目百姓爲芻狗抑滄桑之將變化億兆爲魚龍嗚呼蒼生哀哉皇穹

規撫六朝神韻悠揚

●續陶淵明桃花源記

董憲

宋高宗時江南有樵者性朴誠且勤嘗西盡秦隴北上太行南窮越嶠萬山之間有異木樵必採之以爲世用有識者笑語之曰國家用人能如子之採樵則天下當必大治樵亦笑而去之久之不得志秋返故里道經香爐峯霜楓欲脫山桂已殘夕雁聲哀寒蟬響咽感懷搖落始覺身孤忽聞雲際有曳杖聲則一老人至鬚眉無恙見樵似喜問

當世事曰異哉日月不居滄桑已異百源邵康節吾之後生也如之何其老死於安樂窩洛陽橋上也猶聞杜鵑聲乎勇決如富以禦外侮公誠如司馬以治民事知兵如范立朝如韓以掌國紀文采如歐陽以司諫職國自無憂之數子者皆無恙乎樵者曰人則吾不知吾採木二十年木之柔弱者易摧日益鮮求如武侯之柏淵明之松眞能凌歲寒者殆不易得然深山窮谷中亦有以不材盡其天年者其謂之何哉意者其殆天耶非人也曩有卜者告予曰易稱其亡其亡繫於苞桑余主卜而未知苞桑之爲何物子以見此幸有以示我來余心識是言蹤跡天下殆徧未嘗見宇宙內果有所謂苞桑焉者老人聞是言相與憮然邀之登高入白雲深處桃李呈豔鶯蝶弄影耳目改習恍然春日居人聞異爭集樵者驚爲仙界不敢妄答久之覺亦猶人因述胡銓蹈海之言衆皆不信以爲人之無良必無如秦檜者進叩長生之術衆咸笑曰我輩初無奢望病人肥已故能各樂所樂永無不足足疾於趨終必傷蹶口巧於辭終必傷身當五代之際世間之憂患日多而世外之逍遙日永闢此草萊成我新居自老人來始知有陳橋驛令子來又知有五國城相去曾無幾日而一、榮一辱轉令世外之人代爲之哀子休矣毋再以不入耳之言來亂我聽因歌曰白雲渺渺羌無侶兮蘅芷抱香誰爲主兮採彼香草筐以貯兮彼方之人無與伍兮樵者惘然告別以語相知咸詫爲奇有士人欲往探其異不獲遂放情山水間著宋遺民錄一卷老而自號爲無垢居士云其生平微志悉寓於詩嘗云一身報國有萬死固非忘情之人也余聞其事荒怪無徵與桃花源事相類因續記其後

空山無人水流花放有此文乃可不負此題

桃花流水杳然去別有天地非人間文境如在白雲縹緲之中吾校多才激賞無已

蔚之加評

與友人論文書

殷信篤

辱書詢古文之源流概要用意甚盛僕自束髮受書迄今十載其間迭經喪亂於斯道懵然方求益未暇何能爲足下益耶雖然請畧陳一得之愚供明者之裁察夫文以載道言之不文則行之不遠孔子於艮五爻辭釋之曰言有序家人之象系之曰言有物然則言必有序而有物方可謂之文方可以載道日月麗乎天百穀草木麗乎土而文章實麗乎人文其果可輕乎尼山四教以文爲冠是知聖門於文學德行固相提並重乃世有目爲技藝者何所見之小也夫文無所謂古也至後世而古文始名治文之道

無他師古而已矣師古之道無他審其是者而已矣六經未可以文論下此諸家其短長得失可畧而言之孟子之精微昌黎所謂醇乎醇者也漆園之神奇柏梘氏謂爲怨悱之書不得志於時之所爲要其文實天地間不可無一不可有二者也荀卿言近於道後世以性惡之說少之擯不得與賢聖之列僕以爲荀子憤世嫉邪言之過激讀者不以辭害義可也豈得遂以爲病韓非呂覽其源出於荀子安吳包氏篤好深嗜謂韓柳八家時竊用之特鄙其人不復形諸筆墨耳然韓非刑名家言其失也嚴呂氏所出非一手其病也雜方諸三子未可同日語矣外此屈宋以詞賦勝左史以序事勝皆文家之鼻祖高乎其不可攀也西京去先秦未遠文氣多醇樸磅礴下逮東京已形見絀而六朝靡靡之音更尙浮華而去樸素古文之道於以陵夷獨姚察爲梁書多以古文行之一洗駢儷蕪冗之習古文蓋自茲始至唐韓愈氏出起八代之衰由是古文之道遂大行流風餘韻至今未替則韓氏之功固不可沒柳州少作未脫初唐習氣惟讀諸子及山水記冥心孤往足追隨昌黎而無愧色枔湖謂習之文高妙微至非深於文者不能知今觀其楊節婦諸作方之古人固不讓孟堅獨步吳言爲不虛也北宋諸子歐曾師法子長退之而得其陰柔之美歐長於論事誌銘曾長於論學序跋至老泉之縱

橫穎濱之秀汩則又爲歐曾所未有長公天才其爲文有手揮目送之妙水到渠成之樂然不善學之易流於濫獨荊公峭拔淩厲闖韓之室而窺其奧惜規模未免稍隘由是觀之文莫盛於晚周秦漢莫衰於六朝得韓柳而振之至北宋而義法始備惜乎吾不及其時追隨於其間每展卷未嘗不神往久之餘如元之郝氏經虞氏集揭氏傒斯戴氏表元吳氏師道明之宋氏濂方氏孝孺王氏守仁王氏慎中唐氏順之茅氏坤等其得失亦難悉論要之視八家又一間矣獨震川歸氏爲能得子長之神韻而取法歐曾少變其形貌爲一代之宗匠有清人文蔚起侯朝宗淋漓慷慨微嫌依傍汪堯峯碑版爲時所推而偏於陰柔未能折旋有氣魏叔子特爲秀出可以入古而病太雜其他諸家或重義理或長考据或志經世或喜駢儷惟方望溪所得獨多非惟三家所未逮抑亦一代之正宗也其謂言有枝葉由誠於中者不足故其自爲必傅於義理雖戚屬不爲苟作言盡卽止誠懲其弊也然質則質矣不善學者又復流於膚庸不可不知其弊足下不喜方文僕所素知亦所深許昔東坡有云少年文字當蓬蓬勃勃如釜上氣曾文正敎子弟亦云此時須筆陣縱橫氣象崢嶸迨煊染既極而後乃歸於冲淡望溪之文妙遠而不測非一蹴所可幾庋其少作亦必縱橫捭闔自喜快其意迨積理深養

氣足始一出於是耳足下試再讀其集勿以輕心掉之則知其文固成於艱辛而出於平易當服其功苦之深也方氏而後海峯承之才力似過望溪而義法則不逮其深湛惟姚惜抱刻意爲文風裁秀整明淨可誦辨古書之正僞識文章之源流曾公極意推崇至列之聖哲畫像記僕嘗取其集反覆展玩知姚氏之文自千錘百鍊中來其所爲實有突過歸方處平心論之似尚非劉氏所及也曾文正以宏通之識發爲文章復輔以漢賦之氣體學桐城而不爲桐城所縛眞豪傑矣是可師也惲子居精察廉悍大力包舉文膽極豪非姚氏所可及而傷破碎張皋文長於詞賦及說經之文外此隨園則駿快爽利間有可採惟序事則瑣碎已甚尤多諛墓之文然頓挫生動處風神固自佳也梅伯言僅足自守吳南屏刻劃人事閒逸幽邃可移我情此皆有清文家之較著者自曾公以桐城義法提倡後進遺風遂衍承學之士翕然從風同聲而應者以數十計就僕臆測如濂亭純齋摯甫畏廬輩蓋亦近時之最著者也今存者止一畏廬然所得爲益隘矣文之義法至今日而大備乃文氣反日以薄豈世運使然歟抑古人讀書少今人讀書多書少則易於深造書多則泛濫而無所歸與是未可知也亦滋可懼也夫文之至者通乎神明人力所不及施無古今一也彼蟹行之字可範以一定之程式而

我豈其然若必株守而不化沾沾然守一隅以自足曰文止是矣坐井觀天何以異此僕身居學校目覩現狀恐斯道衰微竟無復振之一日誠有心人所共傷嘆也昔亭林謂天下興亡匹夫有責僕今則謂國學興亡吾輩尤不可辭其責足下其有意乎今之學者多鶩異途或則遠師子雲近法稚威鉤章棘句以艱深文其淺陋於義固無所取又或別爲選體抱漢尊魏薄醇樸之文而不爲等於不賢識小之類嗟夫生今之世安得以十年之暇屏絕人事深山誦讀窮探經史取屈原孟軻莊周荀卿左邱明司馬遷韓愈歐陽修曾鞏王安石蘇軾方苞之作熟讀而深思其意上以明宣聖之大道闢異說之猖披返民風於淳古下以推闡古今之事變而達其治理遏末流之紛乘於其暇則將成一家之言誅奸諛發潛德啓來者於無窮俟百世而不惑區區此心不勝大願足下聞之得勿嗤其愚且妄乎日月逝矣不我待矣與其悔之於後孰若愼之於先此所以振衣而趦趄北望燕雲而俛首太息者也不能面談聊用筆述僕固無意爲文知必不以是見責要之凡上所言皆僕近涉獵所得切磋之義得是而後已有未當願更敎之俾得反覆而有所折衷幸甚

戴記有云昔吾有先正其言明且清謹以移贈斯文願益勉之

遊焦山記

殷信篤

長江發源岷山浩浩蕩蕩經七千里東流以入於海穿三峽而直下如銀河之倒瀉而中流巍然砥柱之以分其勢者厥惟焦山焦山者漢焦先之所隱而因以氏名者也與金山北固並稱江南秀麗去吾家三里許可一日往返余以乙卯秋七月應趙君等召於十日晨渡江掉一葉扁舟容與中流擊舷而歌古人所謂憑風凌雲者殆不是過焉由南麓登山山前爲定慧寺蓋寺之大者鐘鼓振耳寺前松柏大可數圍左入蹊徑幽深曲邃層出不窮右石刻中流砥柱四字爲一童子手書者登松寥閣閣臨江而建爲遊人居偃所右自然庵中有觀瀾閣卽前之枕江閣也閣後有假山風景極佳愛不忍釋與友攝影於此而慨然謂之曰使得至友如君一二輩挾經史百家移居是樓朝斯夕斯相與游泳乎詩書切磋乎道義得江山之雄麗而奮發乎文章則雖終老於是鄉不復與人間事僕亦樂之而不疲矣悠悠百世結此心期未知何日能償此願對茲名山不禁黯然而銷魂也遂相將由寺左登山所歷名勝極夥半山有三詔洞遊人小憩所也由是以進左濱大江右障高山山石皆刊古人墨蹟有米南宮陸放翁諸名人書其崢嶸突兀直欲刺天因念人強則天必折之獨非所論於木石此曷爲而然者耶豈

人有知而木石無知抑造化之自然而不可窮測也且人生一夢耳能不朽者惟名古之來遊者何限旣與飄風疾雨而俱逝吾輩今日至此得覩遺跡因其書以想見其人後之來遊者其能知今日之我與否未可卒知而大好河山則依然無恙人間何世時不再來俯仰千古可以慨然而賦矣半山有礮臺設置俱新與對江象山可以夾擊形勢頗勝實長江最要之咽喉也山巔有吸江樓最高處也極目流覽長江虹貫如帶圍繞其下濤聲澎湃可聽遠視乘舟如一葉與浪吞吐在天之涯又値薄暮輕雲掩映碧霞成彩山下樓屋隱隱不可見心神俱爽幾忘身在何所隔江煙樹參差兩三星火時隱時現者瓜州也亂山間有犬吠聲有曳杖來者則山僧某也相邀同下落葉滿徑微風時起四顧蕭瑟愴然莫可久留矣月華方中登舟遂返同遊者七人人各有詩使篤爲記爰述所感以誌鴻爪其他流連風景之辭則略而不陳蓋諸友已言之詳矣遊後一日記

筆意雅潔中段尤有曠逸之致

●過故徐城弔徐偃王文　許國傑

閒嘗渡曲江謁會稽訪古吳越之遺跡又乃循蘭溪而上抵太末得東海裔導謁偃王

廟。斜陽廢址。衰草荒庭。徒增淒咽。得文公廟碑。而苔痕剝落。已模糊不可復讀矣。不禁低徊涕零。黯然歎曰。嗚呼。人世滄桑。有如是乎。後之世有偃王其人乎。既而又絕江泛淮。至泗城。得王之故都。崩榛塞路。崢嶸古墟。然而訪其遺跡。想其仁風。撫今追昔。悲何能已。嗟乎。王當周穆王無道之時。獨能興文德。行仁義。諸侯歸之者三十有六國。傳曰。文王三分天下有其二。夫豈迫之使然哉。蓋亦民之歸仁。猶水之就下而已。豈無得而然耶。及後穆王連楚伐徐。王獨不忍鬭其民。棄城走。從之者萬有餘家。夫豈有私於王哉。不忍舍也。愛民之心。昭昭然可與日月同光也。嗚呼。三代而後。暴君接踵。妖霧迷漫。爭城則殺人盈城。爭地則殺人盈野。莫不欲帝臨斯民也。然而積尸若山。流血成渠。曾不爲斯民一顧惜之。及其中原逐鹿。僥倖成名。則又從而虐之。幾乎其不使民憔悴以盡也。千古一轍。浩刧無垠。謂百世以來有偃王其人乎。嗟嗟。訪泗城之古都。人盡懷思。想賢君之遺澤。民咸墮淚。爰爲文以弔並系以辭曰。

鬱鬱古城。維王之京。浩浩皇極。維王之德。維王祁祁。維民熙熙。王命不洪。萬古長痾。

韻語極渾括。極帖妥。餘亦饒有寄慨。

◉過齊弔魯仲連文

羅錫暄

釁者溯東海走歷城與彼都人士游見其高風亮節遺世卓然磊落大方不屑屑於利祿私心傾慕者久之以爲徵賢人君子之遺澤沐浴而薰陶焉不及此也及行其野見夫長林荒草間古碣纍纍豐碑矻矻咸矗然道傍將摩挲而讀之而星霜剝蝕風雨摧殘字裏行間不能遽辨父老乃揖余而告曰此吾齊高士魯仲連先生出入處也先生不常厥居國人欽慕於其所經處每爲題誌以寄其慨想嗚呼先生去此數千百年矣而高義流傳久而勿替若是則其流風遺澤之深入於人心坎中者爲何如耶夫先生一介布衣持高節淡利祿遊於趙則解邯鄲之圍返於齊則下聊城之險觀其論辯之縱橫措詞之嚴正氣概之高尙識見之宏遠使其秉國鈞治天下將使伊尹謝權周公慚富所謂身嬰軒冕而義薄雲天者非其人歟嗟乎世衰道微利祿薰心之徒罔知禮義廉恥爲何物國紀淪喪四維不張無怪乎寥廓之士明哲之人雖心包堯舜之術身挾伊呂之智伏死崛穴巖阿之中而不肯一出問世也遂拚爲之贊曰

達哉魯連稟義之全飭躬勵節無倚無偏沮燕之氣解趙之縣排難解紛不爲物牽懷才高蹈有若野仙功不自居名更自湮儀秦視此無乃歉然

情深弔古磊落嶔崎

●滄浪亭弔蘇子美文（集句有序）

鮑啓元

蘇子美文士也遭時不遇遁迹山林姑蘇之滄浪亭子美釣遊所也迄今數百載山水韶秀風景不殊三吳人文卓絕一世子美豈其因與余嘗過吳城而有感因爲文以弔之其詞曰

登姑蘇之臺兮我馬虺隤仄聞子美兮置酒此徘徊遭世罔極兮（弔屈原）蝘蜓爲龍蝎（佹詩）烏虖哀哉兮（弔屈原）國無人兮莫我知（離騷）鸞飛伏竄兮鴟鴞翱翔（弔屈原）神農虞夏忽焉沒兮（采薇西山歌）箕子被髮而佯狂（惜誓）皇天之不純命兮（涉江）日月下藏（佹詩）賢聖曳逆兮（弔屈原）孔子拘匡（佹詩）世溷濁而嫉賢兮（離騷）獨永歎乎增傷（哀郢）忠不必用兮（惜誦）與前世而皆然（惜誦）固時俗之工巧兮（離騷）亦非余之所志也（惜誦）背繩墨以追曲兮（離騷）又衆兆之所咍也（惜誦）欲釋階而登天兮（惜誦）因歸鳥而致辭（思美人）君無度而不察兮（惜往日）涕泣交而淒淒（悲回風）歲曶曶其若頹兮（悲回風）老冉冉其將至（離騷）無伯樂之善相兮（九辯）子獨壹鬱其誰語（弔屈原）吁嗟默默兮（卜居）夫固自引而遠去（弔屈原）棄騏驥而馳騁兮（惜往日）又何懷乎故都（離騷）免衆患而不懼兮世莫知其所如（遠遊）聞赤松之遠塵兮（遠遊）從王喬而娛戲（遠遊）觀衆樹之蓊薆兮覽竹林之榛榛（哀二世賦）寤從容以周流兮（悲回風）誰知吾之廉貞（卜居）誶曰、山有木兮木有枝心欲君兮君不知（越人歌）嗟苦先生（弔屈原）聊彷徉而逍遙兮（遠遊）憑文章以自寬（閔己賦）憾乎其如歎愀乎其如有所思至引用自然尤非易事

●遊揚州梅花嶺弔史忠正文

董憲

維民國六年歲正月某將北首京師道出揚州過梅花嶺凜然有感於史忠正公敬弔以文曰大雪漫漫兮雲鎖空江梅花不畏夫歲寒兮獨挺秀於高崗萬卉因秋而搖落兮誰克保其芬芳謂桃李之將春兮弱未勝夫嚴霜何茲獨厄乎朔風之凜凜兮寧造物之無常蓋節凌夫冰雪兮天將借以挽陽春於渺茫我公大名並宇宙而長垂兮固不藉梅花爲表揚顧植基樹業恍與梅同兮經厄而彌光筋力終爲國盡兮衣冠猶葬夫梅傍當有明之顛沛兮華夏無主征斂窮小民之蓄藏兮盜賊蠭聚宰輔如舉棋而不定兮悍將擁兵而似虎一旦鐵騎叩關而直入兮孰禦外侮謂神洲之多才兮時獨存公一人也謂用賢而建策兮奈狐狸橫塞夫要津也排公於茲土兮初非重公持管鑰而司國北門也公姑盡能盡之力兮孤城力盡終不外爲國而殉身也公固無憾於死生兮國誰與立痛時人莫知大體兮寧亡國以畀敵宋明覆轍如一兮問中國何人惟公與信國顧後起之前鑒兮莫負厥責獨驅車夫蕪城兮羌痛哭其誰知二十四橋

之舊跡可尋兮敗柳猶欹乎水湄周城郭而視兮渺然想夫登陣而誓師風物固不異夫當年兮知今日又何時四鎮交鬨於北兮調和則惟公是賫羣小爭權於南都兮危局則惟公是支公之云亡國亦隨之越三百載而公之精神如新兮對梅花而寄遐思公其鑒某之誠兮而示某前途之安危

規撫騷經風骨不俗

哀蘇臺文

許國傑

瀟瀟堤柳寂寂斜陽蘚駁頹垣樵迷荒徑歌社寂寞廢苑風淒屧廊依稀欹牆月黯噎此何地乎路人告予曰此吳王姑蘇臺之舊址也嗟乎吳王英主也覆楚敗齊滅越盟晉據勝地擁虎旅乃卒誤於伯嚭惑於西施築臺榭縱淫樂終沼於越棲焉自殺此可哀也夫英雄氣短兒女情長千古雄王埋却幾許弔霸圖於末路痛尤物之喪邦而王更甚也嗟嗟越主亭邊感江山之星換吳王臺下慨宮殿之雲荒鳳皇去後玉盌長埋麋鹿來時金釵易斷芳草千年落花三月尋六朝結綺之樓易成春夢流一片浣溪之水空媚秋波能不令後人憑弔傷心者乎然而世變滄桑何常之有神州陸沉華夏淪胥不見乎宋明之故都乎艮嶽螢飛一蘇臺之境也玄胡夕照一蘇臺之影也加以親

戚化沙蟲。山河成灰燼。聰明之裔。有異類之悲。神聖之教。有墮地之懼。則不暇爲吳王哀。爲蘇臺悲也。嗚呼。白雲蒼狗。世事無常。今日之繁華。安知非昔日之岑寂。而欲使建春門外。重譜管絃。長秋宮中。再集羅綺。則往事如煙。渺不可得。吳王往矣。蘇臺何在。北望燕山。金臺猶昔。吾願雄踞一時者。勿再作吳王爭長黃池之心。致有鹿走之歎也。悲哉。

饒有感慨。儷語頗工。

●哀山東文

鮑啟元

歐戰裂。公理絕。禍東延。日本譎。率其軍。旅橫入我域。口實膠州。陰行桀黠。濰縣也中立土。今侵割矣。濟南也中立土。今傾奪矣。歎魯難之未已兮。哀跳梁之傲兀。悲晉亂之方興兮。恨舉國之忽忽。燕巢幕上。棲身不安。魚遊釜中。須臾喘息。誦佛吟詩以求活兮。苟延命於旦夕。虎狼盜賊至而不備兮。吾憂思其鬱鬱。（以上言日兵至而國人不知禍之將來也）方日師之越境也。百姓固懼。召尤而集。慼民離散而相失兮。方仲春而東遷。去故鄉而就遠兮。不敢顧其園田。出門而軫懷兮。涕淫淫其流漣。骨肉羈旅。各西東兮。傷我生之不辰。哀故鄉而不可再兮。恆號泣於旻天。強者散而至四方兮。老弱轉溝壑。其哀呻。富者適樂土以求活兮貧者徒端居而待焚（以上言山東人民流離之苦）戰鼓考而軍至兮歎天步之維艱也風聲作而鶴唳兮悼國步之斯頻也覩旌旃之野豎兮兢兢而膽寒也察組練之川迴兮曖曖其斷魂也矢竭而絃絕兮鼓衰而力盡也魂魄結兮天沈沉骨肉折兮爲齏粉血滿泰山之窟兮萬里朱殷屍塡黃河之岸兮風悲日曛禮義之邦其沈淪兮何大道之岌岌孔子之陵其邱墟兮爰憂思之棼棼（以上言戰時與戰後之山東）矧吾中華若金兮猶一兎之在野臥榻之旁有百虎焉環瞰者之坐視耽耽日人居心其叵測兮豈助英而張其伐撻折弓矢而攻德兮何楚歌於我壁波及於東山之旁兮犯中立而紛其勍敵蔑視公法而予侮兮悲風雲之變色徹桑土於未雨兮悔往者之不察亡羊補牢未爲晚兮莫徒作新亭之對泣築城池以自守兮勿蹈包胥之轍迹匹夫有責於興亡兮汪童執干戈而衛國心嬋媛而傷懷兮吾懷魯而投筆（以上因山東而哀全國）亂曰吁嗟乎余欲望魯兮龜山蔽之手無斧柯奈龜山何

規仿楚騷綽有工夫

●擬本校祭蔡松坡先生文

楊蔭溥

維中華民國五年十二月五日交通部上海工業專門學校全體職員學生敬以清酌

庶羞之奠致祭於勳一位追贈陸軍上將四川督軍兼省長蔡公松坡之靈而哭之以文曰

禽中有鳳獸中有麟維我蔡公國之偉人申呂嶽降傅說列辰生茲濁世以拯斯民粵稽我公生稟異質山嶽所鍾靈氣所鬱肄業吾校儕輩傑出學問之暇爲國哽噎聞雞起舞心鐵血熱悲歌慷慨唾壺擊缺志壯鴻鵠不甘蠖屈願學班超從征投筆時當清季上下晦濛四鄰鷹視獅睡正濃革命聲高義旗捲空前仆後繼有志莫從滿庭大索烈血飛紅我公此日亦在其中東走櫻島以避毒鋒專心求學成竹在胸辛亥一役武漢興戎義旗一舉四海向風滿清遜位南北和同維時我公飛來自東民國成立公與有功袁氏執政賞公機警授以鉅肩頗見親信公亦盡勞時以策進籌安會起奉表晉勸封王錫爵改元洪憲朝野蠅附魅魑晝見維時我公絕端反對不與時同不願獻媚侃侃正言遂遭袁忌偵伺周密幾蹈毒計託疾易服始得走避碧雞晨號金馬脅馳萬衆企徯百靈護持我公入滇飆馳電移整兵秣馬自掌幄幃率此飢卒當彼大師天下聞者俱爲公危兩軍相持一月有奇敵驕而悍我耗以疲矢盡援絕士病將疑危於壘卵急甚燃眉夜不就榻寢不解衣骸垢莫浴腹空忘飢竭我精誠士氣以提數十晝夜

艱苦不辭。出奇制勝。敵卒不支。袁氏得耗。魂驚魄飛。一病以殆。膏肓難醫。大憝既殞。共和復垂。嗚呼我公。國之棟樑。奈何靳年。英歲云亡。驚耗之傳。天地淒涼。萬方同哭。涕泗徬徨。眼枯淚盡。聲竭神傷。公何一瞑。不少徜徉。嗚呼我公。上有老母。風燭殘年。誰爲上壽。弱弟留美。誰爲肩負。膝有乳兒。幃有少婦。公何一瞑。不少延久。我公之心。光奪北斗。我公之勳。千秋不朽。嗚呼哀哉。尙饗。

神似昌黎祭張員外文、嗚咽淋漓、不忍卒讀。

●擬本校祭蔡松坡先生文

張紹元

維年月日。上海交通部工業專門學校全體同學。謹以香花淸酌。致祭於故四川督軍蔡公松坡之靈曰。嗚呼昊天。罔極降此鞠凶。黯黯中夏。頹斯偉雄。百川沸騰。萬民慼惘。山河失色。鬼神有恫。原夫腥風血雨。迷漫神宇。夫己野心。感彼妖蠱。國基飄搖。危我邦土。庶氓蚩蚩。畏如豺虎。業業南衡。實誕精英。赫赫滇池。義旗高擎。陳師巴蜀。魑魅魂驚。天昏地霾。一麾光明。維公之呼。萬壑奔趨。光我日月。淸我天衢。夫己之死。公實促之。黎民之困。公實蘇之。共和之建。公實首之。公之一身。萬民賴之。嗚呼國基初奠。百緒待理。來日大難。閔憂未已。庶政之興。賴公扶持。悠悠蒼天。何靳公紀。公不上壽。胡天之醉。哲

人其萎惟邦之瘁企望東瀛普天傾淚魂兮歸來享此芬茘嗚呼哀哉尙饗

語意渾括能見其大

◉褚先生傳

林若履

褚先生名簡字伯箋系出湘南家本貴族數世後日就衰微不克自舉將見絕於人世有蔡倫者少有才能巧於藝事見簡而歎之曰君天賦俠骨氣質堅韌固世之碩果也然孤高自鳴不能濟世君子無取焉盍從吾歸鍊而堅韌以供世用簡許諾從之歸倫盡力訓練浹月乃成曰可以出而問世矣君品質素佳必爲世重未數年而楮玉板之名轟傳於世蓋卽簡也簡既負盛名學士大夫皆殷殷接見待以厚禮簡游洛陽得交蔡邕一登龍門聲價十倍簡亦以此自豪凡有求見者非加厚聘不可漢帝聞簡博聞強記特召見簡對答如流上自三墳五典下至諸子百家無不包羅胸中竭誠以對上曰今科學發明旁行競進子亦曾致力於是乎簡曰旁行文字肇自佉盧科學發明盛於廿紀臣以楚材晉用亦嘗奔走海外足歷全球凡文化稍開之國無不身徧其境習其文究其學藏諸胸臆不敢或忘夫以天下之大六合之廣東西兩半球南北億萬里聲明文化如此其雜也社會變遷如此其繁也哲理羅輯如此其深且奧也工商電化

等學如此其徵且備也簡雖無能竊願傳其意於重譯之外以灌輸而貫通之漢帝聞而喜之曰卿能如是乎朕今者方有事於西域卿可受命前往以宣朕意簡於是躬奉詔書與西域辦交涉事訂爲條約西域世世遵守之漢塞得以安謐者數十年簡於是受封爲載籍公凡有國事必顧問簡簡亦盡職無稍失誤以故天下無不重簡尊而不名咸稱之曰褚先生云

論曰予少讀史記見有所謂褚先生者以補史記得名然識者恒譏而議之以爲褚先生之附驥可恥也自湘南之褚先生出而史公文字乃卒賴之以傳與向時補史記褚先生不可同日語矣莊子云名者實之賓彼世之徒騖虛名者奈何不知自反也

亦莊重亦詼諧得龍門筆意

●褚先生傳

楊嘉楠

先生褚姓軼其名生於楮人以是呼之世爲會稽望族其先掌歷代文史自結繩以來久見重於中土古代治理及聖賢教誡墳典邱索之得傳於後世皆其功也秦漢以來吏書益繁龍亭蔡敬仲得先生於敝布魚網間曰此濟世才也曷爲屈抑不用因表其能名貴洛陽聲價十倍先生方正純白爲人所寶愛性輕靈通經史習文學與人無忤

上自君相下至平民皆識先生文士尤樂與相親奉為師資先生播古典嘉惠學者天下食其賜顧性謙退不伐其能曰此吾友毛穎陶泓等之力也士益以此多其讓子孫散於四方執業各異無棄置者自印刷術行楮氏獨擅其長益重於世近海外亦有托名楮先生者性浮滑自高聲價不若中國楮先生與人相親其用無窮楮氏之興殆未有艾保存國粹者尤愛敬之錫其名曰楮先生云

太史公曰楮先生起於魚衣網罟非敬仲孰彰其能致其用雖然敬仲一宦者耳然其薦賢舉能澤及天下可嘉也後世懷才抱器之士終其身不獲一展所長致聲名湮沒不彰者項背相望可勝浩歎讀楮先生傳幸其遇又爽然自失矣

規撫史漢得其神似

◉司衡君傳

張有彬

司衡君者百能司人也其先在經傳已見於堯時堯命之司平民之職使平民之相欺相爭者與司度君及司量君之先人同日封故世之道君者每與二君並稱其後世世守其職不失其官至於周末世衰道微邪說暴行並作其毀古聖王者並及於君之先人至欲摧折之以絕其族賴孟子辭而闢之進於齊宣王使忖度其心以行王道至於

楚漢陳平學治道於君家得以佐漢高平定天下三國之時諸葛武侯亦得治心之學於君家金星公使賢用能信賞必罰以治益州韓文公文起八代之衰闢佛老紹聖學亦嘗筆之於書著之於文言君家足以助政教之所不及自夏時關石和鈞著名以後世爲國之文獻文公傳毛穎後擬繼傳君君顧弗喜使其至友權公謝之懼兩家子姓爭誇世德或有文稚陋俗之譏也君性戇直無絲毫假借愛厚重而不喜輕浮有持平之名所好不爲加重所惡不爲減輕生平嘗慕魯連之爲人喜排難解紛好任俠故嘗以鐵錘自隨道遇不平得君出而剖判之莫不折服又長於財政故上自王公大人下至四民買販皆有一日不可無君之概君嘗夢遊棘闈見朱衣神拒弗納君曰吾自孟子許我知輕重後遨遊闤闠久爲人世所歡迎何不可入者朱衣神曰不然君知有司命者乎其於文也不欲高下之太明第使吾點其頭而已君斤斤於錙銖必較者萬不容入也方相持間適司度司量二君遇之曰胡爲者方今重實驗鄙空文彼遊魂尸氣何足與較哉君蘧然醒適與權公相觸蓋里正使童叉招與俱往君自是益喜與市井駔儈遊不復作方寸靈臺之想久之有竊鈎者至君方引繩鏡牖懸絕而踣乃持踵泣曰吾司輕重數十年無微秒之忽爽者以胸之羅有星宿也今老矣皆暗澹剝落而不

復燭照矣今佩鈞又竊吾無能矣遂偃臥室隅以終自後君之裔孫有名戈星者形狀眇小而心計益工喜出入於醫家及化學家之門惟稍矜貴喜韜晦不復肯依人牆壁而用舍聽人默不一語則尤綽有祖風云

異史氏曰吾聞司衡君之族屬有遠涉重洋而至外國者外人死後用之以品評其生前作事之善惡其後子孫繁衍日事改良才用既備藝術亦精今者藉外人之勢足跡遍天下文明者喜用之君之子孫則仍日與駔儈者伍且有隨主人之意而自紊其胸次者與度量二君之子孫同一不齊是可慨矣

文筆權奇足徵學識

●新扁鵲傳

楊蔭溥

新扁鵲者不知籍隸何處日挾其技游於二十行省中過邯鄲聞貴婦人卽爲帶下醫入咸陽聞秦人愛小兒卽爲小兒醫過雒陽聞周人愛老人卽爲耳目痹醫隨地施方不拘一術悉宗扁鵲之餘智故人以新扁鵲名之一日游燕都謁某公曰君有疾在腠理不治將深某公曰余無疾勿治也頃之又入謁曰君有疾在腸胃不治將深某公曰余健飯甚無疾也頃之又入謁新扁鵲望氣而退曰君病入骨髓非伐毛洗髓不爲功

某公亦自覺精神銳減病體支離卽求診治於是先爲之審其居處調其飲食處以晏嬰之宮寢以闔閭之席佩以劉琨之劍運以陶侃之甓嚙以蘇子卿之氈服以柳仲郢之熊丸枕以錢武肅之警枕食以范希文之齏粥飲以越王勾踐之冰膽承以王處仲之唾壺投以陳世祖之階鐵如是者一年某公果自覺精神煥發病魔已去扁鵲曰未也正氣未充病根猶未淨也於是換以嚴將軍之頭鑲以張睢陽之齒輔以顏常山之舌補以嵇侍中之血足以文文山之氣一勞永逸表裏並治某公攬鏡自照與前判若兩人大喜以重金酬之新扁鵲不受而去

寥寥短簡神與古會妙在筆端有奇橫之氣

●健忘翁小傳

楊蔭溥

健忘翁者不知何許人家饒裕釀千瓻醬千甗奴婢數十人帶郭田千畝安邑千樹棗燕秦千樹栗江陵千樹橘陳夏千畝漆渭川千樹竹齊魯千樹桑麻陸地牧馬二百蹏澤中千足彘山居千章之材水居千石魚陂席豐履厚雄視一鄉南面王無以易也然性健忘寒忘衣饑忘食寢忘曉起居食息以迄應酬交際無一不健忘人遂稱之曰健忘翁又疏懶性成不事家人生產以故家政廢弛田畝荒蕪西隣某甲亦華族素武斷

與翁比鄰而居歷有年矣知翁之良懦易制又事事健忘也一日借某事攫其牛馬若干翁曰物產滋豐戔戔小事勿校也西鄰某乙又借某事攫其田園若干翁曰我家田連阡陌此瘠壤不足計也西鄰某丙某丁見翁之含尤忍垢事事類癡又借某事索償金錢若干翁曰我非守財虜予取予求不汝疵瑕也東鄰見西鄰之侵佔不已時切垂涎乃謂翁曰汝濱東一帶地須讓我以耕種居住權否則余不甘休而翁澹然漠然不以爲意以故數年之間翁家損失之貲產不知凡幾翁擁嬌妻美妾面團團作富家翁猶以爲子孫吃著不盡也一日某紳正色謂翁曰汝之貲產急需整理否則恐銅山亦易崩也翁諭司計籍者曰余尚有牛馬若干田園若干某銀行金錢儲蓄若干濱東一帶膏沃之地每年徵收若干當爲我一一檢查無隱某司賬曰翁家牛馬於某年某月爲某事給與西鄰某乙翁銀行中之儲蓄於某年某月爲某事償與西鄰某丙某丁濱東一帶膏沃之地又於某年某月爲某事爲東鄰某姓所佔據翁豈忘之耶翁曰有是哉神色不寧者久之遂病氣噎而歿翁無子以同族某嗣伉爽明達不類翁入門後集族中父老子弟諭之曰先人貲產余一文一勺不敢自私盡以公諸族鄰今與諸君約此後安樂共享患難共卹勿復如向日之休戚罔關致受外人陵侮族中人懽聲雷動

一體贊成而家道遂以重振時西鄰某甲與某乙因爭壞畔事嘖有煩言互相構訟東鄰欲乘此時機攘奪翁家之餘產向嗣君喋喋不休嗣君以門楣新創力不敵姑允其請又損失貲財若干始得和平解決時某年五月七日事也於是族中父老子弟咸頓足長恨曰此五月七日之奇恥凡我族人終身識之不敢忘

前半取材於貨殖傳詞意古雅中後寓規於諷託意遙深

△古今體詩類

●詠懷 二首　陳柱

寂寞復寂寞斗室如大漠非無往來人終鮮知音客吾歌竟誰和有懷長不懌世路多崎嶇何由翔寥廓

有酒難成醉悲秋只浩歌匹夫自有責斯民奈若何未忘溝壑死空向名山過何時能小隱四海尙干戈

●中夜看明月　陳柱

中夜看明月圓缺隨時節恨君客天涯千里遠離別不如明月圓長如明月缺

●涉江採芙蓉　陳柱

涉江採芙蓉芙蓉在何處將欲採之歸水深不能渡微波苟通情吾亦從此去

夢揚子雲嚴君平臨寓

陳　柱

閒居江海上了將塵事屛清風醉前檐明月臥中庭忽見二奇士古貌的礫明蘭徑久已蕪柴門久已扃公從何處來得無憐伶仃再拜延入座請爲道姓名一云揚子雲一云嚴君平默默數紀歷中心喜復驚如何千載後逢此二先生久羨如舊識神人感至精指我天漢路授我太玄經方語至道要隣雞一聲鳴醒來起太息淚下忽沾膺舉首望天漢天漢正瓏玲俯首看玄經玄經正縱橫時方迷舜莽天未厭戈兵安得時時夢游心於玄溟

擬古

張蔭熙

秋雲薄如紙秋草薄如茨君情薄如水妾命薄如絲秋雲與秋草縱薄猶相保原草連天涯白雲空際抱惟有東流水去去河之涘一去不回眸朝暮不相似來兮西江汜去兮東川駛頃刻波浪杳流急如疾矢

拳石

張蔭熙

海上無好山種石聊自託石久生蒼苔拳拳不成崿故鄉有九峯清泉瀉幽壑少小客

江天硯書苦相縛白雲空見招尋山殊無約夢中一往之蹊徑亦漠漠朝起覽林杪但見炊煙薄

秋江

張蔭熙

橫天舞白雲起伏亘如嶺葉落檢巖寒松高石翠冷蘿煙挂溪壁止水照倒影波定鷗鳧眠山近峯巒整新葦藏小舟斷蓬依浮荇蘆花飄舟次堤岸雪千頃空際凝虛白洲渚秋意靜瀟湘無此好直似廬山景

寄懷南海宋君時傑

張蔭熙

南海音書寂秋風江上多紅豆曾寄詞飄忽可奈何天寶亂離後野老哭山河大江燃烽燧南國動干戈感此懷征客愁思付薜蘿薜蘿有時落歲月常蹉跎昔別張離筵朱顏半醉酡今也白蘋老蒹葭空自歌水剪雙眸子煙堆兩髻螺伊人渺何處望斷灩瀩波

雲

張蔭熙

青雲峯巒色淡靄水墨賦錦霞笑口開烏鰲雷師怒動如萬馬行奔如千軍赴靜立怪石矗止作深山住流雲與止水浮生心潛悟雲水本一物頃刻各態俱在海爲秋濤在

天布春霧物變奧如斯人生倏朝露悠悠白雲意忽忽成朝暮聚散識妙機勝從南柯寤

秋江懷人　張蔭熙

炎囂久鬱鬱涼秋意少快江鄉借宅居息影閒世界淡雲帶雨來纖如弱絲挂空際涵虛明渡頭看漲派葉老黃欲凋山濃黛亦怪我懷秋江水天色雲夢芥曠世窮奇儔良朋北海邁鴻雁幾時到煙霞同誰話暮潮送櫂去對此常介介

答靈蛻　柴福沅

橐筆走海上艱苦欲語誰所幸甘貧賤諷詠聊自怡思君不相見遠在潤之湄渡潤發新詠手寫以相貽一誦聲悽惻再誦聲支離三誦不成聲泫然淚雙垂君品何高潔君才何超奇徒以不諧俗埋沒無聞知志士多不遇才人每苦飢天心未可測慎毋自傷悲

雜詠 八首　董憲

松下撫清琴音響緩且舒微風生柔指幽雲起輕裾念有遠行客躑躅在長途安得送此音相勸返舊廬之子期不來明月過庭隅

送子於南浦贈子以明珠子行宜鄭重無爲戀嬉娛遙憶墮地辰蓬門曾懸弧江湖皆
知己莫嫌客中孤夕陽滿征帆執手相踟躕

虛帷月生寒照我松下窗天高寂萬籟悄然思瀟湘安得垂雲翼因風起高翔金尊展
瑤席沈醉幽蘭旁坐久玉繩轉涼露溼羅裳

山中有良材夭矯出塵俗白雲幾千重深深石徑曲樵夫不之尋空翠老荒谷霜雪更
年年誰肯加青目材大乖時宜莫向窮途哭

白日下崦嵫明月入戶牖願及三五時盡此尊中酒蘅芷鬱芬芳藏祕始能久但飲莫
多愁寡言自无咎安得長逍遙無疾至黃耇

疎星澹天宇微風開素襟空山納餘響圓景升東林亭亭千尺松翔集異彩禽禽聲一
何樂和此松下琴所思人不至白雲深更深

中宵月光明橫斜花照戶長空無纖塵離離星三五安得生雙翅長嘯千仞舉手捫月
與星一一來拾取轉恐高處寒力弱受霜侮何如坐蕭齋對景將茶煮側耳笛聲清不
知來何許

駕言出東郭孤城高且長秋風一朝至蕭瑟林葉黃欲行豈無車徘徊愁中腸樂事貴

適意盛衰忽無常念與君別離歲久毋相忘欲寄尺素書因風置君旁君心良不知獨立思茫茫

曉起書懷

董憲

幽庭靜無人日出鳴羣鳥重簾餘香多明窗遠山小披衣臨書帷書籍資搜討梅花知我來乍放一枝皎溪前疎影橫積雪猶皓皓相對欲忘言覽景展懷抱士生千載間所志非温飽知音苟未喪寧苦名不早心如金石堅自得長美好昨夜春風來綠遍江南草

讀書 二首

董憲

領略書中趣每苦日不足安得羅羣籍一一盡寓目展拓萬古胸償此平生欲好鳥爭和鳴蘭蕙散芳馥悠悠空谷中寧復苦幽獨如何瑚璉才一日染塵俗得失生煩憂飲食事徵逐願君早歸來讀書勿干祿

少年不解事動云爲國憂血氣易銷亡壯語何曾酬念彼抱膝士寧靜學早優克以濟時才成此三分謀人生有天職盡職斯無尤讀書豈無補投筆將何求雞聲動西牖白雲去悠悠春辰不努力恐遺古人羞

乙卯夏寄奚大昇初旭

董憲

戴溪溪水清白石繞菰蒲柔櫓一聲過破浪飛雙鳧微風吹林木雲霞卷復舒松竹交蒼翠圓影漏疎梧下有坐嘯士橫榻多古書皎潔遠塵囂冰雪爲肌膚彈琴消永晝孤鶴遙相呼不知綠陰表寥廓飛陽烏主人何閒閒顏色清且癯展卷與神會一一辨精蠹吐辭雖不多已覺道味腴當其言徵中一字一明珠昨日扣蓬戶邀我帶經鋤坐久雨侵衣碧沼開紅蕖自云麥隴好晨起香風徐涼氣透短襟殘月下湖隅別後夢多誤歲晚君來無知君愛佳實當遺橘爲奴洞庭霜滿峯一舸移千株感子意良厚吾亦有故吾出處何必同與子酣一壺或抱朱雲心秋水磨湛盧或老東海濱持竿覓珊瑚或負定遠志投筆登長途或臥百尺樓豪氣壓江湖濟世本士責陶鑄任洪鑪何敢妄菲薄自等櫟與樗我行身殊安寧止窮具區寸心苟已盡天道付子虛青山長無恙白首尋歡娛他年招許渾同釣清溪魚

△以上五古

歸來篇

陳柱

歸來乎歸來乎淩霜觸雪心骨枯十載江湖不稱意壁上空掛句漏圖今龜忽得黃耳

信。倉黃便欲賦歸歟。車如雞栖馬如狗。蕭蕭共駐寒郊道。居客太息歸客愁。菊花已死蘭芳老。洛陽少年龍門客。首尻相睎稱莫逆。招我荔香之高樓。醉我牛頭之琥珀。我生自負少陵儔。布衣長懷杞國憂。東望神山海水淺。北眺長城伯業收。用夷變夏人心死。荒天老地士氣遒。爲君飲盡琥珀卮。爲君打破荔香樓。誰憐天下屠龍手。老作寒窗雕蟲友。猛氣如火人不知。空有文章弔穹昊。歸來乎。歸來乎。男兒豪氣何時無。暫別何用久咨吁。寧作野中零丁之孤鶴。不作野田局促之雙鳧。報國雪恥各努力。我今歸去且訪稚川廬。

●別歌行

陳　柱

兩行衰柳何蕭騷。上有斷雲散復收。下有古水如吳刀。中有失羣之鳴鳩。招朋喚侶悲號號。杜尊於此別其儔。欲行不行涕雙流。故作笑言相勸酬。如癡如狂絮語稠。道傍聞者爲停驂。驪歌一聲逝不留。車聲殷殷助咨諏。故人延佇空夷猶。危涂萬里漸以修。悲風如箭刃。雙眸殘紅隱隱射荒邱。乾坤爲我生悲愁。嗟余客此其何求。目蒿神寒事壯遊。虛把文章笑韓歐。袖懷明月不敢投。十年敝盡舊貂裘。迷陽迷陽合歸休。耕山釣水友獼猴。長揖人世謝公侯。陶然高臥羲皇侔。廣成爲兄弟。許由豈論唐宋晉漢周。其死若休生若浮別君歸兮爲君謳整頓乾坤仗君曹時平各乘騏驥與騂騮他日訪我句漏之内斗口之陬山鬼含笑虎豹嗥攀搜桂枝兮聊淹留一壺相對治幽憂壺中天地眞自繇

賣硯篇

陳柱

有客丁丁叩我室衆眼臨鼻顏如漆自言本是龍門子弱冠窮經好文術氣豪落筆生烟霞夢上靑天捧白日南遊江淮上會稽北涉汶泗窺禹穴匡時自比孔與孟功名欲期稷與契春風秋月寒更寒南去北來年復年消磨壯志成老朽饑來賣文憂自煎詩學風疋商頌句賦擬離騷天問篇文奇義奥人不識見者笑爲狂與顛如今餓死在旦夕願持此硯換數錢柱尊聞言乃嘆曰大才難用固其然初看纍纍如頑石不圓不方無所適重看文采乃漸見少選天地生光澤龍盤雲湧形如風吐月吞星光玲瓏撰錬疑自女媧氏摩鎣疑自古帝鴻其筆宜用董狐筆其墨宜用萇弘血君子書之氣激昂小人窺之膽破裂不然以之磨戈劍犀表龍文錯雜出荆卿攜之雲吐虹魯陽揮之天返日捧硯再拜置案上如此神物何由得非石非銅非金銀無乃正氣所凝積當今狂猋扇大宇黃河西潮日東匿乾坤儻未淪淼茫整頓全憑此硯力柱尊之言尙未畢客

乃再拜而辟席。自吾以硯示世人。人人視之等瓦礫。有時饑寒且立至。欲鬻一錢猶甚惜。嗚呼此硯受辱久矣哉。幸君今日識其才。吾聞士爲知己用。宜乎此硯爲君吐盡胸中之瓊瑰。特贈君硯不受直。願君持硯整頓乾坤。出此硯於塵埃。走雖餓。君良非哀。

●題友人陟屺望母圖

陳柱

白頭烏、往徠飛鳴何太苦、兒長母老當反哺。孝子觀之雙淚下、(音戶)母兮母兮今何處、銜愁無處哺其母。天高地厚愁難訴。出門草草尋母去、尋母之何、所陟彼屺之東。日初出兮萬象悅。想見慈母鞠子容。望母兮不見。涕泣兮霑匈。尋母之何所。陟彼屺之南。(古乃林反)日方中兮萬象肅。想見慈母訓子心。望母兮不見。涕泣兮沾襟。尋母之何所。陟彼屺之西。日將夕兮光景微。想見慈母衰老時。望母兮不見。涕泣兮霑衣。尋母之何所。陟彼屺之北。日已沒兮乾坤寂。想見慈母棄兒日。望母兮不見。涕泣兮霑臆。東西南北望將遍。暮去朝來似奔電。萬物欣欣各有託。母子奈何不相見。歸來倚徙長太息。出門觀烏淚如霰。淚如霰。奈命何。丹青識得孝子心。繪爲圖畫相觀摩。挂之高堂傳萬代。孝子之心永不磨。烏虖孝子念母空憶母。我今有母髮皤皤。不才長使久飄泊。七年別母枉奔波。不知何年遂反哺。題君此圖不禁憶母涕淚雙滂沱。

五月五

陳柱

五月五古有三閭之大夫乃於是日而投身於湘江之浦吁嗟乎人心自古多疾妬妬心殺人如猛虎遭讒被逐豈特君胡爲痛哭悲吟獨愁苦皇穹既不諒君之忠誠心憂國兮復何補寧沒身兮江湖那忍坐視秦兵殘楚士嗚呼尸葬魚腹知如何湘水悠悠自千古波飄飄兮水滔滔白日暗兮黑風號昔日沈湘人弗見翻來江上競龍舟競龍舟上下浮桂枝棹翡翠鉤如花女潘沈儔開玉齒凝青眸紅蕖渚白蘋洲窈窕影足風流

登南山

陳柱

興來共上南山峯置身高出青冥中人間窮通一笑空呼童沽酒山頭飲醉狂倚石抱雲寢明月爲被日爲枕時乎時乎不再來及時行樂君莫哀仙人悠悠安在哉

登獨秀峯

陳柱

醉狂走上獨秀峯上摩紅日騎長虹下視諸山若兒童兒童環立皆拱手此峯端坐如老叟白雲靄靄覆其首我來此地苦留連側身天外何茫然却恐孤高勢易顛

登樓歌

陳柱

獨倚危欄望塵土老幼熙熙歌且舞我自銜愁獨懷古爲問乾坤開闢來畢竟江山誰是主

大鵬　陳柱

北溟之中久棲遲南溟之外去何時怒飛忽値風力薄墜地空受學鳩嗤

甲寅苦熱行　董憲

陽烏烈烈近咫尺光芒逼人不肯夕微風乍息天無雲萬里蒼蒼半化赤遙山忽動如煙浮暖入山腹少堅石平原寥落無人蹤草木畏暑寡顏色高檐永晝波濤空夢醒不聞撼松柏絕少餘力攻詩書眞覺忘情到寢食渴欲煎茶報無泉靜思對奕竟無客去年此時變態多奇峯特起天如墨摩空旗幟風雲開動地鼙鼓雷電激兵戈轉盼曾幾時山川滿目聲寂寂依稀三兩農夫來面目非人百憂積爲問農功近何如啟口欲語先歎息自言半畝禾全空翹首重霄日如炙水涸不潤枯魚鱗籬短難止飛蝗翼頻年烽火中宵驚道路流離未安席方免人禍逢天災從此微生莫愛惜祗憐溝壑終難逃何必布穀催耕植無聊重作自慰詞側聞中原多盜賊秦宮漢殿皆邱墟不見人迹見馬迹相較還覺年荒佳室如懸磬存四壁無田那便無親朋死有人哭死亦得我聽此

語中心傷欲叩天門路遠隔安得三日大雨霖灑遍江南與江北

大雪程叔度 原緯 索詩報以長句　董憲

天知程子來索詩恐我腹笥無新詞朔風獵獵中宵吹曉窗梨花開萬枝鉛華洗盡出素姿皎潔不畏寒侵肌長空風定花自飛轉盼江山失高低璇閣遙與浮雲齊小園瘦梅乍轉肥聲聲碎玉竹壓籬却望君屋雲水湄枯柳欹石饑鳥啼溪光岸影皆迷離咫尺翻作天涯疑海上相逢情依依談笑竟夜窮纖微不覺圓景窺書帷如何室邇心轉違相望相憶難相隨一言報君君毋嗤瓊樓玉宇知屬誰閉戶高臥幽夢遲待到君門雪消時好邀明月共酒卮

廣西陳桂尊 柱 贈詩卽報長歌　董憲

火急作詩報無已瓊琚贈我皆可喜坐覺萬樹梅花香花開一一春風裏應是昨夜醉蒲萄朝霞乍升光滿紙不然巨鯨天外來舉口欲盡東海水朔風三日吹長松下帷怯詠如寒蟲驌驦裘輕銀瓶冷對語無人獨書空忽見君詩氣雄直使我撥霧開雙瞳落落誰能識君意時危空抱瑚璉器少年能誦石鼓文憤世曾下銅駝淚天不愛才胡生才徒將崎嶇試騏驥我家楊柳臨溪栽望君會與春風來溪水澄清白日靜閒鷗相遇

無疑猜蓬壺方丈在靈府龍準燕頷皆凡材君若酒闌歌歸去歲歲寄我山頭梅

讀明史感史閣部往事

盛棨東

野狐升座日月藏雲色慘慘天元黃山河滿眼紛破碎飄萍斷梗悲諸王金陵王氣久銷歇奄奄熸火留餘光江左夷吾史閣部慷慨仗節臨維揚衰颯之中氣稍振高牙大纛雲飛颺眼看胡馬何猖狂紛紛闖獻奔逃亡反戈欲竊漢冠裳猿鶴蟲沙一朝盡偏師直逼東南方軍中聞急悲國運灑泣誓師登城隍臨江鐵礮山谷振（乙酉清師南下公嬰城固守清師以飛礮擊城西北隅陷公死之）守陴痛哭聲喤喤哭聲直上干青蒼臣力已竭志不屈臣頭可斷臣心傷臣今一死報國事臣死國事愈倉皇昔年王謝烏衣巷今日懷寧褌子襠（阮大鋮住褌子襠時人目爲褌子襠阮阮封懷寧伯）是時福王高置酒一夜泥飲千百觴清歌妙舞雜諸劇爭說司馬錦繡腸（宏光時阮司馬以吳綾作朱絲闌書燕子箋雙金榜諸劇進宮中）豈知將軍昨已死璘璘碧血凝沙場君不見橫江鐵鎖千丈強宮中夜夜羅瓊漿北軍飛渡不得泊詰朝倉卒嚴戎裝千載昏庸同一轍令我懷古心茫茫至今廣陵覓往跡水田漠漠流陂塘何時落帆採萍藻溪毛一薦梅花岡

△以上七古

金陵懷古 六首

朱寶綬

東南王氣盡，剩此石頭城。六代齊梁業，三分蜀魏爭。江聲流浩蕩，山勢鬱峥嶸。刦後重經過，蕭然白髮生。

何處訪遺宮，殘碑血漬紅。淒涼一樽酒，憑弔向西風。城郭蒼霞外，江山夕照中。南朝陳迹在，回首夢痕空。明故宮

布衣爲帝王，千古兩高皇。大勢憑淮楚，宏規隘宋唐。長江天塹固，鍾阜墓門荒。無限滄桑感，豐碑臥夕陽。明孝陵

秦淮水自流，流盡古今愁。粉黛三千院，絃歌十四樓。楊枝垂別岸，桃葉載輕舟。欲話南朝事，樽前月半勾。秦淮湖

盧家有莫愁，豔迹古今留。海燕雙棲慣，精禽一死休。遠山想眉黛，近水照粧樓。不見中流檝，蕭蕭風雨秋。莫愁湖

江山沈舊夢，燈火話前游。芳草雞鳴寺，春風燕子樓。金樽催白髮，檀板散清愁。應悔飛鴻誤，無端印爪留。

別友

陳柱

正値窮愁日天涯又遠行贈君惟劍術老我是書生戎馬何時定乾坤轉瞬更只餘天上月相照古今明

狂雨　陳柱

不覺風雷作無端景物非亂雲扶地走狂雨厭天低日月何時照江山此際迷高樓空悵望吾道竟安歸

過白龍洞仙墳　陳柱

徐步上巖阿相看歎復歌荒墳空寂寞芳草已婆娑白骨今如此丹砂昔若何憐君不知命服藥自消磨

頑雲　陳柱

風景何淒切頑雲重壓城只能蒙白日那解濟蒼生泰岱高難辨乾坤暗不明狂風吹未散繚亂滿天橫

暮雨　陳柱

慘慘風塵起蕭蕭草木哀青天忽涕淚白日匿蒿萊雲雨已如此蛟龍安在哉空驚天地晦疑是敵兵來

答譚君

陳柱

忽接懷人句高吟繞太空憂時心未死報國志猶雄已恨雕蟲誤豈甘屠狗終只嗟雲雨小池水困蛟龍

簡陳君

譚固

寫寄懷人句思君萬籟空知音千載美得志一時雄差幸頭顱好不甘歲月終願將三尺劍痛飲抵黃龍

秋郊即事

柴福沅

暫脫風塵累郊游趁夕陽蕭條秋樹晚歷亂野花香蹤跡隨飄梗功名悟熟粱未應悲落拓江海興偏長

既散南郊步復作沿溪行村徑繚而曲山光遠更明雲來花影淡風過水紋生地僻無塵到幽禽時一鳴

言尋金竹寺還上綠楊城未覺年華易徒看景色更大江孤月照隔岸萬山明颯爽風吹袂心神一霎清

雅意無人會歸途儘放顛道心徵水月逸興寄林泉知足有餘樂能閑差勝仙悠然忘

去住吟嘯向江天

晚雨窗下讀書有感　董憲

晚雨侵窗溼林深起暮煙庭空斷鳥影地僻絕塵緣俯仰無慚怍滄桑任變遷古人何處覓開卷樂悠然

讀杜　董憲

落筆神先赴流離憶舊都秋風茅屋破夜雨草亭孤懷弟情何切登臺病未蘇浩然天地氣千古壓詩徒

送戴紫卿成垣四首　董憲

忽報梅花發如逢舊友生如何花正好轉送故人行月影青天鶴潮聲碧海鯨朔風自蕭瑟無限望君情

我住白雲間清風自往還記從身作客愁見日沈山松菊能醫俗琴書足解顏羨君滄海上歸對野鷗閒

列國干戈動貧民儋石無舉杯殘漏盡看劍寸心孤塡海思常切移山計不愚應懷張博望萬里奮長途

未就回鄉夢翻爲送客辭感懷書莫罄別緒酒能知竹帛千秋約江湖十載思他年風雪裏是我訪君時

△以上五律

●題馬伏波聚米爲山圖　盛棨東

秦郡稱完富西州起戰攻借將鸚鵡粒聚作虎羆雄倏忽開圖畫微茫奪化工影連斜谷口目盡武關東地控三巴險天迴兩戒通巧心分蜀隴隨手判岐豐崩劣千盤峭巍峨一線沖分明如鳥道髣髴見蠶叢閣棧浮秋水官橋臥曉風雲峯看不盡山路去無窮殺氣橫邊外幺麽入轂中崤函高百尺未許肆東封

△以上五排

●翩然　朱寶綬

翩然散髮下江湖濁酒能澆塊壘無久已山中忘魏晉不知世上有唐虞當時客羨田公子此日人憐莽大夫等是一邱狐貉耳豈容匕首隱窮圖

●偶感　朱寶綬

三年蠻觸苦相爭聞說炎方又動兵天意至今未悔禍人心到處不聊生雞豚並困秋

毫細魚鱉難藏春水清嗟我垂垂雙髩老更從何日見昇平

雪葭灣過王蘭泉先生(昶)墓敬題二律

朱寶綬

儒雅風流眞我師遺書諷誦已多時名山共仰千秋業海國爭傳七子詩集古一編金石壽卜居三泖水雲思墓門今日重瞻拜剩有松楸踠地垂

道德文章百世師罔應卓犖冠淸時漁莊秋老閑垂釣蒲褐春深好論詩東觀一官勞職掌南天萬里起遐思先君墓道遙相望帶水瀠洄名共垂

憫志詩 八首

陳柱

江海年年負夙盟長嗟造化太無情時艱鍛鍊丹心老世味栽培白髮榮明月欲投悲按劍高山獨奏豈求名長歌一曲雙流淚愁殺胸中十萬兵

對人強笑背人吁爲恐他人笑我愚時向室中聊賦鵩何堪濠上更觀魚五噫不盡梁鴻恨九辨難明宋玉誣天地爲爐身作炭此身那復論榮枯

嗟余何事此蹉跎強半光陰病裏磨久客已忘爲客苦多情今更奈情何解憂欲學劉伶醉處世難同漁父歌自歎放懷還未得江湖弔影自婆娑

也曾作客向蓬萊回首前游百感灰怨恨每從親愛出仇讎都自笑談來當年不解毛

生誚此日還同阮子哀無限傷心皆自取而今追悔更何哉

由來世路總崎嶇何事人生惑未除失意杯尊仇白刃知音心事在青蚨世間虛自爭多少泉下憑誰計有無試把雙眸望萬里昔年貧富竟何如

塵網繽紛不自由堪憎堪憫復堪羞功名豈是高人事家國偏增壯士憂誓把胸懷新俗學肯教身世逐時流可憐此志無人識自在蓬門賦釋愁

寂寞蓬門萬事違壯心欲去復依依事當過後空能悔恨到深時化作詩善病差堪同犬子嘔心未敢告阿孃平生遠志同莊老底事傷心淚自滋

已矣從今勿復陳凄涼聊度百年身靈臺豈是埋愁處大地難容失路人幾爲世情頻飲恨每聞人笑輒傷神青天生我還何用痛哭悲歌秋又春

●狂歌　陳柱

海上才歸萬里身翻然又復動征輪偏行南北東西路都爲京垓億兆民天地不仁生壯士江山多恨產佳人此愁畢竟無人訴空有狂歌泣鬼神

●葛嘯龕以詩見贈次韻答之　陳柱

敢將身世怨飄蓬恨重都緣立志雄誰使天涯長落拓豈應吾道獨終窮悲歡已逐形

骸外得失原知醉夢中無奈憂時心尙在時時痛哭淚珠紅
廿齡學道媿心蓬倚劍天涯志尙雄磊落如君能幾輩猖狂似我分多窮百年事業風塵裏萬刼山河血淚中王粲樓頭聊極目傷心一片夕陽紅

再次前韻　陳柱

時事紛紜似亂蓬枉教溝壑老英雄劉安虛自歌招隱韓愈惟能作送窮未得消搖忘物外那甘飲啄入樊中自憐憂患擢頭白又見春花爛縵紅

送馮子歸句漏 四首　陳柱

送君歸去作山民山鬼還應識故人門對青松三兩樹家藏綠酒百千斤有時且共漁樵唱無伴長同麋鹿親從此幽居眞可樂素衣無復感風塵

風塵累我百年身獨立天涯一慘神書有五車聊當富田無二頃不知貧欲張九萬三千翼遂作東西南北人今日送君句漏去幾回揮淚灑歸輪

歸輪荏苒又天涯佇立江頭望所思幾樹垂楊風瑟瑟一聲長笛雨淒淒白雲深處君歸處黃雀棲時我反時多少平生離合意孤燈獨酌自吟詩

吟詩獨酌淚濛濛回首平生萬事空何日山間共雲月與君江上採芙蓉夢隨歸客千

山外秋入高樓兩鬢中自是風塵緣未斷不須惆悵哭涂窮

寄山中人馮子　陳柱

送君容易見君難家在千巖萬壑間雲漠漠中風瑟瑟石磊磊上葛蔓蔓朝騎白鹿尋紅藥暮折青松煮紫蘭他日入山訪蹤跡桃花流水自潺潺

隆冬風雨山行遇桃花一枝　陳柱

生成薄命古來悲獨立深山世不知誰使文章爛縵色却生風雨晦冥時豈能更作傾城笑所幸還餘傲歲姿我亦年來零落甚天台無路此棲遲

寄湘友　陳柱

橘綠橙紅佳景多吁嗟何事涕滂沱青山幾處無烽火末世誰家不醉歌我已淹留長若此君今歸去定如何途中若向湘江過試把牢愁弔汨羅

弔伍子胥　陳柱

無端策馬至姑蘇獨上胥門弔子胥誓以一身終覆楚忍將雙眼看亡吳屈平名盛因遭放韓信功高遂被誅何必九原常抱恨古來多少負心徒

中原 四首　柴福沅

一任中原有廢興男兒肝膽自輪囷歌詩無補聊抒憤文物於今欲化塵誰解黨爭能誤國可憐機巧轉忘身空江絕少魚堪鱠笑煞紛紛結網人

回首前塵足歎嗟壯游歸去已無家秋禾零落來新雁衰柳飄蕭噪晚鴉叔世衣冠輕似芥入時文字粲於花諸公別有關懷處國計民生未許誇

悲風蕭瑟起層陰益覺窮途感慨深北里笙歌仍聒耳南天笳鼓漫驚心是非未必關成敗文野原難判古今獨上高臺望烽火不禁涕泗一沾襟

歷刼成塵事可哀飄搖風雨日相摧難堪國勢如傾廈遮莫人心似死灰留得頭顱空看鏡拭將涕淚且傾杯擬拋書卷從戎去太息誰爲曠世才

●春日遣興　董憲

盡日鶯聲隔院通夢回何處寄詩筒薔薇架潤凝朝露楊柳絲柔漾晚風千仞雲歸雙屐底十分春在一壺中窗前綠草含生意不忍輕刪喚小僮

●次吳炳文南如雜感原韻　董憲

江天漠漠正斜陽獨上危樓俯大荒富貴於今無李郭風流從古重蘇黃名山相約游難遍佳客頻過醒亦狂却怪杜陵難免俗一錢羞說是空囊

白鶴蹁躚舞暮煙霜姿本不受人憐孤松瘦菊懷元亮朗月清風遇謫仙幾度琵琶舟畔曲一春蝴蝶夢中緣秋河耿耿宵將半坐看明星在戶前

漫問閒雲返岫情蒲萄美酒爲君傾下帷未竟前人業閉戶何庸後世名蟋蟀聲多知夜永梧桐葉落覺衣輕溪邊相識閒鷗鷺同結蘆花淺水盟

每聽秋聲涕自潸故人況復唱陽關嘶風塞馬烽煙急遍野哀鴻稼穡艱萬里河山孤枕外半生懷抱古書間浮雲忽帶崦嵫色誰把戈揮落日還

幾度容顏鏡裏看寒蟬響咽五更殘少年多事空流涕衰世興歌強自歡夜月徒增惆悵苦秋風倍覺別離難琴中欲叩成連術徙倚虛聽海上彈

力支危廈戒徘徊底事新亭舉目哀尺素不傳徒極目寸心莫說已成灰風雲寂寞人千古湖海飄零酒一杯梁甫吟成長抱膝草廬空望濟時才

五夜聞雞一劍橫千家懸磬百憂生至今西域猶傳箭何日天河看洗兵戡亂聖人非得已拓邊雄主總難成潮回海外魚龍赤聞說終軍又請纓

詞客高歌動四筵鷓鴣啼破一庭煙愁深阮籍疎狂日悲過唐衢痛哭年滄海早經遷舊跡文章誰復繼前賢虛窗松月淸光滿長憶襄陽孟浩然

登樓口占

盛棨東

偶思避暑此留連欲賦新詩三百篇山氣半爲江上雨綠陰遥接水中天晚風孤棹吹漁笛落日斜村起暮烟是處可稱安樂土石城烽火白雲邊

菊

盛棨東

剪竹編籬徑一彎礙窗枝好不須删夢迴孤館霜初降酒盡重陽客未還小圃花從濃處淡蕭齋人自靜中閒近來酷慕陶居士落落高風孰與攀

竹

盛棨東

環溪煙鎖碧琅玕幾日逢君興未闌澹拂霜花侵袖冷濃遮月影逼窗寒朝來掃榻開三徑客至憑闌借一看底事昨宵風雨急倩人傳語報平安

落花詞 幷序

盛棨東

庚子山感懷於枯樹張曲江寓意於林亭固我輩之多情亦名流之勝事迺者浪跡江南羈身海上覩春光之燦爛遊興倍酣撫嘉樹以盤桓客情乍喜滴翠凝脂彷彿環肥燕瘦嫣紅慘綠如同宋艷班香曾日月之幾何歎韶華之易逝雨淋風打任意飄殘日暮煙空傷心零落夾岸分飛痛靑袍之失路隔簾遥送憐紅粉之辭鄉閒門

寂靜但有蜂衙鳥語啁啾絕無人影僕本恨人能無刺骨況逢客路未免霑巾欲拈毫而作賦愧乏長才爰觸景以興懷遂成小律

濃春煙景數中邦種種奇葩映碧窗一夜香風渡衡浦半溪紅雨逐吳艘頓令楚客愁無極長使江郎恨滿腔燕子不知春去也朝來猶自舞雙雙

雨打風吹不自支名姝相約下瑤池浣紗溪上春無主扶荔宮中淚暗滋緩緩香車歸去晚姍姍素服步來遲紫臺一別無消息猶說當年絕世姿

嘆息殘春景物非落英點點拂征衣香浮曲沼隨流水影亂長堤伴落暉一自芳魂離故土更無佳客款柴扉詩緣筆債何曾少觸忤閒愁事事違

嫣紅嫩綠兩三株飄拂長橋露暗濡四壁雲霞空爛縵一江煙雨望糢糊已隨流水辭三月猶借鵑聲泣九衢回首餞花彈淚處不堪惆悵滿庭蕪

客心何事暗傷懷一樹繽紛落滿階帶雨有時粘翠袖踏春無數上芒鞋啄殘燕嘴香猶在飄逐蜂鬚韻尚佳遮莫漢宮酣睡去橫斜鬟髻墜金釵

止我傷春更惜春花間小立獨逡巡却憐海上銷魂樹偏對江南淚迹人潦倒自餘身世恨淒迷望斷馬蹄塵倘逢阮肇同攜手也擬桃源一問津

自從春事苦闌珊。懶向西園倚畫欄。檀板玉簫同歇絕。吳宮越榭半凋殘。放懷今古情多感。遍閱興衰意倍酸。三疊淒涼渭城曲。落紅無數影漫漫。

蜂聲嘈雜鳥綿蠻。籬落疏疏徑一彎。祇有飛花縈客思。更無仙藥駐衰顏。愁牽山驛江關外。恨入鞭絲帽影間。色即是空空即色。不須惆悵淚潸潸。

●遊焦山 時在甲寅三月予遊焦山凡三次此第二次也　　殷信篤

掉得扁舟遠探幽。登臨不盡古今愁。遊蹤荏苒剛三月。去歲來遊亦三月 時事浮沈又一秋。老樹槎枒搖浪影。兩山峙立夾中流。茫茫身世如萍寄。何事人間亂未休。

遠景迷離大海東。天涯猶剩夕陽紅。孤帆一葉浮雲裏。絕壁千尋皓月中。誰是鐵肩擔道義。仰止軒有楊忠愍聯云鐵肩擔道義辣手著文章 枉教淚眼哭英雄。俗塵萬斛都彈去。祇合名山一卷終。

△以上七律

●夜雨瀟瀟欲眠未得口占 二首　　柴福沅

枕上聽秋雨。聲聲斷客腸。不知今夜夢。能否慰思鄉。

遊學亦已久。而無升斗餘。祇憐吾母老。日夕倚門閭。

●即事 五首　　柴福沅

風雨危樓上寒燈暗復明羈愁眠不得更柝一聲聲

木葉因風墮山花帶露開秋光與寒意都向客邊來

讀書屠龍技亂世焉用之少年不得意惆悵輟耕時

策杖出荒郊行行復凝佇四野寂無人寒蟲莎上語

足不入城市自幸亦自喜十丈軟紅中雞蟲爭未已

●游山 董憲

煙壑冷孤松松形欲化龍鐘鳴何處寺明月上前峯

●奕 四首 殷信篤

成敗尋常事蒼黃刼未終局中運籌者詎必盡英雄

蠻觸相爭急誰能冷眼看勸君早收拾莫待局將殘

臨敵毋輕敵根基重守邊相爭惟一着未可讓人先

悟徹玄微理遑求布置工滄桑同此局撒手便成空

△以上五絕

●夜步 陳柱

衰柳疏楊瘦影橫霜中月下放歌行一聲驚起雙棲鶴飛過前溪戛戛鳴

●中秋月　陳柱

河漢盈盈白似銀兎形蟾影一時新可憐四海望穿眼爭奈嫦娥不現身

●佛日巖邊　張蔭熙

佛日巖邊路不平楓紅松翠自分明石僧俯首癡無語山塔送人四面行

●望海　張蔭熙

三山鬱鬱氣佳哉海上求仙何日回春水煙波渡不得空將雲氣望蓬萊

●長至節聞軍樂有感　張蔭熙

鼓角催年盡楚聲漢家殘臘待新更時人莫厭朝元樂魏晉高風不世情

●靈巖醉僧石　張蔭熙

佛說頻伽未必空石僧好酒與人同醉來俯指吳宮草細數江東一世雄

●石頭城　張蔭熙

南都王氣一朝收如此江山付石頭刼後滄桑餘夕照雄心無奈水東流

●初夏卽事　董憲

興亡覽史有餘哀。遺悶空齋倒綠醅。幾日輕雷窗影重。紛紛鄰竹過牆來。

◉山後小泉　殷信篤

蕩漾微波照眼明。在山泉水本來清。倘教流到人間去。定作甘霖濟衆生。

△以七上絕

△詞類

百字令 金陵懷古　朱寶綬

石頭城下。尚流傳千古。興亡泡影。陳迹南朝金粉淡。煙柳絲絲縮恨。淮水拖青。鍾山鎖紫。黯澹光相映。莫愁何在。夕陽催上孤艇。　應念吳楚聲威。齊梁文采。轉眼成灰燼。惟有滔滔江水壯。天際一痕沙淨。王氣全收。霸圖莫遂。拔劍呼天問。登臨俯仰。幾人殘夢能醒。

◉大聖樂 送友旋里　陳杜

長鋏歸來。長鋏歸來。曷遲看。乾坤萬里。棘荊滿地。饑狼餓虎。頻向人啼。獨自馳驅亦胡爲者。行路艱難在此時。君何去。幸迷途未遠。歸去來兮。　由來禍福難期。問人世悲歡得幾時。望荒墳之上。寒泉之下。狐眠蟻食。畢竟誰知。富者自富。貧者自貧。達士欣

憂豈在茲歸去也大丈夫失志自有操持

南鄉子 感懷集句

陳柱

春向郭西尋紅紫紛披競淺深回首舊林歸未得登臨翻動平生萬里心 坐曠息煩襟雨過西城野色侵可惜濟時心力在難禁日暮聊爲梁父吟

浪淘沙 秋野

張蔭熙

雁字起江東蓼渚花紅池塘淺水逐飛蓬堤柳無情鴉影碎送盡征鴻 遠岫翠煙濃雲外丹楓秋山恍入畫圖中滿樹斜暉人去也十里寒風

如夢令 秋晚

董憲

芳草年年無主閒煞夕陽花塢楊柳不禁寒蟬翼抱枝難舉微語微語簾外海棠秋雨

落日參差煙樹隔斷行人歸路欲聽馬蹄聲今夜月明何處且住且住正是玉階涼露

風流子 送別孫學成

董憲

片帆雲際杳砧聲起落日映溪頭看窗畔香殘斜欹爵鼎簾前鳥下閒挂瓊鈎最難得梧桐新月上楊柳晚風柔此別何長無人題壁重來莫問有客登樓 水天同一色歎

桑田屢變滄海橫流悵望人歸北地鴈渡南洲況玉露初零孤蟬罷響金風乍至一葉驚秋果是銀瓶雙浸未易銷愁

滿江紅 寄奚昇初

董憲

送盡歸鴻誰相訪香孤幽谷疑屐響朔風吹折壓籬修竹破夢不知腸轉九橫空忽報花飛六試遠望帆影入寒雲行何速 思野處伴鳴鹿思高舉隨黃鵠莽乾坤萬里風雲相逐明月乍從梅閣上奇書攜向松巖讀問幾日繫馬傍垂楊娛心目

念奴嬌 書感

董憲

英雄幾輩千秋後留與兒曹稽考轉盼年華尋蠹簡名姓銷沈多少翠袖生寒貂裘藏暖一例無人曉流光偏急又催幾輩人老 開閣怕見青山山青仍舊已把人埋了攜酒行吟何處醉且喜小園春好漫說逃秦不知有漢探訝漁郎早桃花開遍落紅遲我來掃

上海南洋公學國文成績二集卷八終

中華民國六年十月初版

南洋公學國文成績

即南洋新國文第二集

每部八册定價一元

鑒定者 太倉 唐文治

校訂發行者 無錫 鄒登泰

總發行所 蘇州 振新書社（觀前大街）

上海 蘇新書社（徐家匯）

發行所 上海 商務印書館（棋盤街中市）

分發行所 各省 商務印書館及各大書局